主力机构
拉升策略与实战手法

邱太钦 著

全国百佳图书出版单位
时代出版传媒股份有限公司
安徽人民出版社

图书在版编目(CIP)数据

主力机构拉升策略与实战手法／邱太钦著. 一合肥：安徽人民出版社，2010.8
(证券投资系列丛书)

ISBN 978-7-212-04000-0

Ⅰ. ①主… Ⅱ. ①邱… Ⅲ. ①股票－证券投资－基本知识 Ⅳ. ①F830.91
中国版本图书馆 CIP 数据核字(2010)第 152841 号

主力机构拉升策略与实战手法
邱太钦 著

出 版 人：胡正义　　选题策划：胡正义　白 明　郑 义
责任编辑：白 明　蒋越林　朱 虹　　装帧设计：苏 奕

出版发行：时代出版传媒股份有限公司 http://www.press-mart.com
安徽人民出版社 http://www.ahpeople.com
合肥市政务文化新区圣泉路 1118 号出版传媒广场八楼
邮编:230071
营销部电话:0551-3533258　0551-3533292(传真)
印　　刷：北京九天志诚印刷有限公司
(如发现印装质量问题,影响阅读,请与印刷厂商联系调换)

开本：710×1100　1/16　印张：20.75　字数：305 千
版次：2010 年 10 月第 1 版　2010 年 10 月第 1 次印刷

标准书号：ISBN 978-7-212-04000-0　定价：49.80 元

目 录

第一章 站在巨人的肩膀上将会触得更高、看得更远

一、股市中的巨人就是主力机构

在股市实战交易中，个人投资者的资金实力与那些金融大鳄相比简直是小溪流遇见了大江河。在资金实力相差如此悬殊的前提下，个人投资者怎么样才能取得博弈上的胜利呢？答案是：借力使力。只要借助了市场上的“巨人”之力然后顺势而为就可收到四两拨千斤的神奇效果。

生活中，不同领域的成功者有不同的心得、秘诀，而将这些成功者的心得、秘诀归纳简化后都有一个共同的特征，那就是站在巨人的肩膀上将会触得更高、看得更远。正如在金融投资领域每一位投资大师都具有的成功秘诀之一就是“做好风险控制”一样，站在巨人的肩膀上将会触得更高、看得更远的人生成功秘诀同样适用于金融投资领域。股市投资群体中的巨人是谁？是机构投资者。主力机构与个人投资者相比拥有许多优势，跟机构获利的个人投资者为了扭转自身的劣势就非常有必要采取“站在巨人的肩膀上将会触得更高、看得更远”的策略进行实战。因为站在巨人的肩膀上行动是一种借力使力的顺势而为，顺势者最终可在股市战场上取得博弈上的胜利。

二、主力机构具有的优势

主力机构与个人投资者相比具有以下优势：

(1)有自己的研发平台。

(2)信息全面、及时、灵通。

(3)资金实力雄厚。

(4)与监管层关系密切。

(5)与上市公司关系密切。

(6)操盘手的技术高超。

(7)拥有市场话语权。

市场上的大主力机构都有自己的研发平台。譬如：基金管理公司中有专门的研发部门，券商中有专门的证券研究所。主力机构里大量的研究人员在研究国家宏观经济的运行、行业的周期兴衰、板块、个股的价值发掘。主力机构整体上在把握大盘趋势运行方向及个股趋势运行方向上比个人投资者要强很多。但凡事没有绝对，市场上个人投资者群体中同样也存在着优秀的实战高手，这些实战高手的技术本领丝毫不逊色于主力机构中的投资精英。虽然这样的实战高手很少，但任何一个行业中真正的优秀者都是极其稀少的，正如沪深股市中的主力机构操盘手一样，能够成为彼得•林奇那样优秀的资金管理者同样只是凤毛麟角。

主力机构的第二个优势在于信息的全面、及时、灵通。主力机构中有专门处理市场信息的人员，在收集信息方面非常全面，而且得到信息非常及时。可以这样说，那边上市公司发生了某一件大事，与此同时主力机构就通过电话、互联网了解了事情的真相。个人投资者在实战交易过程中常常会看见股价莫名其妙地异动，过了一段时间才得知引起异动的原因。搜集信息是否全面对实战决策有很大的影响，当搜集到海量信息时如何区分垃圾信息与有价值的信息是应用信息于实战的关键。信息是有时效性的，过时的信息即使真实但在股市中或许已失去使用价值，搜集信息的渠道畅通而灵敏才可得到及时有用的信息，这些方面主力庄家无疑比个人投资者更有优势。此外，主力机构可花费上万元的资金购买资讯，个人投资者中有此能力者很少。

资金实力雄厚是主力机构的最大优势。资金实力雄厚就具有足够的主导股价涨跌的能力，投资者买入一只受主力机构操控的个股，如果投资者没有技术本领去解读主力机构的心理意图，在买入或卖出过程中没有站在主力机构的一边，就会被主力机构操控股价玩弄于股掌之中。

在股市实战中，谁的资金实力雄厚，谁就是“巨人”，谁就是“老大”。

市场上跟庄实战交易的投资者在研判大盘指数的顶底时，应重点分析超级主力机构的资金流向，当大盘指数经过大幅度上涨后已处于高位区域，此时投资者如果看到国家队中的超级主力机构的资金是流出股市，那么大盘指数的顶部已开始构筑。当大盘指数经过大幅度的下跌后，已处于低点区域，此时投资者如果观察到国家队中的超级主力机构的资金是流入股市的，那么大盘指数的底部已探明。这也是笔者本人在实战交易操盘过程中用以研判大盘指数的顶部和底部的其中一个指标。有兴趣的读者朋友可在实战交易中设计一个监控主力机构资金流向的指标，用以辅助研判大盘指数的运行方向，效果很好，不妨一试。

与上市公司关系密切是主力机构的另一个优势。主力机构中的研究员、操盘手及领导经常浸泡在上市公司里，他们不但现场实地参观生产车间，还和公司的经营管理层打成一片，对该上市公司的未来发展蓝图及上市公司在市场上的竞争力一清二楚。根据产量规模的大小及毛利率的多少就可以提前估算出个股的业绩是平稳还是增长或者是减退。而主力机构的坐庄是基于上市公司的基本面价值进行运作，了解、熟知上市公司的真相，为主力机构的运作取得成功提供了坚实的保证。

操盘手的技术高超也是主力机构的优势所在。证券投资中虽然也注重团队精神，但团队精神的合力在节骨眼上仍然需要一位有魅力、有胆识的本领高强者拍板定夺。单一主力机构虽然可以决定个股的涨跌，但无法左右大盘指数的运行趋势，无法左右上市公司的经营管理。准确判断大盘指数的运行趋势及状态需要技术高超的操盘手才可做到，而上市公司基本面的趋势方向是走下坡路还是勇攀高峰也需要技术高超的操盘手从国家甚至全球的宏观经济及产业链中进行分析、研判。做出正确决策的前提条件之一就是需要搜集到及时、有效且真实的信息。可见，主力机构所具有的优势在运作中都是相辅相成的。

具有市场话语权是主力机构独有的优势。市场话语权主要表现在指数调控及证券法律、法规和自律守则制度的制定参与上。比如：制订新股发行制度条文，大主力机构必然会出于自身考虑而有所倾斜。虽然单一主力机构无法左右大盘指数的运行趋势，但超级主力机构的联合就具有短暂影响指数涨跌的能力，对指数具有一定的话语权。争夺大盘指数话语权的直接方式就是在权重指标股上建立足够的仓位。例如：市场中前十大公募基金公司中的每一家公司掌控的资金都超过千亿元级别，只需这十大基金公司巨头召开一次圆桌会议，在市场状态适合时就可以对大盘指数进行短期的影响。谁都可以轻视对手，但有市场话语权的实力雄厚的对手谁也不敢忽视。在股市这个弱肉强食的搏杀较量舞台上，有实力者才有话语权，投资者只需浏览一下所有的财经媒体的内容等就可发现大部分都是出自机构投资者阵营之手。那些年度、季度投资策略报告，股市评论，市场未来趋势状态展望，行业个股研究报告都是由主力机构中的人员执笔。猫和老虎在外形长相上基本相同，唯一区别是前者很小而后者很大，体型小者被别人抱着玩，视为宠物，而体型硕大的老虎有谁敢和它相伴呢！中国古语“伴君如伴虎”，实力强大者无形中就具有影响力及威慑力，对手不得不重视，而强大的影响力造就了他的话语权。当然，主力机构巨头是不能公开联合的。在股市实战交易中，敌对双方不是你死就是我活的生死较量是没有道德可言的，股市中的唯一道德尚方宝剑在监管层的手里。而公平、公正、公开的三公原则也只有在强力监管下才可有效实施。所以，监管制度是否全面、优秀、到位，也是一个市场是否成熟的标志之一。

三、主力机构的决策最终会体现在资金流向上

综合以上分析可知，主力机构在实战运作中的优势是显而易见的，个人投资者如果直接在这些方面与主力机构较量那无异于以卵击石。那么，个人投资者就注定是主力机构的屠宰羔羊了吗？不是的。世界上任何强大东西的背后都伴随着弱点，主力机构在以上优势中虽然占得先机，但同样也存在着软肋。他的软肋就是：不论主力机构在运作中做出什么决策，这

个决策的最终结果都会体现在资金流向上，资金的流动方向无非就是在原来不动的基础上呈现出流入或流出。如果主力机构持有现金不动，则说明了主力机构的决策是耐心等待；如果主力机构的资金是流入个股，那么资金转变成筹码则说明了主力机构看好该股，而看好该股达到什么程度就可以从主力机构的持仓数据统计表上看出来；如果主力机构的资金是流出个股，那么筹码转变为资金，说明了主力机构看淡该股的后市，而主力机构看淡该股的意图也可以从主力机构的持仓数据统计表上看出来。(关于怎样从主力持仓数据统计表中分析主力机构的增仓、减仓行为，已在《主力机构建仓运作手法与实战策略》一书中详述。)

四、跟庄的高级境界就是站在主力机构的肩膀上操作

正是因为主力机构看好某只个股可以通过它的资金流向即流入或流出数量的大小来判别，这样市场上的个人投资者就可以借助主力机构之力从而在实战交易中站在主力机构这个巨人的肩膀上。站在巨人的肩膀上将会触得更高、看得更远。汉朝的开国皇帝刘邦说出了他成就伟业的真实心里话，他说：“夫运筹帷幄之中，决胜千里之外，吾不如子房(张良)；镇国家，抚百姓，给饷馈，不绝粮道，吾不如萧何；连百万之众，战必胜，攻必取，吾不如韩信。”一语道破天机，韩信、张良、萧何都是其中一个领域中的“巨人”，如果刘邦在这些领域直接与他们较量，那么刘邦注定是败在该领域的“巨人”之手。但将这些某个领域的巨人网罗至麾下后，就相当于站在了这些“巨人”的肩膀上了，这样就会比这些“巨人”触得更高，因为站得更高而看得更远，这就是刘邦当皇帝的秘诀。在股市中，市场上个人投资者在信息的获取使用上不如主力机构及时、全面；在研究宏观经济、调研上市公司方面更不如主力机构，而且资金实力有悬殊。主力机构是极少数人掌控了个股上的大部分筹码，而个人投资者群体是大多数的人但只是共同持有数量很少的筹码，在与监管层及上市公司高管的关系方面个人投资者更是无可比性。市场上的个人投资者是弱势群体，基本没有话语权，但如果懂得“站在巨人的肩膀上将会触得更高、看得更远”的道理

就可以紧紧抓住主力机构的资金流向及持仓数据统计表的命门，从而借主力机构之力以其人之道还治其人之身实现战胜主力机构的目标。因为主力机构船大难调头，主力机构在吸筹时耗费的时间极长，而在派发筹码时同样如此。市场上的个人投资者因为资金小进出方便，可以使用速战速决的策略狙击主力庄家。如果投资者能够踏准主力机构的运作节拍，在盈利幅度上比主力赚取更多并非天方夜谭。譬如：主力机构群体中的基金管理公司的资金来源于基民，基民们是在花钱养基(鸡)，因为基金管理公司需提取旱涝保收的管理费。而懂得主力机构软肋的跟庄投资者就可以专门针对主力机构的弱点进行实战交易获利，基民们首先是养基(鸡)然后才有可能获取利润，而成功跟庄实战获利的投资者则是只需直接杀基(鸡)取卵即可。

站在巨人的肩膀上将会触得更高、看得更远，站在主力机构的肩膀上，因为高度高于主力机构，所以获利的幅度将高于主力庄家，而将成功的跟庄实战获利模式不断重复做就可长期持续地获取利润。主力庄家前进就跟着前进，主力庄家后退就跟着后退。当投资者懂得了主力庄家的坐庄运作流程步骤及操盘手法后，如果主力庄家入场建仓吸筹，投资者就跟着入场抄底买入；如果主力庄家筑顶出货退场，那么投资者就可以利用船小好调头的优势提前清仓离场。

站在主力机构这个巨人的肩膀上实战操作是跟庄实战获利模式的核心。当投资者懂得了跟庄实战的核心精髓后就可以轻松自如地狙击主力庄家从而实现低买高卖的盈利目标。

第二章　战胜主力机构的秘诀

一、在价值投资理念下跟庄操作

在股市实战交易过程中，没有足够资金实力的投资者及一般的小机构都只能靠跟庄进行获利。有人说，他遵循的是价值投资不是跟庄，他是通过个股价值的挖掘、发现而获利的。在此先不谈该投资者的价值投资选股能力是好还是差，在实战交易中，哪一个投资者的每一次买入不是认为该股有价值呢？但有的投资者常常在买入后股价不但没有上涨而是下跌甚至是大跌。可见，投资者在以价值投资理念操作时，仍然还存在着确定目标个股是有价值还是无价值的技术难题。实际上，价值投资与跟庄操作并不矛盾，它们只不过是同一个物体的两个方面而已。价值投资的最终目的就是希望在买入后后市股价能够朝上运行，跟庄操作的最终目的同样也是希望在买入后后市股价能够上涨。

在这里向有缘的读者朋友奉献出笔者对价值投资及跟庄操作的实战心得：价值投资和跟庄操作都是为了能够在实战交易中获得利润。价值投资是股市中的显规则，而跟庄操作是股市中的潜规则，价值投资这条显规则是光明正大、冠冕堂皇的正统理由，有心的读者朋友在证券媒体上会发现，整个市场的人不论是“王公贵族”，还是“贩夫走卒”，张口闭口都是价值投资，连主力机构中的坐庄运作者都是满口的价值投资。股市上无数事实证明：一只基本面再优秀的个股如果没有主力机构的入驻，股价就会孤芳自赏无法出现像样的大涨。主力机构选择目标个股运作时，首先就要选择基本面优秀的个股。由此得出：投资者在跟庄操作有主力机构入驻的个股时，不但利用了股市中的潜规则，而且通过主力机构之手间接利用了股市中的显规则，它是一种内外兼修的真正的价值投资。

跟庄操作是站在巨人肩膀上的更高层次的价值投资，投资者只需理解以下的逻辑推理顺序就会心中有数：

(1)基本面优秀的个股不一定已有主力机构进入。

(2)有主力机构入驻且重仓的个股基本面通常较为优秀。

主力庄家因为资金实力雄厚、操盘技术精湛，所以个人投资者在与主力硬碰硬的实战搏杀中是很难取得胜利的。但正如战争一样，某一场战斗的胜负并不能决定整场战争的输赢，在八年抗日战争时期，游击队的实力比不上日本的军事实力，但使用迂回曲折的游击战术就可以积小胜为大胜。今天消灭二十个敌人，明天消灭十个八个，随着时间的流逝，敌人的伤亡累加就达到了惊人的程度，最终游击队的实力在不断壮大的过程中就可以战胜、消灭日本鬼子的一个主力部队。投资者在与主力庄家的实战搏杀过程中，只要灵活运用各种技术策略就可以战胜原本单打独斗并不能战胜的主力庄家，只要找准主力庄家的命门并制订灵活有效的实战攻击方法就可以积小胜为大胜，最终在收益率上比主力庄家的收获还多。

个人投资者在与主力庄家的搏杀过程中，市场上那些评论人士认为主力庄家是不可战胜的。事实上，个人投资者只要拥有高超的技术本领在正确的实战战略、战术运用下是可以曲线式战胜主力庄家的。个人投资者首先要在心中打破主力庄家不可战胜的观念束缚，树立起只要拥有高超的技术本领就可曲线战胜主力庄家的信念。要战胜主力庄家要做到的第一步就是不亏损，然后就是怎样成为股市赢家行列中的盈利者。只要将盈利纪录长期保持下去，那么在复利的神奇力量的帮助下将会轻松战胜主力庄家。

在股市中实战交易是充满风险的，而股市投资是社会大众的一种理财方式。理财行业中有一句名言：你不理财，财不理你。股市理财只是一种使财富保值、增值的方式，但如果想战胜主力庄家，那么抱着使财富增值、保值的理念投资于股市是远远不够的。能够战胜主力庄家的投资者必定是股市实战交易中的高手、实战专家。能够从一无所知而成长为懂行的深谙实战交易之道的优秀投资高手所付出的艰辛努力、勤奋与心血是常人难以想象的。愿意将人生中大部分时间耗费在股市实战交易中的投资者，绝不会只将股市投资当做财富保值、增值的理财这么简单，他们已将金融投资作为自己的人生事业。在笔者心目中，投资是世界上最美的事业，笔者在拙作《主力九大经典洗筹模式》中开篇的第一章内容就是“投资是最美的事业”，这是笔者发自内心的感言，而将投资视为自己的终生事业者才有可能在长期的实战交易中战胜主力庄家。

将金融投资视为人生事业者，首先要有创业的雄心壮志。在当今经济社会衡量一个人事业成功的标准多种多样，但最直接、最简单而又最有效的衡量标准就是创造财富的多少。财富的多少反映了一个人在该行业的实力大小。特别是最近几年，各种各样的富豪排行榜层出不穷，这些有关创造财富的话题已成了人们茶余饭后津津乐道的事情之一。这些事业有成的精英分子已成了一代又一代青年学习的榜样和偶像，这些各行各业中的事业有成者激励了一批又一批的创业者奋战在各自领域的前沿阵线。而金融投资业是最容易创业的行业之一，因为它可以免除非常多的烦琐之事，并且因为进入门槛很低可以随时轻装上阵，唯一需要的“本钱”就是一个有投资技术本领的脑袋。在股市实战交易中，最值钱的就是投资技术本领。谁都知道，知识就是财富，投资市场是斗智“吃脑”的地方，股市实战交易上的较量完全是头脑智慧与人生境界高低的比拼。所以，金融投资业尤其适合于有抱负、有理想、有志气及有智慧头脑的创业者。

股市中还有一个好处就是：它为有本领者提供了一个以小搏大的创业机会。而这个以小搏大并非常人所理解的暴利，那种暴发户的思维其实是人生境界低下的表现。因为赌徒心态是股市实战交易中的灾难之源，有赌徒心态的投资者注定会在长期的实战交易中阴沟翻船。这里的以小搏大是指投资者只需一笔较小的本金，在长时间的许多次获利后，由于钱母生钱子、钱子生钱孙的不断循环，最终在复利的神奇力量帮助之下取得的投资成绩将会比主力庄家不知要高多少倍。现在沪深股市中的主力庄家在单一个股上投入的资金多者也就几十亿，而少者只有几千万元，但世界首富美国股神巴菲特的个人财富就有四百多亿美元，按美元兑人民币汇率1:7计算，400×7=2800 亿人民币，就连现在的超级主力机构的资金也望尘莫及。读者朋友，当你们看到这里的时候你就不会认为笔者所说的曲线战胜主力庄家是一句空话了吧！

二、投资者财富增值的主要方式

股市实战交易中，财富增值主要有以下两种方式：

(1)依靠单次的盈利幅度。

(2)依靠复利的神奇力量。

投资者只需将有史以来的上证指数K线图表打开观察，上证指数在单次的上涨幅度上出现大幅度(例如：几倍以上的上涨)的上涨次数是很少的，通常是每过几年才会出现一次大幅度的上涨。而在其他的时间里，上证指数都是下跌或盘整或小涨。可见单纯依靠单次的盈利幅度来达到财富大增值的目的是较难的，而间接依靠复利的魔力就比单边获大利累积财富要容易很多。

市场参与者群体中有一些投资者抱有企图搏一把的赌徒心态，赌一把的单纯追求单次财富大增长的概率机会是很低的，中国股市已有将近二十年的历史，但大的暴利机会也只是几次，而每一次大行情中出现的大牛股约占总数的10%。抱有暴富思维的投资者就是将自己的暴富想法寄托在不到10%的成功概率里，这种不到10%的成功概率在长期的实战交易中是脱离实际的、极不现实的幻想，因为股市中的暴利是可遇而不可求的。可见，如果将金融投资作为自己的人生事业的投资者就要抛弃此种暴利思维，而应该将实战交易技术定位在长期的、持续的稳定获利之上。因为如果能够在长年累月的实战交易中做到持续稳定地获利，那么即使是单次的小幅度获利也可以在复利的神奇魔力的佑助下取得令人惊叹的投资收益。

在股市中获得财富的多少及投资收益率的大小是衡量一个人投资水平高低的主要标志。君子爱财取之有道，经过勤奋、努力，用智慧所取得的合法财富不但是投资者自身能力的证明，而且还会赢得同行及世人的尊敬。当今的世界首富美国股神巴菲特就是一个这样的殿堂级投资大师，他通过在股市中投资获得了富可敌国的财富，并且在他晚年时已将绝大部分的财富捐献给了社会。

巴菲特是以基本分析为基础，并奉行价值投资而成就世界股神美誉的。在前面章节中曾说过，价值投资与跟庄操作并不矛盾，并且跟庄操作是建立在价值投资的基础上的。可以这样说，跟庄操作是价值投资的核心精髓，因为站在主力(巨人)的肩膀上将会站得越高、看得越远。但基本分析中所涉及的上市公司真实面目却不是普通投资者所能够知道的，连基金公司、投资公司、证券公司的调查研究也都只是表面地了解。投资者试想一下，假如你是一家上市公司的老板，你会将真实情况完全告诉给来调研的研究人员吗？肯定不会！因为它涉及公司的商业秘密，商场如战场，没有一个战场上的统帅会将自己军队的真实秘密公诸大众。核心信息决定了公司的发展命运，它关乎一家企业的前程大计，特别是该公司有一些潜在的问题时，上市公司通常会尽力掩饰，否则将会影响他在银行、客户方面的信用。当上市公司自己都无法掩盖这些黑洞而在媒体上被曝光时，已是冰冻三尺非一日之寒了。所以，就连具有调研经费的投资机构都无法触摸到上市公司的核心真实信息，而一家上市公司有潜在问题恰恰是以基本面为基础进行投资的主力机构的致命之伤。上市公司具有的核心优势出于防备对手竞争的需要，也不会轻易泄露。因为上市公司的同行之间是同利相忌的，每一家公司都害怕对手复制或效仿其盈利模式从而使自己失去这方面的竞争优势。出于这些考虑，机构调研得到的信息并不具有多大的价值。笔者常常在思考这个问题，这些大机构中的行业研究人员不管他们多努力、多勤奋研究都不如该行业中的那家上市公司的老板更知根知底，这些大机构何不直接聘请这类型的老板为超级研究员呢！那不是更好吗？

巴菲特的价值投资并不仅仅停留在财务报表的分析与上市公司的实地调研之上，即使是大机构的研究团队相比起一个上市公司的老板来说都是外人，也可以说是外行。而巴菲特的高明之处是国内的大机构无法效仿的，巴菲特在投资买入一家上市公司的股票时，他事实上已变成了该家公司的其中一个合伙人，而主力机构投资者在上市公司中的地位远没有当老板的那样高。以基金为首的主力大机构只不过是老板们为了实现公司发展、成就自己人生事业而在资本市场上“下棋”的“棋子”而已。主力机构更多时候都是被上市公司老板所利用。

当然主力机构和上市公司的老板会尽量实现双赢的结局，但老板赚的是大头，主力机构赚的是小头。机构的身份与老板的身份是不对等的，机构持有的流通股所代表的股东身份与上市公司控股的主导者身份在经营权力上都不同，因为上市公司的大部分股权都被老板所持有。巴菲特通过股票市场投资成为上市公司的老板，这一点就是目前我国的主力机构所做不到的。凡是被巴菲特长期持有的股票，他都是该上市公司的其中一个合伙人，当上了上市公司的其中一个老板后，通过这个身份就会知道上市公司的种种内幕。而主力机构相对于上市公司老板来说毕竟是外人。试想：机构都不能进入那间房子(上市公司)，能睡在那间房子的床上吗？不能进入里面怎么会知道那间房子里面的家具是好的还是坏的呢？但一旦机构持股多于老板，那说明老板已将他手中的股权抛售了，老板都不看好的东西此时主力机构却成了接手者，那么机构当冤大头的概率就很高，而且主力机构的虚拟经济金融投资专业知识与实体经济中的上市公司经营知识是不同的。主力机构控股一家上市公司去接管经营的风险是非常大的，做自己不熟悉的事情那多半会失败。

由以上的分析得出：巴菲特的投资模式是极难复制的。但从他的身上仍然发现了投资中的核心精髓是复利的神奇魔力，这也是巴菲特能登上世界股神宝座的秘诀。因为巴菲特的年均收益率也只有26%左右，就是说，如果你在股市中的年均收益率能够达到每年26%，且每一年所赚的利润都重复循环投入到下一次的投资中去，如果能够坚持几十年，则投资者所取得的成绩将会比巴菲特还厉害。中国证券市场从成立到现在，每一年的波动幅度都大于26%，关键是投资者是否有能力去抄底逃顶。

美国华尔街的另一位明星人物彼得•林奇的年平均收益率也只有29%，并且只是保持了十几年的纪录。中国基金界的基金经理都希望自己成为彼得•林奇那样的闪亮之星。彼得•林奇在麦哲伦基金的工作时间只有十几年，能够坚持十几年且年均收益率达到29%就可以成为基金投资界的闪亮之星。而我国的封闭式基金在几年前的折价中打了五折、六折的比比皆是。难怪彼得·林奇年均29%的收益率就已成了基金经理们心目中的闪亮之星及他们崇拜的偶像。可见，在十几年投资中能够取得29%的年均收益率都是非常困难的。

封闭式基金超过50%的亏损累累是什么原因造成的呢？当然是主力机构的失误造成的。可能会有人替他们辩解：基金的资金规模大，船大难调头，并且前几年沪深股市也处于熊市之中。事实上，凡事都有正反两面，虽然他们船大难调头，但是因为他们的资金实力强大，拥有了主导股价涨跌的能力，而且在对上市公司的信息把握上，主力机构与个人投资者对比存在着严重的信息不对称。上市公司有利好信息，主力机构就会提前得知而买入并推高股价，当散户进场跟风时就可抛出，从而快速地兑现差价利润。上市公司有利空消息，主力机构在得悉后就会提前卖出筹码，将利润落袋为安。所以上面这样的辩解并不能清洗他们投资失误的污垢，而更多的是一种投资失误后寻找理由推卸责任的借口。股市投资中，不论是成功还是失败的理由有千万条，但结果却只有一个：赢或输。

从另一个侧面可看出，世界上顶尖的两位投资大师的年均收益率都没有超过30%。此时再去看一些证券媒体上刊登的卖交易软件的广告及招揽会员委托理财的广告，这两位投资大师的年均收益率就如《西游记》中的照妖镜一样，将那些道貌岸然地鼓吹每一次都能捉到大黑马的股评家的牛皮揭穿。

当然，市场上的确存在着极少的实战交易高手，他们独具慧眼，在某一波或几波行情中捉住了大牛股，但真人不露相，露相非真人，具有那样的技术水平的顶尖高手是资金在围着他转，而不是他在想方设法地围着资金转。另外，还有一些幸运者在实战交易时中了“彩头”，也的确骑上了大黑马，但因为是瞎猫撞上死老鼠，今次的成功往往埋下了下一次失败的祸根，偶尔碰上黑马的人自以为是捉黑马的能手，结果犯了自不量力的错误，最终自然是自食其果。当投资者的心态浮躁起来后，浮躁就会产生冲动，冲动就导致交易失误。一旦实战交易产生失误后，小失误就产生小损失，大失误就产生大损失。失误的结果就与“保本第一”的投资要诀相违背。

三、通过复利的神奇力量曲线战胜主力庄家

从彼得•林奇和巴菲特两位投资大师的成功经历中可以看出，投资成功的秘诀是复利的神奇力量，是复利的魔力成就了他们的大师地位。所以投资者只需通过复利就可以曲线式战胜主力庄家。

投资也是一门生意，只不过它是一门与实业不同的较为特殊的生意。做任何一门生意都要论证这个项目是否可行？利润率有多高？有多大的市场规模？最顶峰能达到什么样的程度？巴菲特 400 多亿美元的个人财富折合人民币有 2800 多亿元，可以买下 100 多家中小企业板的上市公司。在目前的中国，能拥有一家上市公司都已牛气冲天了，可见，巴菲特的投资成就足以令人佩服与惊叹！

另外值得一提的是，巴菲特已将他个人的绝大部分财富捐献给了社会，而前不久的华人首富李嘉诚也已将他个人财富的三分之一捐献给了社会。只有具备这样的高级人生境界才可成就这样的人生伟业。真是东方有圣人，西方有圣人，人同此心，心同此理！西方有经济界巨子，东方有经济界巨子，人同此心，心同此境界！当其怀有一颗成就伟业回报社会的愿心，假若有上天，上天亦会帮之。人世间有一点可以肯定的是：具有这样的人生境界者，无论从事哪一个行业都会因为自己所种下的善因多从而得到了一个好汉三个帮的果报。由此想起了著名思想家黑格尔的名言：“谁是最伟大的人物？公众利益的最大代表者。”难怪自私自利之徒从来都无法取得成功。一个人投资水平的高低是由他的投资哲学思想深浅和人生境界高低及金融知识的多少决定的，不论是技术分析还是基本分析都只是一种监察股价运行的工具，它们在实战交易中只起到一种度量风险与收益的作用。所以，技术分析及基本分析是投资者实战交易过程中必须使用的工具。而市场上鼓吹交易软件如何神奇者只不过是将技术工具夸大神化罢了，工具的优劣的确会影响工作的质量，交易软件的优劣确实会影响实战交易的效果，

但对实战交易的成败不起关键性的作用。工具是靠人去使用的，即人指挥、应用工具，但有些卖交易软件者却将它颠倒过来，用工具去指挥人的行动。人是有灵魂、有高级思想的动物，工具是死的，功能效果再好的工具也需要人的思想去武装支配使用。

在笔者所写的著作中，每一本著述都是本人的实战交易经验及研究心得。笔者的想法是将这些心得写出来奉献给初入股市的新手及技术欠缺的投资者，希望能够帮助他们在艰难曲折的实战交易道路上少走弯路，早日踏上投资胜利之途。这也是笔者的一个愿心。

由以上分析得出，战胜主力庄家的秘诀就是：投资者在优秀的投资哲学思想及高级的人生境界的基础上使用高超的投资技术进行实战交易，最终在复利的神奇魔力的佑助下，曲线式战胜主力庄家。

第三章　市场参与者在实战操作中的时机把握

一、能否准确把握时机是衡量投资本领高低的标准之一

时机的准确把握是市场所有参与者获取收益最大化的前提条件之一。时机，顾名思义就是在恰当的时间出现的机会。大名鼎鼎的投资大师、江恩理论的创始人威廉•江恩就指出：“时间是最重要的因素。”在时机选择上因为需要把握准确的时间，所以时机的选择要诀在于时间的把握。市场参与者在时机选择上会出现以下结果：

(1)准确选择时机。

(2)选择的时机错误。

(3)选择的时机不恰当。

市场参与者在实战操作中如果能够准确选择时机就可以买在低位、卖在高位，这样就可以做到以最小的成本获取最大的收益。

市场参与者在实战操作中如果在选择时机上出现错误就会招致亏损，甚至是严重的亏损。比如，将下降趋势中的反弹误认为是反转，而选择在反弹的低点买入，表象上好像把握准了买入时机，实质上犯了选择时机上的错误。因为在股市中，机会或陷阱在大多数时候都是似是而非的。市场参与者如果不被表象所迷惑又怎么肯自愿去踏进陷阱里呢！市场参与者如果不被表象所恐吓，又怎么会将面前的机会拱手送给别人呢！市场参与者亏损的根源之一就在于时机上的把握出现错误。

市场参与者在实战操作中如果选择的时机不恰当，轻则增加成本、减少利润，重则因为弄坏了心态、打乱了实战操作的节奏，导致亏损或踏空。

比如：市场参与者在个股的底部买入时，因为选择的时机不恰当从而出现提前介入或者是介入过迟。把握恰当的时机除了需要优秀的实战技术之外，还需要有良好的心态。市场参与者的心态如果过于冲动就会出现提前买入，俗语说："心急吃不到热豆腐。"而市场参与者的心态如果反应迟钝，就会出现介入过迟的现象，真是"急惊风遇到了慢郎中"。提前抄底就会被浅套一段时间，心态不好的投资者因为担心股价还会继续下跌而卖出，最终导致了看对方向但亏了钱的结局。而因为反应迟钝买迟了的投资者，因为股价已上涨一截，最终导致了买入成本抬高，收益减少。

由以上分析得出：市场参与者是否能够准确把握时机从而在低位的合适价位买入，然后再在高位的合适价位卖出，是衡量投资技术本领高低的标准之一。

二、主力庄家在坐庄运作中对时机的把握

市场参与者群体是由主力机构群体和产业资本机构群体及市场跟庄实战群体组成。因为股权分置改革的成功，市场上的"大小非"解禁，产业资本机构直接出现在二级市场上搏杀。但天下熙熙皆为利来，产业资本机构的利益意图与主力机构及个人投资者一样，都是希望将自己手中的筹码卖出一个好价钱，而产业资本兑现利润离场同样需要进行必要的运作。所以，主力机构及产业资本机构在表象上虽然有异，但本质上都是一样的，都是追逐利润而来，此两者的行为都可等同于坐庄运作。至此，市场参与者群体的构成就可以等同于主力机构群体和跟庄的个人投资者群体组成。不论是主力庄家还是跟庄的个人投资者，在实战操作过程中都要对时机进行把握。主力庄家的时机选择主要体现在以下方面。

1.　主力庄家在建仓吸筹运作中对时机的选择

主力庄家在建仓吸筹过程中的最佳时机选择，主要体现在以下三方面：

(1)从K线图表上确定的最佳建仓时机是大盘指数处于下降趋势的末尾阶段。

(2)从市场投资者心理上确定的最佳建仓时机是市场投资大众处于极度

的恐慌之时。

(3)从消息面上确定的最佳建仓时机是利空消息出现时。

主力庄家在大盘指数的下降趋势末尾阶段开始建仓吃货的好处在于：此时的市场仍然处于冰冷状态之中。因为主力庄家吸纳的筹码众多，且耗费的时间极长，所以必须提前在下降趋势的末尾阶段吸纳，才可较为容易地吃到大量筹码。

当市场投资大众的心理状态处于极度恐慌之时就会出现非理性地抛售，市场投资大众慌不择路地出逃正中主力庄家的下怀，主力庄家趁机悉数承接下来。市场持筹者卖出股票的理由就是预期后市股价还会继续下跌，而冰冷的市场环境就可以加剧市场持筹者的悲观预期，当市场持筹者不计成本割肉离场时，带血的筹码从来都是便宜货。

当个股内在基本面或者是市场外部的利空消息侵袭时，主力庄家就可趁机使用拖刀术将原本较小的伤口扩而大之，借助利空消息的威力制造人为的恐慌。当市场持筹者的持股信心之堤被击垮时，筹码就如洪水一样奔泻而出，主力庄家此时就大量买入。一旦市场持筹者极度恐慌，就会不计成本抛出筹码，而空仓者被市场的恐慌所震慑就不敢买入。有大量抛盘而没有买盘的市场状态最适合主力庄家的建仓吸筹运作。

主力庄家在建仓吸筹环节上的时机选择如果将以上三点综合运用就可以借力使力顺势吸纳，从而在吃货过程中收到事半功倍的良好效果。跟庄实战的投资者可以从主力庄家的时机选择利益角度，间接揣摩到主力庄家的操盘意图从而制定正确的跟庄实战策略。

2. 主力庄家在拉升推高运作中对时机的选择

主力庄家在拉升推高股价过程中的最佳时机选择主要体现在以下方面：

(1)从K线图表上确定的最佳拉升时机是大盘指数运行于上升趋势过程中。

(2)从市场投资者心理上确定的最佳拉升时机是市场投资大众的心理情绪处于热烈亢奋状态之中。

(3)从消息面上确定的最佳拉升时机是有潜在利好消息出现时。

大盘指数运行于上升趋势过程中反映出整个市场的做多热情都是偏向于多方。大盘指数运行于上升趋势说明了市场上大部分的个股都是在上涨，那么，主力庄家坐庄运作的个股在他的利益驱动下也必然会借力拉升，市场上空仓者的做多热情就会被有效激发从而追涨买入，持筹者因为预期股价涨得更高而捂股。没有抛盘有买盘的市场状态最适合主力庄家的拉升推高运作。

市场投资大众的心理情绪处于热烈亢奋状态之中，说明了整个市场参与者的做多积极性都已被市场的热火朝天所感染，他们身边的亲朋好友天天股票不离口，无形中也成了免费宣传员。此时证券公司的开户窗口排起了长龙，证券登记结算公司的开户数正在不断攀升。随着一批新股民的加入，场外的增量资金源源不断地从银行储蓄账户中向证券公司交易账户中转移，大盘指数及股价在场外资金的买入推动及场内筹码的惜售状态下继续着上升之旅，主力庄家则借势拔高股价。借助市场的做多热情，主力庄家就可用最低的拉升成本从而将股价推升至高位。

当个股内在基本面或市场外部有潜在利好消息出现时，这个还没有兑现的潜在利好犹如挂在高处的馅饼，吸引着市场投资者向前冲锋，此时的持筹者就会捂股待涨，而空仓者就会追涨买入。在主力庄家刻意拉升之下，股价就如离弦之箭朝上飙升。主力庄家在此利用了潜在利好诱惑市场投资者，然后再顺势做多。

主力庄家在拉升推高环节上的时机选择如果将以上三者灵活地综合运用，就可使用最低的拉升成本从而将股价推升至高位。

3. 主力庄家在筑顶出货运作中对时机的选择

主力庄家在筑顶出货过程中的最佳时机选择主要体现在以下方面：

(1)从K线图表上确定的最佳出货时机是大盘指数仍然运行于上升趋势过程中。

(2)从市场投资者心理上确定的最佳出货时机是市场投资大众的心理情绪已进入疯狂的非理性状态之中。

(3)从消息面上确定的最佳出货时机是利好消息公布兑现之时。

主力庄家拉升股价时需借助大盘指数的向好，而在筑顶出货时更是离不开大盘指数环境的热烈甚至疯狂。只有大盘指数处于热火朝天的状态时主力庄家才可以浑水摸鱼，才可以悄无声息地大量抛售，此时大盘指数的朝上运行已成了主力庄家出货的遮羞布。在20世纪50—70年代吃大锅饭时期有一句口头禅："人少好吃饭，人多好干活。"大盘指数运行于上升趋势过程中，反映出整个市场的人气火热，做多是当时市场的主流，大多数投资者不但看多还做多，这时在主力庄家的眼中正好是人多好干活的时候，在大部分投资者买入的同时大量卖出。这就是主力庄家在底部及顶部常常使用反做策略的本质原因。

当市场投资者的心理状态处于疯狂的非理性状态时，此时市场投资大众的做多热情进入高潮状态，做多力量已达到最高峰，市场表现出的最大买力最适合主力庄家的最大量抛售。疯狂的做多情绪如传染病一样在整个市场弥漫，整个市场投资大众都被极度乐观的气氛包围，不知不觉中就被麻痹，头脑中仅存的一点风险控制意识此时也已消失得无影无踪。因为博弈的本质决定了敌对双方的相互算计，市场投资者的对手——主力庄家此时就趁机发动攻击，趁市场投资大众疯狂做多时出货。

当个股的内在基本面或市场外部的原先潜在的利好消息公布兑现时，市场投资大众的眼球都被利好消息这个焦点所吸引，此时在个股的盘面上就会出现一股强大的做多力量，主力庄家则趁机出货。市场投资者的行动因为群龙无首往往各自为战，但当市场上有吸引投资大众的利好消息出现时，此时的利好消息就起到了古代战争中的旌旗作用，投资大众在利好消息这面旌旗的指引下就会共同做多。有实战经验的投资者就知道，个股顶部某一天的巨量往往伴随着利好消息的公布而出现，巨量成交就是市场投资大众被利好吸引买入而主力庄家趁机卖出共同铸造形成。

三、个人投资者在实战交易中对时机的把握

市场参与者中除了主力庄家在坐庄运作过程中需要选择恰当的时机操作外，跟庄实战操作的投资者同样需要选择适当的时机买入或卖出。个人

投资者在时机选择上可从以下方面入手：

1. 从技术分析上把握适当的进出时机

市场投资者从技术分析的角度来确定买卖时机的方法多种多样，使用不同的技术就有不同的把握方法。比如：使用均线技术的实战者就可以从均线的运行方向上来确定买卖时机。当均线转折朝上运行，此时的转折拐点就是市场投资者的买入时机；当均线由原先的朝上运行转折为朝下延伸时，此处的朝下转折拐点就是市场投资者的卖出时机。投资者若要详细了解技术分析上的合适买卖时机，只需参看技术分析方面的书籍即可。

2. 从基本分析上把握适当的进出时机

市场投资者从基本分析的角度来确定买卖时机的方法同样多种多样，使用不同的基本分析技术就有不同的时机选择方法。例如：有的价值投资者就是从市场平均市盈率的高低上去把握市场的转折拐点。当市场的平均市盈率上升到 40 倍以上时，卖出时机基本成熟；当市场的平均市盈率降至 12 倍以下时，买入时机基本成熟。值得重点指出的是：使用基本面分析技术去把握市场买卖时机的误差较大，在时机的精确定位上，技术分析比基本分析优秀。

3. 从主力庄家坐庄运作的规律上把握适当的进出时机

跟庄实战的投资者可以从主力庄家坐庄运作的规律上把握适当的买入或卖出时机。因为主力庄家坐庄运作的规律不变，都必须首先建仓吸筹，然后拉升推高股价，最后筑顶出货。所以，跟庄实战获利的投资者就可以从战略上确定买卖时机。从主力庄家坐庄运作的角度确定买卖时机的策略是：在主力庄家的建仓吸筹环节买入，在主力庄家的筑顶出货环节卖出。

以上两点策略是跟庄实战时的战略性时机把握。

跟庄实战时的战术性买入时机把握方法是：

(1) 在拉升推高环节中，当主力庄家洗筹做差价时形成的阶段低点也是一个较好的买入时机。

(2) 在建仓吸筹环节中，如果主力庄家使用的是横盘振荡式手法吃货，那么更精确的买入时机就是在股价运行至横盘振荡形成的箱体底线时买入。

如果主力庄家使用拉升式手法吃货，每当股价下调至阶段低点时就是一个好的买入时机。

综上所述，如果将市场投资者在跟庄实战交易过程中的买卖时机选择与技术分析、基本分析和主力庄家的坐庄运作规律相结合，就可取得 1+1＞2 的优秀实战效果。

第四章　从主力庄家的利益上设计实战交易策略

一、股市中基于持股时间长短形成的三大类型获利模式

在股市实战交易历史长河中，诞生了许许多多的实战交易获利策略。有以技术指标信号为操作依据的获利策略，有以个股业绩为主线的操作获利策略，有将技术分析结合基本分析为操作依据的获利策略，甚至有在风口浪尖上专捡低价垃圾股的秃鹰获利策略。

虽然股市中的获利模式多种多样，而且随着股市的发展、市场环境条件的变化而层出不穷，但万变不离其宗，投资者只需运用大道至简的哲理就可以将股市中纷繁复杂、各种各样的获利模式归纳为三大类型。

这三大类型获利模式是：

(1)短线获利模式。

(2)中线获利模式。

(3)长线获利模式。

短线交易就是市场参与者在买入后持筹的时间很短，然后在合适时机卖出的一种投机策略；中线就是市场参与者在买入后持筹的时间比短线长一个级别，然后在合适时机才卖出的一种交易策略；而长线就是市场参与者在买入后的持筹时间比中线投资者还久，然后在合适时机卖出的一种投资策略。从以上分析可以看出，中线获利模式的持筹时间介乎短线与长线获利模式之间。市场上有人将短线获利模式定义为投机博弈模式，将中线获利模式定义为投机与投资兼具的“混血儿”博弈模式，将长线获利模式定义为投资博弈模式。事实上，股市中很多东西并没有是非分明的明显分

界线，这也是混沌操作理论得以在金融投资领域崛起的一个原因。每一个务实的理智的参与者都没有必要将时间精力耗费在这些与投资成功毫无关系的事情上。比如：技术分析与基本分析之争也是这么一个为“面子”不为银子的事例。

二、股市中基于主力庄家的利益形成的超级获利模式

不同的获利模式基于不同的市场基础状态而制定。例如：基于上市公司业绩增长为主线的获利模式的核心基础就在于上市公司的生产经营成绩，而基于技术指标信号为交易依据的获利模式是以市场参与群体的心理变化为核心基础的。因为主力庄家入驻某一只个股进行运作的前提条件是该股在基本面上必须有题材亮点，而业绩增长就是其中的一个炒作题材。主力庄家在坐庄运作过程中一定会主导股价的运行，所以技术指标就可以被主力庄家进行操纵。因为绝大部分的技术指标都是基于价格与成交量这两个重要数据设计，所以主力庄家只需操纵价格和成交量就可间接达到操纵技术指标的目的。投资者从以上分析中可得出这么一个结论：股市中的获利模式都可以归纳为短线、中线、长线的获利模式，而短线、中线、长线的获利模式又可以再进一步精简归纳为“基于主力庄家的利益进行跟庄实战的超级获利模式”。这样，市场投资者只需精通股市第一潜规则——主力庄家坐庄运作技术后，就可一统纷繁复杂的获利模式，就可以将市场上为数众多的获利模式统一归纳为唯一的跟庄超级获利模式。这个跟庄超级获利模式的核心设计思想就是：从主力庄家坐庄运作的利益上设计跟庄实战操作获利策略。

三、基于主力庄家的利益形成的超级获利模式替代短线获利模式的实战策略

基于主力庄家利益的获利模式可以包容替代短线获利模式、中线获利模式和长线获利模式，现在重点讲述基于主力庄家坐庄运作的获利模式包

容替代短线获利模式的实战策略。

市场上使用短线获利模式实战交易的市场参与者通常是基于以下想法：

(1)厌恶股市风险。

(2)提高资金使用效率。

(3)以速度取胜。

股价的运行呈现出三大趋势方向，它们分别是朝上运行于上升趋势、朝下运行于下降趋势及平移的横向平走趋势。因为沪深股市是单边做多交易制度，所有市场参与者只有正确做多才能赚钱。在股价运行的三大状态中，做多与上升趋势对应，而下降趋势对投资者就意味着风险，横向平走趋势在理论上是股价不涨不跌，所以投资者的买入可基本等同于没有盈利也没有亏损。从股价运行的三大趋势方向上分析就可得出：短线实战交易的投资者只有专注于上升趋势操作才可获利。因为短线交易者的持筹时间最短，所以该类型交易者主要针对的是股价的短期上升趋势。

提高资金的使用效率必须从买入与卖出的时机上入手解决。因为股价的运行有三大趋势方向，而且在这三大趋势方向中只有做多才能获利，如果纯粹从三大趋势方向上进行比较，短线交易者的获利机会只占价格运行过程中的三分之一。当短线交易者的目光聚集于短期上升趋势之中时，那么最佳买入时机就是短期上升趋势的初始阶段，而最佳的卖出时机就是短期上升趋势的末尾阶段。短线交易者为了提高资金的利用效率就必须避免陷入股价的横向盘整或回调下跌的调整状态中空耗时间，这是提高资金利用效率的必经之途。为了提高资金的使用效率就只能在买卖时机上下工夫，力图做到只参与股价的上涨而不参与股价的下跌及横盘。

以速度取胜体现在不断换股上面，每一只个股运行于上升趋势过程中就会有或长或短的调整，短线实战交易者的目的之一就是以速度取胜，而速度取胜又与提高资金使用效率相辅相成。当这一只个股的短期上升趋势已运行至末尾时就卖出，然后再买入另一只调整到位刚刚转入上升趋势初始的个股。如此地不断循环往复就达到了以速度制胜的目的。

当短线交易者在速度上取胜及在资金使用效率上得到最大限度发挥时，

就可以在复利的神奇魔力帮助下取得优秀的投资战绩。此种短线获利模式只适合于资金量较小且看盘技术高超的交易者。

主力庄家在短期拉升推高股价运作时的表现反映在建仓吸筹环节中的吃货手法上是：

(1)在复杂底部反转形态建仓吸筹模式手法中，如果主力庄家是构筑头肩底反转形态吸筹，那么主力庄家就必定会在头肩底形态的左肩第二波上升中及头部的第二波上升中及右肩的第三波上升中做高股价。这是由主力庄家构筑头肩底形态吃货的利益决定的，短线交易者只需选择头肩底反转形态中的这三波短期上升趋势为交易目标即可。

如果主力庄家是构筑双底反转形态吸筹，那么主力庄家就必定会在双底反转形态左边底部的第一波上升及右边底部的第二波上升中做高股价。这是由主力庄家构筑双底反转形态吃货的利益决定的，短线交易者只需选择双底反转形态中的这两波短期上升趋势为交易目标即可。

如果主力庄家是构筑圆底反转形态吸筹，那么主力庄家就必定会在圆底反转形态的右半边推升股价。这是由主力庄家构筑圆底反转形态吃货的利益决定的，短线交易者只需选择圆底反转形态中的这一波短期上升趋势为交易目标即可。

(2)在振荡横盘建仓吸筹模式手法中，主力庄家出于吸筹的需要，在运作时就会操纵股价在横向平移的基础上作宽幅的上下振荡。主力庄家构筑横向振荡形态吃货时，在打低股价一波后接着就会拉升一波股价，而打压时的极限价位就是前低点，拉升时的极限价位就是前高点。主力庄家打压的目的是恐吓持筹者抛售，而拉升的目的就是诱惑贪图小利的持筹者卖出，然后再乘机吸货。可见，股价在打压后的上涨是由主力庄家吸筹的利益决定的，短线交易者只需选择主力打压后的拉升所形成的短期上升趋势为目标实战交易即可。

(3)主力庄家在建仓吸筹环节使用打压低吸建仓吸筹模式手法吃货时，虽然在打压股价过程中也会出现反弹上升走势，但因为股价整体上是运行于短期下降趋势过程中，所以建议短线交易者不抢这样的反弹。

(4)在拉升追涨建仓吸筹模式手法中，因为K线价格走势整体上呈现出上升趋势排列，所以每当股价调整到位时就是短线交易者买入的好时机。

(5)在快速突击建仓吸筹模式手法中，当短线投资者看到股价底部放巨量且伴随有重大利好消息时，在做好止损的前提下就可以买入做多。

以上是主力庄家坐庄运作建仓吸筹环节中的短线买入策略，从主力庄家建仓价吃货的利益角度出发，就可设计出优秀的跟庄操作策略。既然主力庄家的本意是想在吸筹后再推高股价获利，那么短线交易者就可以买入坐轿等待主力庄家推升。

短线交易者在主力庄家坐庄运作的拉升推高环节中的实战策略如下：

(1)在单边独立拉升推高股价模式手法中，因为主力庄家此时的利益意图是直接做高股价，短线交易者可使用追涨策略买入做多。

(2)在拉升推高环节的以下做高股价模式手法中，短线交易者只需瞄准主力庄家单边拉升推高股价时的上涨波段做短线即可。因为主力庄家坐庄运作至拉升推高环节后的主要任务就是做高股价，主力庄家的利益意图决定了股价必定会走出单边上涨波段。短线交易者瞄准主力庄家的利益意图是拉升时就买入坐轿，这样主力庄家就无可奈何地充当轿夫抬轿。

(1)单边+平台模式拉升推高股价手法。

(2)单边+回调模式拉升推高股价手法。

(3)单边+平台及回调复合模式拉升推高股价手法。

(4)单边+上升中继形态模式拉升推高股价手法。

短线交易者做单边上涨波段的目标就是这四大拉升推高股价模式手法中的单边上涨波段。

主力庄家坐庄运作至筑顶出货环节后，虽然在筑顶出货手法中也存在着股价的短期上升趋势，但因为已是风险区域，本着风险控制第一的原则，所以舍弃筑顶出货环节中的短线获利机会。

四、基于主力庄家的利益形成的超级获利模式替代中线获利模式的实战策略

基于主力庄家利益的获利模式除了可以包容替代短线获利模式外，还可以包容替代中线获利模式。现在重点讲述基于主力庄家坐庄运作的获利模式包容替代中线获利模式的实战策略。

市场上使用中线获利模式实战交易的市场参与者通常是基于以下两点原因所为：

(1)大盘指数会走出一波中级行情。

(2)个股的内在基本面孕育了一波中级以上的行情。

个股上孕育的一波中级上涨行情与主力庄家中线运作的坐庄获利模式相吻合。即是说，中线投资者在个股的低位买入刚好与主力庄家在个股的低位建仓吸筹环节相对应，中线投资者的中线持有刚好与主力庄家的拉升推高环节相对应，中线投资者的高位卖出刚好与主力庄家的筑顶出货环节相对应。

正是因为他们的高度吻合，投资者在股价的低位买入必须使用技术去确认股价是否已下跌到位，风险是否已释放殆尽。如果从主力庄家的坐庄运作利益出发，主力庄家只有在个股的底部区域才会入场建仓吸筹，此时投资者就可以直接应用主力庄家建仓吸筹吃货模式手法及主力持仓数据统计表确认个股是否已有主力庄家入驻，只需通过确认主力庄家是否已入驻就可以轻易地判定个股的底部区域。当确认主力庄家已蛰伏在个股上时，此时的股价如果刚好仍然处于主力庄家的建仓吸筹成本区域就抄底买入做多，这样就解决了中线买入的难题。

主力庄家建仓吸筹完毕后下一步的运作就是拉升推高股价。当中线投资者通过主力庄家的拉升推高股价模式手法确认主力庄家正在做高股价时就捂股待涨，这样就解决了中线持有的难题。

主力庄家拉升推高股价至高位后，因为获利丰厚，就开始筑顶出货环

节的运作，企图兑现利润离场。当中线投资者通过主力庄家的筑顶出货模式手法确认主力庄家已在派发筹码后就先下手为强提前清仓离场，这样就解决了中线卖出的难题。

以上是从主力庄家坐庄运作全程的利益角度出发解决中线获利模式中的买入、持有、卖出三大难题的整个过程。

五、基于主力庄家的利益形成的超级获利模式替代长线获利模式的实战策略

基于主力庄家利益的获利模式除了可以包容替代短线获利模式和中线获利模式外，还可以包容替代长线获利模式。现在重点讲述基于主力庄家坐庄运作的获利模式替代长线获利模式的实战策略。

市场上使用长线获利模式实战交易的参与者都是基于上市公司的长期投资价值所为。个股内在基本面的不断成长为长牛运作奠定了基础，但为了获取尽可能大的利润，长线投资者同样需要解决低位买入然后在个股基本面顶峰的高位卖出的难题。低位买入是确保长线投资过程中心态良好的前提，如果投资者选择了适合的入场时机买入个股后，随着时间的流逝股价逐渐上涨，当后市股价再次进入振荡下跌时，因为个股的价值中枢在企业的成长之下已被抬高，股价在后市下跌也不会再回到先前的低位，投资者不但没有出现亏损反而是仍然有一定的获利幅度，这样持筹心态就很好，就可以抱住筹码耐心参与股价后市运行过程中的调整和上涨。在股价上涨至高位后，此时上市公司的发展已达到顶峰，后市转折走下坡路时就了结长线头寸。所以长线投资者必须使用技术去解决买入、持有、卖出的难题。

个股上的一波长线上涨行情与主力庄家长线运作的坐庄获利模式相对应。由此思路推理得出：长线投资者在个股的低位买入正好与长线主力庄家在个股的低位建仓吸筹相对应，长线投资者的长线持有过程正好与主力庄家的拉升推高环节相对应。在实际走势中，长线主力庄家拉升股价的幅度远比中线主力庄家拉升股价的幅度大。长线投资者在高位卖出正好与长

线主力庄家的筑顶出货环节相对应。

因为长线投资者所使用的长线获利模式与长线主力庄家的运作获利模式高度吻合，长线投资者如果掌握了主力庄家坐庄运作技术，就可以通过主力庄家在建仓吸筹环节使用的建仓吃货模式手法及主力机构持仓数据统计表发现主力庄家吃货的蛛丝马迹。当确认主力庄家的资金已流入个股后，就可判断出个股的底部区域来。投资者应用主力庄家坐庄运作建仓吸筹实战技术就可准确测量出个股的底部区域，长线投资者此时就可买入做多。

主力庄家完成建仓吸筹环节的运作后，接着展开拉升推高环节的运作。短线主力庄家在拉升推高环节做高股价的幅度较小，而中线主力庄家在拉升推高环节做高股价的幅度较大，长线主力庄家在拉升推高环节做高股价的幅度将会远大于短线及中线主力庄家的拉升幅度。长线投资者此时可通过主力庄家的拉升推高股价模式手法监察、确认主力庄家是否仍然在拉升推高股价，如果主力庄家还在努力推升股价就持股不动，这样就可充分享受到坐轿的乐趣。

当主力庄家拉升推高股价至目标出货区域后随即展开筑顶出货环节的构筑，当长线投资者通过主力庄家的筑顶出货模式手法监察到主力庄家已在派发筹码时就提前清仓离场，这样就解决了长线卖出的实战难题。

以上就是从主力庄家坐庄运作全程的利益角度出发解决长线获利模式中的买入、持有、卖出三大实战难题的整个过程。

综上所述就可得出一个结论：不论是短线获利模式、中线获利模式，还是长线获利模式，投资者都可以使用主力庄家坐庄运作技术去包容、替代并完美地解决买入、持有、卖出的实战技术难题。可见，主力庄家坐庄运作技术具有一统短线、中线、长线获利模式的优秀实战能力。投资者只需掌握股市第一潜规则——主力庄家坐庄运作实战技术就可轻易地将纷繁复杂的各种盈利策略归纳成简洁而卓有成效的单一跟庄实战策略。军事院校中有一条军事行动准则是“越简单的越容易执行”，而应用主力庄家坐庄运作实战技术将各种纷繁复杂的盈利策略归纳为跟庄实战获利策略后，在交易行动中因为容易执行而实战效果显著。

第五章　主力庄家在运作中对分红、送赠股的利用

一、主力庄家在运作中将会根据上市公司不同的分红、送赠股方案采取不同的做盘手法

分红、送赠股是沪深股市每一个季度季报公布期间的热门焦点所在，特别是在半年报及年报中，沪深股市的分红、送赠股行为最为普遍。而主力庄家在运作个股过程中所耗费的时间短则几个月，长则达数年。上市公司的分红、送赠股无疑对主力庄家的运作有着重大的影响，正是因为这一原因，我们非常有必要去深入分析研究分红、送赠股与主力庄家运作的关系。

分红、送赠股中的现金分红是指上市公司拿出现金分给股权登记日中登记在册的全体股东；而送股就是指上市公司将原本用于支付红利的利润转为新股，然后无偿分给股权登记日中登记在册的全体股东用以代替全部或部分红利的一种利润分配方式。

在沪深股市中，在季报公布期间投资者就可发现：有的上市公司只是以现金的形式进行分红，而有的上市公司只是以送赠股的形式进行分红，也有的上市公司采取的分红方式是现金加送股的混合模式。

转赠股是指上市公司将本公司的公积金转为新股，然后无偿分给股权登记日中登记在册的全体股东的一种利润分配方式。

在沪深股市中，在季报公布期间投资者就可发现：有的上市公司只是以纯转赠股的形式进行利润分配，也有的上市公司是以转赠股加现金分红的形式进行利润分配，更有一些上市公司的利润分配方案中既有现金分红，

还有送红股和转赠股。

上市公司的分红、送赠股行为在股价上可表现出含息、含权、除息、除权、抢权、填权及贴权的现象。

含息是指上市公司用现金分红，但尚未实施。这种含有现金分红权利的股票，称为含息个股。

主力庄家在运作个股过程中，不论是在建仓吸筹环节，还是拉升推高股价环节，或者是筑顶出货环节，个股上的现金分红通常都会填权。原因在于沪深股市中的现金分红历来都极少。但在拉升推高股价环节及筑顶出货环节，主力庄家会根据上市公司现金分红的多少而采取不同的战术运作手法。如果上市公司的现金分红极少，那么这样的含息题材根本无法激起市场投资者的兴趣；如果该上市公司的现金分红是属于市场中现金分红级别较高的类型，或者是大比例现金分红的名列前茅者，那么主力庄家在拉升推高股价环节就会利用该股含息的利好题材做高股价。此时的含息题材在主力庄家坐庄个股的运作过程中起到了凝聚市场人气、激发市场空仓者买入的作用。而市场上的持筹者更是乐意持股待涨。在主力庄家的建仓吸筹环节中，如果上市公司的现金分红优厚，主力庄家在该股公布预案或实施现金分红时就砸盘，制造逢利好出货的假象逼迫市场上的持筹者卖出，主力庄家则乘机大捡便宜货，而空仓者被股价的下跌所惊吓也不敢入场抄底。结果，主力庄家运用砸盘战术手法操作收到了两全其美的良好效果。

含权就是指上市公司送赠红股但未实施，这种含有送赠红股权利的股票称为含权。

含权与含息在本质意义上是相同的，主力庄家会根据上市公司送赠股数的多少而采取不同的战术运作手法。送赠股的含权吸引力大小与送赠股数的多少直接相关。通常情况下，送股的吸引力大于赠股，而送赠股数是“十送十”总比“十送三”要有吸引力。

抢权就是股票因含权而吸引投资者买入从而导致股价上涨，这种买入行为就称为抢权。

股票因含权会表现出如下结果：一是股价因含权而上涨，二是在市道环境差及没有主力庄家运作时表现出下跌。

除息就是个股含息日的最后一天收盘价减去上市公司要发放的股息的差价结果。投资者在看盘时有时看见某一只股票的简称前边加有“XD”字样，就是该股当天除息的标记。

除权就是个股含权日的最后一天收盘价减去含权价格的差价结果。投资者在看盘时，有时看见某一只股票的简称前加有“XR”字样，就是该股当日除权的标记。因为有的上市公司的利润分配方案是既有现金分红又有送赠股，投资者在看盘时，有时看见某一只股票的简称前加有“DR”字样，就是该股当天除权又除息的标记。

填权就是个股除权后股价上涨将除权差价缺口补回。投资者在K线价格走势上可看到股价将前一个除权缺口回补的现象出现。

贴权就是股票除权后没有上涨填权而是继续下跌。

主力庄家在运作个股过程中，如果上市公司有分红、送赠股的利润分配方案出台，主力庄家就会根据个股当时的坐庄运作的阶段来灵活操盘。分红送赠股的主线依次是：

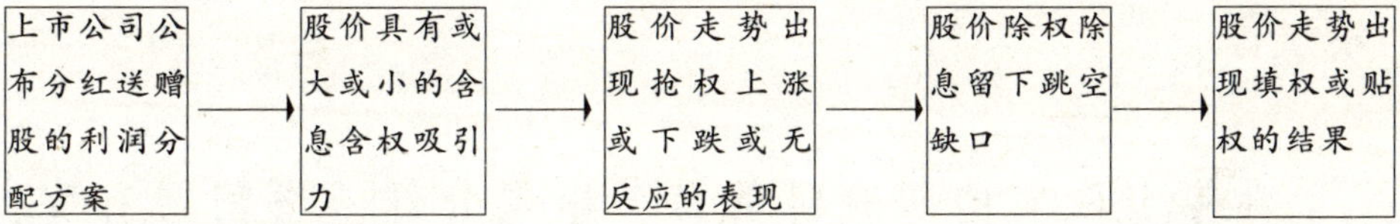
上市公司公布分红送赠股的利润分配方案
股价具有或大或小的含息含权吸引力
股价走势出现抢权上涨或下跌或无反应的表现
股价除权除息留下跳空缺口
股价走势出现填权或贴权的结果

主力庄家在运作个股过程中如果与上市公司有默契，那么个股上的分红送赠股方案利好消息就会在主力庄家拉升推高股价环节预告，个股上的利好预告就成了市场参与者望梅止渴式的诱饵，主力庄家利用该利好题材炒作股价。市场上的个人投资者被该诱饵迷惑后，持筹者就会因为预期股价后市涨得更高而捂股待涨，空仓者因为预期股价后市上涨而被吸引买入。主力庄家在基本没有抛盘而又有大量买盘的前提下，就可达到以最低的拉升成本将股价推升至高位的目的。当股价进入筑顶出货环节后，此时的分红、送赠股方案实施，主力庄家则趁机大力抛售，最终达到事半功倍的出货效果。

在此告诉读者朋友一个实战技巧：读者朋友在实战交易过程中只需观察上市公司基本面上的利好或利空信息的发布是否与股价的运行高度吻合，如果高度吻合就说明了该上市公司的信息已泄露给坐庄该股的主力庄家。常见的泄露途径如下：

(1)上市公司的信息披露制度上有漏洞或者是有“内鬼”。有的“内鬼”是主力庄家安插在上市公司管理层中的人员，有的“内鬼”是主力庄家与上市公司的高管内外勾结的结果。

(2)上市公司在运作自家的股票，说白了就是上市公司与主力庄家是同一伙人。例如：几年前崩塌的天下第一庄——德隆系就是在运作自己的股票。自家人当然知道自家事！

(3)主力机构通过频繁、细致的调研跟踪推理出上市公司的利好或利空消息，这是一种合法的获取上市公司信息的途径。例如：券商、基金公司的研究人员就会重点调研他们重仓持有的个股。

上市公司信息披露上的种种违法行为在监管层的严密监控下已越来越少，原因是：现在的市场监管工作比以前更严厉、更到位，监管制度也已日趋完善。

二、在主力庄家的建仓吸筹环节出现分红、送赠股方案，股价将会有以下表现形式

上市公司公布分红、送赠股的利润分配方案后，如果是处于主力庄家运作的建仓吸筹环节，股价将会有以下表现：

(1)股价出现短暂上涨然后回落。

(2)股价没有表现。

(3)股价出现下跌。

股价出现短暂的上涨是因为该股的利润分配方案的吸引力较大，已激发市场投资者的买入热情，主力庄家就顺势拉升让想买入的投资者出高一

点价钱，这样就可抬高他们的买入成本。当股价升高后又可阻止那部分不敢追涨买入的投资者做多，真是一举两得。当市场上的买入热情消退后，因为主力庄家还需继续吃货就会将股价再次打低，然后吸筹。

股价没有表现既有可能是因为上市公司的利润分配方案没有多少吸引力，也可能是主力庄家因为还处于建仓吸筹之中不想惊动市场投资者，所以就将这则利好进行淡化处理。主力庄家不理睬股价，股价自然没有表现。

股价出现下跌刚好与上市公司公布利润分配方案的利好相反，出现这样的结果有可能是当时的大盘指数正处于下跌过程中，大市环境的向淡甚至冰冷产生的较大做空动能将个股上的较小利好动能吞噬了，最终股价下跌。另一种可能是主力庄家在上市公司公布利好消息时故意反做，采取打压股价的形式制造利好出尽是利空的假象恐吓市场投资者。当投资者的恐慌盘涌出则正中主力庄家的圈套，主力庄家由此达到吃更多便宜货的目的。

三、在主力庄家的拉升推高环节出现分红、送赠股方案，股价将会有以下表现形式

上市公司公布分红、送赠股的利润分配方案后，如果是处于主力庄家运作的拉升推高股价环节，股价将会有以下三种表现：

(1)股价出现加速上涨。

(2)股价出现下跌。

(3)股价没有反应。

股价出现加速上涨是因为主力庄家正在拉升推高股价，此时个股上的利好所形成的做多动能犹如火上浇油使股价的上涨出现加速。

股价出现下跌是因为主力庄家已将股价拉升至阶段性高点位置，主力庄家下一步的如意算盘是洗筹，此时刚好碰到上市公司公布利好，就制造逢利好出货的陷阱迷惑、恐吓市场投资者，以此达到洗筹的目的。在股价的阶段性高点往回看时，因为股价刚刚上涨一个波段，从外观表象上观察与主力庄家的拉高后出货在外形上极相似，而这正是主力庄家欺骗市场投

资者得以成功的根源。此外，大盘指数的大跌也会拖累个股出现下跌。

股价没有反应是因为主力庄家刚好将股价打压至阶段低点，且正在构筑阶段小底，又因为前期股价的下跌挫伤了市场人气，市场上没有人跟风，而主力庄家的止跌企稳画 K 线动作未有完成，所以暂时“冷冻”了该利好消息。当主力庄家在后市重新拉升股价时，那些股评家又会将这一利好消息进行“解冻”。股价上涨后股评家要寻找理由，而老调重弹是其中一种方式，这就是做股评的其中一个秘诀。如果上市公司的利润分配方案很吝啬，对市场投资者没有吸引力，主力庄家也懒得理会，股价又正好处于调整洗筹的末尾，自然就没有反应。此外，大盘指数在个股公布利好时刚好下跌，也会造成个股遇到利好而股价没有反应的表现。

四、在主力庄家的筑顶出货环节出现分红、送赠股方案，股价将会有以下表现形式

上市公司公布分红、送赠股的利润分配方案后，如果是处于主力庄家运作的筑顶出货环节，股价将会有以下三种表现：

(1)股价出现滞涨。

(2)股价出现下跌。

(3)股价没有反应。

股价出现滞涨的原因是主力庄家在借助利好抛售筹码，但因为市场人气旺盛，接盘较为踊跃，最后股价以有一定涨幅的滞涨状态收场。

股价出现下跌是主力庄家肆无忌惮地凶狠出货所致。主力庄家全力以赴大力抛售的结果就会形成逢利好股价不涨反跌的结果。

股价没有反应是主力庄家在借助利好大力抛售筹码时，因为市场上的接盘刚好能够消化主力庄家的卖盘，当做多力量与做空力量达到动态平衡时股价就表现出没有反应的表象，但从成交量上观察就可看到，成交量柱子是高高地立在那里的。

总之，在主力庄家的筑顶出货环节，个股上公布的利好都会成为主力

庄家乘机出货的好机会。

股价在除权除息后留下的跳空缺口在股价后市运行中是填权回补还是贴权下跌，主要取决于以下三点：

(1)大盘指数的趋势运行方向。

(2)主力庄家的运作阶段环节。

(3)个股内在基本面的优劣。

大盘指数如果正处于上升趋势的运行过程中，就为个股上的填权营造了良好的环境，而大盘指数的上涨也会对个股形成助涨，股价填权的概率大增。大盘指数如果运行于下降趋势中，因为大市环境冰冷、市场人气涣散，大盘指数的下跌也会对个股形成助跌作用，股价贴权的概率就很大。

主力庄家的运作如果是处于建仓吸筹环节或者是拉升推高环节，那么股价填权的概率达到最大级别；如果是处于筑顶出货环节，那么股价贴权的概率达到最大级别。

个股内在基本面是股价的基石，基本面优秀的个股从长期来看股价必然会填权，而基本面差的劣质股在股价除权后出现贴权的概率就很大。

综上所述，股价在除权除息后留下的跳空缺口是填权回补还是贴权下跌，需综合分析以上三大方面才可得出正确的结果。譬如：个股的基本面优秀，而大盘指数正好运行于上升趋势之中，主力庄家的运作处于建仓吸筹或拉升推高环节，那么股价在除权除息后的填权就是势在必行。当投资者熟悉分红、送赠股与主力庄家的运作关系后，在实战交易过程中如果遇到分红、送赠股的个股时就可以应付自如。

第六章　人性的弱点之一——犹豫不决

一、犹豫不决导致延误交易战机

在人生道路上，每一个人都是在得失中前行，得到了一样东西就会在无形中失去一样东西。譬如：在空闲时间学习充电得到了知识，但却失去了娱乐休息。正是因为有所得就会有所失，每一个人在人生前行中都时时刻刻地在得失之间权衡利弊，按照古人所说的“两利相权取其重，两害相权取其轻”的方法选择最有利于自己的结果。而这个选择的过程就是决策。在股市实战交易过程中，不论是主力庄家还是个人投资者都需要时刻进行决策。决策有难易之分，当得到和失去的结果有悬殊时，由于是非分明，决策就容易。而一旦得到和失去的结果半斤八两时就颇费思量，此时做出决策就很难。因为矛与盾的针锋相对，投资者内心的矛盾就会转化成难以抉择的痛苦，左右为难、无法定夺就导致犹豫不决，犹豫不决就会拖延时间，最终导致延误交易战机。

二、投资者在实战中延误交易战机的主要表现

投资者在实战交易过程中因为犹豫不决而延误战机的行为主要体现在以下方面：

(1)在个股的底部低点区域，由于市场人气冰冷、市场一片惨淡的影响，投资者在究竟是买入还是空仓的思索中因为无法定夺而犹豫不决，最终丧失最佳买入机会。

(2)在个股的顶部高点区域，因为市场人气疯狂，每一个参与者都沉浸在欢天喜地之中，投资者受到环境影响而陷入究竟是继续持有还是抛售的

苦恼中，因为左右为难从而犹豫不决，结果丧失最佳卖出时机。

(3)在个股由低点朝高点上涨的上升趋势运行过程中，空仓的投资者看到股价涨高后而不敢追涨买入，企图等待股价回调下跌再进场，没想到等来的结果是股价继续上涨，心态浮躁起来的投资者就会陷入“追涨买入怕被套，不买又担心股价继续上涨”的矛盾心理中，矛盾的心理在时间流逝之下会导致犹豫不决。犹豫不决的结果轻则贻误战机，重则导致亏损。

(4)在个股由高点朝低点下跌的下降趋势运行过程中，持筹者在股价下跌一定的幅度后不肯卖出，而是希望股价反弹再逢高抛售，没想到等来的是股价的继续下跌。股价的继续缩水导致持筹者的心态越来越坏，此时由于害怕股价继续下跌而想卖出但又担心在抛售筹码后股价反弹上涨，在这样的矛盾心理煎熬下，犹豫不决的人性弱点就暴露出来了。在实战交易过程中一旦陷入犹豫不决，轻则贻误交易战机，重则招致亏损累累。

投资者在第一点中的犹豫不决首先是由人性中的另一个弱点——恐惧引发。由于投资者害怕股价继续下跌造成资金账户上的亏损而顾虑重重，又因为一旦抄底成功就可以大赚一笔的贪婪心理作怪，于是犹豫不决就在贪婪与恐惧的拉锯战下出现。

投资者在第二点中的犹豫不决首先是由人性中的另一个弱点——贪婪引发。由于投资者期望股价继续上涨多赚一点利润，但又害怕股价造顶出现下跌，在贪图多一点利润与恐惧股价下跌造成资金账户缩水的贪婪与恐惧的对抗中出现以上的苦恼——犹豫不决。

投资者在第三点中的犹豫不决是由期望获利的贪婪和害怕股价下跌被套的恐惧交织而成。

投资者在第四点中的犹豫不决是由期望下跌后的股价回复原位再卖但股价实际走势违背期望继续下跌造成资金账户进一步缩水形成。期望下跌后的股价回升原位是贪婪念头的反映，而实际走势违背期望继续下跌则加剧了恐惧，贪婪与恐惧的针锋相对、互相缠绕就交织形成犹豫不决的心理。

三、利空或利多消息给投资者造成的犹豫不决

利空或利多消息给市场投资者造成的犹豫不决主要体现在以下两点：

(1)当利空消息出现时，股价逆势上涨。

(2)当利好消息出现时，股价逆势下跌。

个股上出现利空消息时，按正常运行状态股价应该是下跌的，但因为股价在实际走势中不但没有下跌反而是逆势上涨，这样就形成利空消息与股价逆势上涨的矛盾。实战技术欠缺的投资者由于看不懂真相，不知是应该做多还是应该做空，从而陷入犹豫不决的痛苦之中。

个股上出现利好消息时，按正常运行状态股价应该是上涨的，但因为股价在实际走势中不但没有上涨反而是逆势下跌，这样就形成利多消息与股价逆势下跌的矛盾。实战技术欠缺的投资者由于看不懂市场的运行真相，从而陷入不知是该做多还是该做空的犹豫不决心理状态中，最终延误了交易战机。

股市投资者的犹豫不决可具体分为：

(1)个体上的犹豫不决。

(2)市场群体上的犹豫不决。

个体上的犹豫不决是指某一位投资者在实战交易过程中，由于技术水平欠缺造成了实战操作上的前怕狼后怕虎状态。

市场群体上的犹豫不决通常表现在多方阵营不敢轻举妄动而空方阵营也一样小心谨慎的状态中，结果多空双方都陷入举棋不定的犹豫之中。多方阵营想做多而不敢买入、空方阵营想做空而不敢卖出的行为就是由犹豫不决的心理造成的。

四、主力庄家在运作中给投资者造成的犹豫不决

主力庄家坐庄运作过程中给市场投资者造成的犹豫不决主要体现在以下两个方面：

(1)主力庄家使用三大基本操盘手法中的横盘式操盘手法运作时，其中的一个目的就是故意将市场投资者置于犹豫不决的心理状态之中。

(2)主力庄家在坐庄运作过程中骗线时，其中一个目的就是故意将市场投资者推进左右为难的境地之中。当市场投资者左右为难时就会在决策上犹豫不决，最终延误实战时机甚至导致亏损。

主力庄家使用横盘式操盘手法运作时，在K线价格走势上就会呈现出横走的状态，此时股价平移没有作出朝上或向下的表态无形中迫使市场投资者陷入观望行列中。这样，空仓的投资者不会做多，持仓的投资者也不会做空，此时股价的运行进入稳定的平移状态，主力庄家等待时机再伺机行动的目的就此达到。

主力庄家坐庄运作过程中进行骗线时，其中一个目的就是首先扰乱市场投资者的心态。当市场投资者的心态被主力庄家扰乱以后，持筹的投资者在不该抛售时却卖掉了，而空仓的投资者在不该买进时却买入了。主力庄家的骗线通常表现在多头陷阱或空头陷阱的构筑上。主力庄家使用技术分析进行骗线的运作诀窍是：操纵价格走势发出向好或利空的技术信号，然后在实际走势上反其道而行。

主力庄家在骗线时必然会利用技术分析制造各种各样的表象与实质相矛盾的陷阱，目的是将市场投资者置于进退两难的境地中，使该部分的投资者在实战决策时犹豫不决。而迟疑轻则坐失机会，重则操作错误。技术分析上制造的犹豫不决心态出现在以下两个方面：

(1)当价格上升到阻力区域时制造的犹豫不决。

(2)当价格下跌至支撑区域时制造的犹豫不决。

主力庄家坐庄运作过程中将价格拉升到阻力区域时，为了达到清洗市场浮筹的目的就会进行技术骗线。为了达到技术骗线的目的，首先就需要

将市场投资者推进犹豫不决的心理陷阱之中。比如：主力庄家拉升股价至阻力价位区域时，一触碰到该阻力价位就操纵股价下跌，制造股价无法升越该阻力区域的假象。当市场投资者认为股价无法升越该阻力区域时就会抛售离场，这样主力庄家就达到了洗筹的目的。在达到清理浮筹的目的后，主力庄家就将股价做高并升越该阻力区域。此时原本认为价格无法升越该阻力区域的投资者就陷入疑惑不解的矛盾心理状态中，疑惑不解就无法弄清市场真相，这样在实战交易决策时就会拖泥带水最终错失机会。当预期与实际走势相反时，投资者的心理就会陷入矛盾状态，而心理矛盾正是犹豫不决产生的温床。

主力庄家坐庄运作过程中将价格打压到重要的支撑区域时，为了达到彻底清洗市场浮筹的目的就会构筑技术陷阱。比如：主力庄家打压股价时故意击穿重要的支撑价位，制造技术破位的空头陷阱恐吓市场投资者，市场投资者看到股价破位后就会落荒而逃。当主力庄家的洗筹目的达到后再操纵股价重返支撑价位之上，此时原本认为股价技术破位而抛售的投资者看到股价重返支撑价位之上，该部分投资者在“买”还是“不买”的左右为难之中就产生了犹豫不决的心理，而犹豫不决就会最终输得一干二净。

市场投资者的犹豫是因为在权衡利弊时，利与弊之间呈现出半斤八两的状态，当在取舍上拿不准主意时，他们就会陷入左右为难的矛盾心理之中。而与犹豫相反的就是果断。历史上无数的事实说明，果断决策是成就大事的前提条件之一，优柔寡断是做大事者的大忌。

股价的运行状态呈现出单边上落趋势时，投资者只要使用追随趋势的策略就可以轻而易举地跟庄获利。决策上的取舍也会因股价运行方向上的单一而易如反掌。为什么做金融投资决策那么难？是因为股价在运行过程中有着太多的真与假，真真假假相混淆时，只有实战本领高强者才拥有火眼金睛从而识别机会与风险，果断地做出决策。而技术水平欠缺者因为无法辨别机会与风险的真伪就会陷入前怕狼后怕虎的矛盾心理中，从而犹豫不决，最终导致实战操作上的失误。

技术水平欠缺者的犹豫心理贯穿于主力庄家坐庄运作的整个过程中。例如：主力庄家拉升股价时，股价从底部低点朝上突破上涨这个动作是真的还是假的？只要投资者在头脑中存在疑问而无法定夺，那么犹豫不决的心理就此产生了。佛学中的五毒是指贪、嗔、痴、慢、疑，而犹豫不决心理则诞生于五毒之一的疑。不疑神疑鬼怎么会犹豫不决呢！投资者在实战交易过程中要想克服人性中的弱点——犹豫，唯有提高技术本领方可做到。投资者如果拥有技术本领去识别市场的真相，那么决策就是轻而易举之事。但任何一个实战高手都不是万能的，连投资大师也不例外。市场投资者在实战交易过程中如果遇到看不懂的价格走势可采取先退出离场的策略来规避不确定性风险。华尔街有一句名言："看不懂时就离场。"那么什么时候再进场啊？直到自己能看懂的时候。当投资者使用该策略实战操作以后，就可避免犹豫不决心理所带来的损失。

第七章 主力庄家的三大基本操盘手法之一——拉升式操盘手法

一、拉升式操盘手法是主力庄家专门针对人性中的贪婪弱点所设计

主力庄家在坐庄运作过程中的三大基本操盘手法是打压式操盘手法、拉升式操盘手法及横盘式操盘手法。打压式操盘手法已在前面的建仓吸筹环节内容中详细讲述，现在重点讲述拉升式操盘手法。

在整个坐庄运作流程中，主力庄家在不同的运作阶段会侧重于不同的操盘手法，而拉升式操盘手法是主力庄家刻意做高股价的表现。主力庄家存心推高股价的意图主要表现在以下两点：

(1)推升股价获取利润。

(2)推升股价诱惑对手。

市场上任何投资者的获利模式都可以归结为低买高卖。因为沪深股市的单边交易做多制度决定了市场投资者若想获得利润唯有做多，主力庄家也不例外。如果从主力庄家的心理意图上进行分析，推升股价赚取差价的行为是主力操盘手诚心诚意地做高意图所为。而推升股价诱惑对手的做高股价行为则是主力操盘手的阳奉阴违意图所为。

主力庄家使用拉升式操盘手法做高股价的利益意图不论是基于赚取差价还是诱惑市场敌手，在表象上都是一种拉升推高股价的体现。赚取差价与诱惑对手的本质区别在于：前者拉升推高股价后，股价不会轻易再“故地重游”，而后者拉升推高股价后，股价会很快就被打回原形。跟庄实战交易的投资者如果不能识别主力庄家拉升推高股价的操盘手法内在本质，而

是在看见股价上涨时就盲目追涨买入，那么实战交易的结果将会是输多赢少。因为在主力庄家的整个坐庄运作流程中，主力庄家使用拉升式操盘手法只占所有操盘手法中的一部分，而且在主力庄家所有的拉升推高股价行动中，虚假的诱惑式拉升次数比真实的拉升次数多很多，只有虚假中夹杂着真实才可扰乱市场投资者的思维、视线。当市场投资者的操作步骤陷入混乱后就会出现下面行为：在该追涨买入时却因为怕踏入多头陷阱而止步，在不该追高买入时却因为被主力庄家诱惑而奋勇上前，最终亏损累累。

主力庄家使用拉升式操盘手法诱惑市场投资者陷入多头陷阱的骗线伎俩能够得逞，主要是抓住了市场投资者群体中的人性弱点之一——贪婪，从而达到运作目的。市场投资者群体可具体分成两大阵营，他们分别是：

(1)空仓者群体阵营。

(2)持筹者群体阵营。

主力庄家使用拉升式操盘手法不但可以稳定市场持筹者群体的持股信心，而且还可以激发市场空仓者的做多热情，使这些潜在做多的空仓者入场承接卖盘，而主力庄家则趁机大量抛售。主力庄家不论是做差价卖筹码还是筑顶清仓出货，都需要有足够的买方力量出现。只有这样，才可消化掉主力庄家手中的大量抛盘。市场上的买方力量主要集中在潜在做多的空仓者群体中，为了引诱这部分潜在的空仓者买入就必须使用诱饵，诱饵的作用就是使市场上的潜在做多者误认为股价后市还会上涨。市场投资者的买入理由多种多样，但概括起来都是因为预期后市股价能够上涨。而诱饵就是主力庄家强化市场投资者看多预期的催化剂及动力。

主力庄家为了稳定持筹者的持股信心，同样需要借助诱饵进行诱惑，而持筹者不卖手中筹码的理由也多种多样，但概括起来同样是因为预期后市股价能够上涨。

主力庄家诱惑市场投资者最直接、最有效的方法就是拉升推高股价，而拉升推高股价的具体实施就需要通过拉升式操盘手法执行。所以，主力庄家使用拉升式操盘手法做高股价的心理意图是：希望市场持筹者捂股不卖，与此同时又希望市场上的空仓者买入。此两者反映了主力庄家的如意算盘，即希望市场上的做空力量尽量小而做多力量尽量大。

拉升式操盘手法是主力庄家专门针对市场投资者中的人性弱点——贪婪，而量身定做。市场投资者在股市中的所有贪婪表现都源于预期后市股价还会上涨。因为主力庄家做高股价的行为有真实与虚假之分，不论是真实的拉升还是虚假的拉升，表现在股价运行状态上的共同特点都是股价上涨；而表现在股价运行状态上的相异之处则在于真实拉升做高股价后通常会停留在一定高位而不会将该波升幅吞没，虚假的诱惑骗线在做高股价后，股价随后不但将该波升幅吞没，而且还常常创出该波拉升后的新低。

二、衡量主力庄家诱惑力度大小的方法

正是因为不论是真实的拉升还是虚假的做高股价行为，都会在资金账户中形成水涨船高的资产增值，所以市场投资者的资金账户此时是真金白银的盈利，股市中再也没有任何东西比真真实实的财富增值更具诱惑力。这一点正是主力庄家使用拉升式操盘手法诱惑市场投资者时最有效的原因所在。主力庄家使用拉升式操盘手法推升股价诱惑市场投资者的最终目的就是希望激发市场投资者人性上的贪婪，利用敌手的贪婪弱点达到自己的操盘利益目的。在实战交易过程中，投资者的贪婪欲望表现在操作行动上是有轻重之别的，因为每一个投资者对股价上涨幅度大小的预期是不一样的。有的投资者如果能够盈利十个百分点就已很满足，但有的投资者即使能够盈利几十个百分点都仍然觉得意犹未尽。根据《金融行为学》上的描述，投资者在获利上的表现总是呈现出人心不足蛇吞象的贪得无厌的特性。即在实现了当初的获利预期后不但没有收手落袋为安，反而是看高一线期望股价继续上涨一个台阶，而这个行为正是贪婪欲望不断膨胀的体现。贪婪心理重的投资者，主力庄家只需稍微引诱就可激发他们的做多热情。在实战交易过程中，有的投资者一看到大盘指数翻红就按捺不住内心的冲动而买入，这就是贪婪心理导致的浮躁结果。贪婪心理轻者，主力庄家若想达到诱惑的目的，唯有加大诱惑的力度方可收到良好的效果。

主力庄家使用拉升式操盘手法吸引市场投资者的诱惑力度可从以下两方面进行衡量：

(1)主力庄家拉升推高股价的时间越长，就越具有吸引力。

(2)主力庄家拉升推高股价的上涨幅度越大，就越具有吸引力。

由此得出：主力庄家温和式的拉升诱惑行为在拉升时间上或空间幅度上将会较短，而主力庄家凶狠式的拉升诱惑行为在拉升时间或空间幅度上将会较长。

拉升式操盘手法是主力庄家的三大基本操盘手法之一，主力庄家在坐庄运作过程中究竟在哪一个运作环节使用拉升式操盘手法呢？这需要从拉升式操盘手法的作用方面来详细分析就可了解清楚。主力庄家使用拉升式操盘手法做高股价的目的就是稳定持筹者持股信心，与此同时诱惑空仓者买入做多，而符合主力庄家的这一利益意图的坐庄运作环节阶段只有在筑顶出货环节及拉升推高后的阶段高点区域。主力庄家在整个筑顶出货环节及拉升推高后的阶段高点区域的运作过程都是围绕着如何尽量减少市场抛盘及如何尽量激发市场买盘的核心主线展开的。

主力庄家在筑顶出货环节运作中的利益意图是希望能够在股价的高位抛售尽量多的筹码。为了实现大量出货的目的就需要有大量的市场空仓者买入。主力庄家在大量出货之时是不希望有市场投资者抛售的，此时市场持筹者的抛售就是在与主力庄家争抢客户，主力庄家费了九牛二虎之力才好不容易激发的一点买盘是极不情愿让别人来和他分享的。市场持筹者每卖出一手，无形中主力庄家就已减少这一手的卖单，众多市场持筹者的聚沙成塔卖出就会严重侵袭主力庄家在顶部出货运作中的利益。所以减少抛盘是主力庄家的其中一个运作任务，而使用拉升式操盘手法稳定持筹者持股信心的同时又可诱惑市场空仓者买入，真是一举两得。

当主力庄家将股价拉升推高至阶段高点后，出于降低坐庄运作成本的考虑，主力庄家就会趁机做一部分差价。做差价卖出筹码的行为与筑顶出货的行为表现在做空力量上是相同的，都会对股价形成抛压。为了化解抛售压力就只有从稳定持筹者信心、减少卖盘及激发市场空仓者做多热情、增大买盘这两个方面下工夫。拉升式操盘手法正好可以做到这两点。所以，主力庄家在股价的阶段性高点做差价时同样需要使用拉升式操盘手法。

主力庄家在坐庄运作过程中使用拉升式操盘手法实战时的效力大小，除了可以从时间的长短及空间幅度的大小上进行量度外，还有一个重要的因素就是时机的选择。生不逢时，即使怀才也可能不遇明主，而生逢其时就可乘势而起，借力使力、顺势而为不但是个人投资者跟庄实战的法宝，也是主力庄家降低运作成本、实现低投入高产出的盈利必备。在恰当的时机使用拉升式操盘手法就可以收到事半功倍的良好效果。使用拉升式操盘手法的时机选择与大盘指数的市道环境及个股的内在基本面资质相关。如果说使用打压式操盘手法时应借助内在或外在的利空作用，然后借力使力起到雪上加霜的作用，那么使用拉升式操盘手法时也应借助内在或外在的利好作用，然后借力使力就可起到锦上添花的作用。

市道环境及个股内在基本面上的利好通常表现在以下方面：

(1)借助大盘指数上涨趋势，使用拉升式操盘手法做高股价。

(2)借助个股内在基本面上的利好消息，然后使用拉升式操盘手法做高股价。

当大盘指数上涨时，此时主力庄家的操盘意图如果是想做高股价，那么主力操盘手就会借力顺势做高股价。如果个股的内在基本面上有利好消息出现，此时刚好主力庄家的心理意图是拉升推高股价，那么主力操盘手就会顺势而为锦上添花做高股价。

借助内在的或外在的利好消息，然后顺势做高股价就可以非常巧妙地掩盖主力庄家的操盘意图。主力庄家如果能够神不知鬼不觉地操纵股价，那么坐庄运作就可轻易取得成功。

此外，主力庄家还会借助技术分析上的利好信号作用，然后再顺势做高股价。比如：当股价朝上突破前阶段高点或重要的技术位置时，此时的技术信号是后市看多，主力庄家则乘机拉升推高股价。市场上的空仓者看到该股发出向好的技术信号后就会群体性买入做多，结果火借风势、风借火威就形成了强大的做多力量。如果主力庄家拉升推高股价的目的是为了诱惑市场投资者，那么这里做高股价行为实质上就是一个多头陷阱。

三、主力庄家使用拉升式操盘手法运作时的跟庄实战策略

投资者在实战交易过程中怎样才可避免踏入主力庄家设置的多头陷阱之中呢？首先，要在心理上有意识地警惕、防范主力庄家的拉升式诱多手法；其次就是懂得主力庄家的坐庄运作流程，明白主力庄家的运作意图。当股价处于筑顶出货环节及拉升推高环节的阶段性高点时，此时主力庄家的做高股价行为必定是诱多陷阱。如果主力庄家的拉升推高股价行为出现于建仓吸筹完毕之时，那么主力庄家做高股价的行为是真实的，他并没有欺骗市场投资者。

市场投资者在实战交易过程中，通过对主力庄家坐庄运作环节的把握就可制定出优秀的实战策略用以阻击主力庄家。譬如：当通过使用本书中的坐庄运作实战技术确定主力庄家的拉升推高股价行为真实时，持股者就捂股待涨，而空仓者此时就应敢于追涨买入。因为追涨不是追高，股价在真实上涨时即使追涨买贵了一点，但仍然有利可图。如果使用技术确定主力庄家的拉升推高股价行为是虚假的诱惑骗线时，持股者就可趁主力庄家拉高股价之机卖在高位，而空仓者则捂住钱袋不操作。这样主力庄家的拉升推高骗线伎俩不但没有得逞，反而被懂技术的投资者左右开弓打嘴巴。

第八章　主力庄家在拉升推高环节中的“画”K线方法

一、主力庄家在拉升推高环节“画”K线都是围绕着做高股价的目标展开的

在股市实战交易过程中，个人投资者的对手主要是主力庄家，因为主力庄家的存在严重干扰了股价的自然运行，主力庄家出于自身利益的需要必然会对价格及成交量进行操纵。操纵股价是主力庄家坐庄运作过程中获取收益的利器，它也是主力庄家的独门暗器。跟庄实战操作的投资者为了能够准确揣摩主力庄家的真实意图，就非常有必要弄清楚主力庄家在坐庄运作过程中的“画”K线方法。

主力庄家在坐庄运作过程中，拉升推高环节的运作目标就是做高股价，所以主力庄家“画”K线的过程都是紧紧围绕着拉升推高股价的目标展开的。在拉升推高股价环节中，主力庄家“画”K线同样需要遵循自身利益最大化及股价朝最小阻力方向运行这两条原则。主力庄家的自身利益最大化体现在做高股价的运作成本最小而收益最大化之上。在拉升推高股价环节中如果做到了拉升成本最小时，那么收益的最大化就取决于股价的上涨幅度。主力庄家在拉升推高股价环节中“画”K线需遵循的另一条原则就是股价沿阻力最小方向运行，主力庄家在做高股价过程中的运行方向只有一个，它就是朝上延伸，而股价上行阻力的大小体现在上涨速度的快慢上。如果股价的上涨速度慢，说明抛压较大，但最终多方力量仍然是战胜空方力量；如果股价的上涨速度快，则说明了抛压较小，多方力量在搏杀较量过程中轻易地战胜了空方力量。主力庄家“画”K线的过程就是遵循自身利益最大

化及股价沿阻力最小方向运行这两条原则进行的。主力庄家在个股的拉升推高环节中的“画”K线方法就是依照拉升推高环节中的五大类型拉升推高股价模式手法中的其中一种手法的外形状态来描绘K线走势。如果投资者懂得主力庄家在拉升推高环节中的操盘手法，然后结合当时的大盘指数运行状态、个股内在基本面的优劣、个股所在板块的整体表现及流通筹码的分布结构、资金账户中现金数量的多少就可以如主力操盘手一样描画出符合主力庄家利益的K线价格走势。

大盘指数的运行状态可分为：

(1)运行于上升趋势过程中。

(2)运行于横向平走趋势过程中。

(3)运行于下降趋势过程中。

大盘指数处于上升趋势状态中对拉升推高股价最为有利，主力庄家此时可借力顺势而为；大盘指数处于横向平走趋势状态中既不会给主力庄家拉升股价带来阻力，也不会有助涨股价的作用；大盘指数处于下降趋势中时会给主力庄家的拉升带来阻力。

个股内在基本面的优劣可分为：

(1)个股内在基本面优秀。

(2)个股内在基本面普通。

(3)个股内在基本面低劣。

个股的内在基本面优秀可间接稳定持筹者的持股信心，这样抛盘就方便主力庄家的拉升；个股的内在基本面普通既没有带来促涨股价的好作用，也没有带来助跌股价的坏作用；个股的内在基本面低劣给主力庄家在拉升推高股价过程中造成了很多麻烦，股价在上行过程中阻力重重。

个股所在板块的整体表现可分为：

(1)成为热点板块共同朝上运行。

(2)成为普通板块与个股的关联程度低。

(3)成为冰点板块共同朝下运行。

个股所在的板块成为热点板块时就会助涨股价，主力庄家在拉升推高股价过程中就可借力顺势而为；成为普通板块时对个股几乎没有影响；成为冰点板块时对个股有助跌作用，不利于主力庄家的拉升。

流通筹码的分布结构可分为：

(1)主力机构轻仓程度级别持有。

(2)主力机构中等仓位程度级别持有。

(3)主力机构重仓仓位程度级别持有。

主力庄家轻仓说明大部分筹码在市场其他投资者的手里，因为主力庄家没有主导股价涨跌的能力，拉升股价极其困难；主力庄家持有中等仓位已可主导股价涨跌，拉升股价较为容易；主力庄家持有重仓仓位，拉升股价达到随心所欲的地步。

资金账户中的现金数量多少也是操盘手描画 K 线走势时需重点考虑的问题，如果没有资金则巧妇难为无米之炊；如果现金足够则在操盘运作中“画”K 线时就有恃无恐，大胆而为。资金账户中的现金数量多少可大致分成以下三个级别。

(1)现金数量极少。

(2)现金数量只够周转。

(3)现金数量充裕。

投资者明白了主力庄家“画”K 线的主要前提条件后，就可综合当时的大盘指数态势、个股所在板块的表现、基本面优劣和资金、筹码数量的多少进行分析，然后选择适合的拉升推高操盘手法为样板依葫芦画瓢即可。

二、主力庄家以拉升推高模式手法为原型“画”K 线的方法

在拉升推高环节中，主力庄家使用的拉升推高股价模式手法主要有以下五种：

(1)单边独立模式拉升推高股价手法。

(2)单边＋平台模式拉升推高股价手法。

(3)单边+回调模式拉升推高股价手法。

(4)单边+平台及回调复合模式拉升推高股价手法。

(5)单边+上升中继形态模式拉升推高股价手法。

当主力操盘手确定使用单边独立模式拉升推高股价手法后，就可根据当时的市场基础、条件进一步选择单边拉升推高股价手法中的其中一个细分手法为样板描绘K线价格走势即可。单边独立模式拉升推高股价手法可具体细分为：

(1)极端式单边拉升手法。

(2)凶狠式单边拉升手法。

(3)稳健式单边拉升手法。

(4)温和式单边拉升手法。

主力庄家以极端式单边拉升手法为样板“画”K线走势时，K线的“画”法就是以涨停板大阳K线或涨停板一字K线的形式描绘在以时间为横坐标、空间为纵坐标的K线图表上。

主力庄家以凶狠式单边拉升手法为样板“画”K线走势时，K线的“画”法就是以中阳K线或大阳K线的形式描绘在以时间为横坐标、空间为纵坐标的K线图表上。

主力庄家以稳健式单边拉升手法为样板“画”K线走势时，K线的“画”法就是先“画”出中、大阳K线，然后再“画”出一根小阳K线、小阴K线或同价K线，最后再“画”中、大阳K线，将K线走势描绘在以时间为横坐标、空间为纵坐标的K线图表上。

主力庄家以温和式单边拉升手法为样板“画”K线走势时，K线的“画”法就是以连续小阳K线或者是中、大阳K线之间夹有2～3根的小阳、小阴或同价K线的形式描绘在以时间为横坐标、空间为纵坐标的K线图表上。

当主力操盘手确定使用单边+平台模式拉升推高股价手法后，就可根据当时的市场基础、条件进一步具体确定单边上升走势的细分手法和平台形态规模的大小。主力庄家以单边上升走势+平台模式拉升推高股价手法为样板“画”K线走势时，K线走势的“画”法就是在以时间为横坐标、空间为纵坐标的K线图表上先画出单边上升走势然后再“画”出平台形态。单边+平台模式拉升推高股价手法中的单边上升走势的具体细分手法就是单边独立模式拉升推高股价手法中的那四个细分手法之一。

当主力操盘手确定使用单边+回调模式拉升推高股价手法后，就可根据当时的市场基础、条件进一步具体确定单边上升走势的细分手法和回调形态的规模大小。回调形态的规模大小体现在构筑回调形态时耗费的时间长短及振荡幅度大小上。主力庄家以单边上升走势+回调模式拉升推高股价手法为样板“画”K线走势时，K线走势的“画”法就是在以时间为横坐标、空间为纵坐标的K线图表上先“画”出单边上升走势然后再画出回调形态。单边+回调模式拉升推高股价手法中的单边上升走势的具体细分手法就是单边独立模式拉升推高股价手法中那四个细分手法之一。

当主力操盘手确定使用单边+平台及回调复合模式拉升推高股价手法后，就可根据当时的市场基础、条件进一步具体确定单边上升走势的细分手法和平台及回调复合形态的规模大小。平台及回调复合形态的规模大小体现在构筑平台及回调复合形态时耗费的时间长短及振荡幅度大小上，平台及回调复合形态的另一种变形就是回调及平台复合形态。主力庄家以单边上升走势+平台及回调复合模式拉升推高股价手法为样板“画”K线走势时，K线走势的“画”法就是在以时间为横坐标、空间为纵坐标的K线图表上先“画”出单边上升走势，然后再画出平台及回调复合形态。单边+平台及回调复合模式拉升推高股价手法中的单边上升走势的具体细分手法就是单边独立模式拉升推高股价手法中的那四个细分手法之一。

当主力操盘手确定使用单边+上升中继形态模式拉升推高股价手法后，就可根据当时的市场基础、条件进一步选择确定单边上升走势的细分手法和上升中继形态的具体细分手法，然后再进一步确定该上升中继形态的规模大小。该上升中继形态的规模大小体现在构筑上升中继形态时耗费的时间长短及振荡幅度的大小上。主力庄家以单边上升走势+上升中继形态模式拉升推高股价手法为样板“画”K线走势时，K线走势的“画”法就是在以时间为横坐标、空间为纵坐标的K线图表上先“画”出单边上升走势然后再画出具体的上升中继形态。单边 + 上升中继形态模式拉升推高股价手法中的单边上升走势的具体细分手法就是单边独立模式拉升推高股价手法中的那四个细分手法之一。而上升中继形态共有以下八种：

(1)上升三角形中继形态。

(2)上升旗形中继形态。

(3)收敛三角形上升中继形态。

(4)下降楔形上升中继形态。

(5)振荡矩形上升中继形态。

(6)空中小尖底上升中继形态。

(7)空中小双底上升中继形态。

(8)空中小头肩底上升中继形态。

在画单边 + 上升中继形态模式拉升推高股价手法中的上升中继形态时，只需选择具体的某一个上升中继形态为样板，然后依葫芦画瓢即可。

以上的五大类型拉升推高股价手法是笔者在多年股市实战交易过程中总结归纳出来的模式，在此奉献出来与有缘的读者朋友分享。这些拉升推高股价模式手法基本上已将主力庄家在拉升推高环节的操盘手法概括出来。当投资者懂得这些拉升推高模式手法后，主力庄家在拉升推高环节的种种操盘行为就可轻易识别，为准确揣摩主力庄家的操盘意图打下了基础。此时的投资者也可胜任主力操盘手在坐庄运作过程中的拉升推高环节的“画”K线操盘工作，在拉升推高股价过程中就可以根据当时的市场基础、条件选择以上的拉升推高模式手法中的其中一种合适手法做高股价。这样拉升推高环节中的“画”K线操盘任务就可完满画上句号。投资者在拉升推高目标个股过程中的“画”K线方法只需依照该种拉升推高手法的外形状态依葫芦画瓢即可。

经过以上的归纳、分析后，主力庄家在拉升推高环节中的拉升推高模式手法只有五大类型。市场上绝大多数的主力庄家在拉升推高环节运作中使用的做高股价手法都是这五大类型中的其中一种。跟庄实战的投资者为了达到准确揣摩主力庄家操盘意图的目的，必须从主力庄家的拉升推高股价模式手法上入手分析，然后结合当时的大盘指数运行状态、个股的内在基本面优劣、板块的关联性及主力的持仓数据综合研判、分析就可基本确定主力庄家的运作方向。

三、主力庄家根据当时的市场实际走势灵活“画”K线的方法

以上的主力庄家“画”K线方法是基于操盘运作计划所进行的描绘方法。在坐庄运作过程中，原先的操盘计划与现实走势肯定有不相吻合的地方，因为理论构思中的计划与现实永远有一定的误差距离，区别只是误差距离的大小。技术越是精湛、操盘功底越深厚的坐庄计划策划者所设计出的方案就越贴近于市场的实际走势。而考虑不周详的坐庄计划或者是恰逢市场有重大突发意外事件的干扰，主力操盘手在实战运作过程中的“画”K线方法就必须根据当时的实际市场状态进行灵活的调整，此时的“画”K线方法要求主力操盘手有临场发挥的随机应变能力，才能在运作中挥洒自如。

主力操盘手根据当时市场实际走势“画”K线的技术方法也不复杂，整体上是围绕以下核心主线运作。

以下是个股走势强于大盘指数走势的临场“画”K线方法：

以当时的大盘指数走势为参照样板，盘中会进行动态的调整，但最终结果强于大盘指数。因为主力操盘手的如意算盘是操控个股走势强于大盘指数走势，此时在个股即时走势上的“画线”与大盘指数即时走势相比，通常情况下遵循以下三点：

(1)大盘指数上涨时，个股价格的涨幅大于大盘指数的涨幅。

(2)大盘指数下跌时，个股价格的跌幅小于大盘指数的跌幅。

(3)不理会大盘指数的运行，个股价格独立拉升。

以下是个股走势与大盘指数走势同步的临场“画”K线方法：

以当时的大盘指数走势为参照样板，盘中会进行动态的调整，但最终结果与大盘指数同步。

因为主力操盘手的如意算盘是操控个股的走势与大盘指数走势同步，此时个股的即时走势上的“画线”工作只需克隆大盘指数即时走势即可。这样，大盘指数上涨时个股也跟着上涨，大盘指数下跌时个股也跟着下跌，它们是亦步亦趋、形影不离的两个“好朋友”。

以下是个股走势弱于大盘指数走势的临场“画”K线方法：

以当时的大盘指数走势为参照样板，盘中会进行动态的调整，但最终结果弱于大盘指数。因为主力操盘手的如意算盘是操控个股的走势弱于大盘指数走势，此时在个股即时走势上的“画线”与大盘指数即时走势相比，通常情况下遵循以下三点：

(1)大盘指数上涨时，个股价格的上涨幅度小于大盘指数的涨幅。

(2)大盘指数下跌时，个股价格的下跌幅度大于大盘指数的跌幅。

(3)不理会大盘指数的运行，个股价格独立下跌。

综上所述，投资者如果懂得了主力庄家坐庄运作过程中的拉升推高环节的操盘手法后，只需结合大盘外部环境状态及个股内部质量状态就可以如主力操盘手一样“画”K线价格走势。至此，拉升推高环节中的技术分析方面的坐庄运作模式手法及“画”K线方法已全部讲述完毕。投资者在跟庄实战中就可据此读懂主力庄家的操盘意图，为成功跟庄实战获利打下坚实的基础(拉升推高环节中的五大类型拉升推高股价模式手法将在“主力庄家在拉升推高环节的运作”一章中详述)。

第九章　主力庄家拉升股价的前提条件

一、主力庄家通过买盘与卖盘大小的对比来决定是否拉升

在主力庄家坐庄运作过程中，当完成建仓吸筹任务后，为了尽快脱离建仓成本区域就必须选择合适的时机，在满足拉升股价的前提条件下做高股价。做高股价的拉升推高环节是主力庄家坐庄运作三大环节中最容易运作的一个环节。因为主力庄家的吃货数量达到中等仓位或重仓仓位程度级别后，此时主力操盘手就具有了主导股价涨跌的能力。特别是重仓持有某一只个股时，因为控筹程度达到最高级别，主力庄家操纵股价几乎达到了随心所欲的地步，市场上很多投资者以为主力庄家一旦完成建仓吸筹任务后就拉升股价，事实上并非如此，市场投资者的此种看法只是说对了一半。主力庄家在建仓吸筹完毕后的操盘意图的确是想尽快脱离自己的建仓成本区域，以免夜长梦多被更多的跟风盘抄底买入。但在主力庄家建仓吸筹的整个过程中就已有相当一部分的市场空仓者抄底买入，主力庄家此时必须对潜在的抄底买盘数量和已抄底买入的持筹数量进行权衡。中国古语：“两害相权取其轻。”潜在的买入者对主力庄家不利，已抄底买入者已造成了不利的事实，所以主力庄家就会在心中盘算究竟哪一种方式对他更有利，然后就采用那一种方式执行。

如果市场的潜在买盘数量大于抛盘数量时，主力庄家就会借助市场的做多力量顺势拉高。

如果市场的潜在买盘数量小于抛盘数量时，主力庄家就会进行洗筹，而此时的洗筹目的就是恐吓、迫使那些抛盘在更低的价位抛售。与此同时，

因为洗筹的凶险表象也会消除市场潜在买盘的买入热情。

如果市场的潜在买盘数量等于抛盘数量时，主力庄家就会采取盘整的方式将股价横向平走移动，以此进一步观察市场多空力量的变化。因为潜在买盘形成的做多力量与市场抛盘形成的做空力量达到动态平衡的状态最终必定会随着时间的流逝打破，从而抉择出高低，而这个高低的结果无非就是潜在买盘形成的做多力量的增大或市场抛盘形成的做空力量的减小。

二、将市场上的做多力量与做空力量进行比较可得出以下结果

经过以上的分析，我们将焦点集中在买盘与抛盘上，通过研究买盘形成的做多力量的大小及抛盘形成的做空力量的大小，再结合主力庄家的利益意图就可以准确判别价格后市的运行方向。

抛盘可具体细分为以下三种形式：

(1)巨量抛盘。(2)普通的常量抛盘。(3)地量抛盘。

巨量抛盘是市场持有者由于极度恐慌的抛售所形成的卖盘；普通的常量抛盘是市场正常状态下的成交；而地量抛盘的出现既有可能是市场交投不活跃的低迷状态引起，又有可能是主力庄家的锁仓不动形成。

买盘可具体细分为以下三种形式：

(1)巨量买盘。(2)普通的常量买盘。(3)地量买盘。

巨量的买盘是市场空仓者因为共同看好该股而合力买入形成，市场空仓者的合力必须在利好消息的催化剂下才能步调一致买入。比如：某只个股公布重大的利好消息，该重磅的利好消息无形中吸引了市场空仓者的眼球，在利好消息成为市场焦点的前提下，该利好消息就成了吸引大量空仓者买入的催化剂。普通的常量买盘只是由市场在正常状态下的成交形成，而地量买盘则反映了做多力量不足，市场上的空仓者大多数没有参与。

主力庄家拉升股价的最理想市场状态就是抛盘最小而买盘最多，只有这样才符合主力庄家的利益最大化意图，才能实现以最小的拉升成本将股价拉升至最高的价位目标。

抛盘最小属于地量抛盘级别中的一个最小极端。地量抛盘表现在成交上就是换手率极低，成交股数处于一段时期以来的最低量状态。投资者从该段时期以来的成交量柱子上进行比较就可发现，地量的成交是成交量柱子中最短最矮的一根。地量成交反映在每分钟的即时走势成交上就是每笔成交股数很少，有的个股甚至可以在一分钟左右的时间里没有一笔成交，这种状况称为成交量的暂时枯竭。而成交量间断的枯竭反映了市场交投状态已进入死水一潭的纹丝不动状态，它说明了市场上的卖盘已处于暂时的枯竭状态。由于抛盘临近枯竭或有时枯竭，此时只需很轻的买盘就可以将股价拔地而起。

买盘最大属于巨量买盘级别中的一个最大极端。巨量买盘表现在成交上就是换手率达到历史上的最大级别，成交股数处于一段时间以来的最大量状态，投资者从成交量柱线图上就可以看到巨量成交所铸造的顶天成交量柱子立在其中。巨量成交反映在每分钟的即时成交上就会呈现出单笔大单成交的现象，持续的单笔大单成交反映了市场交投活跃、流动性良好，而持续的单笔大单买入则说明了市场上的做多力量强劲。

通过对以上的抛盘形成的做空力量大小及买盘形成的做多力量的大小的分析比较就可得出以下九种结果：

(1)巨量抛盘与巨量买盘相比较，因为多空力量相当，所以股价处于动态的平衡中。

(2)巨量抛盘与普通的常量买盘相比较，因为空方力量大于多方力量，所以股价下跌。

(3)巨量抛盘与地量买盘相比较，因为空方力量远大于多方力量，所以股价大跌。

(4)普通常量抛盘与巨量买盘相比较，因为多方力量大于空方力量，所以股价上涨。

(5)普通常量抛盘与普通常量买盘相比较，因为多空力量相当，所以股价处于动态的平衡中。

(6)普通常量抛盘与地量买盘相比较，因为空方力量大于多方力量，所以股价下跌。

(7)地量抛盘与巨量买盘相比较，因为多方力量远大于空方力量，所以股价大涨。

(8)地量抛盘与普通常量买盘相比较，因为多方力量大于空方力量，所以股价上涨。

(9)地量抛盘与地量买盘相比较，因为多空力量相当，所以股价处于动态的平衡中。

投资者从上面的比较结果中可看出：股价的上涨条件是只有当多方力量大于空方力量时才会出现。股价的上涨可分为自然的上涨和非自然的上涨。股价的自然上涨是市场参与者之间在公平、公正、公开的三公原则之下博弈较量后，因为做多动能强于做空动能所出现的价格朝上运行结果；而非自然的上涨是因为主力庄家的资金实力雄厚，通过操控股价达到拉升的目的，主力庄家的拉升过程就是股价非自然上涨的过程。

因为市场上的主力机构越来越多，个股的股价涨跌将会越来越多地受到主力机构的影响，而主力庄家在个股上的控筹程度达到中等仓位或重仓仓位级别时就可以主导股价后市的运行。从主力庄家利益立场出发，操控股价是最容易获取暴利的一个途径，而主力庄家在个股上建仓吸筹完毕后，由于沪深股市的单边做多交易制度，主力庄家若想获利就只有往上拉升，自古华山一条道，主力庄家获取利润的盈利方式离不开拉升推高股价。

三、主力庄家操纵筹码拉升股价的行为反映在两大方面

上述将做空力量与做多力量进行比较得出：只有做多力量大于做空力量时股价才会上涨，主力庄家在操控筹码拉升股价时同样不能违背股价上涨的这一原则。所以主力庄家要想操纵筹码拉升股价就只能在以下两方面做手脚：

(1)在减少抛盘的标题下做“文章”、玩手段。

(2)在增加买盘的标题下做“文章”、玩手段。

减少抛盘的主要目标就是对准持筹者，怎么样才能够使持筹者的持股信心十足而不肯抛售就是做“文章”、玩手段中的具体战术伎俩。这些减少市场抛盘增加持筹者持股信心的战术伎俩表现在以下两个方面：

⑴个股有内在利好。

⑵市场环境有外在利好。

个股有内在利好就会增强持筹者的持股信心，使持筹者认为股价在后市还会上涨从而做出捂股待涨的决定，这样反映在个股成交上就是抛盘的萎缩、稀少。个股的内在利好多种多样，具有代表意义的利好如下：

(1)业绩大增。

⑵扭亏为盈。

(3)分红送股。

(4)重组并购。

(5)资产注入。

(6)整体上市。

(7)产品价格上涨。

(8)研发先进技术产品成功。

市场的外在环境形成的利好也会增强持筹者的持股信心，促使持筹者惜售，从而捂股待涨。市场的外在利好同样很多，而具有代表意义的外在利好如下：

(1)大盘指数大涨。

(2)热点板块大涨。

(3)利好政策出台。

(4)市场主流舆论看多。

主力庄家为了减少市场抛盘所使用的手段都是从个股的内在利好及市场的外在利好上入手。当投资者懂得了主力庄家的“减少市场抛盘思路”后，就可以根据个股及市场上的具体利好的能量大小及成交股数研判出主力庄家的拉升推高股价意图。

以上减少抛盘的操盘手法是主力庄家从对手的立场出发所采取的措施。除此以外，减少抛盘还可以从主力庄家自身的内部来着手执行。因为主力庄家拉升股价通常是处于坐庄运作的拉升推高环节，而当主力庄家的运作进入该环节后即说明了主力庄家的建仓吸筹任务已完成，此时个股上的大部分筹码都已集中在主力庄家的手中，而主力庄家在自身上的“减少抛盘”手法就是：“停止成交量对倒，将筹码进行锁仓不动。”

增加买盘的主要目标就是对准市场上的空仓者，怎么样才能激发、有效调动市场空仓者的积极买入热情就是主力庄家在增加买盘的标题下做“文章”、玩手段的具体战术部署。实质上，激发市场空仓者买入的战术方法除了同样是体现在个股的内在利好和市场环境的外在利好上之外，还有一条就是股价超跌便宜。当股价因为市场投资者的非理性恐慌抛售时，就会出现价格远低于价值的超跌现象，这时就会吸引市场空仓者入场大捡便宜货。

主力庄家利用重大利好消息激发市场参与者的做多热情买入推高股价之后，剩下的就是亲自出马操纵筹码拉升股价了。因为主力庄家的资金实力雄厚，当市场状态适合时就可以拉升推高股价，当股价上涨至高位后再慢慢卖筹码做差价。主力庄家出于自身利益最大化的考虑，当他出手拉升推高股价时必然要选择合适的时机。而这里的时机主要是指：

(1)市场上的抛盘临近枯竭或暂时枯竭时，主力庄家只需花很少的资金就可以做高股价。这里的拉升时机就是选择在市场的抛盘极少时出手。

(2)市场上的抛盘属于常量状态，但市场上的买盘比抛盘更踊跃、更大，此时主力庄家就可借市场买盘之手猎杀消灭市场上的抛盘，主力庄家在这里的角色只是起到维护股价的作用。这里的拉升时机就是市场上的买盘大于市场上的抛盘之时。

根据抛盘大小与买盘大小的比较得出：市场上的买盘形成的做多力量大于抛盘所形成的做空力量的多空力量比较模式是：

(1)普通常量抛盘与巨量买盘的比较模式。

(2)地量抛盘与巨量买盘的比较模式。

(3)地量抛盘与普通常量买盘的比较模式。

可见，在多空力量比较的九种模式中，只有三种模式适合主力庄家在市场买盘大于市场卖盘时的拉升推高股价时机。

至此，笔者已将主力庄家拉升股价所需的前提条件的操盘秘诀奉献给了有缘的读者朋友。读者朋友如果有机会担当主力的操盘手，在拉升推高股价时就可根据市场上的抛盘是否临近枯竭来决定拉升时机。如果抛盘极轻，此时即使买盘很小也可做高股价。或者是根据市场上的买盘是否大于卖盘来决定拉升时机。如果买盘能够消化掉抛盘，只需锁定股价就可自然上涨，假设在关键的“节骨眼”上再加一把力拉升，那么股价就会大涨。

第十章　主力庄家的试盘

一、主力庄家的试盘目的就是为了侦察、刺探对手的底牌

主力庄家在坐庄运作过程中需要经常使用试盘的战术手法来侦察敌手的动向，从而达到较为准确地把握个股市场状态的目的，为后市操盘运作的顺利展开探明虚实。

在古代军事战争中，敌对双方都有探马、眼线、探子在刺探、侦察对方的军事情报，目的就是想摸清楚敌方的军事行动从而制订自己的作战方案。在当代军事战争中，侦察敌方军情的行动已由古代的较为简单、松散、落后的小分队形式发展成复杂、严密、先进的独立军种，每一个大兵团中都有专门从事侦察任务、搜集军事情报的侦察部队，而侦察部队中的侦察兵种、侦察卫星、用于监控无线电波的电子侦察仪器设备……应有尽有。这一切都是为了摸清敌方的军事行动意图。《孙子兵法》有云：“知己知彼，百战不殆。”侦察敌方军情就是“知彼”的范畴。

在股市中搏杀较量，主力庄家与市场投资者之间是敌对的关系。跟庄实战操作的投资者为了揣摩主力庄家的操盘意图就不得不侦察主力庄家的动向。比如：通过主力庄家的持仓数据及建仓吸筹模式手法就可准确地得知主力庄家是否已在某一只个股上蛰伏，当主力庄家拉升股价时就可狙击主力庄家。主力庄家在坐庄运作过程中为了摸清当时的个股市场状态也不得不使用侦察技术去测试。这里的侦察技术就是试盘。

试盘就是主力庄家运用技术方法去测试个股的买盘与卖盘。股市中很多有关于主力庄家实战技术的书籍都只是将主力庄家的试盘归结为个股底

部区域的摸底。实质上，主力庄家在坐庄运作个股的整个过程中自始至终都需要测试个股上的买盘和卖盘的真实状态，以试盘的方式去测试个股参与者的真实心理意图，然后再根据试盘的结果制订后续的具体运作方案。主力庄家的试盘工作并不只是局限在建仓吸筹过程中，在坐庄运作的建仓吸筹环节、拉升推高环节及筑顶出货环节中都有试盘的身影出现。

主力庄家为什么要试盘？当投资者弄清楚主力庄家的试盘目的后就会豁然开朗，就会明白主力庄家测试盘口的真实用意。懂得主力庄家试盘技术的投资者就可以通过主力庄家的试盘动作来揣摩、解读主力庄家的操盘意图。在此告诉读者朋友，主力庄家试盘的原因是：当主力操盘手对个股中其他参与者的心理意图无法把握时，为了摸清当时个股的真实状态而采取的测试、侦察技术方法就是试盘。主力庄家在试盘过程中用以测试买盘状态的方法就称为测试买盘，在试盘过程中用以测试卖盘状态的方法就称为测试卖盘。

总结以上得出，主力庄家的试盘可分为：

(1)测试买盘。

(2)测试卖盘。

主力庄家通过试盘技术测试出市场上的买盘大小可划分成以下三大状态：

(1)买盘很大。

(2)买盘处于常态。

(3)买盘很小。

主力庄家通过试盘技术测试出市场的卖盘大小可划分成以下三大状态：

(1)卖盘很大。

(2)卖盘处于常态。

(3)卖盘很小。

当主力庄家开始运作一只个股后，在操盘过程中遇到的两大外部力量就是买盘所形成的做多动能的大小和卖盘所形成的做空动能的大小。主力庄家是将个股上的其他所有参与者都视为敌手的，虽然在市场参与者群体中仍然可分成两大阵营，即做多阵营与做空阵营。主力庄家测试个股的买盘力量大小指的就是市场参与者群体中的做多阵营的合力，主力庄家测试个股的卖盘力量大小指的就是市场参与者群体中的做空阵营的合力。可见，上面的买盘大小和卖盘大小不包括主力庄家的做多或做空力量。

因为敌对双方的搏杀较量，市场上的做空者随时有可能变成做多者，而做多的投资者也会随时演变成做空角色。当主力庄家对盘面的解读有疑问时就只有通过自己的侦察才能掌握个股的真实运行状态，试盘就是主力庄家为了摸清、掌握敌手的真实盘面状况所进行的测试。所以试盘的核心就是：

(1)测试市场持筹者的抛售意愿。

(2)测试市场空仓者的买入意愿。

主力庄家的所有试盘技术方法都是围绕着测试持筹者的抛售意愿及空仓者的买入意愿展开。从市场投资者的心理意愿角度分析就可得知：主力庄家的试盘结果只能反映出市场投资者的短期行为。正是这一原因，主力庄家在坐庄运作过程中才需要不断地进行试盘。

二、主力庄家的试盘有三大方式

1. 朝上试盘的表现方式

朝上试盘主要是测试市场投资者的抛售意愿及跟风买入的意愿大小。如果市场上的短线获利盘众多，在主力庄家朝上试盘时这些短线浮筹就会汹涌而出。当主力庄家通过试盘摸清了当时的个股状态是短线浮筹众多后，主力庄家，就不得不改变拉升股价计划转入清理浮筹的洗筹工作中去。朝上试盘除了可以测试市场的抛压大小外，还可测试市场上的跟风买盘是大还是小。跟风买盘如果大于抛盘，那么主力庄家还是可以用最低的拉升成本推高股价；如果抛盘大于跟风买盘，毫无疑问需要清洗浮筹。

主力庄家在朝上试盘过程中测试出抛压较大而跟风买盘较小时，如果是处于建仓吸筹环节则可趁机扫货；如果是处于拉升推高环节则必须洗筹然后再拉升；如果是处于筑顶出货环节则必须打压逼迫这些想高价位兑现离场的筹码低价抛售。

主力庄家在朝上试盘过程中测试出的抛压较小而跟风买盘较大时，如果是处于建仓吸筹环节则不利于吃货，主力庄家必须通过其他恐吓或诱惑的方法才可吃到筹码；如果是处于拉升推高环节，因为抛盘小可在后市直接进入拉升运作；如果是处于筑顶出货环节因为抛盘较小，主力庄家就可以在高价位撑住，通过以时间换空间的方法派发筹码。

朝上试盘表现在K线价格走势上的外形特征主要是：

(1)以高开低走的中、大阴K线形式出现。

(2)以带长上影线的小阳、小阴、同价K线的形式出现。

2. 朝下试盘的表现方式

朝下试盘主要是测试市场投资者的逢低介入意愿及恐慌卖出的意愿大小。主力庄家通过试盘就可得出两种结果：

(1)市场上的逢低吸纳买盘大于股价下跌引发的恐慌卖盘。

(2)市场上的逢低吸纳买盘小于股价下跌引发的恐慌卖盘。

主力庄家在朝下试盘过程中测试出逢低介入买盘较大而恐慌卖盘较小时，如果是处于建仓吸筹环节则不可继续打压股价，而应使用缓慢推高的诱惑手法吃货；如果是处于拉升推高环节，因为市场人气较为旺盛，所以在拉升过程中的洗筹不需打压过深就可达到清洗浮筹再次拉升的目的；如果是处于筑顶出货环节，因为逢低吸纳买盘大于恐慌卖盘，主力庄家可以继续在高位出货。

主力庄家在朝下试盘过程中测试出的逢低介入买盘较小而恐慌卖盘较大时，如果是处于建仓吸筹环节，则可进一步打压股价制造更大的恐怖气氛逼迫更多的恐慌卖盘涌出，然后趁机吸纳；如果是处于拉升推高环节则必须停止拉升而转入洗筹，并且在洗筹时深幅打压，在洗筹过程中深幅下挫股价就可斩尽杀绝那些短线恐慌盘，为后续的拉升扫清障碍；如果是处于筑顶出货环节，因为恐慌卖盘大于逢低介入买盘，主力庄家此时已无法维持在高位顺利派发筹码，主力庄家必须通过打压式出货手法或其他出货手法才可成功出货。比如：此时发布个股上的重大利好消息就可扭转此种不利局面，从而达到派发筹码的目的。

朝下试盘表现在K线价格走势上的外形特征主要是：

(1)以低开高走的中、大阳K线的面目出现。

(2)以带长下影线的小阳、小阴、同价K线的面目出现。

3. 平走试盘的表现方式

平走试盘主要是利用个股内在或外在的利好或利空消息所形成的做多或做空力量，然后在股价表现上按兵不动，以此观察市场投资者的反应，从而达到测试出市场的抛盘大于买盘或买盘大于抛盘的目的。

个股有重大利好消息时，股价被主力庄家按住不动，此时的持筹者就会认为是主力庄家已在偷偷借助利好派发筹码，否则股价怎么可能不上涨呢！这是一种间接的恐吓，与此同时主力庄家还可以考察市场持筹者的持股信心。如果持股信心充足就没有多少抛盘出现，这样就反映了市场的持筹结构较为稳定，非常有利于主力庄家在拉升推高环节的拉升及筑顶出货环节的出货。如果持筹心态不稳，市场上的抛盘自然就会较大。当股价是处于建仓吸筹环节，如果持筹者浮躁则有利于主力庄家收集筹码；如果持筹者有信心、耐心，则不利于主力庄家吃货。当处于拉升推高环节，如果持筹者浮躁则必须清理浮筹；如果持筹者有信心、耐心，则有利于拉升。当处于筑顶出货环节，如果持筹者浮躁，则必须以打压手法出货或者通过其他策略才能达到派发筹码的目的；如果持筹者的持股信心较为稳定，则有利于主力庄家出货。

个股有重大利空消息时，股价被主力庄家按住不动，此时的空仓者就会认为有主力庄家在护盘吸纳，否则股价为何遇到重大利空消息打击而不下跌呢？这是一种间接的诱惑。此时主力庄家就可通过盘面的成交观察市场空仓者是否踊跃买入，如果市场空仓者踊跃买入就说明了市场的做多力量较大；如果市场空仓者只是少量参与，则说明了市场上的做多动能不足。当股价是处于建仓吸筹环节，如果市场空仓者的做多热情欠缺，则有利于主力庄家吃货；如果市场空仓者的做多动能较大，则不利于主力庄家的吸纳，因为已有敌手在与他争抢筹码。当股价处于拉升推高环节，如果市场空仓者的做多动能不足，主力庄家的拉升成本就会增加；如果市场空仓者的做多动能充足，主力庄家就可借势拉高股价。当股价处于筑顶出货环节，如果市场空仓者的做多动能不足，不利于主力庄家大规模地派发；如果市场空仓者的做多动能充足，则非常有利于主力庄家的出货。

平走试盘表现在K线价格走势上的外形特征是：以小阴、小阳或同价K线的横走盘整形式出现。

平走试盘是主力庄家试盘技术手法中的一种较为隐蔽的手法。通常情况下都会被市场投资者所忽略。

朝上试盘主要是主力庄家利用人性中的贪婪弱点来观察市场参与者的反应；朝下试盘主要是主力庄家利用人性中的恐惧弱点来观察市场参与者的反应；而平走试盘则是主力庄家利用人性中的犹豫、浮躁弱点来观察市场参与者的反应。

三、主力庄家的试盘在买、卖显示栏上的表现

主力庄家的试盘除了通过K线价格的形式表现出来外，还可以通过买、卖显示栏中的买一至买五及卖一至卖五的挂单、吃单形式表现出来。

朝上试盘时，在买卖显示栏上的押单和吃单方式通常是：

第一步：先在买一至买五的价位上挂出大单，然后在卖一至卖五的价位上挂上小单。

第二步：朝上吃掉挂在卖一至卖五上的卖单，此时的即时走势在上涨。

第三步：当价格上涨至一定的幅度后，主力庄家就撤掉买一至买五上原先所挂的大单并转换成小单，然后在卖一至卖五的价位上挂出大单。

第四步：朝下逐个价位打掉买一至买五上的小买单，此时的即时走势在下跌，最终在收盘时收出一根长上影K线。

朝下试盘时在买卖显示栏上的押单和吃单方式通常是：

第一步：先在卖一至卖五的价位上挂出大单，然后在买一至买五的价位上挂出小单。

第二步：朝下吃掉挂在买一至买五上的买单，此时的即时走势在下跌。

第三步：当价格下跌至一定的幅度后，主力庄家就撤掉卖一至卖五上的原先所挂的大单转换成只挂小单，然后在买一至买五的价位上挂出大单。

第四步：朝上逐个价位吃掉卖一至卖五上的小卖单，此时的即时走势在上涨，最终在收盘时收出一根长下影线的K线。

平走试盘在买卖显示栏上的押单和吃单方式通常是：

因为平走试盘造成即时走势振荡在一个很窄小的空间里，主力操盘手操控即时走势上移时，就会吃掉挂在卖一至卖五上的大卖单；而操控即时走势下行时，就会砸掉挂在买一至买五上的大买单。前者是制造即将要上攻的架势，借此测试市场上空仓投资者的反应，后者是制造即将要下跌的吓人模样，借此测试市场上持筹者的反应。

测试空仓投资者的反应就是侦察市场潜在做多力量的大小，测试持筹者的反应就是侦察市场上的潜在做空力量的大小。不论是主力庄家的朝上试盘还是朝下试盘或者是平走试盘，千里来龙都会在测试买盘或卖盘大小之上结穴。这也是主力庄家试盘的最终目的。

第十一章　主力庄家拉升推高股价的方式

一、主力庄家做高股价的两种战略推升方式

主力庄家在拉升股价过程中，通常采取联合共同及单打独斗两种战略方式来推升股价。

主力庄家在运作一只股票时，因为个股的流通盘有大有小，主力庄家的资金实力有强有弱，而市场环境状态也有热烈、平淡及冰冷，加之个股基本面业绩也有优秀、普通和差劣，所以主力庄家在坐庄运作拉升股价过程中就会根据自身实力及外在条件综合制订推升股价方案。

1. 联合共同推升方式

在大盘蓝筹股的推升股价过程中，因为流通盘巨大，单一的主力机构没有足够的资金实力推升股价，所以大盘蓝筹股中的拉升股价方式都是采取联合共同推升方式。联合共同推升股价方式是市场中多个主力机构因为共同看好某一只个股而联合坐庄，当大家都建仓吸筹完毕后，就展开联合共同推升股价的运作。在联合共同推升股价过程中主力机构的推升手法主要有如下三种：

(1)同进共退攻击手法。

主力机构在拉升推高股价环节中使用同进共退攻击手法做高股价时在具体行动上表现为：往上拉升推高股价的共同进攻是第一个主力机构买入一笔，第二个主力机构买入一笔，第三个主力机构买入一笔……如此不断循环买入，股价在强大买力之下节节攀高。随着时间的推移，主力在拉升推高环节的运作胜利完成。当然，主力机构之间的联合推升股价同样必须是在个股没有抛盘或抛盘很轻的前提下进行。如果主力机构的推升还借助

了大盘指数环境热烈及个股内在基本面有利好消息公布，就会收到事半功倍的良好效果。

主力机构的共同撤退表现为：第一个主力卖出一笔，第二个主力卖出一笔，第三个主力卖出一笔……如此不断地循环卖出。主力机构在个股中采取共同卖出手法派发筹码通常都会借助个股有重大利好消息时进行。

(2)攻守兼备攻击手法。

主力机构在拉升推高股价环节中使用攻守兼备攻击手法做高股价时，在具体行动上表现为：个股中的各个主力机构进行分工合作，一部分主力机构合力负责承接市场上的抛盘，一部分主力机构合力负责朝上攻击，然后将获取的胜利果实均摊。

主力机构合力承接市场上的抛盘表现在买卖挂单显示栏上就是：在买一价位至买五价位上全部挂上大买单或局部挂上大买单承接市场抛盘。而主力机构合力朝上攻击就是直接对着卖单显示栏上的卖一至卖五价位扫货，将这些挂在卖盘显示栏中的单子全部吃掉，与此同时，所有主力机构都进行锁仓不抛售自己的筹码，以此减轻市场上的抛售压力。当然在联合拉升推高股价过程中的对倒是在所难免的，但对倒的筹码只是左手换右手而已，它并不是真正意义上的抛售筹码兑现利润行为。

(3)轮换攻击手法。

主力机构在拉升推高股价环节中使用轮换攻击手法做高股价时，在具体行动上表现为：在股价的整波拉升推高环节中，将拉升推高环节的最大上涨幅度分成多个波段，每一个主力机构负责一个波段的拉升，当一个主力机构负责攻击完成一个波段后，接着的另一个波段上涨就由另一个主力机构负责，如此循环往复，直至将股价拉升至顶部。它犹如体育比赛中的接力棒赛跑一样，前一个参赛者跑完一程后就交给后一个参赛者继续跑一程，如此轮换直至终点。当拉升推高环节的运作胜利结束后，合力运作该股的主力机构群体就将获取的胜利果实论功行赏进行分摊。

因为股价处于不同的价位面临的拉升难度肯定不同，有的主力机构可能会赚多一点，有的主力机构可能会赚少一点，原因就在于拉升推高股价时所花费的拉升成本不同。譬如：在拉升推高环节的初始阶段，因为股价刚刚脱离底部区域，此时拉升所遭遇到的抛盘基本上是市场上的短线获利盘，对于短线获利盘可以事先通过洗筹进行清理。所以拉升第一个波段的主力机构所耗费的拉升运作成本必然较低，而获取的利润就会较高。而处于拉升推高环节末尾的那一个波段，此时的股价因为已远离底部区域，在该股的底部区域买入的所有持筹者都获利丰厚，负责这一个波段推升的主力庄家面临的困难以及所耗费的成本必然最高，而且获利较少。正是因为以上原因，在成功运作完毕后必须进行论功行赏式利润分配，否则主力机构群体内部就会产生不满甚至内讧，导致以后无法成功合作。

读者朋友可能会问，主力机构群体之间的利润是使用什么样的方式分配呢？如果是私募主力机构可以直接将所得的利润进行转账分摊；如果是其他合法的主力机构，因为资金账户受到监控及需保留交易记录让有关机构核查，所以无法也无权直接从资金账户中调出资金。因为这一原因，在分配利润时必须通过以筹码的形式间接分配。比如：一家获利高的主力机构在打压股价后低价倒卖一定数量的筹码给另一家获利少的主力机构，这家获利少的主力机构接下筹码后，再高价卖给市场其他投资者所得的差价盈利就是间接分配的利润。

在一些小盘股中，由于某个实力大户想坐庄运作，但资金不足就会联合其他的实力大户共同联合坐庄该小盘股。这些实力大户群体的联合运作手法基本上也是大同小异。

2. 单打独斗推升方式

在小盘成长绩优股的推升股价过程中，因为该股的盘子小所需的资金不大，市场上的主力机构单独就可以成功坐庄，当主力机构建仓吸筹完毕并达到可以主导股价涨跌的地步后就会进入拉升推高股价环节运作。主力机构单打独斗推升股价的方式主要有两种：一鼓作气连续攻击手法，逐个击破间歇性攻击手法。

(1)一鼓作气连续攻击手法。

主力庄家在拉升推高股价环节中使用一鼓作气连续攻击手法推升股价

时，在具体行动上的表现是：建仓吸筹完毕后接着进入拉升推高环节，主力庄家在拉升推高环节的初始至末尾的整波上涨过程中是一鼓作气连续攻击的，中途没有停顿。在K线价格走势上的表现就是单边上涨。主力庄家使用一鼓作气的连续攻击方式推升股价反映出主力操盘手的操盘风格非常凶狠，也间接说明了主力庄家在该股上的控筹程度已达到高度控盘的重仓仓位。

(2)逐个击破间歇性攻击手法。

主力庄家在拉升推高股价环节中使用逐个击破间歇性攻击手法推升股价时，在具体行动上的表现是：主力庄家将拉升推高环节中的上涨幅度划分成若干个波段，每一个波段的阶段高点就犹如战场上的山地作战一样，一个山头比一个山头高，而每一个山头就是敌手的驻防阵地。主力庄家将股价推升至第一个阶段高点后，此时已完成第一个波段的拉升，接着进入调整蓄势的休息阶段。当调整充分、能量积聚足够后，接着就发动第二波朝上攻击，最终夺取第二个阶段高点。在夺取第二个阶段高点后此时就已完成第二个波段的拉升。主力庄家使用逐个阶段高点击破，然后调整蓄势，接着再次发动冲锋的间歇性攻击方式将股价拉升推高至顶部，至此主力庄家的拉升推高环节运作胜利结束。

二、大盘指数、个股基本面、信息的好坏是影响股价升幅的重要因素

主力庄家在拉升推高股价环节运作过程中，大盘指数的运行状态及个股内在基本面的优劣和市场信息的好坏都是重点参照、考虑的方面。

在大盘指数运行于上升趋势过程中，它为个股的拉升创造了良好的外部环境条件。实力强的主力庄家此时拉升推高股价的上涨幅度就会远远大于大盘指数的上涨幅度，实力较弱的主力庄家此时拉升推高股价的上涨幅度就基本上与大盘指数的涨幅同步。

当大盘指数运行于横向平走振荡状态时，虽然此时的主力庄家在拉升

推高股价环节中不能如大盘指数运行于上升趋势中那样借力顺势而为，但因为大盘指数并没有朝下运行走坏，市场虽然没有热烈的人气，但仍然适合主力庄家拉升推高股价的运作。

当大盘指数运行于下降趋势状态时，因为大盘指数环境处于冰冷状态之中，市场人气涣散，通常情况下已不适合主力庄家拉升推高股价的运作。但有一种例外就是：个股上有重大的利好。只有个股基本面有重大利好信息时，主力庄家才敢于逆势拉升。除此之外，市场强庄股的“妖气”尽显时也会在大盘指数大跌中表演“万绿丛中一点红”的把戏吸引市场投资者的眼球，目的是诱惑市场空仓者入场接盘。但这不属于主力庄家的拉升推高环节的运作阶段。

个股内在基本面通常可分为优秀、普通及差劣。而市场信息又可分为有利好信息、既无利好也无利空信息、有利空信息。由此可得出以下组合：

个股的内在基本面可分为：

(1)优秀。

(2)普通。

(3)差劣。

个股的基本面优秀与信息有以下组合：

(1)个股的基本面优秀且有利好信息。

(2)个股的基本面优秀没有利好或利空信息。

(3)个股的基本面优秀有利空信息。

个股的基本面普通与信息有以下组合：

(1)个股的基本面普通但有利好信息。

(2)个股的基本面普通没有利好或利空信息。

(3)个股的基本面普通但有利空信息。

个股的基本面差劣与信息有以下组合：

(1)个股的基本面差劣但有利好信息。

(2)个股的基本面差劣没有利好也没有利空信息。

(3)个股的基本面差劣且有利空信息。

分析研究个股的内在基本面及信息后，得出适合主力庄家拉升推高股价的最佳组合是：

(1)个股的基本面优秀且有利好信息。

(2)个股的基本面优秀没有利好或利空信息。

(3)个股的基本面普通但有利好信息。

通常情况下，适合主力庄家局部拉升推高股价的普通组合是：

个股的基本面普通没有利好或利空信息。

通常情况下，不适合主力庄家拉升推高股价运作的组合是：

(1)个股的基本面优秀但有利空信息。

(2)个股的基本面普通但有利空信息。

(3)个股的基本面差劣但有利好信息。

(4)个股的基本面差劣没有利好也没有利空信息。

(5)个股的基本面差劣有利空信息。

以上只是大致的划分，实际上，在分析个股的优点和缺点时应具体情况具体处理。比如：某只个股的基本面优秀，如果该股上的利空信息只是轻微级别，那么也无碍于主力庄家的拉升。主力庄家是否拉升股价的衡量标准是：当个股的优点大于缺点时适合主力庄家拉升，当个股的优点小于缺点时不适合主力庄家拉升。投资者在实战中研判股价是否突破启动时，只需按以上方法分析就可大幅度提升准确预测的概率。

第十二章　主力庄家在拉升推高环节的运作

一、拉升推高股价模式及手法是主力庄家在中部与对手博弈的产物

主力庄家在运作个股过程中，当完成建仓吸筹环节运作后就进入拉升推高股价环节的运作。如果将建仓吸筹比喻成战争中的阵地防线构筑，那么拉升股价就是主力庄家吹响进军号角发起进攻的冲锋陷阵。主力庄家在运作拉升个股环节中有多少种冲锋陷阵的进攻模式呢？在冲锋陷阵过程中必然会遇到敌方的防守抵抗甚至是反攻，军事上敌方的防守及反攻在主力庄家拉升推高股价过程中的表现又是什么样的模式呢？下面将详细讲述主力庄家在拉升推高环节中的拉升及洗筹模式手法。

主力庄家在个股的底部低位区域建仓吸筹吃饱喝足后，建仓吸筹的运作阶段完满结束。接着就进入下一个运作阶段，该阶段就是拉升推高股价。股市中的筹码犹如做实业生意上的货物，实业生意上那些大实业家、老板买进大量货物就相当于虚拟经济中的大资本家、主力庄家买进大量的筹码。虚拟经济中的资金实力雄厚者被称为主力庄家，那么实业经济中的资金实力雄厚者也可以称其为实业经济中的“主力庄家”。因为任何一个行业、领域中的囤积居奇都会形成供求关系上的失衡，而市场经济的核心就是供求关系。

囤积居奇的赚钱精髓也被精明的大资本家应用在股市投资中，主力庄家在股价的低位建仓吸筹的主要目的就是囤积居奇。当个股上大量的筹码囤积在主力庄家手上时，该股市面上流通的筹码就会急剧减少。当市场环

境转好或个股有利好信息时，只需要很轻的买入力量就会因为求大于供而出现上涨。主力庄家买入筹码的囤积居奇做法在股市上被熟谙主力庄家运作的投资者称为锁仓。锁仓的结果就会形成市面上的供给减少，个股的流动性减低。众所周知，股价的涨跌由买方力量与卖方力量在搏杀较量后形成。当买方力量大于卖方力量时，股价就会因为求大于供从而出现上升；相反，如果买方力量小于卖方力量，股价就会因为供大于求从而出现下跌。由个股上的买方力量与卖方力量的实力对比得出，主力庄家的锁仓起到了以下重要的能影响股价波动的作用：

(1)主力庄家建仓吸筹后的囤积居奇形成的锁仓，无形中促使市面上可供流通交易的筹码大幅度减少。

(2)根据供求关系原则，筹码的供给代表了卖方力量，而需求筹码代表了买方力量，主力庄家在建仓吸筹过程中的不断买入会形成强大的做多力量，这股强大的买入力量远远大于卖出力量。根据买方力量大于卖方力量时股价就会上涨的原则，主力庄家的建仓吸筹所形成的买入力量在整体战略上就会使股价由原先的下跌转为止跌再转为上涨，或者是由原先的小涨转为大涨，又或者是由原先的走平转为上涨。

由于主力庄家建仓吸筹吃进筹码后持有不动就形成锁仓的作用，这样在无形中就会助推股价朝上运行，它为主力庄家在建仓吸筹完毕后的拉升打下了坚实的基础。每一个主力操盘手在拉升过程中的核心秘诀是什么？是“尽量减少供给，然后尽量增大需求”。在拉升时使用的所有操盘手法都是围绕着这条核心秘诀运转的。

股价上升过程的拉升是主力庄家与对手斗智斗勇的另一个关键，主力庄家在建仓任务完成后，能否拉升成功是坐庄运作个股中的三大重点之一。因为主力庄家在底部建仓吸筹过程中或多或少都会有一些跟风盘潜入，当主力庄家拉升后，该部分抄底盘因为已有较大幅度的获利，随时都有兑现利润离场的愿望，他们是主力庄家拉升股价过程中的主要敌手。而主力庄家为了清洗这部分抄底盘就会在拉升时进行洗筹，洗筹的其中一个目的就是尽量将心态浮躁、意志不坚的持筹者清洗出局，以免在后市的拉升股价过程中带来重重阻力。所以，成功的洗筹可以减轻主力庄家的拉升成本。主力庄家在拉升过程中的拉升成本除了对倒及延长时间所增加的拉升成本外，更多的拉升成本来自于承接市场的抛售盘。

主力庄家的成功运作同样是必须在低位吸筹然后在高位卖出，实现低买高卖才能盈利。而低位买入均价与高位卖出均价的差价大小就是主力庄家包含运作成本在内的盈利。主力庄家在建仓吸筹完毕后，此时最着急的一件事情就是：如何尽可能在短时间内快速拉升股价脱离自己的建仓吸筹成本区域。投资者只需从主力庄家的利益角度思考就很容易弄明白主力庄家的操盘意图。因为当主力庄家建仓吸筹完毕后，股价在底部区域每多躺一分钟，就会有多一分钟的抄底盘成交。随着时间的延长，跟风盘将会是越来越多，而跟风盘的大量涌入给主力庄家在后市推高股价造成了极大的不利。这些跟风抄底盘犹如拉升途中的一个个地雷，主力庄家在拉升过程中根本不知道在哪一个价位会引爆这些炸弹，为了尽量减少抄底盘的进入，当主力庄家建仓吸筹完毕后首先要做的一道工作就是尽快脱离建仓成本区域。而主力庄家坐庄运作的拉升推高环节就是从建仓吸筹完毕的那一刻开始的。主力庄家出于利益的考虑是希望尽快拉升脱离成本区域的，但主力庄家在拉升时也需要考虑市场环境状态的冷暖及个股内在基本面的好坏再决定是否拉升。也就是说，主力庄家虽然能够通过控筹及手握大资金对股价进行操纵，但主力庄家出于利润最大化的考虑有时也不得不顺势而为。市场上的个人投资者在实战交易过程中最重要的操作原则就是看对价格的趋势运行方向，然后顺势而为。虽然主力庄家具有操纵股价的能力，但出于利益考虑也绝不会如“愣头青”一样蛮干而强行拉升。主力庄家同样需要借助大盘指数的向好及个股内在基本面的偏暖才进行拉升，这样就可起到四两拨千斤的事半功倍之效。主力庄家在借助趋势顺势而为方面比谁都清楚它的功用。主力庄家在拉升时与大盘指数的运行方向有如下三种组合：

(1)大盘指数上涨时主力庄家进行拉升。

(2)大盘指数横向平走时主力庄家进行拉升。

(3)大盘指数下跌时主力庄家进行拉升。

一般情况下，主力出于拉升成本的考虑，都会借助大盘指数朝上运行时进行拉升股价，因为大盘指数朝上运行反映了市道环境较好，此时持有该股筹码的投资者一般都会有惜售的心理。因为市道环境好，市场持筹者大多数都会选择持股待涨，这样无形中就会减少主力庄家的拉升压力。在拉升过程中没有多少抛盘时，主力庄家就可以轻松地以最小的拉升成本将股价拉升至目标价位，为后市的做差价及洗筹或出货腾挪出了足够大的空间。借助大市环境向好除了可以减少抛盘外还可以吸引跟风买盘追涨，跟风买盘的追涨买入又助长了主力庄家的拉升能力，因为大市环境向好，持筹者普遍预期股价会上涨从而较为惜售，此时市场上的零星短线浮筹又被跟风追涨买入者消化，主力庄家在幕后再顺水推舟地拉一把，则股价就会如离弦之箭直冲云霄。如果个股基本面优秀且大盘环境热烈，则主力庄家只需锁仓捂住筹码不卖，股价就会被市场上的跟风买盘自然地拉上去，主力庄家不费一枪一炮就脱离建仓吸筹成本区域。有个别手头拮据的在建仓时已基本耗光资金的主力庄家，此时还会趁机抛出一部分筹码做短差价。

主力庄家选择大盘指数横盘时进行拉升那只是一种表面现象。事实上是主力庄家迫不得已的选择。但大盘指数没有下跌也不会给主力庄家拉升个股时带来很多的麻烦。大盘指数的横盘对于迫不及待想快速脱离建仓吸筹成本区域的主力庄家来说，也不失为一种还算过得去的选择。虽然没有借助到大盘指数的朝上运行威力，但主力庄家也可以在风平浪静的前提下自由发挥。此时主力庄家可以通过对倒、锁仓、盘中洗筹等方式进行拉升股价。

大盘指数下跌时主力庄家拉升股价的过程将会遇到重重阻力。首先，市场环境不适合。它正如人的出行、逛街、探亲访友一样，在天气晴朗、阳光明媚的日子出行就会比狂风暴雨、电闪雷鸣时更方便。大盘指数的下跌无形中会加剧市场持筹者的恐慌情绪。因为股市中的从众心理在投资者群体中最容易被传播，大盘指数的向好会迅速传导给每一个市场参与者，而大盘指数的向空也会迅速在投资者群体中蔓延从而形成恐慌气氛，此时市场人气就会转入冰冷。当市场持筹者恐慌抛售时，如果主力庄家选择此时逆势拉升，则股价在推高过程中将会遇到大量的抛盘，主力庄家想拉升成功就必须拿出真金白银消化掉这些卖出的筹码，无形中主力庄家的拉升成本就会大幅提升。所以，通常情况之下，主力庄家不会逆势进行拉升。

在以下两种特殊情况下，主力庄家就敢于逆势拉升：

(1)该股是主力庄家高度控盘的强庄股。

(2)在大盘指数下跌时恰逢该股有重大利好消息公布。

高度控盘的个股因为绝大部分的筹码都已在主力庄家的手中，主力庄家当然无惧于市场上的小抛盘，此时，主力庄家的心思反而是想通过拉升制造吸引眼球的广告效应，故意在大多数个股下跌时收阳，制造万绿丛中一点红的“出格”来吸引市场上的眼光，为后市拉升出货“预约”接盘者。主力庄家的这种做法除了在市场投资者中广而告之该股有主力空仓者可跟庄外，还向市场投资者展示了其逆势拉升的强大实力，使市场跟庄者认为该股后市的上涨前途不可估量从而追涨买入。事实上凡是主力庄家高度控盘的个股一般都缺乏流动性，主力庄家此时能够以拉高的价格卖给市场上的跟风者何乐而不为呢！至少可以起到做差价降低持筹成本的作用。

由以上分析得出，高度控盘的强庄股主力庄家在拉升时是不需考虑大盘指数好坏状态的。因为从主力庄家的利益角度出发，主力庄家不需看大盘指数的短期涨跌行事，大盘指数短期的涨涨跌跌对高度控盘的强庄股来说影响微乎其微。股民在看盘时就会发现一些强庄股的运行是独立于大盘的。我行我素地不理会大盘指数涨跌的运行反映在盘面上就是：大盘指数上涨时，高度控盘的强庄股不一定上涨；在大盘指数下跌时，这类型的强庄股不一定下跌，甚至还可能是呈相反方向运行从而出现大盘指数跌而个股价格却上涨的结果。

在大盘指数下跌时，出现逆势上涨的个股群体中还有一种类型的个股是因为它隐含有重大的利好消息，个股上的利好因素所形成的做多力量不但抵消了大盘指数下跌的利空，而且因为做多力量强劲而出现上涨。按照买方力量大于卖方力量时股价就会上涨的原则，此时的个股所具有的潜在利好所产生的做多力量如果大于卖出的力量，价格就会上升。

当个股的潜在利好形成的做多力量略微大于大盘指数下跌所形成的做空力量时，个股上的K线价格就收出小阳线。

当个股的潜在利好形成的做多力量比大盘指数下跌的做空力量大一个级别时，个股上的K线价格就会收出中阳线。

当个股的潜在利好形成的做多力量远大于大盘指数下跌所形成的做空力量时，个股上的K线价格就会收出大阳线。

投资者在实战交易过程中必须要有技术能力去正确研判、识别主力庄家在拉升推高环节所使用的拉升模式及手法。只有懂得主力庄家的拉升操盘手法者才能在做高股价的跟庄过程中稳固地坐轿或骑上黑马不被抖落下来。市场上有很多投资者在每一波的股市大行情中都曾经在底部区域拥有过“黑马”股票，但由于在主力庄家拉升过程中被主力庄家的洗筹清洗出来，从而与“黑马”股票失之交臂。可以这样说，凡是入市一段时间的投资者都买过在后来成为大牛股的股票。但很多投资者因为捂不住而抛出，结果与后来的股价大涨无缘。用爱情的话语来形容就是：“曾经有缘但最终无分。”那么是什么原因造成了该部分投资者的有缘无分呢？为什么在买进了好股票后却捂不住又抛售掉了呢？主要原因在于：

(1)个人投资者只是“瞎猫碰上死老鼠”的碰巧买入，根本不知道自己手中持有的个股是宝贝还是垃圾。

(2)由于不懂主力庄家建仓吸筹的模式手法，无法准确地确定该股里是否有大资金流入，只是道听途说就买入。但因为心中无底所以信心不足，意志不坚的结果就会在股价的振荡中抛出。

(3)由于不懂主力庄家在拉升阶段的拉升模式及手法及与拉升息息相关的洗筹手法，结果在主力庄家拉升过程中被清洗出局从而与大牛股拜拜。

如果只是碰巧的原因而曾经和后来的大牛股握过手，那么也没有什么可惜的，因为对自己所持有的筹码不知道是宝贝还是垃圾，自己都没有发现自己手中筹码的价值，那么无缘分享大牛股所带来的丰厚利润那是有眼不识泰山的结果，这只能是怪自己学艺不精。股市中基本面再优秀的个股，如果没有大资金的流入股价都注定是无法涨上去的，因为缺乏主导性力量的个股就会因为群龙无首而各自为战，一盘散沙的结果是股价无法涨上去，更别指望大涨特涨的飙升了。判断一只股票有没有主力庄家入驻其实就是观察大资金是否已流入该股。价格的涨跌是由成交形成的，成交是买方力量与卖方力量搏杀较量的结果。而买方力量的代表就是资金，卖方力量的代表就是筹码。有大资金流进来就反映了买方力量的强大，当有主力庄家入驻就说明了在建仓吸筹阶段买方力量已具有主导股价涨跌的能力，而主力庄家的建仓吸筹就是做多能量的积聚。

投资者如果能够较为准确地判断大资金的流向是流入该股还是流出该股，就可以通过资金的流入推测出主力庄家已进驻，此时再通过主力持仓数据及建仓吸筹模式手法进一步印证主力庄家的建仓吸筹行为。当确定属实时投资者要做的事情就是抄底买入，然后耐心持股等待主力庄家的拉升从而分享主力庄家拉升所带来的利润蛋糕。这就是投资者在股市投资中跟庄的最重要技术之一。有一个好的开始就有一个好的未来，一步做对就会步步走对。所以是否能够正确识别、懂得主力庄家的建仓吸筹模式手法是抄底成功并信心百倍地将股价由低位捂至高位的关键。这样，每当买到大牛股时能够稳稳地骑住“黑马”的概率就大大增加。

当投资者懂得主力庄家的建仓吸筹模式手法后，骑住“黑马”的概率虽然比不懂主力庄家底部建仓吸筹的投资者要大很多，但仍然有一道难关在拦着底部买进的持筹者，这道难关就是主力庄家的拉升推高环节中的洗筹关。那么怎样才能够闯过这道难关从而到达胜利的彼岸呢？下面将详细讲述主力庄家在拉升推高环节的拉升模式及手法及主力庄家在拉升过程中所使用的洗筹模式及手法。当投资者懂得了主力庄家的拉升操盘手法及洗筹操盘手法后就可以轻松地迈过这道难关，这样在底部抄底买进“黑马”股的投资者就可以安稳地持有它跑完全程。在底部区域买进然后在顶部区域卖出是市场参与者实现投资收益最大化的前提。

主力庄家将股价从建仓吸筹的底部区域拉升推高至顶部的模式及手法主要有以下五大类型：

(1) 单边独立模式拉升推高股价手法。

(2)单边+平台模式拉升推高股价手法。

(3)单边+回调模式拉升推高股价手法。

(4)单边+平台及回调复合模式拉升推高股价手法。

(5)单边+上升中继形态模式拉升推高股价手法。

二、单边独立模式拉升推高股价手法

主力庄家使用单边独立模式拉升推高股价手法反做高股价的行为映出：主力庄家的上攻意图达到了最强烈的级别，并且在拉升股价的过程中表现凌厉、快速、干净利索。此种拉升手法反映在买方力量上就是做多动能最强劲，而做空动能已被消化至最小级别。单边独立模式拉升推高股价手法的出现隐含了以下几种含义：

(1)主力庄家拉升的意图最强烈。

(2)市场上的买方力量达到最强劲级别。

(3)市场上的卖方力量减小至最弱小级别。

(4)主力庄家的控盘程度已达到最高级别。

第一点解释：股价呈现出单边上涨的形态。首先反映出主力庄家的往上做意图极其强烈，因为只有个股中的能够主导股价涨跌运行的主力庄家想往上做时股价才会出现单边上涨，如果主力庄家不想往上做，市场上其他的大户、个人投资者的做多力量绝不能将股价单边推上去。只有主力庄家的做多意图强烈才会在天时、地利之下出现股价的单边上扬。如果没有天时、地利的配合，主力庄家就算有强烈的做多愿望也是有心而无力。所以股价的单边上涨说明了主力庄家的拉升意图是往上做，但反过来，主力庄家强烈的拉升意图不一定能促使股价单边上升。这是投资者在实战交易中需要正确区分的其中一种情况。

第二点解释：造成市场上的买方力量达到最强劲级别的主要原因是：该股基本面上存在着利好题材。例如：分红送股、业绩预增……这些利好消息就会在市场上成为市场参与者关注的焦点，从而调动市场参与者的资金一起向该股流入，此时再加上主力庄家的强烈做多意图，就会形成合力共推股价飙升。

另外还有一种情况是：因为该股所在的板块成为市场上该波行情上攻过程中的主流热点板块，热点板块中的所有成员都集体性朝上攻击，而主力庄家此时则顺水推舟，股价就单边上涨。投资者只需打开某一个板块中所有成员个股的K线图表，然后进行对比就会发现这些个股之间的单边上涨走势基本都是出现在同一时间段之内。

第三点解释：市场上的卖方力量减小至最小级别说明市场持筹者极为惜售，股价的大涨必然是买方力量强劲的结果，但买方力量动能的强劲也有很多种形成方式。例如：是主力庄家强烈的拉升意图形成，是个股成为热点板块形成，是个股有重大利好形成。而卖方力量的强弱同样有多种多样的形成原因，卖方力量形成的做空动能有大有小，大的做空动能如果被消灭则股价就会出现上涨，小的做空动能如果被消灭股价也同样会出现上涨。但从买方力量与卖方力量的多空对比来分析，无疑是卖方力量减小至最弱小级别更有利于主力庄家拉升股价。所以市场上的卖方力量减小至最弱小级别也是促使股价出现单边大涨的其中一个原因。

第四点解释：主力庄家的控盘程度已达到最高级别是股价单边大涨的另一个主要原因。因为绝大部分的筹码都在主力庄家的手上时，主力庄家就可以通过对倒将股价推升从而达到快速大幅度拉升股价的目的，因为绝大部分筹码掌握在主力庄家的手上，主力庄家捂住筹码不动就起到了锁仓的作用。锁仓就会使市场上的流通筹码大幅度减小。剩下的零星筹码都是出自市场上的个人投资者，主力庄家无忌于这些小抛盘形成的微弱做空力量。当主力庄家根本不担心市场的抛盘时、出于利益的需要想大幅度拉升股价就可以随时进行拉升。这是典型的操纵型强庄股的表现。所以，主力庄家在个股的底部区域建仓吸筹时的持筹仓位如果达到高度控盘的程度，那么主力庄家在后市拉升股价脱离建仓成本区域时的方式通常就是逼空式的单边大涨。

单边独立模式拉升推高股价手法在K线图表上的具体表现又可细分为四种战术手法：极端式单边拉升手法、凶狠式单边拉升手法、稳健式单边拉升手法、温和式单边拉升手法。

1. **极端式单边拉升手法**

极端式单边拉升手法表现在K线图表上就是主力庄家以涨停板的形式朝上攻击。股价上升收阳的最极端方式就是涨停板，个股上出现涨停板的原因在于：因为沪深股市设置有±10%的涨跌停板制度，个股上的做多动能或做空动能的力量超越±10%的幅度时，就会因为人为设置的制度限制造成多头能量或空头能量无法一步到位地有效宣泄，而做多或做空能量被迫一段一段地去实现就会出现涨停板或跌停板的现象。例如：某一只停牌进行资产注入的股票积蓄了原股价的80%的做多能量，当重新开盘交易时因为±10%的涨跌停板制度的限制，就会将原股价80%的能量按10%的幅度进行划分从而形成了8等份，那么该股就会出现8个涨停板。

主力庄家敢于以涨停板的形式拉升说明了股价的上升动能已达到最顶峰，而上升动能达到极端的原因从主力庄家利益的角度分析，就是主力庄家已在该股的筹码控制上达到控盘级别；又或者是该股自身的价值得到大幅度的提升。它反映在具有重大利好消息上，只有股价的严重低估，主力庄家才敢于将股价封在涨停板上。此时市场有多少卖盘就吸纳多少，逢抛必接才能拉至涨停板。主力庄家无惧于抛盘的原因在于：一是主力庄家高度控筹，筹码几乎都已在主力庄家的手上，市场上基本没有什么抛盘了，这时主力庄家就敢于封在涨停板上。二是因为该股的内在价值得到大幅度提升，股价相比它的内在价值严重偏低，该股已具有重大的投资价值，所以主力庄家也敢于拿出真金白银承接市场上的抛盘，便宜货谁都想拾，主力也不例外。此时的主力庄家担心的是市场持筹者不肯抛售筹码出来而不是怕卖盘。

综上所述：极端式的真实涨停板拉升推高股价手法反映了主力庄家的意图是逢抛必接且坚决做高股价，因为在涨停板过程中承接下来的抛盘，主力庄家有足够的信心可以在更高的价位抛出，从而获取丰厚的差价利润。

图 1 是 600523 贵航股份包括 2008 年 10 月 27 日至 2009 年 2 月 25 日在内的日 K 线图。

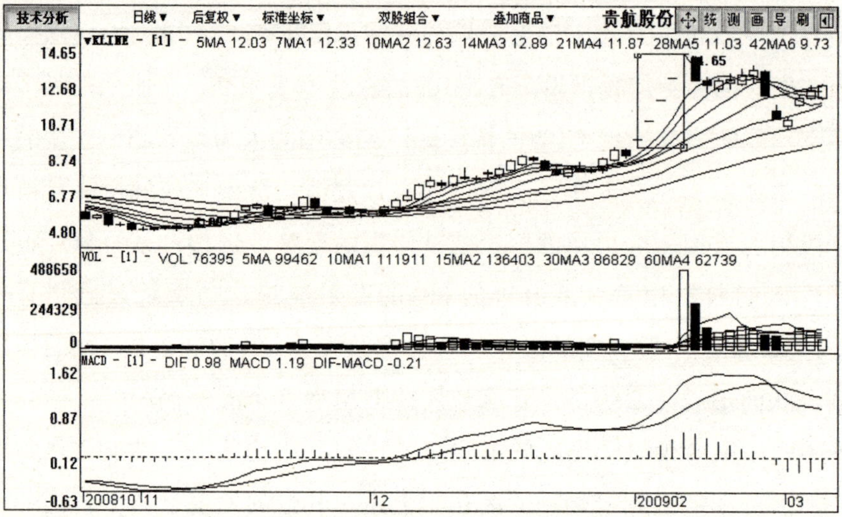

图 1

主力在该股的底部建仓吸筹完毕后，就使用单边独立模式拉升推高股价手法拉升，此时股价进入主力运作的主升浪运行。由于主力在该股的拉升推高环节使用了单边独立模式拉升推高股价手法中的极端式单边拉升战术手法拉升股价，从 K 线图表上可看出：股价以连续的一字线涨停板方式朝上攻击。在涨停板价位处的巨量买盘因为抛盘很少而大部分无法成交，主力使用极端式拉升手法的主要目的之一就是不让市场上的跟风买盘有机会进入。当市场上的空仓者有机会买进时，股价也已升至高位了。该类型的涨停板式上涨只有在涨停板打开时或者是提前挂单等候时才有机会买入。空仓的投资者也可以通过主力在底部建仓吸筹的控盘程度高低来把握此类成为超级黑马的机会。因为只有高度控盘的个股才会出现极端式拉升。

图 2 是 600180 中国船舶包括 2006 年 12 月 26 日至 2007 年 4 月 3 日在内日的 K 线图。

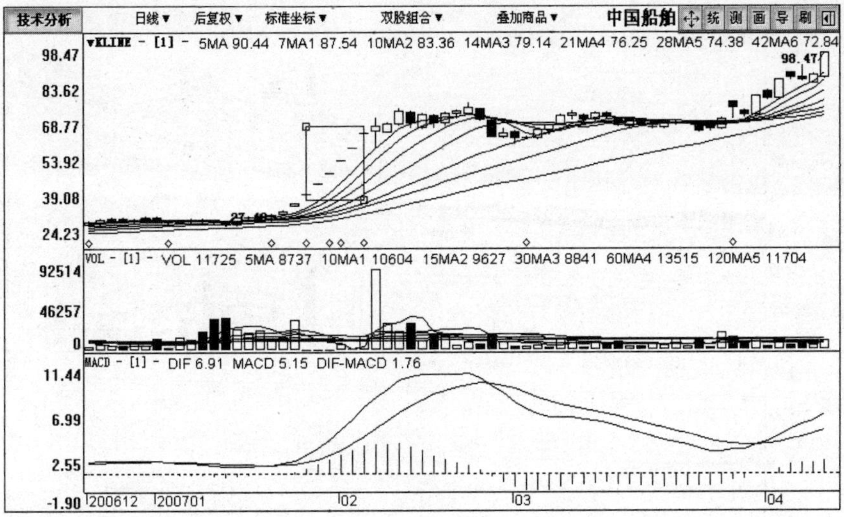

图 2

主力庄家在该股的底部区域建仓吸筹完毕后就进入拉升推高环节运作，主力在推升股价时使用了极端式单边拉升手法进行拉抬股价。从 K 线图表上可看出：股价以连续的一字线涨停板方式上涨。主力庄家使用极端式拉升手法可有效避免市场上的跟风盘跟进，市场空仓者想买进就必须在涨停板价位挂单等候，无形中提高了市场参与者的持筹成本，当主力拉升至末尾阶段时还可以趁机在高位卖掉相当一部分筹码，真是一举两得。

市场空仓者对付该类型拉升手法的最佳策略是：在股价的底部区域发现主力高度控盘时就逢低吸纳持有，然后用足够的耐心等待主力庄家推升股价，最终与主力庄家分享利润蛋糕。

图 3 是 000868 安凯客车包括 2008 年 12 月 10 日至 2009 年 3 月 23 日在内的日 K 线图。

主力庄家在该股的拉升推高环节使用了极端式单边拉升手法做高股价。从 K 线图表上可看出：股价以带下影线的涨停板大阳线方式上涨。极端式单边拉升手法的出现说明了做多力量达到最强劲级别。市场空仓者对付该类型拉升手法的主要策略是：克服恐高症然后追涨买入持有。

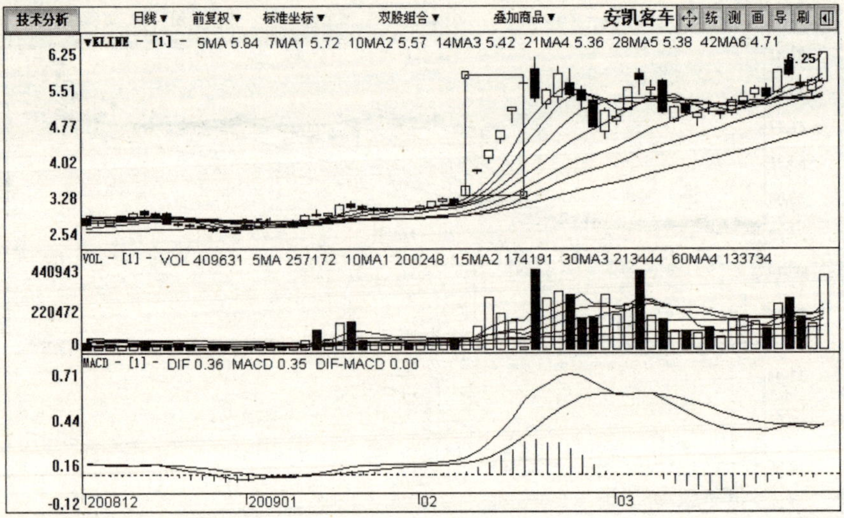

图 3

图 4 是 000518 ST 生物包括 2008 年 12 月 15 日至 2009 年 2 月 23 日在内的日 K 线图。

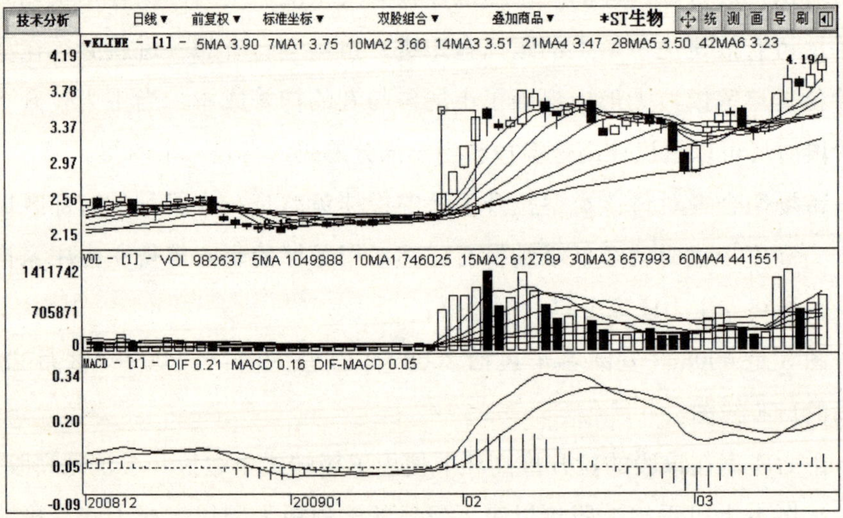

图 4

主力庄家在该股的拉升推高环节使用了极端式单边拉升手法做高股价。从K线图表上可看出：股价以光头光脚的涨停板大阳线方式上涨。此类型的拉升方式在即时走势上呈现出由低走高的轨迹，股价在由低位升至涨停板的高位过程中一直有成交。该类型的拉升方式给坚决做多的投资者提供了低价位买入的机会。

图5是600643爱建股份包括2008年12月29日至2009年3月31日在内的日K线图。

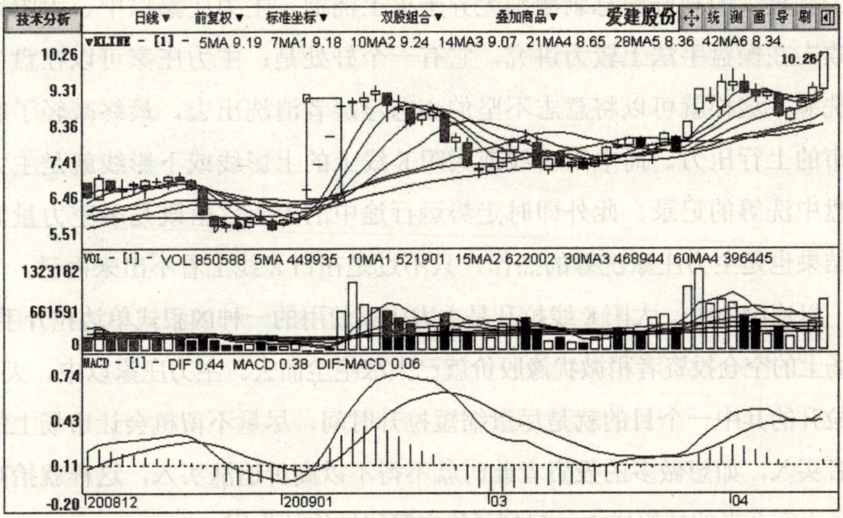

图5

主力庄家在该股的拉升推高环节使用了极端式单边拉升手法做高股价。从K线图表上可看出：股价以连续的一字线涨停板方式朝上攻击。在涨停板价位处的巨量买盘因为抛盘稀少从而造成大部分无法成交，从成交量柱子的地量上就可窥见一斑。主力庄家使用一字线涨停板方式拉升的其中一个目的就是不留给市场投资者低价位买入的机会，想买入的投资者只能以涨停板价位挂单等候。

2. 凶狠式单边拉升手法

凶狠式单边拉升手法表现在K线图表上就是主力庄家以连续中阳或连续大阳或中、大阳K线的形式拉升。以中、大阳线的形式朝上攻击时K线为有实体的中、大阳K线，而涨停板式朝上攻击时K线为一字K线。当价格涨停时，想买入的投资者就只能以涨停板的价格成交。以中、大阳线的形式朝上攻击在即时走势上的表现是：即时走势朝上运行的角度即使最大也仍然需要一定的时间才能够上攻至最高点，想买入的投资者都可以在股价由低位的开盘价至高位的收盘价的任何点位上买入。

主力庄家使用中、大阳线朝上攻击反映出主力庄家的拉升意图强烈，也说明了主力庄家的控筹程度已达到中等仓位或重仓的地步，此时如果个股上有重大的利好消息刺激则无异于火上浇油。主力庄家以中、大阳线朝上攻击在操盘手法上较为讲究，它有一个好处是：主力庄家可以在盘中进行洗筹，这样就可以将意志不坚的心态浮躁者清洗出去，最终减轻了股价后市的上行压力。而中阳K线或大阳K线上的上影线或下影线就是主力庄家盘中洗筹的记录。此外即时走势运行途中的上上落落既是多空力量博弈的结果也是主力庄家洗筹的杰作，只不过是在日K线上看不出来而已。

以连续的中、大阳K线拉升是主力庄家使用的一种凶狠式单边拉升手法，市场上的空仓投资者稍微犹豫股价就已大涨绝尘而去。主力庄家以中、大阳K线拉升的其中一个目的就是尽量缩短拉升时间，尽量不留机会让市场上的空仓者买入，如想做多的投资者此时就不得不以高价追涨买入，这样就抬高了市场上空仓者的持筹成本，起到了稳定筹码结构的作用。

图6是600482风帆股份包括2009年2月26日至2009年3月31日在内的日K线图。

主力庄家在该股的底部建仓吸筹完毕后，就使用单边独立模式拉升推高股价手法进行拉升。此时股价进入主升浪运行。

主力庄家在该股的拉升推高环节使用了凶狠式单边拉升手法做高股价。从K线图表上就可看出：股价从2009年3月17日至2009年3月24日，连续几个交易日都是以中、大阳K线朝上攻击，市场上的空仓者可在主力拉升股价的初始阶段使用追涨策略买入。

市场参与者如果懂得主力庄家的建仓吸筹手法就可以在股价的底部区域发现主力的建仓行为，此时就可以买进持有，然后耐心等待主力庄家的

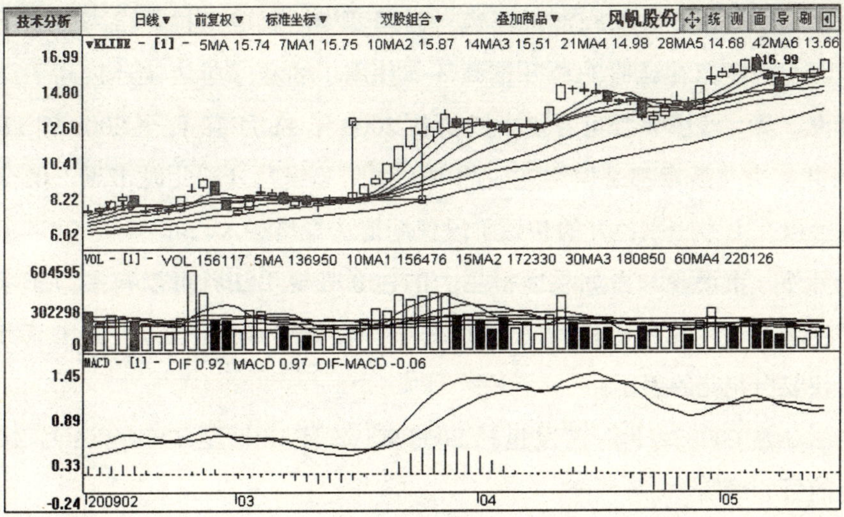

图 6

拉升，从而分享主力庄家的拉升劳动成果。

图 7 是 600525 长园集团包括 2008 年 10 月 7 日至 2009 年 1 月 13 日在内的日 K 线图。

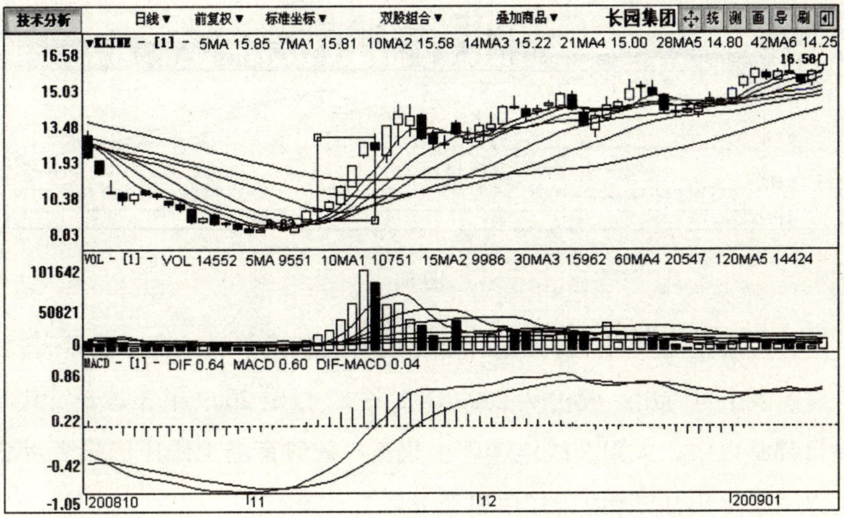

图 7

主力庄家在该股的底部区域建仓吸筹完毕后就进入拉升推高股价环节运作。主力庄家在该股的拉升推高环节使用了凶狠式单边拉升推高手法拉升股价。从 K 线图表上可看出：股价从 2008 年 11 月 12 日至 2008 年 11 月 17 日共 4 个交易日都是使用连续的中、大阳 K 线拉升，此时市场上的空仓者就可以在主力庄家拉升的初始阶段使用追涨策略买入。

另外，市场参与者如果懂得主力的建仓吸筹手法就可以在主力庄家建仓时发现主力庄家的吃货行为从而买入持有，然后耐心等待主力庄家拉升从而获取白花花的银子。

图 8 是 600538 北海国发包括 2008 年 12 月 16 日至 2009 年 4 月 24 日在内的日 K 线图。

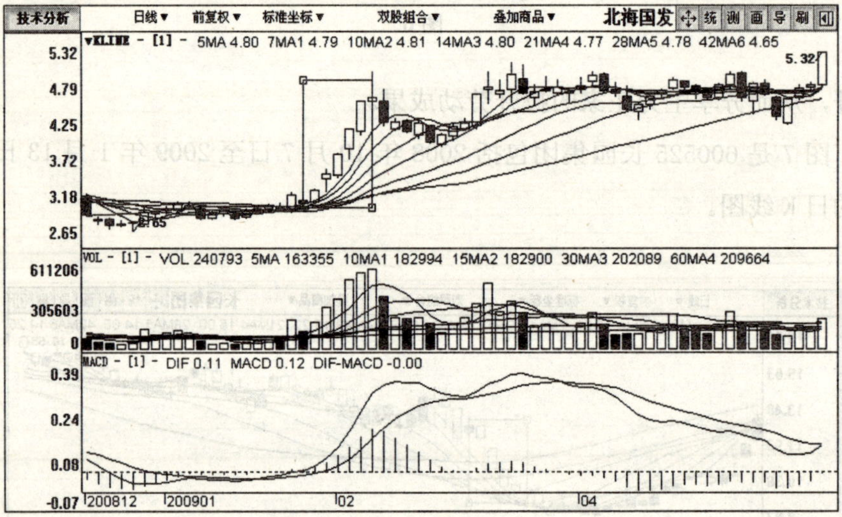

图 8

主力庄家在该股的拉升推高环节使用了凶狠式单边拉升手法做高股价。从 K 线图表上可看出：股价从 2009 年 1 月 22 日至 2009 年 3 月 5 日共 5 个交易日都是以中、大阳 K 线连续朝上攻击。此时市场上跟庄的投资者就可在主力庄家拉升的初始阶段使用追涨策略买入做多。

图 9 是 600673 东阳光铝包括 2009 年 1 月 14 日至 2009 年 4 月 3 日在内的日 K 线图。

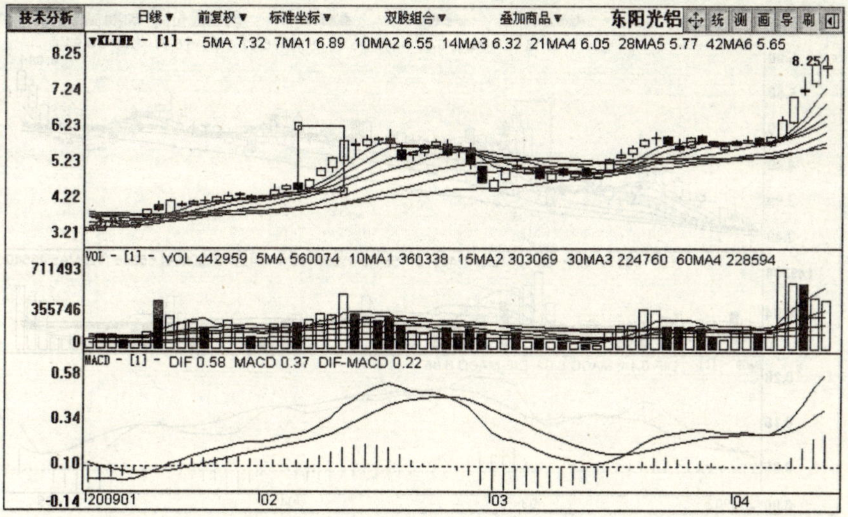

图 9

主力庄家在该股的拉升推高环节使用了凶狠式单边拉升手法做高股价。从 K 线图表上可看出：股价从 2009 年 2 月 6 日至 2009 年 2 月 11 日共 4 个交易日都是以中、大阳 K 线连续朝上攻击。市场上的投资者此时可在主力庄家拉升推高股价的初始阶段使用追涨策略买入做多。在主力庄家单边拉升股价时，只有敢于追涨才可与主力庄家分一杯羹。

图 10 是 600766 园城股份包括 2009 年 2 月 3 日至 2009 年 4 月 24 日在内的日 K 线图。

主力庄家在该股的拉升推高环节使用了凶狠式单边拉升手法做高股价。从 K 线图表上可看出：股价从 2009 年 3 月 2 日至 2009 年 3 月 5 日共 4 个交易日都是以连续的中、大阳 K 线拉升。市场上的投资者一旦确定主力庄家的做高股价手法是凶狠式单边拉升推高手法后就可使用追涨策略买入做多。

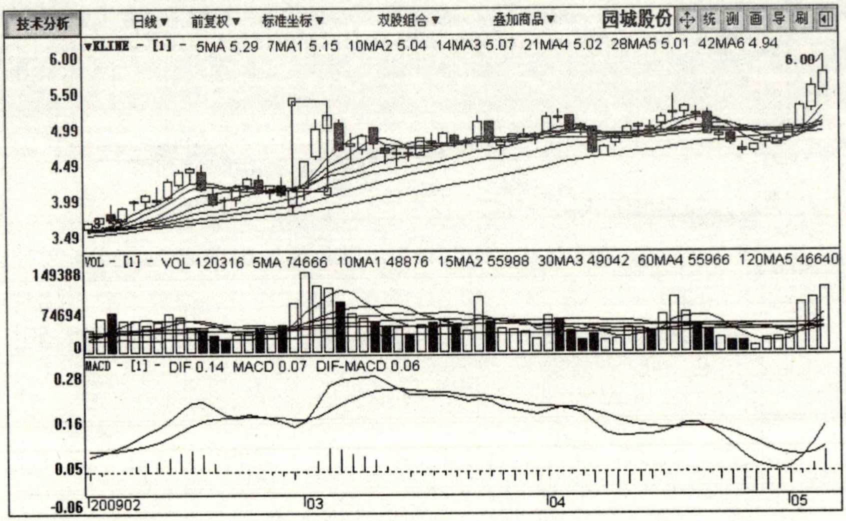

图 10

3. 稳健式单边拉升手法

稳健式单边拉升手法表现在K线图表上就是主力庄家以中、大阳K线拉升时在中、大阳K线之间夹有一根小阳K线或者同价K线或者小阴K线。主力庄家拉出中阳K线或者大阳K线后就洗筹一天，然后再推升。这类型的操盘手法表现在价格行情走势上就是稳打稳扎地稳步推升。主力庄家在凶狠式拉升操盘手法中使用的洗筹手法是庄家日内的盘中洗筹，而在稳健式单边拉升操盘手法中，洗筹的规模升级为一天时间。主力庄家使用稳健式单边拉升手法是因为在拉升过程中进入的短线浮筹较多，与此同时也说明了主力庄家的控盘程度虽然较高，但操盘风格较为稳健。

使用稳健式单边拉升手法还可以在拉升过程中达到从容派发筹码做差价的目的。譬如：主力庄家拉出一根中、大阳K线后，第二天以小阳线或同价线或小阴线的面目出现，它反映在即时走势上就是股价拉高一个台阶后的小幅振荡。在拉升推高环节中，股价出现振荡通常情况下不是洗筹就是做短差价的表现。

稳健式单边拉升手法可以做到适度地洗筹又可以做到适度地换手做差价，更可以在较快的时间里将股价做上去，为后续的高位出货做了铺垫。

图 11 是 600527 江南高纤包括 2008 年 9 月 8 日至 2008 年 12 月 5 日在内的日 K 线图。

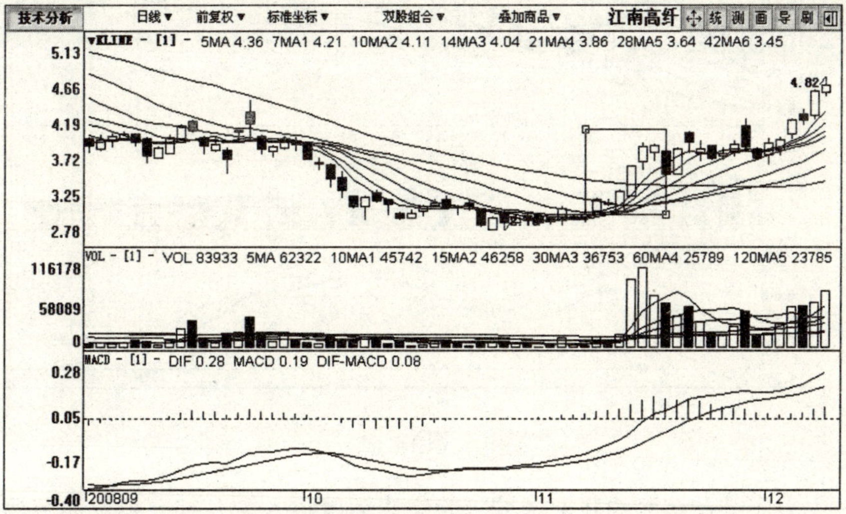

图 11

主力庄家在该股的底部区域建仓吸筹完毕后就进入拉升推高股价环节运作。主力庄家在该股的拉升推高环节使用了稳健式单边拉升推高手法抬高股价。从 K 线图表上可看出：股价在拉升过程中出现暂时的停顿，在中、大阳 K 线之间夹有一根小 K 线，该根小 K 线的出现反映了主力庄家进行了时间上为期一天的洗筹工作。以中、大阳 K 线拉高后就洗筹一天用以清洗短线浮筹的做法说明了主力庄家在拉升股价过程中采用了稳打稳扎的拉升策略，此时市场上的空仓者就可以在主力庄家拉升的初始阶段使用追涨策略买入。

市场投资者如果懂得主力庄家的建仓吸筹手法就可以在主力庄家建仓吸筹时发现主力庄家吃货的蛛丝马迹，从而逢低买入持有然后耐心等待主力庄家的拉升。

图 12 是 600531 豫光金铅包括 2009 年 2 月 5 日至 2009 年 4 月 26 日在内的日 K 线图。

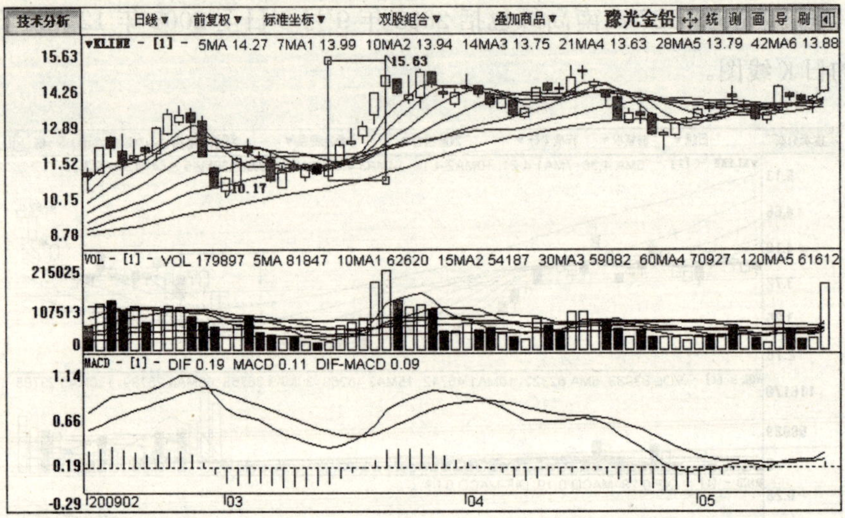

图 12

主力庄家在该股的底部区域吸筹完毕后就进入拉升推高股价环节运作。主力庄家在该股的拉升推高环节使用了稳健式单边拉升推高手法拉升股价。当主力庄家拉出一根大阳 K 线后于 2009 年 3 月 18 日收出一根带长上影的小阳 K 线，该根小阳 K 线的出现就是主力庄家清洗市场短线浮筹的体现。主力庄家拉高一定幅度就进行洗筹，然后再拉高一定幅度就又进行洗筹的操盘手法说明了主力庄家的操盘风格非常稳健。

市场上的空仓投资者在主力庄家拉升的初始阶段可使用追涨策略买入持有，这样就可安全地分享主力庄家的拉升成果。

图 13 是 600563 法拉电子包括 2008 年 11 月 14 日至 2009 年 2 月 13 日在内的日 K 线图。

主力庄家在该股的拉升推高环节使用了稳健式单边拉升手法做高股价。主力庄家在连续拉出两根涨停板的大阳 K 线后于 2009 年 1 月 16 日收出一根带长上下影线的螺旋桨 K 线，该根小阳线的出现就是主力庄家清洗市场浮筹及做差价的结果。当主力庄家达到洗筹及做差价的目的后接着继续朝上攻击。

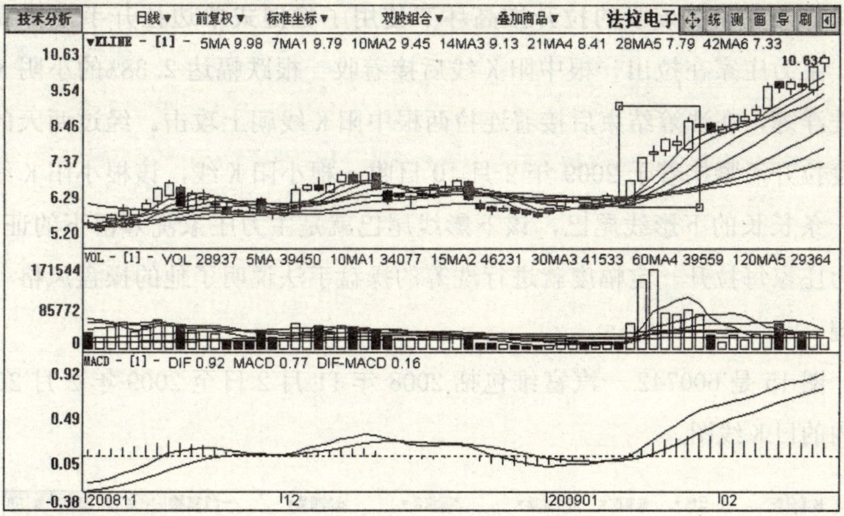

图 13

图 14 是 600642 申能股份包括 2008 年 12 月 30 日至 2009 年 3 月 31 日在内的日 K 线图。

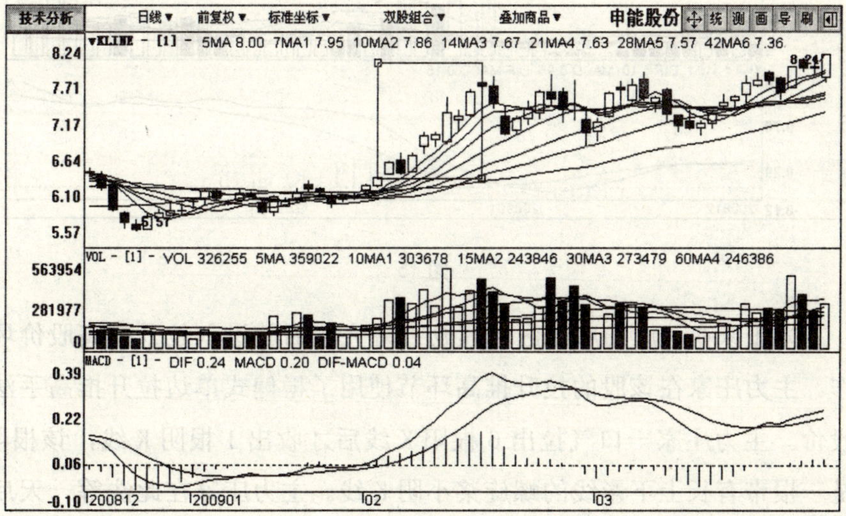

图 14

主力庄家在该股的拉升推高环节使用了稳健式单边拉升手法做高股价。主力庄家在拉出一根中阳K线后接着收一根跌幅达2.38%的小阴K线清洗浮筹，在洗筹结束后接着连拉两根中阳K线朝上攻击。经过两天的大幅度拉升后紧接着于2009年2月10日收一根小阳K线，该根小阳K线带有一条长长的下影线尾巴，该下影线尾巴就是主力庄家洗筹留下的证据。主力庄家每拉升一定幅度就进行洗筹的操盘手法说明了他的操盘风格非常稳健。

图15是600742一汽富维包括2008年11月2日至2009年2月20日在内的日K线图。

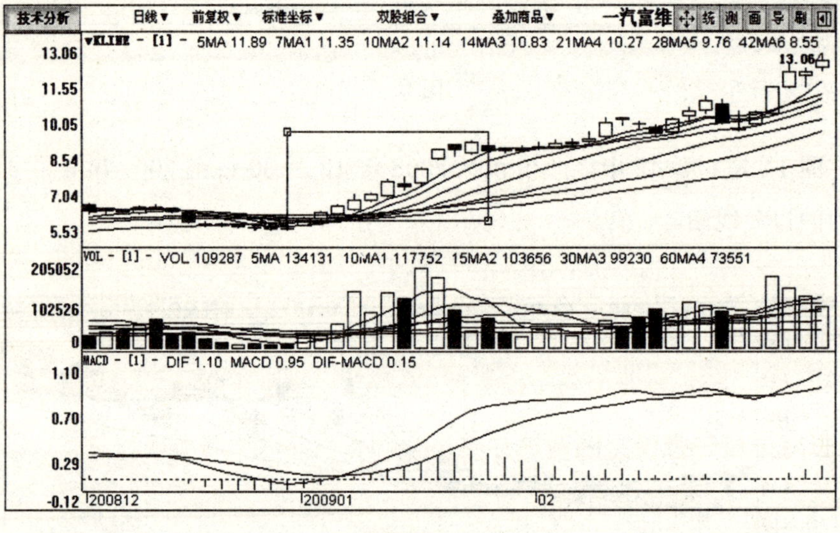

图15

主力庄家在该股的底部区域建仓吸筹完毕后就进入拉升推高股价环节运作。主力庄家在该股的拉升推高环节使用了稳健式单边拉升推高手法做高股价。主力庄家一口气拉出6根阳K线后才收出1根阴K线，该根阴K线是一根带有长上下影线的螺旋桨小阴K线。主力庄家在此洗筹一天后接着再次朝上攻击，在连续收出两根大阳K线后再次进行洗筹，该次洗筹形成一根锤头小阴K线。

从主力庄家的操盘手法上可看出，主力庄家在以稳打稳扎的方式拉升。

4. 温和式单边拉升手法

温和式单边拉升手法表现在K线图表上就是股价以连续小阳或者是中、大阳K线之间夹有2～3根的小K线的形式朝上攻击。这2～3根的小K线既可以是空头排列型小K线，也可以是整理型小K线。

当温和式单边拉升手法是以连续的小阳K线缓慢推升时，在K线图表上的表现是：上升过程中的时间较长，但幅度较小，这是主力操盘手小心翼翼、谨小慎微的推高手法。这类型的操盘手法反映出主力庄家的资金实力较弱、控筹程度较低，所以不敢大幅度快速拉升。因为大幅度快速拉升就会使市场上的筹码在短时间内快速增值，市场上很多的持筹者就会产生兑现利润落袋为安的想法。当主力庄家的实力较差时是不会快速拉高股价让别人卖给自己的，而是会选择小心谨慎的拉升方式小幅做高股价，这样在连续多天的攻击后，幅度的累积也不小。连续小阳K线拉升还可以在市场持筹者心理上形成温水煮青蛙式的迟钝效应，这无形中使市场持筹者的抛售愿望降低，而主力庄家则可以趁机继续小幅推升股价。

当温和式单边拉升手法是以中、大阳K线之间夹有2～3根的小K线的方式推高股价时，这2～3根小K线的出现说明了主力庄家使用此种拉升手法做高股价时在洗筹时间上又比稳健式单边拉升手法长，洗筹的力度进一步加大。主力庄家虽然在拉升时收出中、大阳K线，但用于调整的时间也较长，当将该波上涨幅度进行平均分摊后，每天的升幅通常也是在小阳线范围之内。所以该种拉升手法同样是主力庄家小心推高、谨小慎微的体现。它也间接反映出主力庄家的实力较弱、控筹程度较低及市场跟风盘较多，主力使用2～3天时间进行洗筹的做法本身就说明了洗筹力度较大。正是因为以上这些因素的影响，主力庄家不得不使用温和式单边拉升手法做高股价。

主力庄家在拉升推高股价过程中使用的操盘手法是当时主力庄家的资金实力、控筹程度高低、市场浮筹的多少、个股基本面优劣及市场环境状态的冷暖的合成产物。主力庄家在拉升股价过程中为了将股价推上去，表现在K线上就必定是小阳、中阳或大阳K线。

主力庄家在推升股价时的做多力度在外观表象上有如下表现：

(1)主力庄家的做多力度连续攻击形成一气呵成的现象。

(2)主力庄家的做多力度在攻击过程中出现暂时的停顿现象。

(3)主力庄家的做多力度在攻击过程中出现三步两回头的进三退一或进三退二现象。

主力庄家连续攻击的做多力度表现在K线上就是：

(1)连续大阳K线攻击。

(2)连续中阳K线攻击。

(3)连续小阳K线攻击。

(4)混合型连续阳线攻击。

其中混合型连续阳线攻击反映在K线图表上就是小阳K线、中阳K线或大阳K线的杂合。

主力庄家的做多力度在攻击过程中出现暂时的停顿现象表现在K线上就是：

(1)在拉出大阳K线后收出同价K线。

(2)在拉出中阳K线后收出同价K线。

(3)在拉出小阳K线后收出同价K线。

主力在拉升后收出同价K线说明了此时的股价暂时处于多空平衡状态，所以它是主力庄家拉升过程中既没有上升也没有下跌的暂时停顿。

主力庄家在攻击过程中的做多力度出现三步两回头的进三退一或进三退二现象，表现在K线上就是：

主力庄家在拉升出一定的上涨幅度后股价出现回调。股价的回调幅度有浅有深，进三退一的形式说明了股价的回调幅度较浅，进三退二的形式说明了股价的回调幅度较深。

在单边独立模式拉升推高股价手法的四个细分战术手法中，按洗筹力度由大至小的排列顺序是：

(1)温和式单边拉升手法的洗筹力度最大。

(2)稳健式单边拉升手法的洗筹力度居其次。

(3)凶狠式单边拉升手法的洗筹力度排第三位。

(4)极端式单边拉升手法的洗筹力度最小。

主力庄家在拉升推高环节运作中，主力庄家的拉升表现在买卖显示栏的挂单档位上就是将卖一至卖五的挂单不断朝上扫光；主力庄家的推高表现在买卖显示栏的挂单档位上就是将买一至买五的押单不断上移。扫光不同卖价位的卖盘是将市场上的做空力量消灭，而主力庄家在买一至买五档位上的押单不断上移就会诱惑市场上的空仓投资者追涨买入，无形中推高了空仓投资者的买入成本，主力庄家在拉升过程中的派发也可以趁此机会卖出较高的价钱。

主力庄家在拉升股价的过程中不论是采取哪一种单边拉升股价的手法，都可以在股价的该波上升过程中作出上升趋势线。股价在上升趋势线，主力庄家仍在单边拉升过程中运作。

根据股价运行的角度理论，因为主力庄家拉升是属于上升趋势范围，而价格运行于上升趋势的角度大小就是上升趋势线与水平坐标的夹角。股价朝上攻击的力度越强角度就越大，股价朝上攻击的力度越弱角度就越小。

主力庄家的单边拉升推高股价手法与角度大小的关系从大至小的排列是：

(1)极端式单边拉升手法形成的上升趋势线与水平坐标线的夹角最大。

(2)凶狠式单边拉升手法形成的上升趋势线与水平坐标线的夹角排在第二位。

(3)稳健式单边拉升手法形成的上升趋势线与水平坐标线的夹角排在第三位。

(4)温和式单边拉升手法形成的上升趋势线与水平坐标线的夹角排在第四位。

综上所述：当主力庄家在个股上的运作处于拉升推高环节时，此时拉升推高股价形成上升趋势后，如果符合趋势线技术理论标准就可作出上升趋势线，那么，投资者就可根据上升趋势线技术判断出主力庄家的该波拉升是属于极端式拉升还是属于凶狠式拉升，或者是属于稳健式拉升、温和式拉升。当作出上升趋势线时，此时的股价通常还处于主力庄家推升股价的前半段，通过这个技巧来推理主力庄家的拉升手法准确率非常高。当然投资者还可以通过其他的技术理论进行研判、分析。例如，使用K线技术理论确定K线组合排列，然后结合当时的主力控筹程度、市场人气强弱、个股基本面优劣情况及主力庄家操盘风格，就可以推理出主力庄家的拉升股价方式。另外，市场上的投资者也可使用均线技术理论来研判、分析主力庄家的拉升手法。譬如：主力庄家的极端拉升股价手法通常会使股价处于3天均线的上方运行；主力庄家的凶狠式拉升股价手法通常会使股价处于5天均线的上方运行；主力庄家的稳健式拉升股价手法通常会使股价处于7天均线或10天均线的上方运行；主力庄家的温和式拉升股价手法通常会使股价处于14天均线的上方运行。

当使用上升趋势线确定主力庄家的拉升力度强弱后，此时上升趋势线还担负了另一重任，该重任是使用趋势线技术去确认股价是否达到阶段性高点或顶部。投资者只需观察股价是否朝下有效突破该根上升趋势线就可确定股价是否已在构筑阶段高点或顶部。当股价有效朝下击穿上升趋势线时即意味着主力的拉升工作已终结。主力庄家拉升股价的过程是主力庄家坐庄运作个股的三大环节中操控股价最强烈的一个环节。因为在拉升股价时只有一个方向，那就是朝上。主力庄家在底部建仓吸筹时需要百般掩饰、保密，最害怕被市场上的投资者发现；在顶部区域出货时同样是遮遮掩掩的伪装，也最害怕自己的出货行为被市场投资者发现。在建仓吸筹环节和顶部出货环节，主力庄家奉行的操盘理念是讲一套做一套，但在拉升环节中却是真实意图的诚实流露。市场空仓者在主力庄家拉升过程中是否敢于追涨买入，市场上的持筹者在主力庄家拉升过程中是否能够做到紧紧捂住筹码持有不动，此时投资者的跟庄技术是否过关就会显露出来。在主力庄家拉升的初始阶段、中途阶段不敢追涨买入者，是因为担心股价已涨高害怕追涨被套。因为市场上有一句名言："股价上涨的过程就是风险不断聚集的过程。"这句话本身并没有错误，是一些实战经验欠缺的投资者理解不够充分的原因造成。股价上涨的过程至少需要经过三大阶段，它们分别是：

(1)股价上涨的初始阶段。

(2)股价上涨的中途阶段。

(3)股价上涨的末尾阶段。

当股价在拉升过程中走完这三大阶段时，才会步入顶部区域。由此反映出，风险不断积聚的过程就是风险级别的不断升高过程。在股价上涨的初始、中途阶段收益大于风险，在股价上涨的末尾阶段，风险大于收益。由此得出：在主力庄家拉升推高股价的初始阶段及中途阶段，因为股价的不断朝上攻击，市场上的空仓者在这两个阶段想买入时，最佳的策略就是追涨，此时的逢低吸纳之类的策略是不适用的。投资者在主力庄家单边拉升的初始、中途阶段如果还抱着拾便宜货的思想，那么越是等待，股价就越是上涨，最终眼睁睁地看着股价不断快速上升从而踏空。值得指出的是：追涨并不是追高，追高是投资者买在股价的阶段性高点或股价的顶部高点，追涨是市场投资者买在股价上升过程的初始阶段或中途阶段，只有买在股价上涨过程中的末尾阶段才是追高。

在主力庄家的拉升推高环节，市场上为什么会存在着一部分不敢追涨买入者及市场上为什么会有一部分持筹者卖在股价的低位从而错过股价后市的涨升幅度呢？寻找交易失误的原因将会非常有利于提高自己的实战操作水平，学习的其中一条重要途径就是吸取自己的经验教训。以上两大类型的投资者失误的主要原因在于：对主力庄家运作个股的坐庄过程不了解，更别说是熟谙主力机构的操盘手法了。因为主力机构是个人投资者的头号敌手，市场上每一个实战交易高手都必定深谙主力庄家策划运作过程中的显规则及潜规则。正是因为是否掌握主力机构的坐庄运作技术对个人投资者的交易成败具有关键的作用，又由于市场上没有一本详细的、有深度的主力机构分析书籍，笔者才萌发了将多年研究主力机构的实战心得整理成书奉献给市场上跟庄技术欠缺的读者朋友。对主力机构不了解的投资者在读了本书后就会由对主力机构的一无所知而跃升为熟谙主力机构坐庄运作技术的高手。投资者如果懂得主力庄家运作个股的操盘手法就可以在实战中做到：一旦主力庄家的运作进入哪一个阶段环节就使用相应环节的跟庄技术应对。例如：在主力庄家的建仓吸筹环节，主力庄家在建仓吸筹中需要尽量降低建仓成本。通常情况下，每当股价上涨一定的幅度时，主力庄家就会抛出筹码打低股价，而此时的市场空仓者如果使用追涨策略买入，则往往是一买进股价就下跌，一下子就被浅套。所以，在主力庄家的建仓吸筹环节，市场上的空仓者应该采取以逢低吸纳为主的买入策略实战，主力庄家打压股价吃货，既可恐吓持筹者，又可降低自己的持仓成本，而此时熟谙主力操盘手法的空仓者就可耐心等待股价的回落从而捡到便宜货。所以当懂得主力庄家的操盘手法后就可以做到兵来将挡、水来土掩的应付自如。主力庄家在拉升推高环节的主要目的是尽量做高股价，为后续的出货打下基础。在做高股价的同时，主力庄家不想市场上的跟风盘买进，所以在拉升时的速度就较快，表现在时间上就较短。当投资者懂得了主力庄家在拉升推高环节的操盘手法后，在主力庄家开始拉升时就使用追涨买入策略跟进，这样就不会踏空从而错失一个正在快速上涨的“黑马”机会。而持筹的投资者如果事先知道主力庄家已在底部大量吸筹而现在正进入拉升就不会贪图小利做差价，这样就不会犯捡了芝麻丢了西瓜的错误。

在主力庄家单边拉升股价的过程中，投资者可使用上升趋势线作为该波单边拉升行情的参照线。如果后市股价有效朝下击穿上升趋势线，此时的股价就已进入形态的构筑之中。该形态如果是上升中继形态，那么股价在调整蓄势充分后就会再次重返上升趋势之途；该形态如果是反转形态，则股价在构筑完毕后就会转为下跌。

在温和式单边拉升手法中，K线图表上如果出现朝上攻击力度暂时的停顿或调整，此时洗筹整理的K线根数通常为2～3根的原因是：

(1)在K线图表中，调整的K线根数超过3根以上时，就会在日K线层面上形成明显的回调形态，即可明显地看到股价在上涨后出现折返式的下弯动作，然后再转头上升。所以调整的K线根数达到4根或4根以上时，如果这些调整K线是折返式下跌，则将它归类于回调形态之中，它是最微小的、结构最简单的回调洗筹形态。

(2)在K线图表上，如果出现4根或4根以上的整理K线，此时主力庄家的洗筹手法不是打压式洗筹而是横盘式拖延时间的洗筹。该种洗筹手法的主要目的是考验持筹者的耐心，主要是清洗心态浮躁的持筹者。而在K

线图表上，横向平走的K线根数超过3根以上时，就会在日K线层面上形成一个明显的小平台形态，该小平台形态就是横向平走中继形态中结构最简单的横向平走洗筹形态。

在古代哲学文化里，有“道生一、一生二、二生三、三生万物”的哲理。当超过“三”这个数字时，任何东西都会变得更复杂。而股价的单边上升本身就是一个简单的结构，所以在简单的结构里只能容纳3以内的调整K线根数。俗语也有“事不过三”的说法，从实战分析的角度出发，3根以内的调整K线在视觉上都还是很简单的K线组合排列，而超过3根达到4根以上则可以构成简单的形态了。这也是在主力庄家的单边拉升推高股价手法中将调整的K线根数定为3根以内的原因所在。4根以上的回调或整理K线形成的简单洗筹形态可以归为洗筹形态手法技术里。而主力庄家从股价的底部建仓吸筹完毕后拉升推高股价至顶部区域的过程就可以分解成单边拉升与洗筹形态的组合，而主力庄家的洗筹手法将在后面详细讲述。

图16是600547山东黄金包括2009年1月4日至2009年3月26日在内的日K线图。

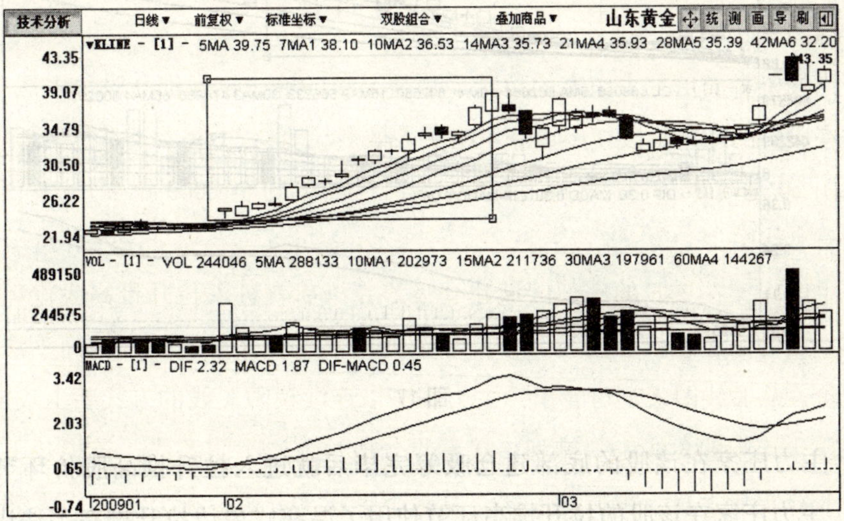

图16

主力庄家在该股的底部区域吸筹完毕后就进入拉升推高环节运作。主力庄家在该股的拉升推高环节使用了温和式单边拉升推高手法抬高股价。从K线图表上可看出：股价以中、大阳K线夹杂小K线的方式朝上攻击，使用此种方式朝上攻击反映了主力庄家在推高股价过程中的操盘风格属于温和型。

市场上的空仓者在主力庄家拉升股价的初始阶段可使用追涨买入策略做多。另外，市场投资者如果懂得主力庄家的建仓吸筹操盘手法就有能力在主力庄家建仓吸筹时发现主力庄家的吃货行为，从而在底部瞅准时机买入持有，然后耐心等待主力庄家的拉升行为出现，当股价进入高位后投资者就兑现利润离场。

图17是600565迪马股份包括2009年1月4日至2009年3月23日在内的日K线图。

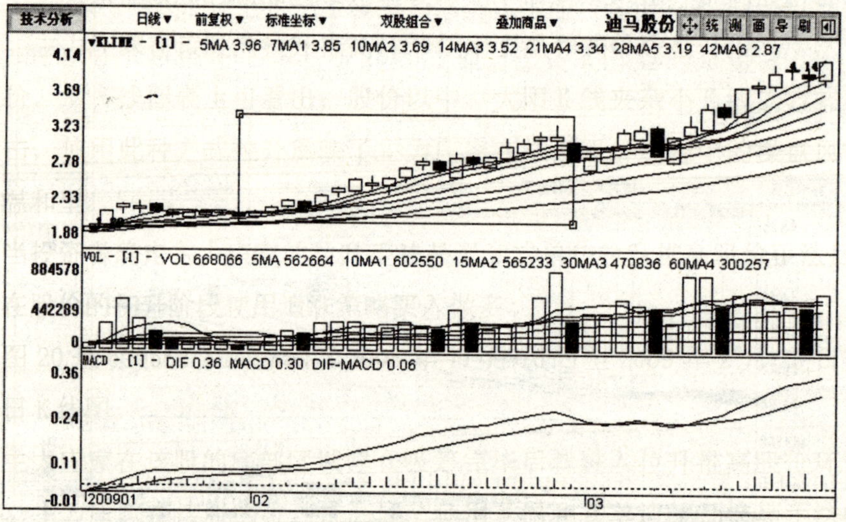

图17

主力庄家在该股的底部建仓吸筹完毕后就进入拉升推高股价环节运作。主力庄家在该股的拉升推高环节使用了温和式单边拉升推高手法进行拉升股价。从K线图表上可看出：股价以中、大阳K线夹杂小K线的方式朝上攻击，这些带有上影线或下影线的小K线是主力庄家清洗浮筹的杰作，它们的出现反映了主力庄家在推高股价时的谨慎小心。

市场上的空仓者可在主力庄家拉升的初始阶段追涨买入，因为在单边拉升走势中，追涨是符合主力庄家做盘利益意图的对口战法。而如果懂得主力庄家的建仓吸筹手法，就可以在主力庄家建仓时买入持有。该种买入手法是最安全的操作策略。因为与主力庄家处于同一起跑线上，不论是主力庄家的震仓还是洗筹或者是技术骗线，都不易伤害到持有仓底货的持筹者。

图 18 是 600719 大连热电包括 2008 年 12 月 2 日至 2009 年 4 月 5 日在内的日 K 线图。

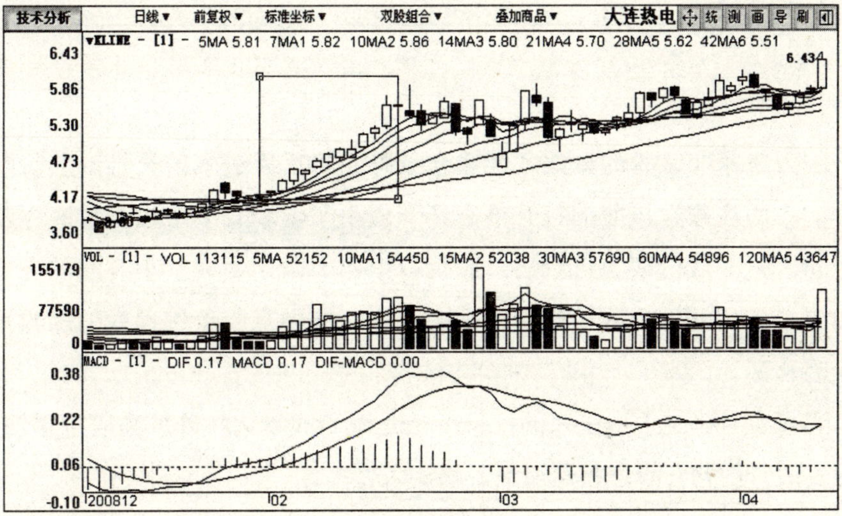

图 18

主力庄家在该股的拉升推高环节使用了温和式单边拉升推高手法做高股价。从 K 线图表上可看出：股价以连续的阳 K 线朝上攻击，呈现出十二连阳的 K 线排列走势，K 线的此种排列走势间接反映了股价受到主力庄家的操控。而主力庄家在此的操控手法就是温和式单边拉升推高股价手法。该种拉升手法反映了主力庄家在做高股价时的心态非常谨慎。

图 19 是 600552 方兴科技包括 2008 年 12 月 29 日至 2009 年 3 月 31 日在内的日 K 线图。

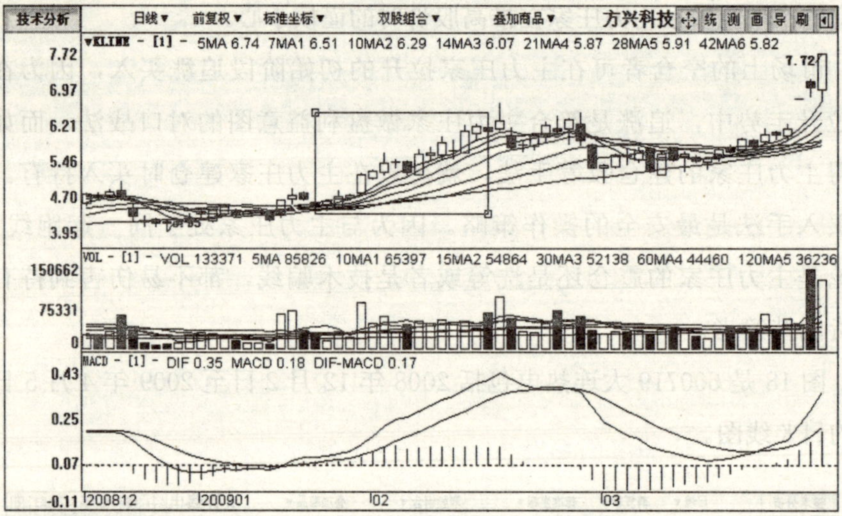

图 19

主力庄家在该股的底部区域建仓吸筹完毕后就进入拉升推高股价环节运作。主力庄家在该股的拉升推高环节使用了温和式单边拉升推高手法做高股价。从K线图表上可看出：股价以中、大阳K线夹杂小K线的方式朝上攻击，使用此种方式拉升反映了主力庄家在做高股价过程中的操盘风格属于温和型。

当投资者确定主力庄家的拉升手法是温和式单边拉升推高股价手法后，就可在股价的初升阶段使用追涨策略买入做多。

图20是600558大西洋包括2008年11月16日至2009年2月25日在内的日K线图。

主力庄家在该股的底部区域建仓吸筹完毕后就进入拉升推高股价环节运作。主力庄家在该股的拉升推高环节使用了温和式单边拉升推高手法做高股价。从K线图表上可看出：主力庄家以连续拉阳K线的方式朝上攻击，呈现出十连阳的K线走势排列，接着收一根长下影小阴K线，该根长下影小阴K线实质上是一根假阴K线。从长下影线上分析，主力庄家当天的日内洗盘力度还是较为激烈的。当主力庄家的洗盘目的达到后，接着以大阳K线形式拉升。

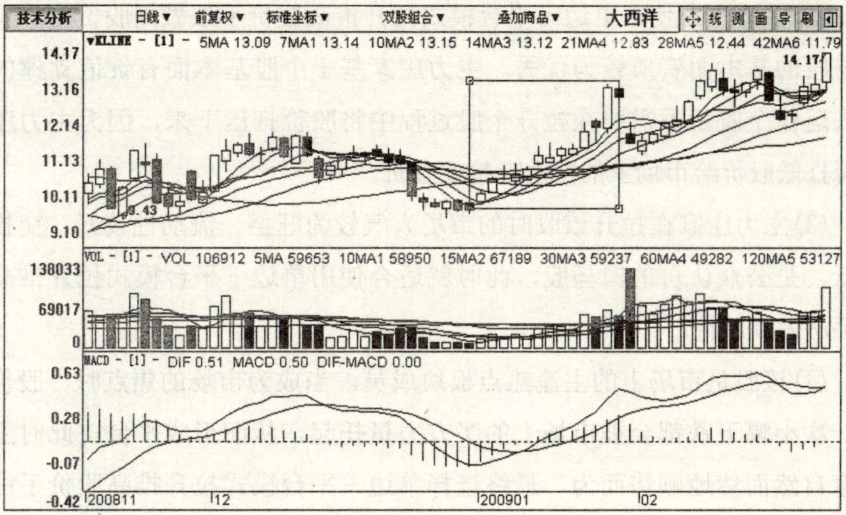

图 20

市场上的跟庄投资者在实战中一旦确定主力庄家的操盘手法是温和式单边拉升推高股价手法后，就可在股价的初升阶段使用追涨策略买入做多。

三、单边+平台模式拉升推高股价手法

主力庄家将股价从建仓吸筹的底部区域拉升推高至顶部的操盘手法除了单边独立模式拉升推高股价手法外，还常常使用单边+平台模式拉升推高股价手法做高股价。不论是单边独立模式拉升推高股价手法还是单边+平台模式拉升推高股价手法都是股市上的典型拉升模式手法。这些典型手法是主力庄家在运作个股过程中拉升股价时经常使用的操盘招数。

在主力庄家将股价从建仓吸筹的底部区域拉升至顶部的过程中，在中途的调整蓄势如果是以横向平走的平台形式完成调整，那么这类型的拉升手法称为单边+平台模式拉升推高股价手法。

单边+平台模式拉升推高股价手法的出现有以下技术含义：

(1)主力庄家使用单边+平台模式拉升推高股价手法做高股价，反映了主力庄家的持仓已达到中等仓位或重仓的地步。

(2)主力庄家使用单边+平台模式拉升推高股价手法做高股价时，反映了该股的基本面资质较为优秀。主力庄家基于个股基本面有价值支撑的主线去运作个股就不需要在拉升个股过程中将股价打压下来，因为主力庄家不想打低股价给市场上的空仓者拾便宜货。

(3)主力庄家在拉升该股时的市场人气较为旺盛、流动性较好、交投较活跃，是公众认可的白马股，此时就适合使用单边+平台模式拉升推高股价手法做高股价。

(4)该股是市场上的主流热点板块成员。当成为市场的焦点时，股价的每一次小幅下跌都会被市场上的买方力量托起，从而形成平台。此时主力庄家自然而然地顺势而为，最终选择单边+平台模式拉升推高股价手法做高股价。

(5)主力庄家在拉升过程中的洗筹任务较轻时，也会选择单边+平台模式拉升推高股价手法做高股价。

(6)与大盘指数同步，大盘指数运行在横向平走趋势状态中时，主力庄家顺势而为就会选择单边+平台模式拉升推高股价手法做高股价。

解释(1)：通常情况下，主力庄家使用单边+平台模式拉升推高股价手法拉升，基本可以排除单一主力完全控筹这一项。因为单一主力完全控筹后的拉升一般都不再留足够的时间让市场上的空仓者买入。但也有一种特殊的情况：该股的基本面情况欠佳，而主力庄家却已在该股上吃货达到了高度控筹的地步。主力庄家是深知自己运作的个股内部状况的，由于很难凝聚起持续的市场人气，主力庄家担心拉升幅度过高从而形成高位无人跟进的窘境。基于现实情况的考虑，主力庄家就会降低收益预期，从而采取一边拉升一边横盘蓄势的渐进方式运作。而在这种情况下，主力庄家虽然高度控筹，但也会采取单边+平台模式拉升推高股价手法进行拉升。因为从主力庄家的利益角度出发，当千辛万苦达到控盘的目的后，就会尽量使自己的收益最大化，而在基本面欠佳的前提下选择单边+平台模式拉升推高股价手法做高股价是主力庄家当时的迫不得已选择。

在符合以上条件后主力庄家就敢于使用单边+平台模式拉升推高股价

手法做高股价。如果主力庄家的控筹程度较低，市场上大部分的浮筹未进行锁定，那么在洗筹过程中因为市场的浮筹众多，采用平台式的横向平走洗筹手法是无法完成洗筹工作中的繁重任务的。由此推理出主力庄家使用单边+平台模式拉升推高股价手法拉升时，间接反映了主力庄家的洗筹任务较轻及控筹程度较高。如果从每一个季度的主力持仓数据上看到主力庄家的持仓已达到中等仓位程度以上，那么说明了该股的基本面资质较佳，主力庄家看好该股的后市。投资者此时就可根据主力庄家的坐庄运作环节阶段来判断股价后市的运行方向，当确定股价是处于拉升推高环节的初始、中途阶段时就敢于买入做多。

解释(2)：主力庄家在拉升推高股价过程中敢于使用单边+平台模式拉升推高手法做高股价的主要原因之一就是该股的基本面资质较为优秀。在价值投资理念越来越深入人心的今天，这种在投资大众中的共识也会被主力机构所利用。主力庄家的操盘策略是：该正用时就正用，该反用时就反用。主力庄家正用投资大众的价值投资共识表现在以下方面：

①当主力庄家正处于拉升推高股价环节运作时，如果该股在市场大众心目中的共识是有价值，主力庄家就会正用从而顺水推舟，顺势推高股价。因为主力庄家在推升股价时是有拉升成本的，如果可以借助市场大众的力量就会达到降低成本的事半功倍的效果。

②当主力庄家运作该股已进入出货环节时，此时如果市场投资大众的共识是该股有投资价值，主力庄家就会采取反做手法趁众人看好之际倾力出货，将在股价低位买入的筹码悉数倒给市场上的投资大众。

主力庄家在拉升推高环节使用单边+平台模式拉升手法推高股价反映出该股的基本面较为优秀，市场中的跟风盘较为活跃，主力庄家在洗筹调整时就不想打低股价让市场空仓者捡便宜货。既然可以在更高的价位做差价，又何必打低股价自取其辱呢！

解释(3)：如果该股的基本面资质优秀且同时具有利好消息、题材就会凝聚市场人气，当市场上投资大众的眼球都被聚焦于该股时，先前的个人投资者群体因为群龙无首的一盘散沙弱点一下子就转变为目标一致的行动，而利好题材无形中成了调动市场投资大众的指挥棒；当市场投资大众出现步调一致的买入行为时，这股聚沙成塔的做多力量就会形成强大的买力从而可以有效地消化主力庄家拉升股价后的获利回吐盘的做空动能。如此之多的买盘在承接，主力庄家已没有必要将股价打低进行洗筹。

解释(4)：如果该股是市场上该波行情中的主流热点板块成员，因为热点板块同样可以起到凝聚市场人气的作用，它与个股上的利好消息、题材都具有异曲同工之妙，热点板块中的个股在朝上攻击时通常情况下调整的方式都是以横向平走形式居多。因为主力庄家不肯打低股价让市场上的空仓者低价买入，而主力庄家拉高后做差价抛出的筹码又因为是热点板块成员聚集了市场人气而不愁销路，所以构筑横向平走平台是上上策略。

解释(5)：主力庄家在拉升过程中不可避免会出现短线获利盘的兑现利润离场的现象。获利盘兑现的力度有大有小，如果获利盘的涌出较大所形成的做空动能就较强；如果获利盘的抛出数量较小，那么所形成的做空动能就较弱。当市场上的买盘形成的做多力量与卖盘的做空力量相当时，股价就会维持横向平走的趋势。而主力庄家没有采取深幅打压回调的方式洗筹也说明了洗筹工作任务较轻，不需使用洗筹力度较大的回调打压手法就可以达到预期目的。

解释(6)：因为该段时间的大盘指数运行在横向平走趋势状态中，主力庄家在运作个股时为了顺应大盘指数而与大盘指数同步运行。如果主力庄家在拉升过程中使用单边+平台模式拉升推高股价手法运作，而又因为大盘指数也同样是运行在平台构筑中，这时个股的运行节奏与大盘指数的运行节奏重合。这也是主力操盘手在运作个股过程中看大盘指数才做个股的体现。

单边+平台模式拉升推高股价手法与大盘指数进行比较有如下的关系：

(1)当大盘指数处于单边朝上攻击状态时，如果个股上的主力庄家却在拉升后转入平台构筑，通常情况下是因为：

①前期个股的拉升幅度较大已远远超越大盘指数的升幅，投资者只需选择个股及大盘指数的相同拉升起始点位，然后通过时间的长短比较及空

间幅度的大小比较就可量度出个股是强于大盘指数还是与大盘指数同步或者是弱于大盘指数。投资者千万别以为大盘指数呈单边上涨而个股在横向平走就认为个股弱于大盘指数，应该放宽视野综合全面分析才可得到正确的答案。

②个股的运行力度弱于大盘指数，但因为大盘朝上攻击，市场环境状态较好，而个股在调整时市场人气较为旺盛，所以主力庄家在打压股价时不需做深幅下挫的恐吓动作就可以达到选筹及充分换手做差价的目的。造成大盘指数上涨而个股不涨反而横盘的主要原因是市场人气较为旺盛，主力庄家趁机洗筹做差价。

(2)当大盘指数处于横向平走状态时，如果个股上的主力庄家却在拉升后转入横向平走的平台构筑，通常情况下是因为：

①该股主力庄家在运作时与大盘指数同步。

②该股主力庄家在拉升后由于累积有一定数量的获利浮筹需进行清洗，此时就进入横向平走的平台构筑之中，它与大盘指数的横向平走状态只是无意中的重合。

(3)当大盘指数处于下跌状态时，如果个股上的主力庄家却在拉升后转入横向平走的平台构筑，通常情况下是因为：

①个股上的主力庄家在拉升中途由于受到大盘指数下跌的影响，所以被迫转入横向平走平台构筑，用以躲避大盘指数下跌所形成的做空力量的冲击。当大盘指数止跌企稳或者重返升途时，主力庄家就会再度趁机拉升。

②个股上的主力庄家在拉升出一定的幅度后，由于累积了较多的获利盘需进行洗筹，但因为个股基本面资质较为优秀，主力庄家不愿意打低股价让市场参与者捡便宜货而是采取横向平走的形式洗筹，当大盘指数在下跌时就可借助大盘指数下跌之势的凶险来达到洗筹的目的。市场上意志不坚的持筹者看到大盘指数下跌所形成的险象时就会恐慌抛售，结果中了主力庄家的洗筹奸计。

图 21 是 600634 海鸟发展包括 2008 年 10 月 8 日至 2008 年 12 月 8 日在内的日 K 线图。

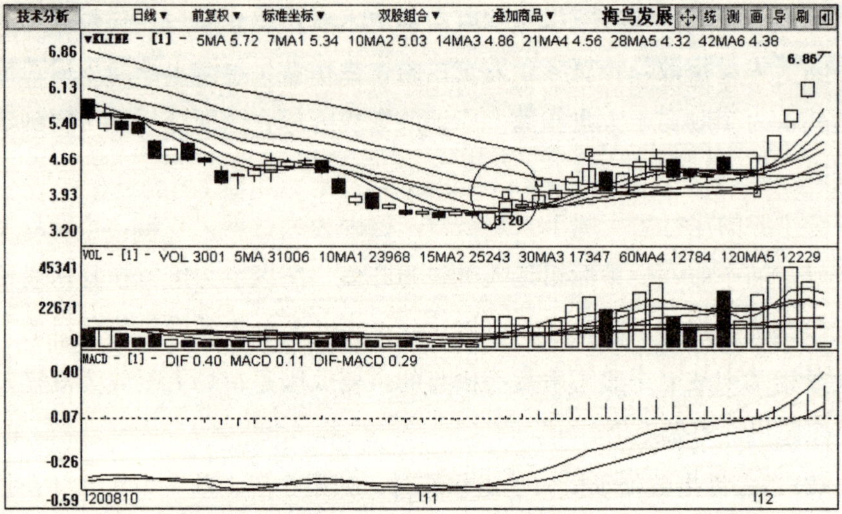

图 21

主力庄家在该股的拉升推高环节使用了单边 + 平台模式拉升推高股价手法做高股价。从 K 线图表上可观察到：主力庄家将股价单边拉升一个波段后就转入横向平走平台形态构筑，主力庄家构筑平台形态的目的是清洗浮筹、做差价及增加换手夯实股价上涨基础。当主力庄家的运作目的达到后，股价两次重返上涨之途。实质上，单边 + 平台模式拉升推高股价手法是主力庄家在拉升推高股价过程中经常采用的一种典型操盘模式手法，投资者在实战中可随时寻找到这样的机会买入做多。

图 22 是 600478 科力远包括 2008 年 11 月 10 日至 2009 年 2 月 11 日在内的日 K 线图。

主力庄家在拉升推高股价环节使用了单边 + 平台模式拉升推高股价手法做高股价。该股属新能源热点板块成员，所以得到了主流资金的关照。从 K 线图表上可观察到：股价经过一波单边拉升后就转入平台形态构筑。当股价朝上突破平台形态的上边阻力时，即意味着调整结束，一波新的升势来临。空仓的投资者看到股价朝上突破水平阻力线后此时就可买入做多。

图 23 是 600203 福日电子包括 2008 年 12 月 8 日至 2009 年 2 月 16 日在内的日 K 线图。

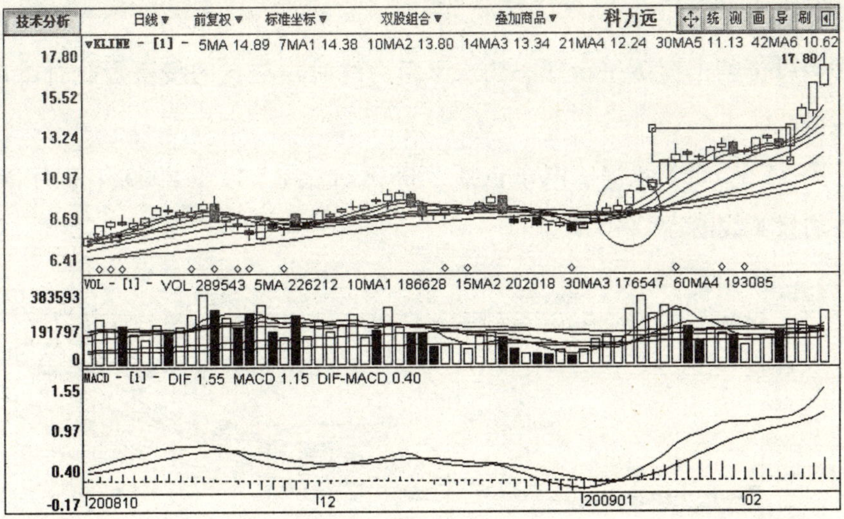

图 22

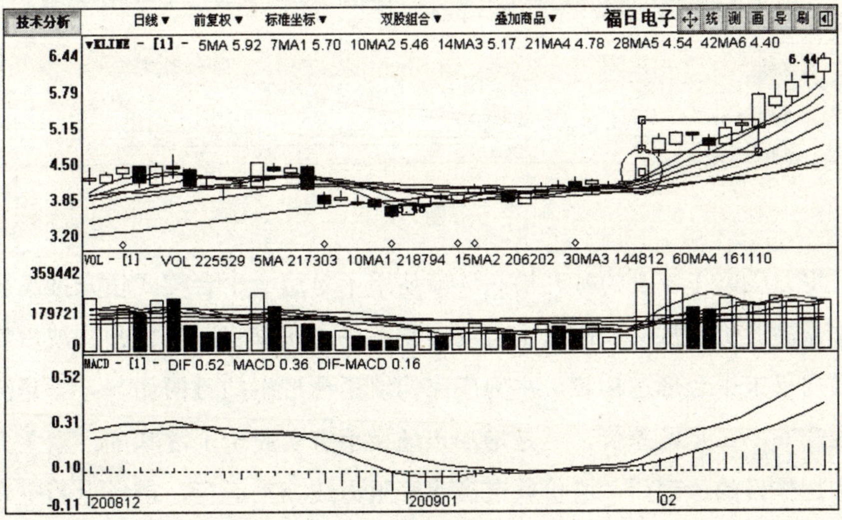

图 23

主力庄家在该股的拉升推高环节使用了单边＋平台模式拉升推高股价手法做高股价。从 K 线图表上可观察到：主力庄家将股价拉升一波后，由于累积的浮筹众多需要进行洗筹，以及主力庄家出于做差价和促进市场充分换手、夯实股价上涨基础的需要，所以就构筑平台形态来完成以上运作任务。

当股价朝上突破平台形态的水平阻力线时，空仓的投资者此时就可买入做多。

图 24 是 600166 福田汽车包括 2008 年 12 月 5 日至 2009 年 2 月 23 日在内的日 K 线图。

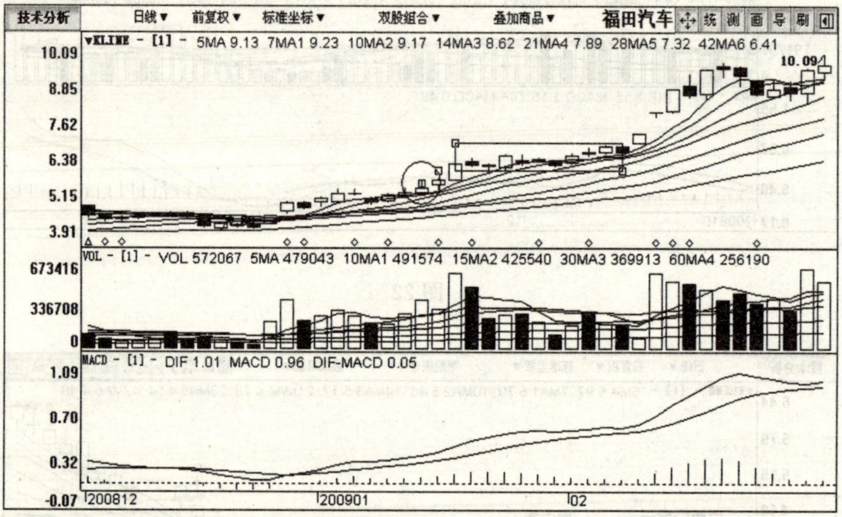

图 24

主力庄家在该股的拉升推高环节使用了单边 + 平台模式拉升推高股价手法做高股价。从 K 线图表上可观察到：主力庄家将股价拉升一波后就转入横向平走平台形态构筑。主力庄家构筑平台形态的目的如下：一是清洗市场浮筹，二是做差价，三是增加市场换手夯实股价上涨基础。当主力庄家的运作目的达到后，股价就突破水平阻力线朝上运行，市场上的空仓者此时就可趁机买入做多。

图 25 是 600543 莫高股份包括 2008 年 12 月 5 日至 2009 年 2 月 25 日在内的日 K 线图。

主力庄家在该股的拉升推高环节使用了单边 + 平台模式拉升推高股价手法做高股价。从 K 线图表上可观察到：主力庄家将股价单边推升一个波段后就进入横向平走平台构筑。该横向平走平台形态共构筑了 6 天时间，当主力庄家的调整任务完成后，股价于2009年2月6日朝上突破平台形态的水平阻力线重返上升趋势之途。

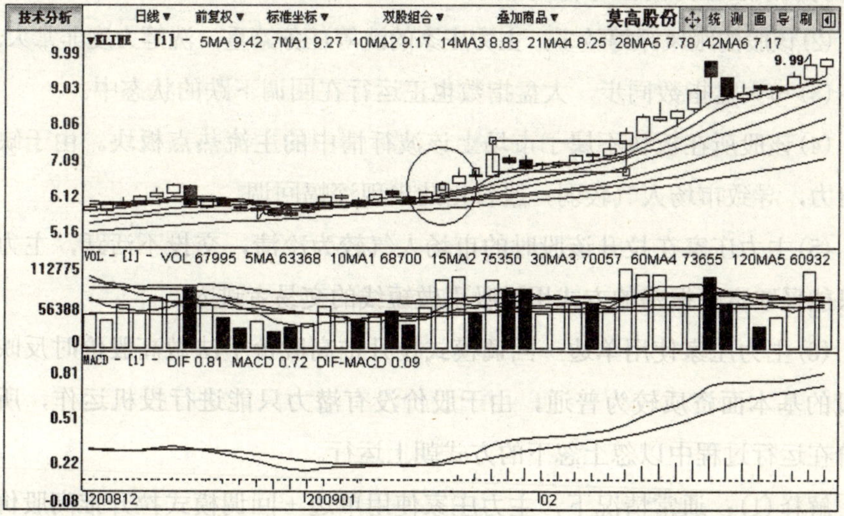

图25

市场上的空仓投资者看到股价突破水平阻力线时就可使用突破策略买入做多。

四、单边+回调模式拉升推高股价手法

主力庄家将股价从建仓吸筹的底部区域拉升推高至顶部区域的操盘模式手法除了单边独立模式拉升推高股价手法及单边+平台模式拉升推高股价手法外，还有一种经常使用的拉升手法就是单边+回调模式拉升推高股价手法。不论是单边独立模式拉升推高股价手法，还是单边+平台模式拉升推高股价手法，或者是单边+回调模式拉升推高股价手法都是主力庄家拉升股价时经常使用的操盘招数。

主力庄家将股价从建仓吸筹的底部区域拉升至顶部区域的过程中，在中途出现的调整蓄势方式如果是以回调下跌的形式完成洗筹任务，那么这类型的拉升手法称为单边+回调模式拉升推高股价手法。

单边+回调模式拉升推高股价手法的出现有以下技术含义：

(1)主力庄家使用单边+回调模式拉升推高股价手法做高股价通常情况下反映了该股主力的控筹程度未有达到高度控盘的地步。

(2)该股的跟风浮筹较多，主力庄家的洗筹任务繁重，洗筹力度非常大。

(3)与大盘指数同步，大盘指数也正运行在回调下跌的状态中。

(4)该股所在板块不属于市场上该波行情中的主流热点板块。由于缺乏号召力，导致市场人气较弱，股价由此出现深幅回调。

(5)主力庄家在拉升该股时的市场人气较为冷清，交投不活跃，主力庄家只能采取宽幅振荡的方式用以吸引做短线的交易者进入。

(6)主力庄家使用单边+回调模式拉升推高股价手法做高股价时反映了该股的基本面资质较为普通，由于股价没有潜力只能进行投机运作，所以股价在运行过程中以忽上忽下的方式朝上运行。

解释(1)：通常情况下，主力庄家使用单边+回调模式拉升推高股价手法进行拉升股价基本可以排除主力庄家高度控筹的可能。因为主力庄家如果高度控制了个股的筹码，在拉升过程中的阻力基本是畅通无阻，而主力出于利益的考虑一般都不肯将股价深幅回调让市场上的空仓者买入。但也有一些例外的情况，例如：该股的主力庄家在前期大幅度拉升后，因为前期涨幅过猛、过急从而出现折返式回调下跌的修正。但该种情况只是在主力庄家拉升过程中偶尔出现。此外还有一种特殊情况是：市场上有一些主力庄家在基本面资质较差的个股中大量建仓吃货，最终达到了高度控筹的程度。由于主力庄家自知自己运作的个股资质平庸，无法大幅度拉升股价，只能顺应现实时势降低投资收益预期，从而采取折返式的拉升手法，即是以拉升股价后回调，然后再次拉升接着再次回调的波浪方式做高股价。在这种前提下，主力庄家虽然高度控筹了个股，但因为主力庄家采取了高抛低吸的波段运作方式拉升股价，所以在个股K线价格走势上留下了单边+回调模式拉升推高股价手法的踪迹。

因为价值投资已成了市场的主流声音，通常情况下以公募基金、券商、保险资金为首的机构主力不会在基本面差的个股上建仓吸筹，所以敢于在基本面差的个股上坐庄运作的大资金一般都是私募主力机构。

解释(2)：主力庄家在拉升股价的过程中由于进入了大量的短线浮筹，这部分的短线获利盘如果不清洗出去将会影响后续的拉升工作，所以主力庄家就由拉升转入洗筹。正是因为洗筹任务繁重，主力庄家不得不使用凶狠的洗筹手法猎杀短线浮筹。洗筹力度大小的其中一个衡量标准就是主力庄家打压股价的下跌幅度的深浅，打压幅度越深者洗筹力度越大，打压幅度越小者反映了主力庄家的洗筹力度越小。而单边＋回调模式拉升推高股价手法中的洗筹力度比单边＋平台模式拉升推高股价手法中的洗筹力度要大很多。

解释(3)：因为大盘指数该段时间运行于回调下跌的状态中，主力庄家在运作个股时为了顺应大盘指数的运行趋势而与大盘指数同步运行。

单边＋回调模式拉升推高股价手法与大盘指数进行比较有如下的关系：

(1)当大盘指数处于单边朝上攻击状态时，个股上的主力庄家却在拉升后转入回调形态构筑，通常情况下是因为：

①个股的朝上运行力度弱于大盘指数，大盘指数上涨而个股却反其道而行下跌，这个现象正好反映出个股的做多动能弱于大盘指数的做多动能。

②主力庄家在前期的拉升幅度远远超越大盘指数的涨幅，此时主力庄家借大盘指数上涨的良机洗筹并做差价。当较大数量的筹码抛出后由于卖力暂时大于买力，股价出现回调下跌，主力庄家不但达到做差价的目的，与此同时还可以恐吓市场上意志不坚的持筹者卖出从而达到清洗市场浮筹的作用。

(2)当大盘指数处于横向平走状态时，如果主力庄家在个股上的操作手法是由先前的拉升转入回调形态的构筑，通常情况下是因为：

①个股的上涨动能弱于大盘指数，大盘指数横向平走但个股却没有与大盘指数同步运行于横向平走趋势之中而是回调下跌。个股的此种运行方式反映出个股内部的做多动能弱于大盘指数的做多动能。

②由于跟风浮筹众多，主力庄家趁机打压股价形成回调形态，这只是主力庄家的一种洗筹策略，目的是清洗市场浮筹。属于该类型的个股与大

盘指数的运行相比较并不一定弱于大盘指数。

③如果在个股上刚好有利空传言，由此造成个股出现回调下跌的现象，这类型的回调是偶然因素造成。

(3)当大盘指数处于调整下跌状态时，如果主力庄家在个股上的操作手法是由先前的拉升转入回调形态的构筑，通常情况下是因为：

①主力庄家在拉升股价的过程中，由于进入了很多短线浮筹，而不得不转入洗筹，并且因为洗筹工作任务繁重必须使用洗筹力度大的回调手法，才能有效猎杀意志不坚的持筹者。此时在个股上出现的回调形态虽然与大盘指数的回调下跌相同，但只是无意中的重合。

②主力庄家顺大盘指数之势而为，在大盘指数进入调整下跌时，个股也顺势进入调整下跌，这是个股的运行节奏与大盘指数的运行节奏同步的体现。

图 26 是 600151 航天机电包括 2008 年 11 月 6 日至 2009 年 2 月 12 日在内的日 K 线图。

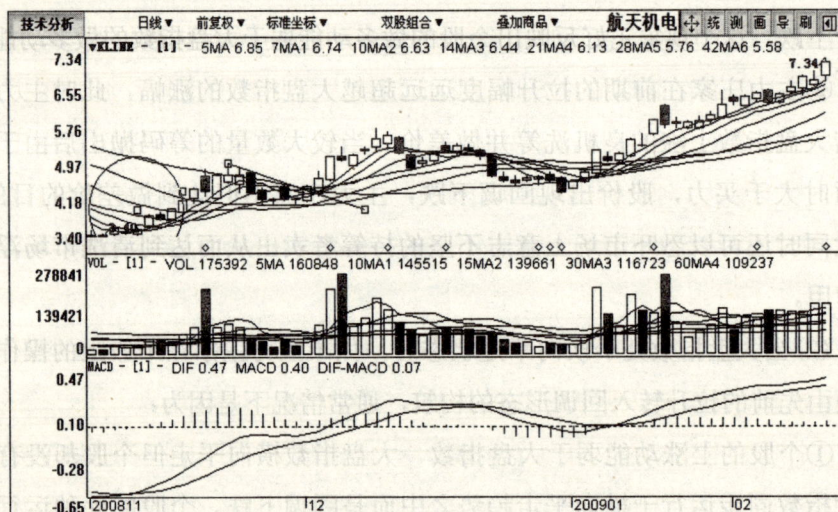

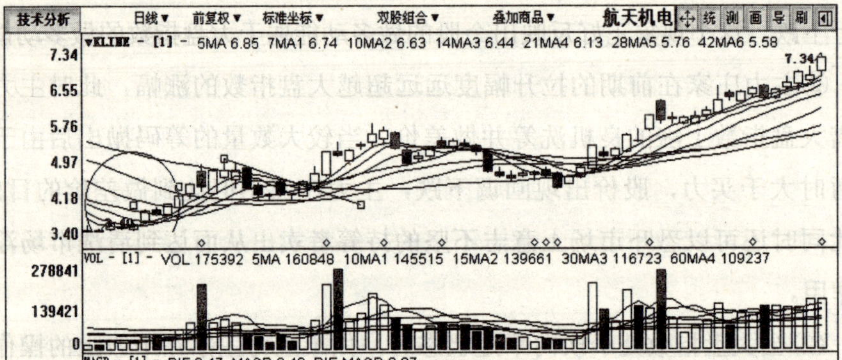

图 26

主力庄家在该股的拉升推高环节使用了单边＋回调模式拉升推高股价手法进行拉升股价。从K线图表上可看出：主力庄家将股价拉升一波后转入折返式下跌，当股价出现止跌K线组合则预示着阶段低点已探明。由此可见，主力庄家往上推升的力度较温和，在拉升过程中耗费的时间较长而上涨幅度较为有限。

单边＋回调模式拉升推高股价手法是主力庄家在拉升推高环节经常使用的一种操盘模式手法，投资者在沪深个股K线图表中随时可以看到它的身影。

图27是000572海马股份包括2008年9月25日至2008年12月12日在内的日K线图。

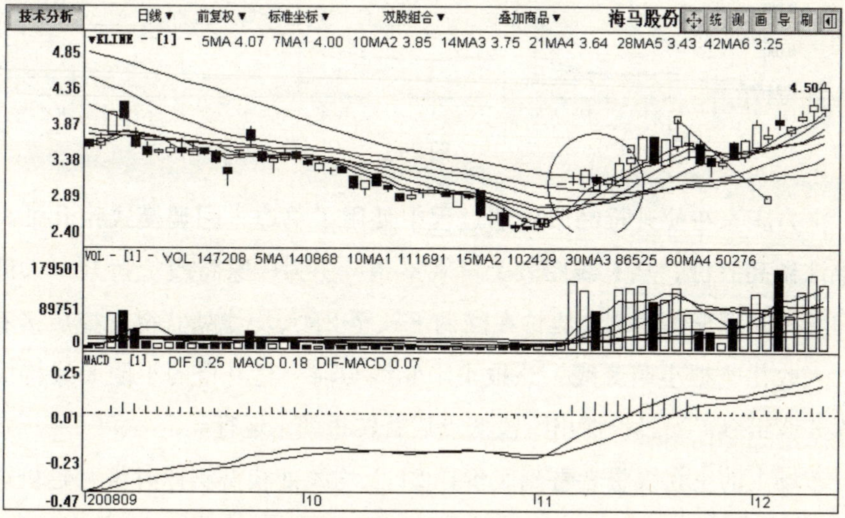

图27

主力庄家在拉升推高股价的过程中使用了单边＋回调模式拉升推高股价手法做高股价。从K线图表上可看出：主力庄家每拉升一个波段后就进入回调形态构筑，主力庄家采取打压方式洗筹反映出洗筹的任务较重，当洗筹任务完成后股价重返上升趋势运行。

单边＋回调模式拉升推高股价手法是主力庄家在操盘过程中常常使用的手法之一，投资者可在股价下跌到位时使用逢低吸纳策略买入做多。

图 28 是 000594 国恒铁路包括 2008 年 9 月 3 日至 2008 年 12 月 8 日在内的日 K 线图。

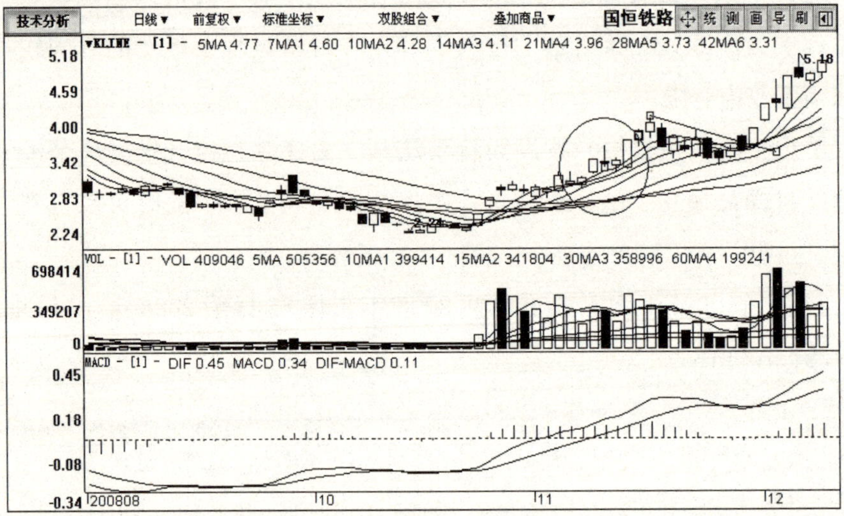

图 28

主力庄家在拉升推高股价的过程中使用了单边 + 回调模式拉升推高股价手法做高股价。从 K 线图表上可观察到：主力庄家将股价拉升一大波后随即转入回调形态构筑，股价在回调下跌至 21 天均线处获得支撑后接着整理一天收出一根小阳 K 线。该根小阳 K 线与前一交易日的小阴 K 线构成了止跌 K 线组合，当股价探出阶段低点后就转折朝上运行。

市场上的空仓投资者看到股价在 21 天均线处获得支撑时就可趁机逢低买入做多。

图 29 是 600026 中海发展包括 2008 年 10 月 15 日至 2009 年 2 月 3 日在内的日 K 线图。

主力庄家在拉升推高股价环节使用了单边 + 回调模式拉升推高股价手法做高股价。从 K 线图表上可观察到：主力庄家一口气以连续的阳线拉升一个波段后，由于累积的获利盘较多，必须进行洗筹。股价于 2008 年 11 月 17 日形成一个阶段高点接着转入回调形态构筑。在股价调整到位后，此时可作出该波短期下跌所形成的短期下降趋势线。当股价筑底完毕转折朝

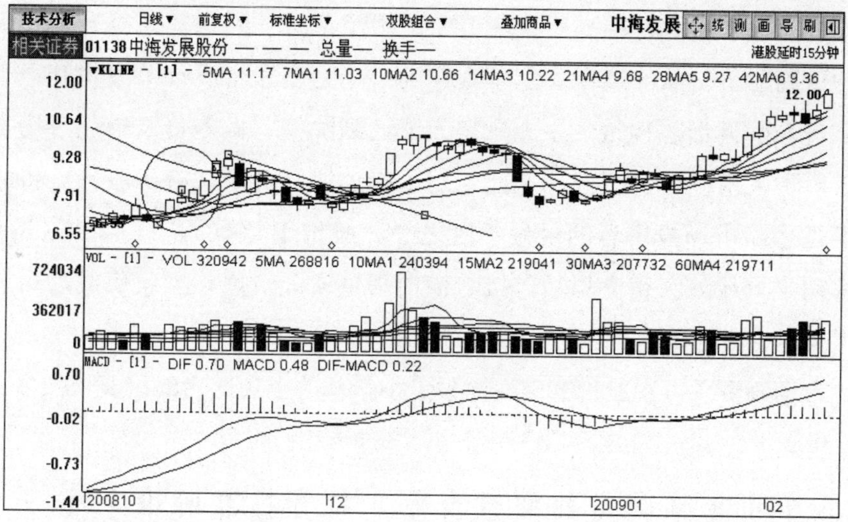

图 29

上突破短期下降趋势线时，空仓的投资者就可逢低买入做多。

图 30 是 600090 啤酒花包括 2008 年 10 月 9 日至 2009 年 2 月 6 日在内的日 K 线图。

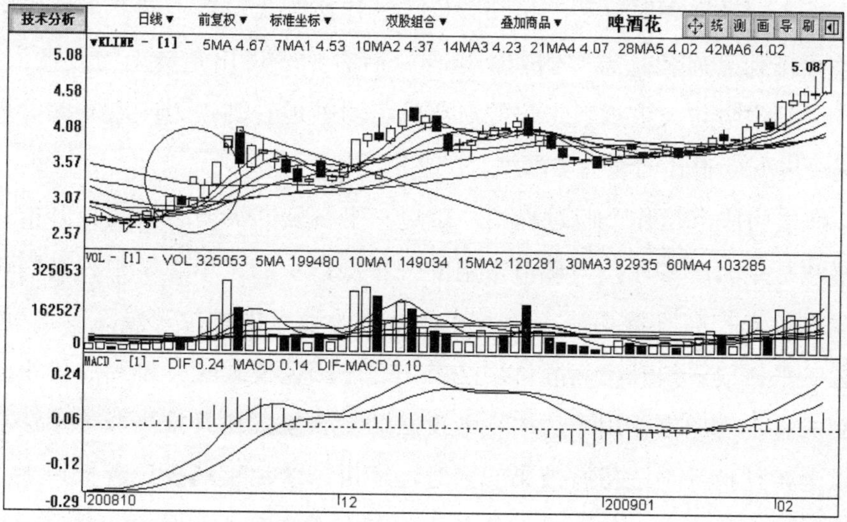

图 30

主力庄家在拉升推高股价环节中使用了单边+回调模式拉升推高股价手法做高股价。从K线图表上可观察到：主力庄家将股价单边拉升一个波段后转入回调形态构筑。主力庄家为了达到洗筹、做差价及增进市场换手夯实股价上涨基础的目的，在此使用了折返式回调手法打压股价。将股价打低是恐吓市场投资者的最好手段之一。股价于2008年11月25日在28天移动平均线处获得支撑后，接着横向平走4天筑底，当筑底成功后股价再次重返上升趋势运行。

市场投资者可在股价突破横向平走小箱体的上边阴力线时买入做多。

五、单边+平台及回调复合模式拉升推高股价手法

使用单边+平台及回调复合模式拉升推高股价手法做高股价反映出主力庄家的操盘手法极其奸诈阴险、复杂多变，由此造成市场上的技术分析者难以摸清主力庄家的操盘运作意图。通常情况下，大盘指数一旦运行于上升趋势所表现出来的K线走势就会呈现出不断上行的简单K线排列，而此时主力庄家在运作个股过程中，在拉升环节却是使用单边+平台及回调复合模式拉升推高股价手法拉升股价，这样在K线走势上就会呈现出复杂的K线排列。前者是忠实的朝上延伸，后者则表现出走势上的波诡云谲，通过个股走势与大盘指数走势的对比就可清晰地看到主力庄家的操盘风格是属于老奸巨猾式的诡计多端型。

在主力庄家运作个股过程中，单边+平台及回调复合模式拉升推高股价手法是主力庄家在拉升环节常用的一种操盘手法。单边+平台及回调复合模式拉升推高股价手法实质上就是由单边独立模式拉升推高股价手法、单边+平台模式拉升推高股价手法及单边+回调模式拉升推高股价手法组合而成。主力庄家使用单边+平台及回调复合模式拉升推高股价手法在起到以上各种拉升手法特有效果的同时，还可以增加市场投资者把握主力庄家拉升规律的难度，使市场投资者的跟庄实战难度大大增加。单边+平台及回调复合模式拉升推高股价手法如果是主力庄家的刻意策划结果，那么该拉升手法反映出主力庄家的操盘风格非常阴险、奸诈。如果是市场环境

复杂多变，而主力庄家为了适应市场的变化所进行的顺势而为的操作，那么主力庄家在拉升推高股价过程中使用单边+平台及回调复合模式拉升推高股价手法只是一种因时制宜的顺势而为。前者的刻意所为是主力庄家蓄谋已久的行动，后者的无意所为是当时市道环境的产物。

单边+平台及回调复合模式拉升推高股价手法的出现有以下技术含义：

(1)是主力庄家操盘风格奸诈狡猾的刻意所为，它的出现反映了主力庄家的操盘手法阴险、毒辣，市场上的跟庄投资者在实战交易过程中要加倍小心这类型的主力庄家。该类型的个股常常会出现很多骗线动作，一时设置多头陷阱，一时设置空头陷阱，主力庄家的最终目的就是扰乱跟庄者的视线，使跟庄的投资者无法揣摩到主力庄家的操盘意图，从而出现思维决策上的左右为难、犹豫不决。当跟庄投资者的思维陷入这种犹豫不决的心理状态中时，就容易陷入情绪化的操作，最终导致决策失误。

(2)主力庄家的控筹程度不高，造成在拉升过程中不能随心所欲地运作，而只能借助市场有利环境再行动，这种借力使力的结果就会在拉升推高股价过程中表现出复杂多变的走势。

(3)大盘环境状态复杂多变，利好消息、利空消息交织在一起，且市场人气忽而亢奋、忽而冰冷，主力庄家从自身利益最大化角度出发不得不顺势而为。借力使力的结果就形成拉升推高股价过程中的复杂多变走势。

(4)个股基本面是由利好消息时期、利空消息时期及无利好也无利空的真空时期交织而成。主力庄家有时使用单边+平台及回调复合模式拉升推高股价手法做高股价是为了与个股的基本面消息相吻合。比如：在个股公布利好消息时拉升股价，在消息真空时期使股价横向平走进行平台构筑，在公布利空消息时打压股价，将股价打低表现在K线走势上就是回调下跌。主力庄家借用利好消息所凝聚的做多力量来拉升推高股价就会收到事半功倍的效果。因为利好消息的出现相当于给市场上的持筹者吃了一颗定心丸，市场持筹者就会捂股待涨，这样市场上的抛盘就很少，做空力量自然就很弱；而利好消息激发的市场做多热情形成的做多力量无形中助推股价上涨。 如果市场上的做多力量强劲，主力庄家根本不需要拉升而只需锁仓就可以达到股价上涨的目的。

通常情况下，如果有利好消息时，就会凝聚做多力量促使股价上涨；如果消息处于真空期，因为多空力量平衡，股价不涨也不跌地平移；如果有利空消息时，就会凝聚做空力量促使股价回调下跌。这就是主力庄家借助消息的好坏使用单边+平台及回调复合模式拉升推高股价手法做高股价的核心主线。

(5)大市环境向淡甚至冰冷，个股逆势上涨时因为市场投资者的心态不稳定，造成主力庄家在逆势拉升推高股价时必须使用单边+平台及回调复合模式拉升推高股价手法做高股价。例如：大盘指数阴跌时，个股横向平走或小涨；大盘指数大跌时，个股小跌，但股价的下跌并没有破坏该波行情的上升趋势排列。在大盘指数反弹上升时，个股出现大涨；大盘指数运行于横向平走趋势过程中时，个股股价却上涨。虽然主力庄家在做高股价过程中使用单边+平台及回调复合模式拉升推高股价手法，但这是个股强于大盘的优秀表现。

图31是600053中江地产包括2008年11月21日至2009年2月19日在内的日K线图。

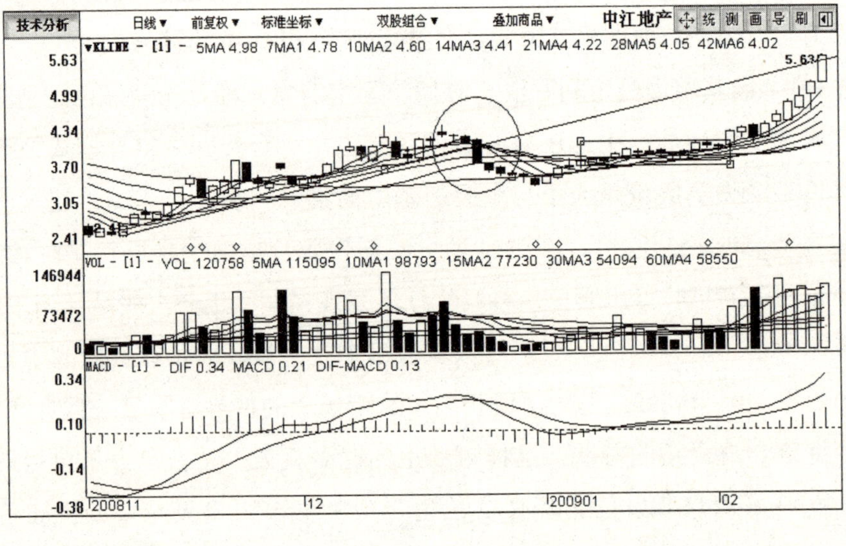

图31

主力庄家在建仓吸筹完毕后接着就进入拉升推高股价环节运作。

在该股的拉升推高过程中，主力庄家使用了单边 + 平台及回调复合模式拉升推高股价手法拉抬股价。从 K 线图表上可看到：主力庄家在做高股价一定幅度后就进入回调形态构筑，在回调形态构筑完毕后就接着进入横向平走平台形态构筑。可见，该单边 + 平台及回调复合模式拉升推高股价手法是由回调形态与平台形态组合而成。

当股价调整结束后接着再次朝上攻击。

图 32 是 000581 威孚高科包括 2008 年 12 月 20 日至 2009 年 3 月 21 日在内的日 K 线图。

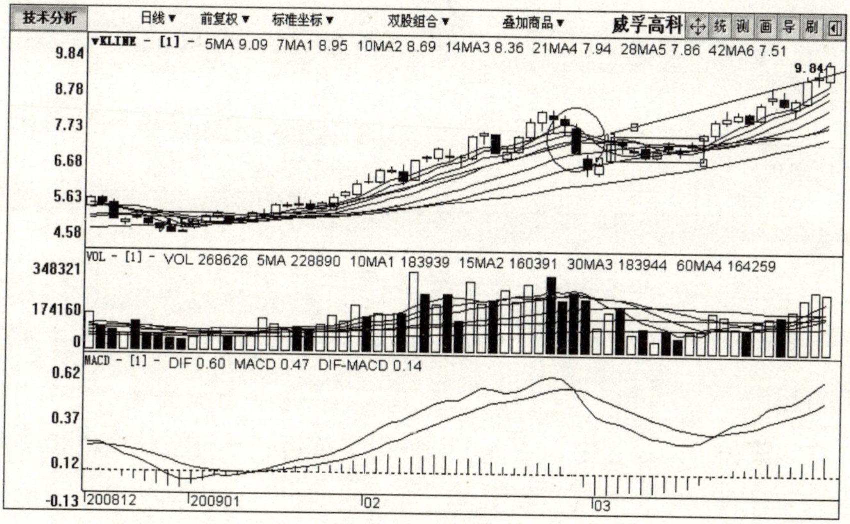

图 32

主力庄家在该股的底部区域建仓吸筹完毕后，接着就进入拉升推高股价环节运作。

在该股的拉升过程中，主力庄家使用了单边 + 平台及回调模式拉升推高股价手法做高股价。从 K 线图表上可看到：主力庄家在使用单边拉升推高股价手法推升股价至一定的幅度后，接着进入回调形态构筑，在回调形态构筑完毕后接着进入平台形态构筑。当主力庄家使用单边 + 平台及回调复合模式拉升推高股价手法将股价由底位推升至高位时，随即宣告了主力庄家的拉升推高运作取得完满成功。

图 33 是 600661 新南洋包括 2008 年 11 月 5 日至 2009 年 2 月 25 日在内的日 K 线图。

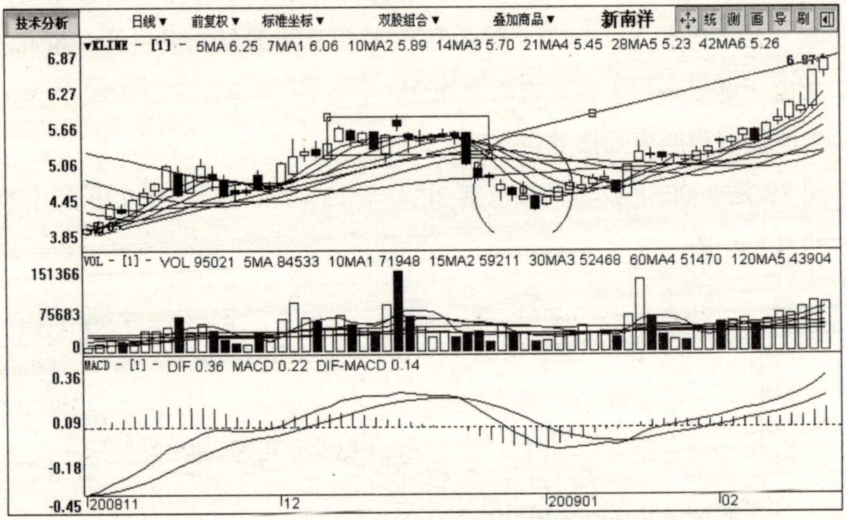

图 33

主力庄家在该股的底部区域建仓吸筹完毕后，接着就转入拉升推高股价环节运作。

在该股的拉升过程中，主力庄家使用了单边 + 平台及回调模式拉升推高股价手法做高股价。从 K 线图表上可观察到：主力庄家使用单边拉升推高股价手法将股价推升一个波段后就进入横向平走平台形态构筑，当平台形态构筑完毕后股价再次转入回调形态构筑。

主力庄家在该股的拉升推高环节使用单边 + 平台及回调复合模式拉升推高股价手法将股价从低位区域推升至高位区域时，随即宣告了主力庄家的拉升推高运作取得完满成功。

图 34 是 600730 中国高科包括 2008 年 11 月 3 日至 2009 年 2 月 15 日在内的日 K 线图。

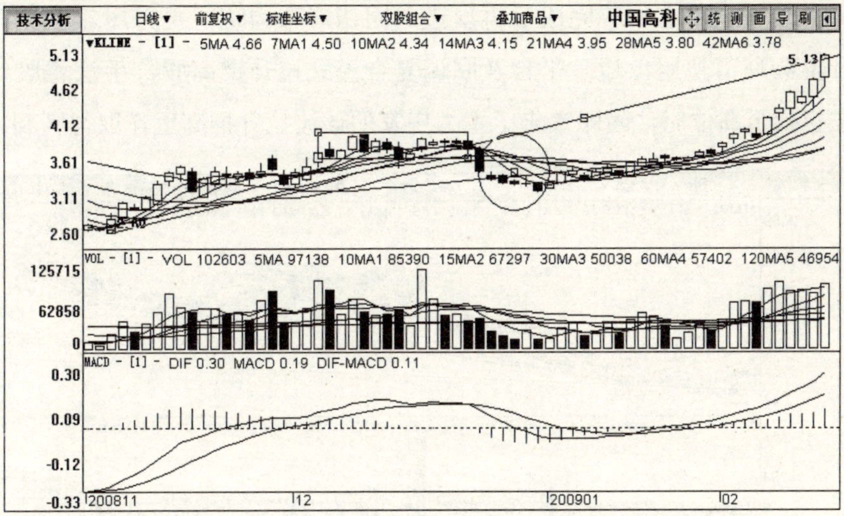

图 34

主力庄家在该股的底部区域建仓吸筹完毕后，接着就寻找有利时机拉升股价。至此，主力庄家坐庄个股的三大运作环节之一——拉升推高环节的运作随即展开。

在该股的拉升过程中，主力庄家使用了单边+平台及回调复合模式拉升推高股价手法拉升股价。从K线图表上可观察到：主力庄家首先使用单边拉升推高股价手法将股价从底部低点拉抬一个波段后进入横向平走平台形态构筑，当平台形态构筑完毕后接着又进入回调形态构筑。可见，该股的这波拉升推高运作是由单边+平台及回调复合模式拉升推高股价手法来完成的。

图35是600380黑牡丹包括2008年10月15日至2009年2月5日在内的日K线图。

主力庄家在该股的底部区域建仓吸筹完满结束后，只有将股价拉升推高到一定的幅度，在底部买入的筹码才会增值。所以就进入拉升推高股价环节运作。在该股的拉升过程中，主力庄家使用了单边+平台及回调复合模式拉升推高股价手法拉抬股价。从K线图表上可观察到：主力庄家将股价从底部区域单边拉升推高一大波后接着进入横向平走平台形态构筑，当横向平走平台形态构筑完成后再次进入回调形态构筑。主力庄家在该股的拉升推高环节使用单边+平台及回调复合模式拉升推高股价手法将股价由低位拉抬至高位时，随即宣告了主力庄家的该波拉升推高运作取得胜利。

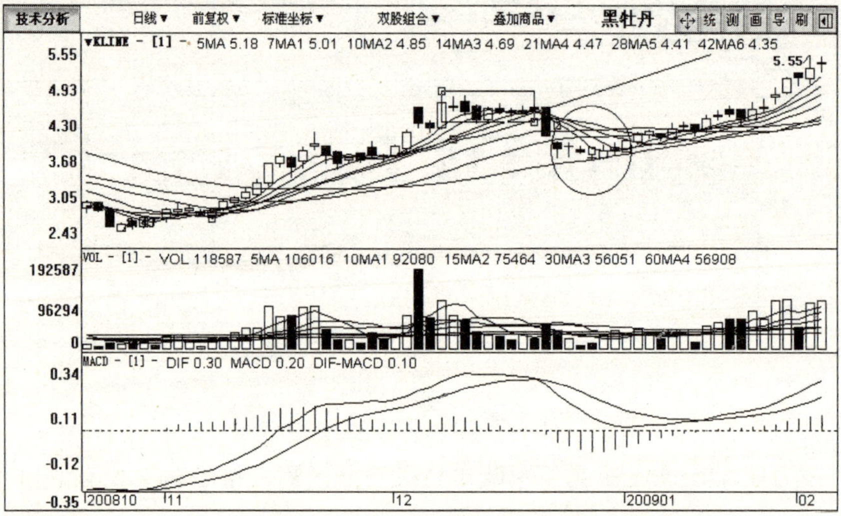

图 35

六、单边+上升中继形态模式拉升推高股价手法

主力庄家在拉升推高股价过程中，除了上述的四种经典拉升推高手法外，余下的一种经典拉升推高股价手法就是单边+上升中继形态模式拉升推高股价手法。主力庄家在拉升推高环节使用的五大经典拉升推高股价手法按复杂程度的难易可分成以下四个等级。

(1)单边独立模式拉升推高股价手法在K线走势表现上最为简单。可见，单边独立模式拉升推高股价手法是属于最简单的一个等级。

(2)单边+平台模式拉升推高股价手法及单边+回调模式拉升推高股价手法与单边独立模式拉升推高股价手法相比要复杂一个等级。

(3)单边+平台及回调复合模式拉升推高股价手法比单边+平台模式拉升推高股价手法及单边+回调模式拉升推高股价手法要复杂一个等级。

(4)单边+上升中继形态模式拉升推高股价手法是拉升推高股价环节中

最复杂的一个等级。

投资者从以上五种拉升推高股价手法的难易级别上思考就可发现：越是简单的级别，主力庄家在做高股价过程中的调整洗筹任务就越轻。而难度越高、越复杂的拉升推高手法的出现说明了主力庄家在做高股价过程中的阻力越大，股价的上行越艰难。投资者在实战交易中只需详细分析主力庄家的拉升手法就可以判别主力庄家的资金实力强弱、个股基本面资质的优劣及控筹程度的高低。

单边+上升中继形态模式拉升推高股价手法是由单边独立模式拉升推高股价手法与上升中继形态中的其中一个或多个形态连接组合而成。因为主力庄家的洗筹任务繁重、做差价卖筹码的数量较大，在股价拉升过程中不得不构筑复杂的上升中继形态才可完成工作。在构筑复杂的上升中继形态时可以在时间上根据运作需要而适当延长，也可以在空间幅度上根据运作需要而适当扩大振荡幅度。在形态技术理论中，一个形态的规模大小主要是由时间的长短、空间的大小来决定的。

形态技术理论中的上升中继形态有以下五种：

(1)上升三角形中继形态。

(2)上升旗形中继形态。

(3)收敛三角形上升中继形态。

(4)下降楔形中继形态。

(5)矩形上升中继形态。

以上五种上升中继形态是形态技术理论中的成员。单边+上升中继形态模式拉升推高股价手法可进一步分类如下：

单边+上升中继形态模式拉升推高股价手法的分类：

(1)单边+上升三角形中继形态模式拉升推高股价手法。

(2)单边+上升旗形中继形态模式拉升推高股价手法。

(3)单边+收敛三角形上升中继形态模式拉升推高股价手法。

(4)单边+下降楔形中继形态模式拉升推高股价手法。

(5)单边+振荡型矩形上升中继形态模式拉升推高股价手法。

(6)单边+空中小尖底中继形态模式拉升推高股价手法。

(7)单边+空中小双底中继形态模式拉升推高股价手法。

(8)单边+空中小头肩底中继形态模式拉升推高股价手法。

1. 单边+上升三角形中继形态模式拉升推高股价手法

单边+上升三角形中继形态模式拉升推高股价手法是单边+上升中继形态模式拉升推高股价手法中的其中一种细分手法。该种拉升推高股价手法的表现是：主力庄家使用单边独立模式拉升推高手法将股价推升至一定的高度后，接着进入上升三角形中继形态的构筑。当股价单边上涨后出现第一个下跌的转折拐点时，股价由启动初升上涨至该转折拐点的涨幅就是主力庄家使用单边独立模式拉升推高股价手法的杰作。当股价转入回调下跌后，主力庄家的洗筹及做差价工作就此展开。在第一波回调下跌到位后，股价重新上升，但在上升至前阶段高点处时再次下跌，股价在这里形成一个小双顶的平顶K线组合。根据K线技术理论，平顶K线组合的技术含义是“向淡信号，后市股价看空”。股价在构成平顶K线组合后再次下跌，但该次下跌后形成的第二个阶段底部低点高于前一个阶段底部低点，这样在技术走势上构成了不破前低的走势，股价不破前低，后市必然会再次上涨。至此，前期股价走势中形成的平顶K线组合被证实是主力庄家的骗线，主力庄家利用平顶K线组合恐吓市场持筹者达到洗筹目的的险恶用心败露。而在股价形成阶段底部低点过程中，主力庄家可根据实际需要进行补仓或做差价。当股价不破前底部低点而又突破前阶段高点时，上升三角形中继形态构筑完毕。主力庄家拉推做高股价的中途蓄势工作完满结束，股价再次转入单边上升之途。

图36是600512腾达建设包括2008年11月9日至2009年2月16日在内的日K线图。

股价在单边上升一个波段后转入上升中继形态构筑。单边上升波段是主力庄家使用单边独立模式拉升推高股价的结果，当股价上升13.59%的幅度后，由于累积有可观的获利盘，主力庄家必须进行洗筹，而洗筹的目的就是清理市场上的不坚定分子出场。

股价于2009年1月8日开始进入上升中继形态构筑，在2009年2月3

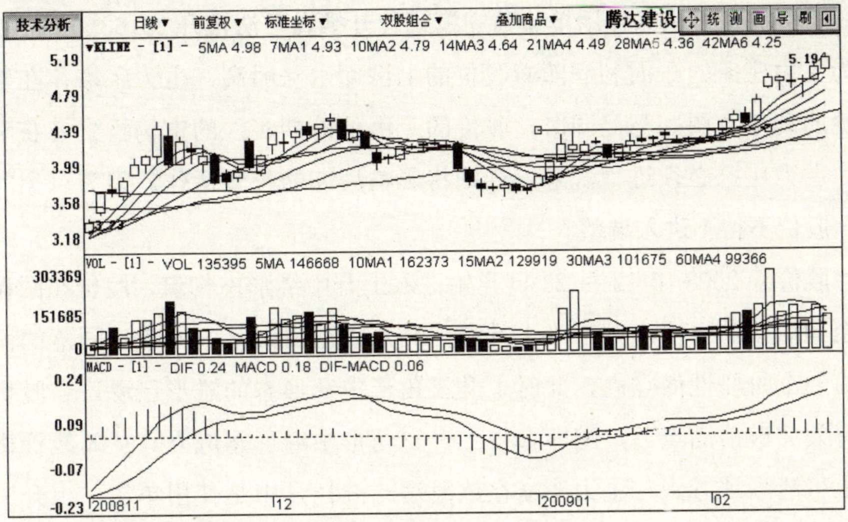

图 36

日朝上突破调整以来形成的水平阴力线时，随即宣告了上升三角形中继形态成立。至此可知，主力庄家在该股上的拉升推高手法是：单边 + 上升三角形中继形态模式拉升推高股价手法。该种手法属于单边 + 上升中继形态模式拉升推高股价手法中的其中一个战术细分手法。

图 37 是 002057 中钢天源包括 2008 年 11 月 7 日至 2009 年 2 月 25 日在内的日 K 线图。

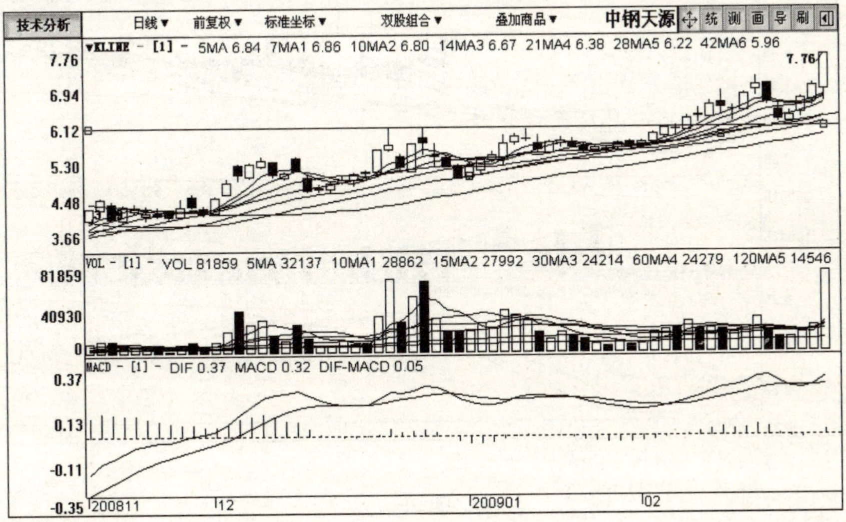

图 37

股价被主力庄家使用单边独立模式拉升推高手法推升 20.63%的幅度后，因为主力庄家的账面利润随着股价的上涨而水涨船高，主力庄家存在着做差价的利益意图。与此同时，股价的上涨使前期买入的市场投资者获利不菲，主力庄家必须进行洗筹，否则将影响后续的拉升运作。因为以上的原因，股价不得不进入调整。

股价于 2008 年 12 月 24 日开始进入上升中继形态构筑，股价在回调下跌企稳后接着再次上升，当上升至前高点处遇阻回落，而该次回落的低点比前一个阶段性低点高，此时上升三角形中继形态的雏形已现。当股价朝上有效突破前高点后，随即宣告上升三角形中继形态成立。从 K 线价格走势上可清晰地看到：主力庄家在该股这一波拉升中是使用单边 + 上升三角形中继形态模式拉升推高股价手法做高股价。主力庄家使用这种拉升手法说明了股价上涨过程中的阻力较大，必须构筑较为复杂的上升中继形态进行调整蓄势，最终为后市的再次拉升打下坚实的基础。

图 38 是 600243 青海华鼎包括 2008 年 10 月 22 日至 2009 年 1 月 13 日在内的日 K 线图。

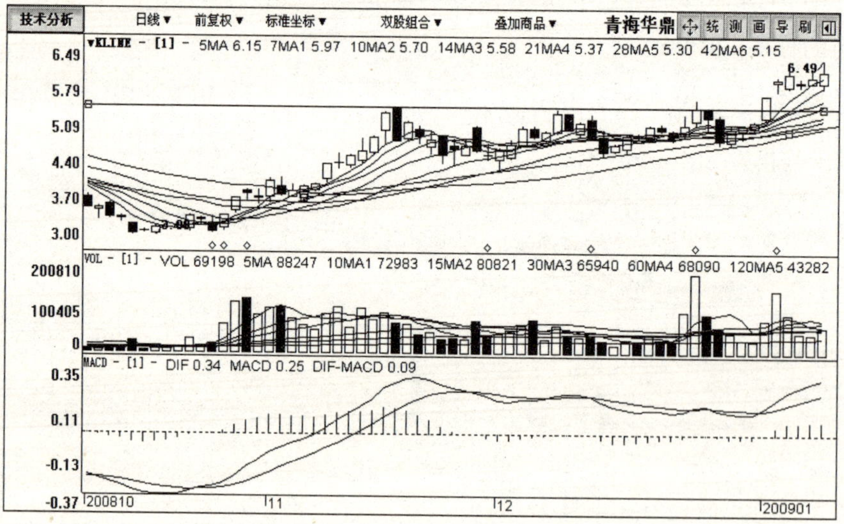

图 38

股价被主力庄家使用单边独立模式拉升推高股价手法推升 74.84%的幅度后，因为累积的获利盘较多以及主力庄家做差价降低运作成本的需要，股价必须进入调整。

股价于 2008 年 11 月 18 日开始由上涨转为朝下调整，当股价调整至 28 天移动平均线处获得支撑后，股价接着再次朝上运行。当运行至前期的阶段性高点处时，因为越不过前高点而回落，按照技术分析理论，越不过前高点的技术含义是向淡信号，后市看空。市场上浮躁的投资者看到该技术信号后就会清仓离场，股价在越不过前高点后再次下跌，但该次下跌的最低点没有击穿前期构筑的阶段性低点。至此，该股的 K 线价格走势符合“不破前低点，后市股价将会上涨”的实战技术规则。而前期的越不过前高点走势此时被证明是主力庄家利用 K 线技术构筑的骗线陷阱，当股价朝上有效突破前高点后，随即宣告了上升三角形中继形态成立。此时投资者从 K 线图表上就可观察到：该股这段时间以来的拉升手法是单边 + 上升三角形中继形态模式拉升推高股价手法。

图 39 是 600521 华海药业包括 2008 年 11 月 7 日至 2009 年 2 月 13 日在内的日 K 线图。

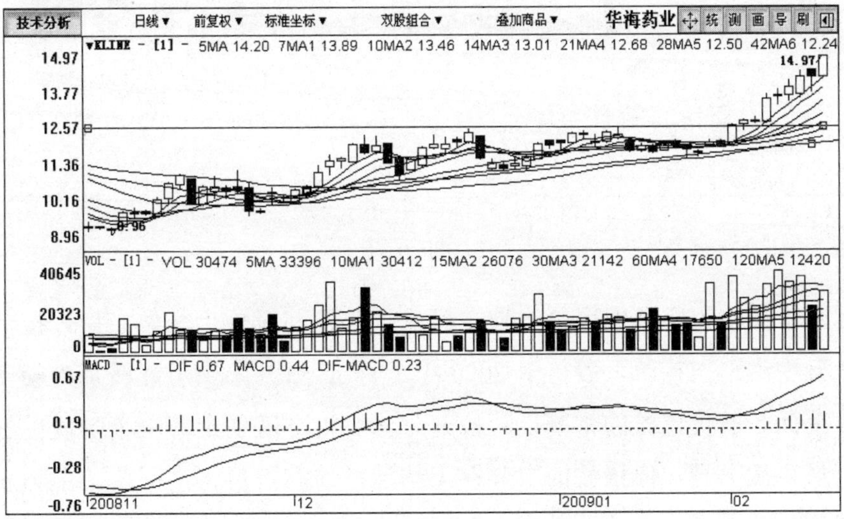

图 39

股价单边上升一个波段后转入上升中继形态构筑，单边上升波段是主力庄家使用单边独立模式拉升推高股价手法做高股价的结果。当股价上涨18.35%的幅度后，由于累积的获利盘较多，主力庄家就进行洗筹，洗筹的目的就是清理短线浮筹离场。股价于2008年12月9日开始调整，直至2009年2月2日股价朝上突破前阶段性高点。此时观察K线价格走势就可发现：主力庄家构筑了一个上升三角形中继形态。从K线价格走势上也可得知，主力庄家的该波拉升是使用单边+上升三角形中继形态模式拉升推高股价手法做高股价。

图40是000078海王生物包括2008年10月8日至2009年2月24日在内的日K线图。

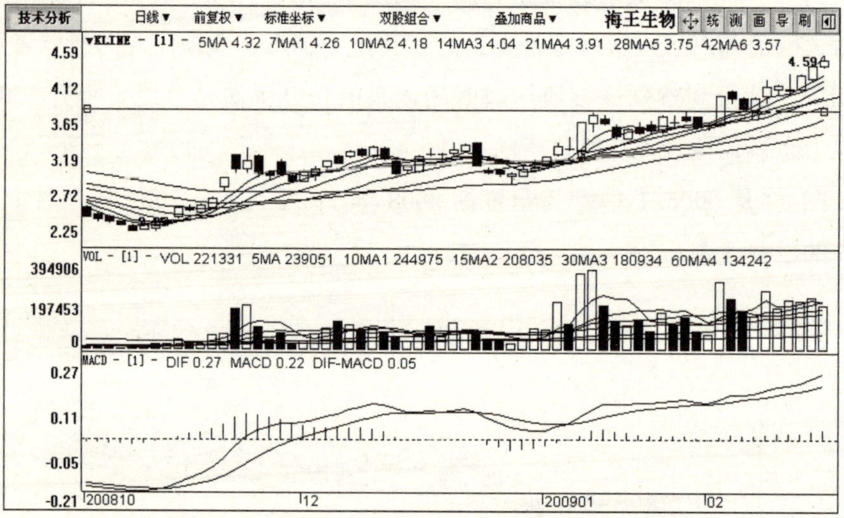

图40

股价被主力庄家使用单边独立模式拉升推高股价手法做高后，接着转入上升中继形态构筑。股价于2009年1月12日开始由上涨转折为朝下调整。至此，股价调整的帷幕已经拉开。当股价下跌创出第一个阶段性底部低点后再次上升，但该波的上升在无法越过前高点后再次回落。主力庄家在此构筑了一个小双顶的K线组合，股价在第二波回调下跌时的最低价高于前阶段性底部低点的最低价。这样就构成了不破前底部低点的技术走势。

当股价朝上突破前高点后，随即证明了前期构筑的小双顶K线组合是主力庄家刻意设置的骗线陷阱，与此同时也确认了上升三角形中继形态的成立。

从K线价格走势上可看到：主力庄家在该波拉升中使用了单边+上升三角形中继形态模式拉升推高股价手法推高股价。

2. 单边+上升旗形中继形态模式拉升推高股价手法

单边+上升旗形中继形态模式拉升推高股价手法是单边+上升中继形态模式拉升推高股价手法中的其中一种细分手法。该种拉升推高股价手法的表现如下：

主力庄家使用单边独立模式拉升推高手法将股价推升至一定的幅度后，接着进入上升旗形中继形态的构筑。当股价由上涨转入下跌调整的第一个转折拐点出现时，即意味着形态构筑的开始。股价在下跌企稳后接着再次上涨，但由于做多力量不济，该次股价上涨时无法升至前阶段性高点就再次下跌，这时股价走势构成了"越不过前高点"的排列。在技术分析实战规则中有一条规则是："越不过前高点，后市股价将会下跌。"第二波的调整下跌又将前阶段性底部低点击穿，这样在股价走势上又构成了技术分析上的"破位"。但股价在朝下破位后不但没有大跌反而是再次上涨，并突破前期的短期调整下跌所形成的下降趋势线，该下降趋势线就是以前期的两个阶段性高点为端点所作的短期下降趋势线。投资者如果此时利用前期的两个阶段性底部低点为端点作一根线段，那么该根线段就会与上面的那根短期下降趋势线平行。在外形状态上就形如一面迎风飘扬的旗子，上升旗形之名由此而来。主力庄家在构筑上升旗形中继形态过程中接连设置两个空头陷阱，第一个空头陷阱就是越不过前高点。市场上懂得技术分析的短线交易者在看到越不过前高点的向淡技术信号发出就会清仓离场，主力庄家则达到了洗筹的目的。第二个空头陷阱就是向下击穿前阶段性底部低点。市场上的投资者在看到技术破位信号后就会按照技术信号的指示清仓离场，结果中了主力庄家的诱空奸计。股价在破位后并没有出现大跌而是返身朝上，这个动作的出现本身就说明了有一只无形之手在托着股价。这个无形之手是谁？当然是主力庄家。

当股价朝上有效突破由前期的两个阶段性高点形成的短期下降趋势线后，随即宣告上升旗形中继形态成立。主力庄家在拉升过程中的洗筹、蓄势任务完成，股价后市再次进入拉升之途。

图 41 是 600589 广东榕泰包括 2008 年 9 月 11 日至 2008 年 11 月 21 日在内的日 K 线图。

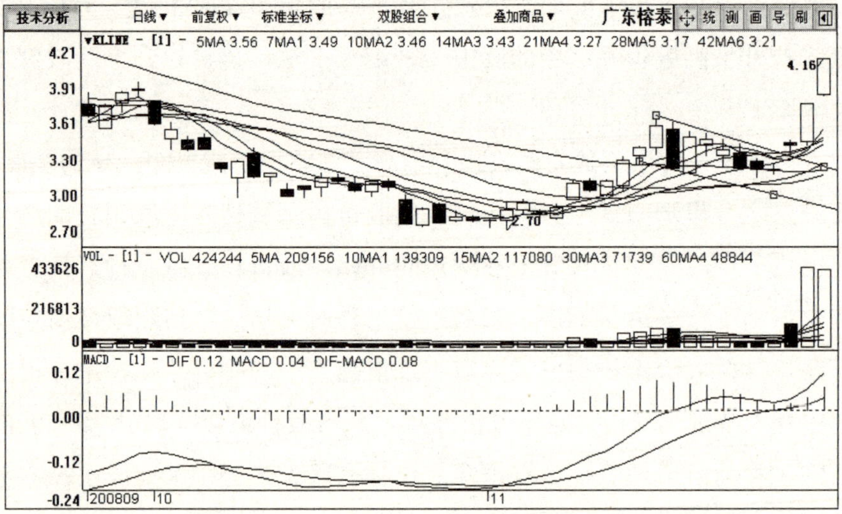

图 41

股价在单边上涨 28.47%的幅度后转入上升中继形态构筑之中，单边上涨是主力庄家使用单边独立模式拉升推高手法做高股价的结果。股价于 2008 年 11 月 18 日转入形态构筑后，接着在 2008 年 11 月 19 日探出第一个阶段性底部低点，接着再次上涨，但由于上涨动能不足，股价在无法升越前高点后再次下跌。此时在技术走势上构成了越不过前高点的走势，短线交易者看到该利空信号后就会清仓离场，主力庄家的洗筹目的由此达到。股价在第二波朝下调整过程中将前阶段底部低点击穿，将前阶段底部低点击穿在技术分析上是技术破位。主力庄家在前高点处构筑了空头陷阱后接着在阶段底部低点处再次故伎重施，又构筑一个空头陷阱坑害市场投资者，有相当一部分在前高点处幸存下来的交易者往往在最后关头顶不住而被主力庄家的洗筹清理出局。当主力庄家的洗筹目的达到后，股价就朝上突破前期调整形成的短期下降趋势线朝上运行。至此，上升旗形中继形态成立。

从 K 线价格走势上可看到：主力庄家在该股的这波拉升过程中使用了单边 + 上升旗形中继形态模式拉升推高股价手法做高股价。

图 42 是 600609 金杯汽车包括 2008 年 11 月 24 日至 2009 年 2 月 23 日在内的日 K 线图。

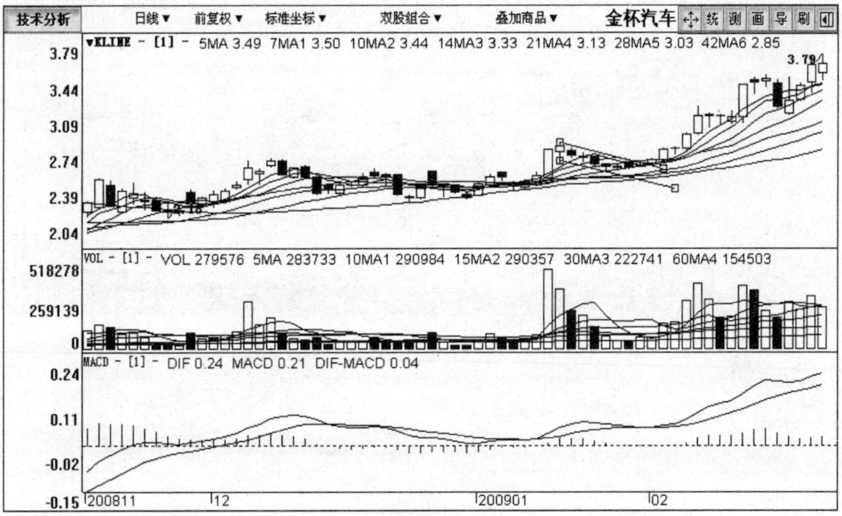

图 42

股价在单边上升一个波段后转入上升中继形态构筑，单边上升波段是主力庄家使用单边独立模式拉升推高手法做高股价的结果。当股价上涨 15.6%的幅度后就转入上升中继形态构筑。

股价于 2009 年 1 月 15 日开始由上升转折为朝下调整，在该形态构筑过程中，从分时走势上就可清楚看到：股价在阶段性高点上出现了越不过前高点的走势，而在阶段性底部低点上又出现了击穿前阶段底部低点的破位走势，而这两次的技术骗线都是主力庄家为了达到清洗市场浮筹所要的手段。投资者只需作出这两个阶段高点的连线及这两个阶段低点的连线就可发现这两根线段刚好平行，至此上升旗形的雏形已现。当股价后市有效突破该波短期下跌形成的短期下降趋势线后，上升旗形形态就得到了技术上的确认。

从K线价格走势上可发现：主力庄家在该股的这波拉升过程中使用了单边+上升旗形中继形态模式拉升推高股价手法做高股价。

图43是600500中化国际包括2008年9月24日至2008年12月22日在内的日K线图。

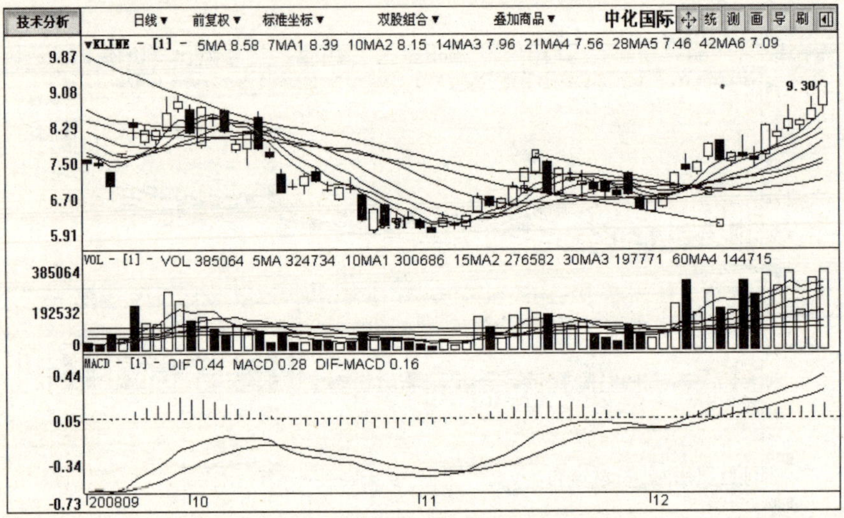

图43

股价被主力庄家使用单边独立模式拉升推高股价手法推升22.71%的幅度后，因为累积的市场浮筹众多，而主力庄家账面上也已有一定的利润，为了降低运作成本就必须做差价。出于洗筹及做差价的利益意图，主力庄家必须构筑一个上升中继形态才可达到目的。

股价于2008年11月18日开始构筑上升中继形态，在2008年12月3日股价朝上有效突破该波调整形成的短期下降趋势线时，随即在技术上确认了上升旗形中继形态的成立。从K线价格走势上观察及分析就可发现：主力庄家在构筑上升旗形的过程中构筑了两个空头陷阱。第一个空头陷阱就是操纵股价越不过前高点制造上涨无力的假象迫使市场上的持筹者卖出而空仓者又不敢买入，这样就达到了洗筹的目的。第二个空头陷阱是主力庄家的拖刀术应用，在构筑第一个空头陷阱残杀市场投资者后接着再次设置另一个空头陷阱陷害市场投资者，主力庄家的所作所为都是为了清洗市场上的意志不坚定分子。当股价朝上突破调整以来所形成的短期下降趋势线后，上升旗形形态已展现在投资者的眼前。

从K线价格走势上可观察到：主力庄家在该股的这一波拉升过程中使用了单边+上升旗形中继形态模式拉升推高股价手法做高股价。

图44是600507长力股份包括2008年11月14日至2009年2月16日在内的日K线图。

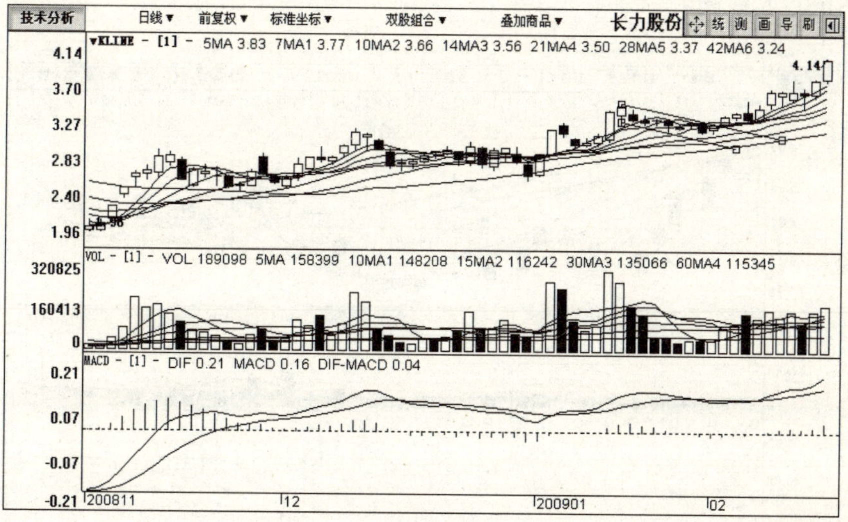

图44

股价被主力庄家使用单边独立模式拉升推高股价手法推升15.69%的幅度后，因为累积的获利盘丰厚以及主力庄家做差价降低运作成本的需要，股价随即转入形态构筑之中。

股价于2009年1月15日由上涨转折为下跌，从分时走势上可清楚地看到：股价下跌到位后再次上升，但该次的上涨无法升越前阶段高点就被迫再次下跌。在第二波下跌中将前阶段底部低点击穿，但股价在朝下破位后没有大跌反而是返身上涨。当股价朝上有效突破该波股价调整以来所形成的短期下降趋势线时，随即宣告该上升旗形中继形态成立。投资者在K线图表上可清晰地看到上升旗形的外形状态。上升旗形是主力庄家最喜欢用以洗筹的上升中继形态之一，原因在于：构筑上升旗形过程中所形成的两个空头陷阱都具有非常大的杀伤力，这两个空头陷阱在技术分析上都是威力强大的空头信号，但股价后市的朝上有效突破已证明这是主力庄家的技术骗线。

从该股的K线价格走势上可看到：主力庄家在这波拉升股价的过程中使用了单边+上升旗形中继形态模式拉升推高股价手法抬高股价。

图45是000880 潍柴重机包括2008年10月7日至2009年12月3日在内的日K线图。

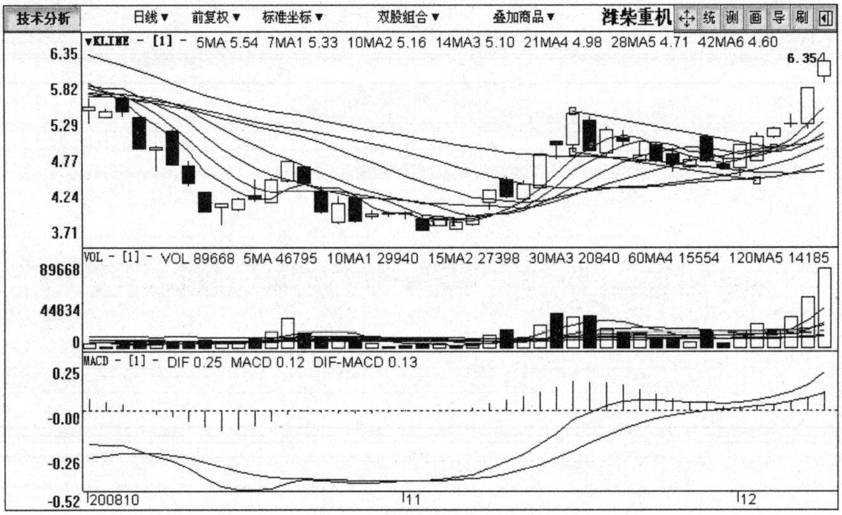

图45

股价被主力庄家使用单边独立模式拉升推高股价手法推升40.1%的幅度后，因为累积的获利盘丰厚以及主力庄家做差价降低运作成本的需要，股价随即转入形态构筑之中。

股价于2008年11月18日由上涨转折为下跌，从分时走势上可清楚看到：股价下跌到位后再次上升，但该次的上涨无法升越前阶段高点就被迫再次下跌。在第二波下跌中将前阶段底部低点击穿，但股价在朝下破位后没有大跌反而是返身朝上运行。当股价朝上有效突破该波股价调整以来所形成的短期下降趋势线后，随即宣告上升旗形中继形态成立。

到此，投资者只需从K线价格走势上就可观察出：主力庄家在该股的这一波拉升过程中使用了单边+上升旗形中继形态模式拉升推高股价手法做高股价。

3. 单边+收敛三角形上升中继形态模式拉升推高股价手法

单边+收敛三角形上升中继形态模式拉升推高股价手法是单边+上升中继形态模式拉升推高股价手法中的其中一种细分手法。该种拉升推高股价手法的表现如下：

主力庄家使用单边独立模式拉升推高手法将股价拉升至一定的上涨幅度后，接着进入收敛三角形中继形态的构筑过程运行。当股价在单边上升后转折为下跌调整时，此时的价格已进入形态构筑范围了。股价下跌到位后接着出现上涨，但由于做多力量的能量不足，股价无法上升至前阶段高点就再次被做空力量打低，接着股价出现第二次下跌。但该次的下跌低点相比前阶段性低点又高一些，在前期的阶段高点处，股价形成越不过前高点的技术走势，而在这两个阶段性底部低点上股价又构成了不破前底部低点的技术走势。主力庄家操控股价无法上涨至前高点是为了构筑空头陷阱，利用技术分析上的“越不过前高点，后市股价将会下跌”的实战规则来恐吓市场上的持筹者，这样就达到了洗筹的目的。但股价在随后的调整下跌过程中形成的阶段性底部低点，呈现出后一个阶段性底部低点高于前一个阶段性底部低点的特征。至此，股价前期的越不过前高点是主力庄家的技术骗线已大白于天下。股价在反弹时高点不断下移而下跌时的底部低点不断上移的振荡循环过程中呈现出上下振幅逐渐收窄之势。此时，以股价进入调整以来的反弹高点为端点作一直线，以股价进入调整以来的回落低点为端点作一直线，这两根直线相交于右方构成一个对称的锐角三角形，它就是收敛三角形中继形态。收敛三角形的另一名称为“对称三角形”。

股价在这个收敛三角形内部呈现出逐渐收窄的走势，这种走势反映了多空力量经过拉锯式的搏杀较量后逐渐达到了动态的平衡。而收敛三角形的末端就是股价达到动态平衡的最显眼处，价格在该处上下波动的幅度达到了最小状态。至此，主力庄家的调整洗筹及做差价目的已达到。当股价后市朝上突破该波短期调整下跌的短期下降趋势线时，即意味着股价再次重返升途。

图 46 是 600449 赛马实业包括 2008 年 11 月 20 日至 2009 年 2 月 23 日在内的日 K 线图。

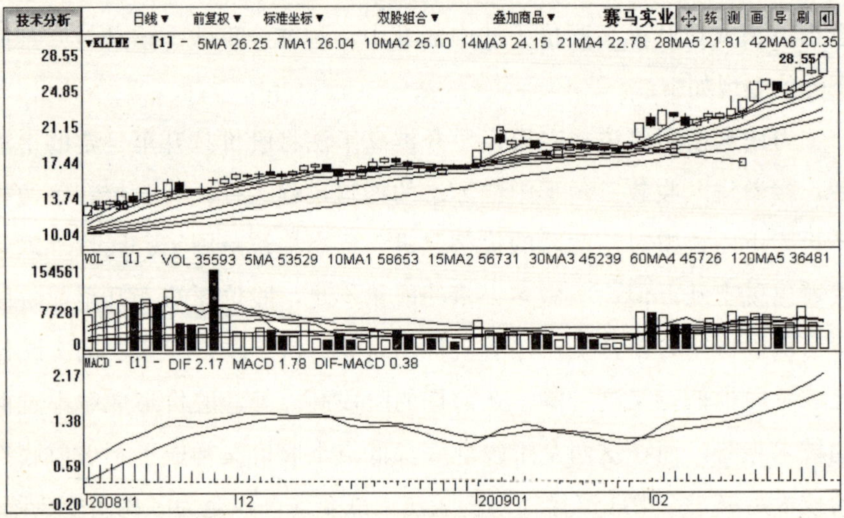

图 46

股价被主力庄家使用单边独立模式拉升推高股价手法推升 17. 94%的幅度后，因为累积的获利盘较多，主力庄家必须清洗浮筹。与此同时，因为股价已上涨了一定的幅度，主力庄家的账面利润同样获利不菲，出于降低运作成本的考虑也存在着做差价的需求。以上两方面的原因造成股价不得不进入上升中继形态构筑之中。

股价于 2009 年 1 月 7 日由原先的上升转折为下跌，股价调整下跌到位后再次上涨，但该次的上涨因为做多动能不足，股价无法上升至前阶段高点后就再次下跌。至此，主力庄家在此构筑了一个越不过前高点的空头陷阱用以恐吓市场投资者。因为技术分析上有一条实战规则是：“越不过前高点，后市股价将会下跌。”市场投资者看到这一利空的技术信号后就纷纷抛售手中筹码，这样主力庄家就达到了洗筹的目的。当股价上涨越不过前高点后就再次下跌，不过该次下跌的最低价比上一个阶段性低点的最低价高，这样就构成了不破前低点的K线价格走势。在技术分析上有一条实战规则是："破前低点，后市股价将会上涨。"市场上的空仓者看到这一利好技术信号时就会买入，这样主力庄家就达到了做差价及促进市场投资者之间充分换手的目的。当股价的振荡幅度不断收窄后，此时以该波短期调整中的阶段高点为端点作一条直线，以它的阶段低点为端点作另一条直线，这两条直线对称地相交于右方。至此，收敛三角形中继形态的雏形已现。当股价朝上有效突破该波调整以来形成的短期下降趋势线后，随即宣告了收敛三角形中继形态的成立。

从该股的K线价格走势上可看到：主力庄家在这波拉升股价的过程中使用了单边+收敛三角形中继形态模式拉升推高股价手法拉抬股价。主力庄家拉抬股价的最终目的就是为后市的出货打下基础。

图47是600468百利电气包括2009年1月20日至2009年3月26日在内的日K线图。

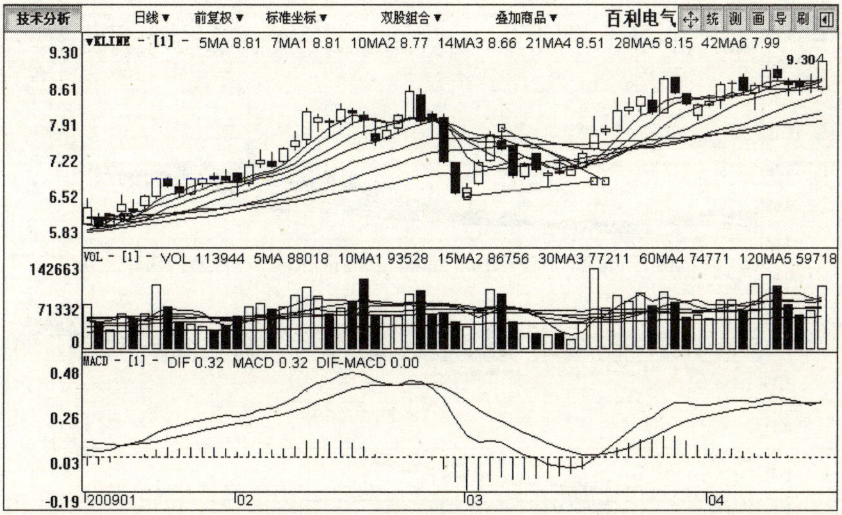

图47

股价被主力庄家使用单边独立模式拉升推高股价手法推升15.37%的幅度后，因为累积的市场浮筹众多，而此时主力庄家账面上的利润也很丰厚，为了降低运作成本就必须做差价。出于洗筹及做差价的目的，主力庄家必须构筑一个上升中继形态来实现计划。

股价于 2009 年 3 月 6 日开始构筑上升中继形态，在 2009 年 3 月 17 日股价朝上有效突破调整以来形成的短期下降趋势线后，此时从 K 线价格走势上就可看出是一个收敛三角形中继形态。分析该收敛三角形中继形态就可得出：主力庄家使用越不过前高点的手法在收敛三角形的阶段高点处构筑空头陷阱，用以清洗市场上的短线浮筹。使用不破前低点的手法在收敛三角形的阶段低点处吸引市场投资者买入，这样就达到了做差价及促进市场充分换手的目的。

从 K 线价格走势上可看到：主力庄家在该股的这一波拉升过程中使用了单边 + 收敛三角形中继形态模式拉升推高股价手法做高股价，而拉升股价的最终目的就是为后续的出货做准备。

图 48 是 600482 风帆股份包括 2008 年 12 月 24 日至 2009 年 3 月 27 日在内的日 K 线图。

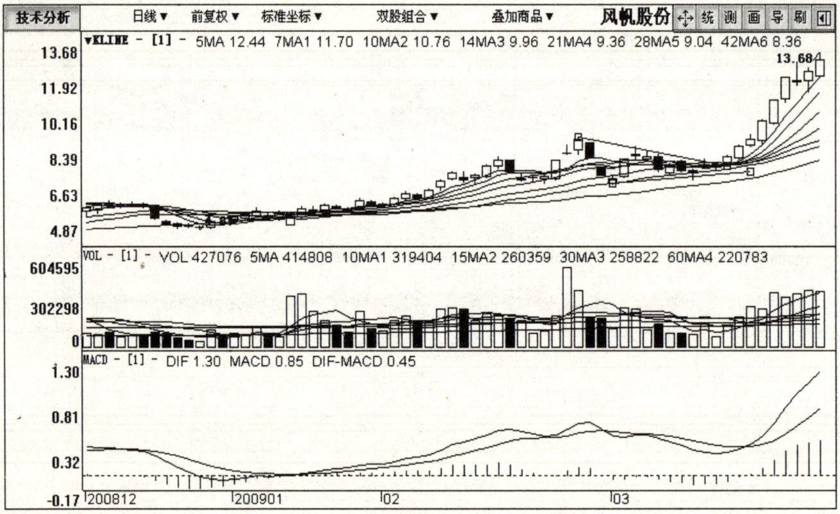

图 48

股价在单边上涨一个波段后转入上升中继形态构筑，单边上升波段是主力庄家使用单边独立模式拉升推高手法做高股价的结果。当股价上涨

25.17%的幅度后，由于累积的获利盘较多，主力庄家必须进行洗筹为后续的拉升扫清障碍。股价于2009年2月26日开始进入调整，直至2009年3月17日股价朝上突破调整以来形成的短期下降趋势线，此时从K线价格图表上可清楚地看到是一个收敛三角形中继形态。主力庄家构筑收敛三角形进行调整的好处是：在该波调整以来的阶段高点处构筑了越不过前高点的技术骗线用以恐吓市场上持股意志不坚定的持筹分子，以此达到清理浮筹的目的。在该收敛三角形的阶段底部低点处构筑了不破前低点的技术走势用以吸引市场上的空仓者买入，这样主力庄家就达到了做差价及促进市场换手的目的。

从K线价格走势上可观察到：主力庄家在该股的这一波拉升过程中使用了单边+收敛三角形中继形态模式拉升推高股价手法推高股价。主力庄家拉升股价的目的是为后续的出货做准备。

图49是600508上海能源包括2008年12月22日至2009年3月23日在内的日K线图。

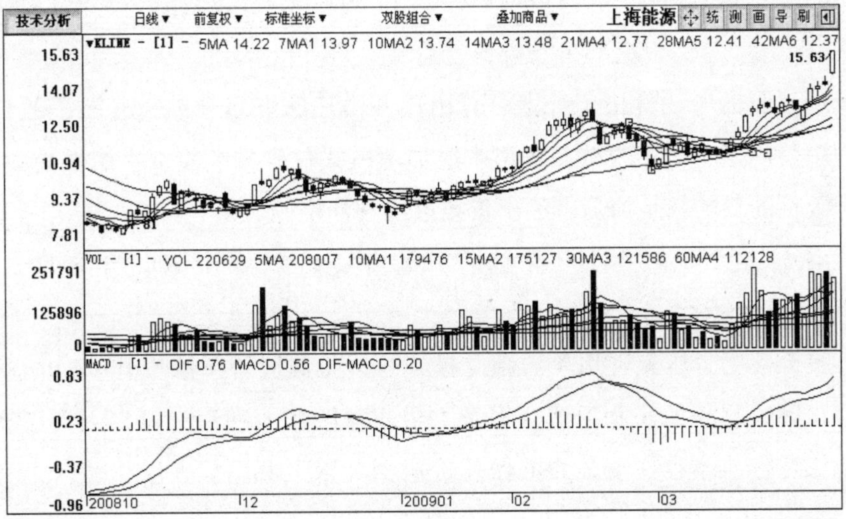

图 49

股价单边上升一个波段后转入上升中继形态构筑，单边上升波段是主力庄家使用单边独立模式拉升推高手法做高股价的结果。当股价上涨一波之后，由于累积有可观的获利盘，主力庄家必须清洗浮筹为后续拉升扫清障碍。与此同时，因为主力庄家的账面利润丰厚，主力庄家为了降低运作成本也存在着强烈的做差价需求。

股价于2009年3月5日开始进入上升中继形态构筑，在2009年3月17日朝上突破该波调整以来形成的下降趋势线时，随即宣告该收敛三角形中继形态成立。此时从K线价格走势上可看到：主力庄家构筑了一个收敛三角形中继形态进行调整，股价在收敛三角形内部形成的阶段性高点是一个比一个低，而在它的内部形成的阶段性低点是一个比一个高。当股价进入调整后每一次都无法升越前高点时就形成越不过前高点的技术走势，主力庄家就是利用技术分析上的“越不过前高点，后市股价将会下跌”的实战规则达到诱空骗线目的。此时市场上持筹心态不稳的投资者在看到该利空信号后就会恐慌抛售，主力庄家清洗浮筹的目的达到。股价在收敛三角形内部构筑的每一个阶段底部低点都比前一个低点高，这样在技术分析上就符合“不破前低点，后市股价将会上涨”的实战规则，当市场上的空仓投资者看到该利好技术信号后就买入，主力庄家则趁机抛售一部分筹码做差价。

从该股的K线价格走势上可看出：主力庄家在这一波拉升推高股价的过程中使用了单边+收敛三角形中继形态模式拉升推高股价手法做高股价。推升股价的目的就是为后市的出货拓展出利润空间。

图50是600531豫光金铅包括2009年1月20日至2009年3月26日在内的日K线图。

股价被主力庄家使用单边独立模式拉升推高股价手法推升12.04%的幅度后，因为累积的获利浮筹众多及主力庄家的账面利润丰厚，主力庄家为了降低运作成本存在着强烈的做差价意图。以上原因促使股价转入上升中继形态构筑。

股价于2009年3月6日开始进入上升中继形态构筑，股价在回调下跌企稳后再次上涨，但因为做多动能不足，股价无法上涨至前阶段高点就再次被迫回落，而该次的回落最低点比前一个阶段低点的最低价高。股价在反弹高点不断下移及阶段底部低点不断上移的运行过程中呈现出振荡幅度逐渐收窄的态势。此时以该股的反弹高点为端点作一直线，以它的阶段低点为端点作另一直线，这两根直线构成一个对称三角形。当股价朝上突破该波短期下跌调整形成的短期下降趋势线后，随即宣告该收敛三角形中继形态成立。

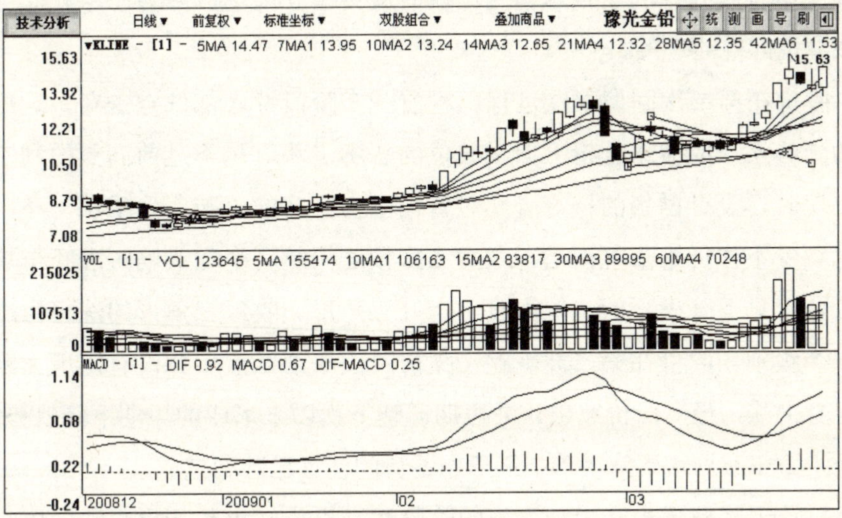

图 50

从该股的 K 线价格走势上可发现：主力庄家在该波拉升过程中使用了单边 + 收敛三角形中继形态模式拉升推高股价手法做高股价。做高股价的目的就是为了后续能够以尽可能大的盈利幅度出货。

4. 单边 + 下降楔形中继形态模式拉升推高股价手法

单边 + 下降楔形中继形态模式拉升推高股价手法是单边 + 上升中继形态模式拉升推高股价手法中的其中一种细分手法。该种拉升推高股价手法的表现如下：

主力庄家使用单边独立模式拉升推高手法将股价推升至一定的幅度后，接着进入下降楔形中继形态的构筑。当股价由上涨转入下跌调整的第一个转折拐点出现时，第一个阶段性高点此时已成形，该阶段性高点是主力庄家拉升一定幅度后洗筹及做差价的结果。股价调整下跌到位后接着再次上涨，由于该波上涨的做多能量较弱，股价无法上升至前阶段高点就拐头下跌。至此，第二个阶段性高点出现，并且第二个阶段高点比第一个阶段高点低，这样在K线价格走势上就形成越不过前高点的技术走势。在技术分析上，“越不过前高点，后市股价将会下跌”。主力庄家就是利用这一技术信号构筑空头陷阱从而达到恐吓市场持筹者卖出的目的，特别是市场上的短线交易者看到该利空技术信号出现时就会清仓离场。主力庄家就此顺利完成清洗浮筹的任务。

股价在第二次回调下跌过程中将前一个阶段性底部低点击穿，这样股价的走势又形成技术分析上向下破位的恶劣走势。越不过前高点的利空信号出现时，没有抛售的持筹者此时再被主力庄家的“破底”手法一吓，就再也经受不住折磨落荒而逃。主力庄家接连构筑两个空头陷阱恐吓市场投资者，可见下降楔形的洗筹力度比上升三角形、收敛三角形的洗筹力度要大一个级别。股价在第二波下跌击穿前阶段底部低点后并没有出现大跌而是返身上涨，最后股价突破该波短期调整下跌以来形成的短期下降趋势线，至此主力庄家构筑下降楔形中继形态蓄势的任务已胜利完成。

以该下降楔形上升中继形态的阶段性高点为端点作一根直线，以它的阶段性低点为端点作另一根直线，这两根直线相交于右下方。在上升旗形中继形态中，这两根直线是互相平行的。这就是上升旗形与下降楔形的最大区别之一。主力庄家在下降楔形的阶段性高点抛售筹码达到做差价的目的后，接着展开全面的洗筹动作，而构筑两个空头陷阱进行洗筹说明了主力庄家的洗筹力度极大。

当股价朝上有效突破前期的阶段性高点形成的短期下降趋势线后，下降楔形上升中继形态随即宣布成立。股价调整蓄势充分后接着再次踏上上涨的征途。

图51是600489中金黄金包括2008年12月3日至2009年3月23日在内的日K线图。

股价被主力庄家使用单边独立模式拉升推高股价手法推升59.39%的幅度后，因为累积的获利盘较多及主力庄家需做差价降低运作成本的需要，

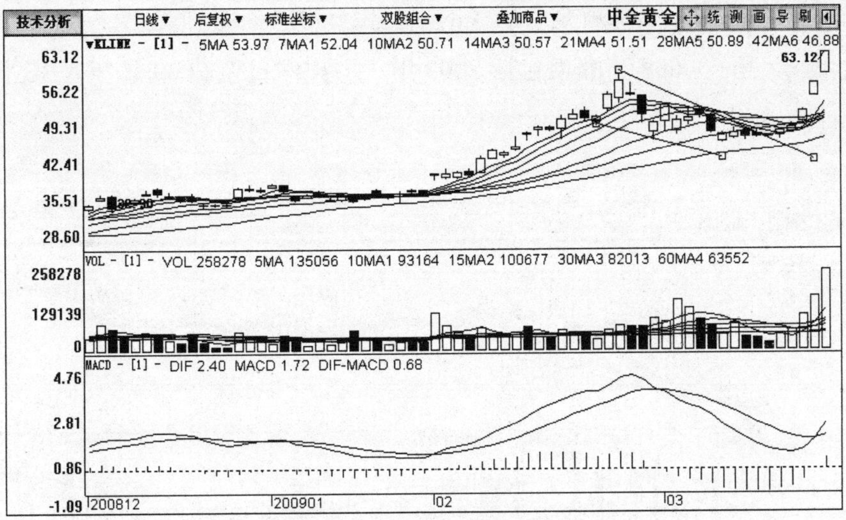

图 51

股价随即转入上升中继形态构筑之中。

股价于 2009 年 2 月 25 日由上涨转折为下跌，此时每一个阶段高点的出现都是主力庄家做差价的结果。股价调整到位后再次展开反弹走势，但因为该波反弹的做多动能不足，股价无力上升至前阶段高点就被迫再次拐头朝下，该波的下跌将前阶段底部低点的最低价击穿。至此，主力庄家构筑了朝下破位的空头陷阱，目的是恐吓市场持筹者。但股价在朝下破位后没有大幅下跌反而是返身上涨，股价在朝上有效突破该波调整以来所形成的短期下降趋势线时，随即在技术上确认该下降楔形上升中继形态成立。下降楔形是主力庄家最喜欢使用的洗筹形态之一。原因在于：主力庄家在构筑下降楔形中继形态过程中设置了两个空头陷阱，并且这两个空头陷阱是以连贯的方式出现，它们给市场投资者造成的心理冲击是持续式攻击，即在持筹者心理上打击一次后接着再打击一次，持续式进攻最容易摧毁投资者的持股信心，当投资者的持筹心态被弄坏时就会抛售筹码，主力庄家的洗筹目的就此达到。

从该股的 K 线价格走势上可看到：主力庄家在这波拉升股价的过程中使用了单边 + 下降楔形中继形态模式拉升推高股价手法做高股价。主力庄家做高股价的最终目的就是为后续的出货做好准备。

图 52 是 600068 葛洲坝包括 2008 年 11 月 21 日至 2009 年 2 月 13 日在内的日 K 线图。

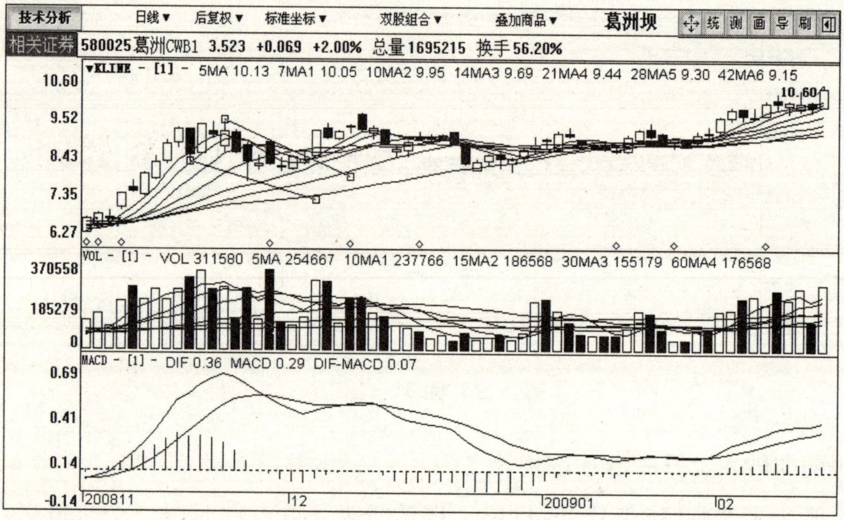

图 52

股价被主力庄家使用单边独立模式拉升推高股价手法推升 52.27%的上涨幅度后，因为前期进入的市场浮筹较多，主力庄家必须进行洗筹。当股价涨升一定的幅度后，主力庄家的账面利润较为丰厚也存在着做差价的强烈意愿，为了达到洗筹及做差价的目的，主力庄家就需要构筑一个上升中继形态来实施行动。

股价于 2008 年 11 月 20 日开始进入上升中继形态构筑，在 2008 年 12 月 3 日股价朝上有效突破调整以来形成的短期下降趋势线，此时从 K 线价格走势上就可看出是一个下降楔形形态。分析该下降楔形就可发现主力庄家在股价调整过程中构筑了两个空头陷阱。第一个空头陷阱就是主力庄家在抛售筹码做差价时形成的阶段高点一个比一个低。而技术分析上“越不过前高点，后市股价将会下跌”的实战规则，就会促使那些懂技术分析的短线交易者离场。这样主力庄家就达到了清洗浮筹的目的。第二个空头陷阱就是主力庄家在 2008 年 11 月 25 日操纵股价朝下击穿前底部低点制造技术破位来恐吓市场上意志不坚者卖出，以此达到洗筹的目的。当股价朝上突破该波短期调整下跌以来所形成的短期下降趋势线后，下降楔形中继形态已构筑完毕。

从 K 线价格走势上可观察到：主力庄家在该股的这一波拉升过程中使用了单边 + 下降楔形中继形态模式拉升推高股价手法做高股价。做高股价拉升出盈利空间为后续的筑顶出货埋下伏笔。

图 53 是 600077 百科集团包括 2008 年 10 月 8 日至 2008 年 12 月 6 日在内的日 K 线图。

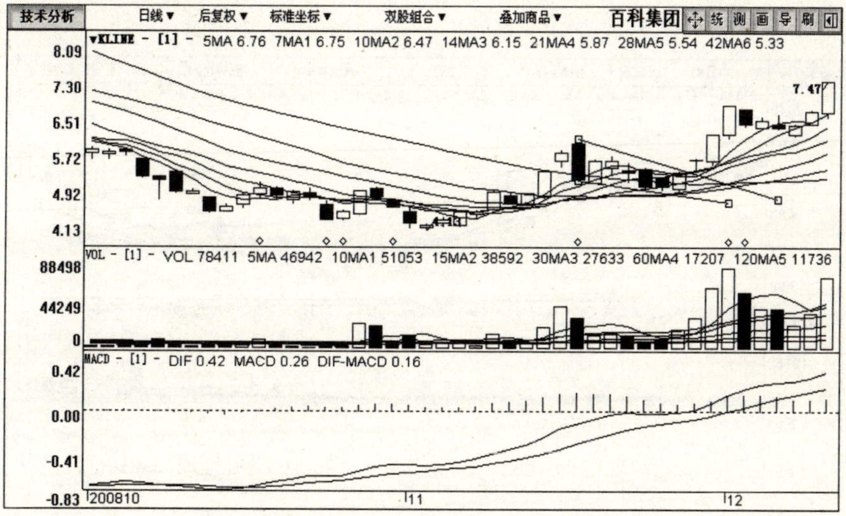

图 53

股价在单边上涨 38.1%的幅度后转入上升中继形态构筑之中，单边上涨是主力庄家使用单边独立模式拉升推高手法做高股价的结果。股价于 2008 年 11 月 18 日转入上升中继形态构筑，接着于 2008 年 11 月 19 日探出第一个阶段性底部低点后股价再次上涨。但因为做多动能不足，股价无法升至前阶段高点就再次拐头朝下，这里形成的第二个阶段高点低于第一个阶段高点。这样在技术分析上就形成“越不过前高点，后市股价将会下跌”的技术走势。主力庄家就是想利用这一利空技术含义恐吓市场持筹者以此达到清洗浮筹的目的。股价在第二波回调下跌过程中将前阶段底部低点击穿，此时股价已形成技术分析上的技术破位动作。主力庄家构筑此空头陷阱恐吓市场投资者的目的还是在于洗筹，当主力庄家的洗筹目的达到后，股价就朝上突破前期股价调整形成的短期下降趋势线朝上运行。至此，下降楔形中继形态构筑完毕。

从K线价格走势上可看到：主力庄家在该股的这一波拉升推高过程中使用了单边+下降楔形上升中继形态模式拉升推高股价手法做高股价。主力庄家拉升股价的目的是为后市的出货做准备。

图54是600126杭钢股份包括2008年9月12日至2008年12月11日在内的日K线图。

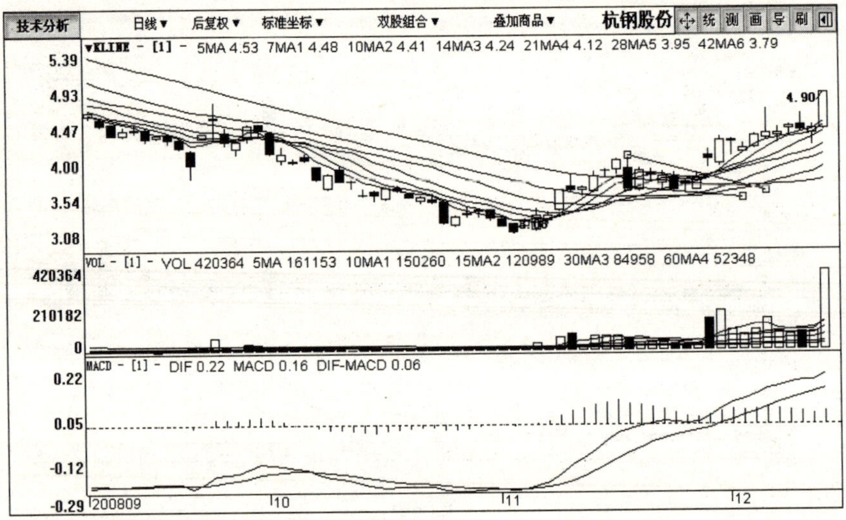

图54

股价在单边上升一个波段后转入上升中继形态构筑，单边上升波段是主力庄家使用单边独立模式拉升推高手法做高股价的杰作。当股价上涨24.31%的幅度后就转入上升中继形态的构筑之中。

股价于2008年11月18日开始由上涨转折为下跌，至此第一个阶段高点在主力庄家做差价出货的抛压下形成。在该形态构筑过程中，股价反弹形成的高点呈现出后一个高点比前一个高点低的现象，这种现象反映了股价的反弹是一次比一次无力。K 线价格的这种走势符合技术分析上“越不过前高点，后市股价将会下跌”的实战技术规则。市场上的短线交易者看到这一利空信号出现时就会清仓离场，主力庄家的洗筹目的就此达到。股价在第二次下跌过程中将前阶段低点击穿，形成技术分析上的技术破位动作。主力庄家构筑技术破位的空头陷阱来恐吓市场投资者，目的还是在于洗筹。

以该上升中继形态中的反弹高点为端点作一直线，以它的阶段性低点为端点作出另一直线，这两根直线相交于右下方。至此，下降楔形中继形态出现在投资者眼前。

从 K 线价格走势上可看出：主力庄家在该股的这一波朝上拉升过程中使用了单边 + 下降楔形上升中继形态模式拉升推高股价手法做高股价。

图 55 是 600368 五洲交通包括 2008 年 9 月 8 日至 2008 年 11 月 28 日在内的日 K 线图。

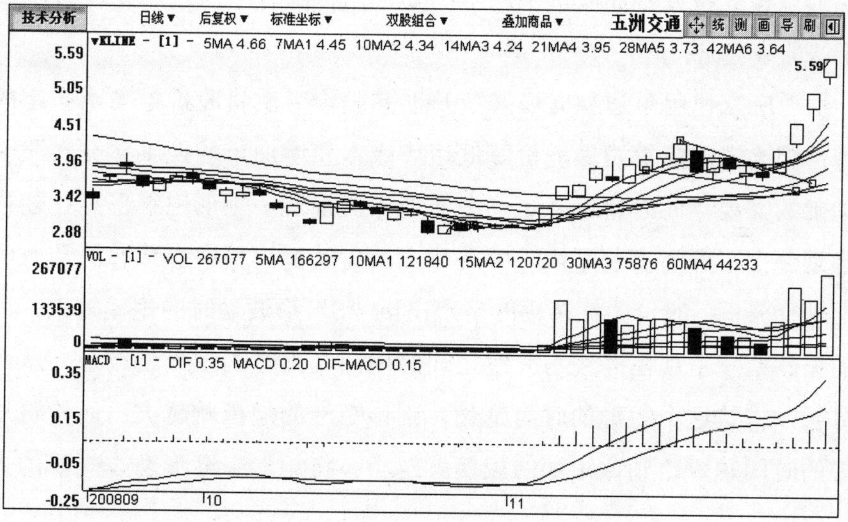

图 55

股价单边上涨一个波段后转入上升中继形态的构筑之中，单边上升波段是主力庄家使用单边独立模式拉升推高手法做高股价的结果。当股价拉升 43.19%的上涨幅度后，由于市场浮筹众多及主力庄家做差价的需要，主力庄家就构筑上升中继形态进行洗筹及做差价出货。

股价于 2008 年 11 月 18 日开始进入调整，直至 2008 年 11 月 25 日股价朝上突破该波调整以来所形成的短期趋势线时，投资者此时观察 K 线价格走势就可发现，该波调整构筑的上升中继形态是下降楔形。下降楔形是一种洗筹力度较大的调整形态，主力庄家在它的阶段高点处构筑了一个越不过前高点的空头陷阱，然后在它的阶段低点处构筑了一个击穿前底部低点的空头陷阱。构筑这两个空头陷阱的目的都是为了清洗市场浮筹，而主力庄家在阶段性高点抛售一部分筹码打低股价的同时也完成了做差价降低运作成本的任务。

由以上分析可得出：主力庄家在该波拉升推高股价过程中使用了单边 + 下降楔形上升中继形态模式拉升推高股价手法拉抬股价。

5. 单边 + 振荡型矩形上升中继形态模式拉升推高股价手法

单边 + 振荡型矩形上升中继形态模式拉升推高股价手法是单边 + 上升中继形态模式拉升推高股价手法中的其中一种细分手法。该种拉升推高股价手法的表现是：

主力庄家使用单边独立模式拉升推高股价手法将股价推高至一定的幅度后，因为清洗浮筹及做差价降低运作成本和增加市场换手率夯实股价上涨基础的需要，此时就进入矩形中继形态的构筑。矩形中继形态在规模的大小划分上可分为振荡型矩形中继形态及盘整型矩形中继形态。从空间幅度上进行分析，股价的振荡幅度呈现出倒“S”形波动时的规模较大，而股价的振荡幅度呈现出 K 线与 K 线之间的横向叠列时的规模就较小。从时间上分析，构筑这个矩形的时间越长，则该矩形的规模就越大；而构筑这个矩形的时间越短，则该矩形的规模就越小。将矩形中继形态按规模的大小可划分如下：

(1)K 线呈现出横向叠列的盘整型矩形。

(2)K 线呈现出倒“S”形波动的振荡型矩形。

K 线价格呈现出横向叠列的盘整型矩形属于小型的矩形中继形态，这类型的矩形实质上就是前面内容中的“平台”型形态。在“单边 + 平台模式拉升推高股价手法”一节中已详细讲述。

K线价格呈现出倒“S”形波动的振荡型矩形中继形态因为规模较大，所以振荡的时间较长，波动的幅度较大，而且常常出现在主力庄家拉升推高股价环节中。在本节中将详细讲述主力庄家利用振荡型矩形做高股价的拉升手法。

单边+振荡型矩形上升中继形态模式拉升推高股价手法中的振荡型矩形指的就是K线价格呈现出倒“S”形波动的矩形。

当主力庄家使用单边独立模式拉升推高股价手法将股价推升一定的幅度后，接着就进入振荡型矩形中继形态的构筑过程中。当股价由单边上涨转折为下跌的第一个转折拐点出现时，股价进入调整的帷幕已拉开。股价第一次下跌到位后，接着股价再次反弹上涨，当上涨至前一个阶段高点处时就遇阻回落，这两个阶段高点基本处于同一水平线上，这样就构成了K线技术理论上的平顶K线组合。平顶K线组合的技术含义是：股价后市看空。主力庄家利用技术分析上的向空信号恐吓市场上的持筹者，以此达到清洗浮筹的目的。因为市场上大多数的投资者都懂得一些技术分析，且大多数投资者都是以技术分析为实战交易依据，特别是短线交易者更是唯技术分析是从，所以短线交易者一看到股价出现该利空信号时就清仓离场。主力庄家在兵不血刃之下就清理了市场上的短线浮筹。

振荡型矩形上升中继形态中的每一个调整低点都基本是处于同一水平线处，这样股价在阶段底部低点上就构成了K线技术理论上的平底K线组合。平底K线组合的技术含义是：后市股价看涨。主力庄家利用平底K线组合发出的向好信号吸引市场上的空仓者买入，这样就达到了做一部分差价及促进市场充分换手夯实股价上涨基础的目的。

以矩形上升中继形态的阶段高点为端点作一直线，以它的阶段底部低点为端点作另一直线，这两根直线相互平行就构成了一个矩形，股价就是在这个矩形的内部振荡波动。当股价朝上突破阶段高点形成的阻力线时，至此矩形上升中继形态构筑完毕。

由以上分析得出：主力庄家构筑矩形上升中继形态进行洗筹的过程中只是构筑了一个空头陷阱清理浮筹，而在矩形的阶段底部低点处形成平底K

线组合时随即确认了矩形的阶段高点处构筑的平顶K线组合是技术骗线。而主力庄家在阶段高点处抛售筹码既达到了做差价的目的又可将股价打低恐吓市场投资者，真是一举两得。在构筑矩形的阶段低点时形成的K线平底组合起到了吸引市场空仓者买入的作用，这样无形中就达到了做差价及夯实股价上涨基础的目的。当股价调整蓄势充分后就会重返上升趋势运行。

图56是000829天音控股包括2008年9月30日至2009年2月25日在内的日K线图。

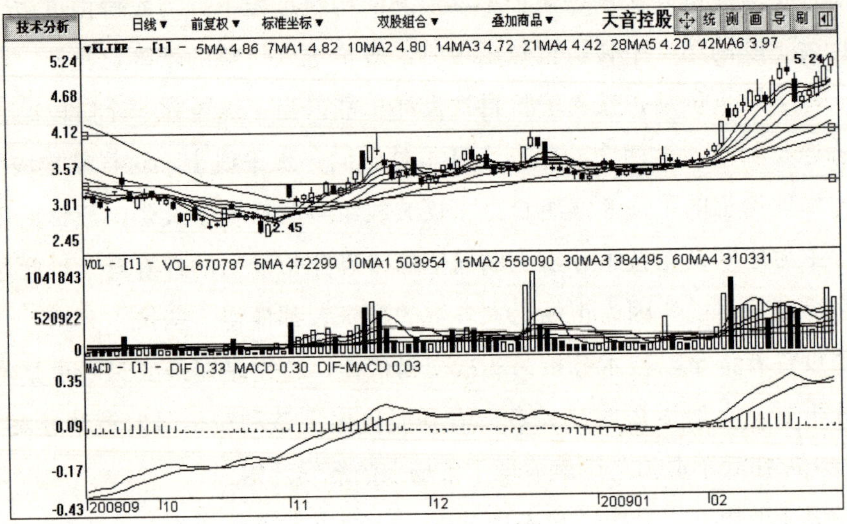

图56

股价被主力庄家使用单边独立模式拉升推高股价手法推升52.16%的幅度后，因为短线浮筹众多及主力庄家存在着做差价降低运作成本的需要。以上两方面的因素促使股价进入上升中继形态构筑。

股价于2008年11月20日由原先的上升转折为朝下运行，此时形成第一个阶段高点。股价下跌调整到位后再次上涨，但该次的上涨未达到前阶段高点处时就再次回落，这样在K线价格走势上就形成越不过前高点走势。越不过前高点的技术含义是后市看空，市场上以技术分析为操作依据的短线交易者看到该技术利空信号后就会清仓离场。至此，主力庄家构筑了一个技术骗线陷阱用以清洗市场浮筹。当股价再次下跌至前阶段低点处止跌企稳后就与前阶段底部低点构成了不破前低点的走势排列。不破前低点的技术含义是后市看多，市场上的空仓者看到该利好技术信号后就会买入，此时主力庄家既可做一部分差价，也可间接促进市场投资者之间进行换手，这样就达到了夯实股价上涨基础的目的。接下来股价再次上落振荡调整一波后就朝上突破该振荡箱体的水平阴力线向上运行。当股价朝上有效突破该矩形中继形态的上边阻力线后，矩形上升中继形态得到确认。

从 K 线价格走势上分析可得出：主力庄家在该波拉升推高股价的过程中使用了单边 + 振荡型矩形上升中继形态模式拉升推高股价手法推高股价。拉升的最终目的就是为后续的出货打下基础。

图 57 是 000877 天山股份包括 2008 年 9 月 23 日至 2009 年 2 月 24 日在内的日 K 线图。

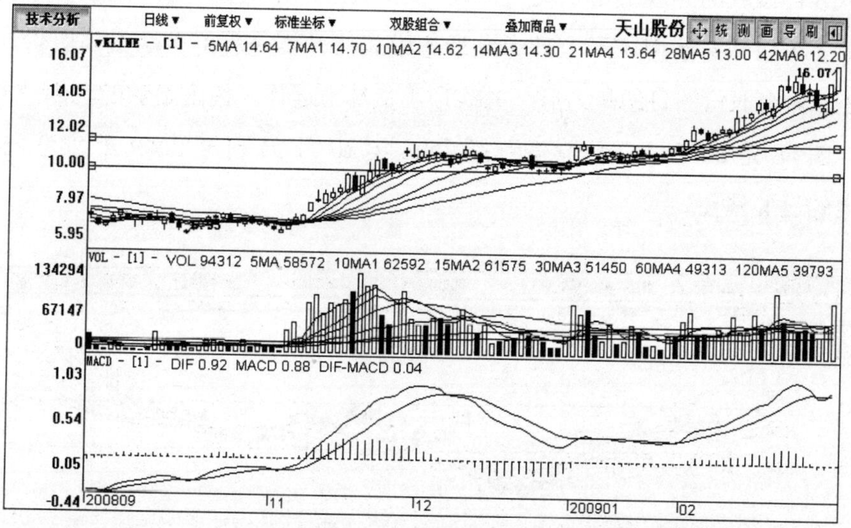

图 57

股价在单边上涨一个波段后转入上升中继形态构筑，单边上升波段是主力庄家使用单边独立模式拉升推高手法做高股价的结果。当股价上涨 70.85%的幅度后，由于累积的获利盘较多及主力庄家需做差价，为了完成洗盘及做差价出货的任务，股价必须进入上升中继形态构筑。

股价于2008年11月28日开始进入调整，直至2009年2月2日股价朝上有效突破前阶段高点，此时从K线价格走势图表上就可清楚地看到这是一个振荡型矩形中继形态。主力庄家构筑振荡型矩形进行调整的好处在于：在该矩形的阶段高点处，由于出现两次以上的反弹高点都基本处于同一水平线上，此时就形成K线技术理论上的平顶K线组合。平顶K线组合的技术含义是后市看空，主力庄家利用此向空技术信号恐吓投资者来完成清洗浮筹的任务。在该矩形的阶段底部低点处，由于出现两次以上的回调下跌低点都基本处于同一水平线上，此时就形成K线技术理论上的平底K线组合。平底K线组合的技术含义是后市看多，主力庄家利用该向好技术信号达到了吸引市场投资者买入的目的。当股价朝上有效突破该矩形的上边阻力线后，随即在技术上宣告该振荡型矩形上升中继形态成立。

分析该股的K线价格走势可得出：主力庄家在该波拉升推高股价过程中使用了单边+振荡型矩形上升中继形态模式拉升推高股价手法做高股价。主力庄家做高股价的目的是为后续的筑顶出货环节运作开拓出足够的利润空间。

图58是000883三环股份包括2008年10月14日至2009年2月25日在内的日K线图。

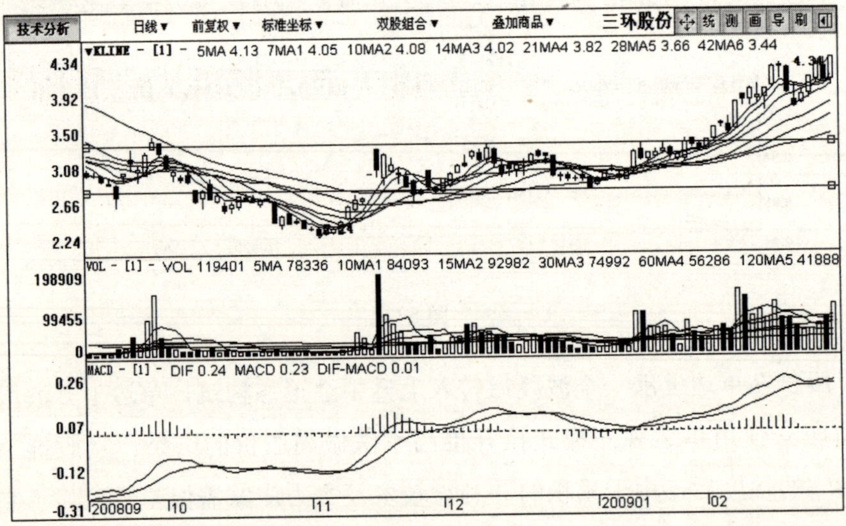

图58

股价被主力庄家使用单边独立模式拉升推高股价手法推升36.25%的上涨幅度后，因为累积的获利盘较多必须洗盘及主力庄家为了降低运作成本有做差价的需要，股价由此转入上升中继形态构筑之中。

股价于2008年11月20日开始进入上升中继形态构筑。从股价在调整过程中出现了两次以上的阶段高点都基本处于同一水平线及股价在回调下跌过程中出现了两次以上的阶段底部低点都基本处于同一水平线的外表特征上可看出：主力庄家在此构筑了一个振荡型矩形中继形态。股价在该矩形内部作上下的振荡波动，由于每一次的反弹高点相同，这样就构成了平顶K线组合。众所周知，平顶K线组合的技术含义是后市看空，市场上的交易者看到该利空技术信号出现时就会清仓离场。主力庄家由此达到了清洗浮筹的目的。与此同时，主力庄家也在阶段高点处趁机逢高抛售一部分筹码做差价。当股价在矩形的底边支撑线处形成第二个阶段底部低点时，这两个阶段底部低点就构成了平底K线组合。平底K线组合的技术含义是后市看多。主力庄家利用后市向好的技术信号吸引市场上的空仓者买入，这样就达到了既做差价又促使市场投资者之间进行换手的目的。当股价朝上突破矩形的上边阻力线后，即意味着股价调整结束，后市重返上升趋势。

分析该股的K线价格走势可知：主力庄家在该股的这一波拉升过程中使用了单边+振荡型矩形上升中继形态模式拉升推高股价手法做高股价。主力庄家做高股价的目的是为后市的出货拓展出足够的利润空间。

图59是600060海信电器包括2008年10月14日至2009年2月23日在内的日K线图。

股价被主力庄家大幅度推高后，出于做差价及清洗浮筹的需要，股价不得不进入上升中继形态的构筑之中。

股价于2008年12月9日开始进入形态构筑，在股价调整过程中形成了两个阶段高点基本相同的走势排列，而在阶段低点处也形成两个低点基本相同的走势。此时以股价的反弹高点为端点作一根直线，该根直线称为上边阻力线；以股价的阶段底部低点为端点作另一根直线，该根直线称为下边支撑线。至此，上升中继矩形形态露出原形。主力庄家构筑上升中继

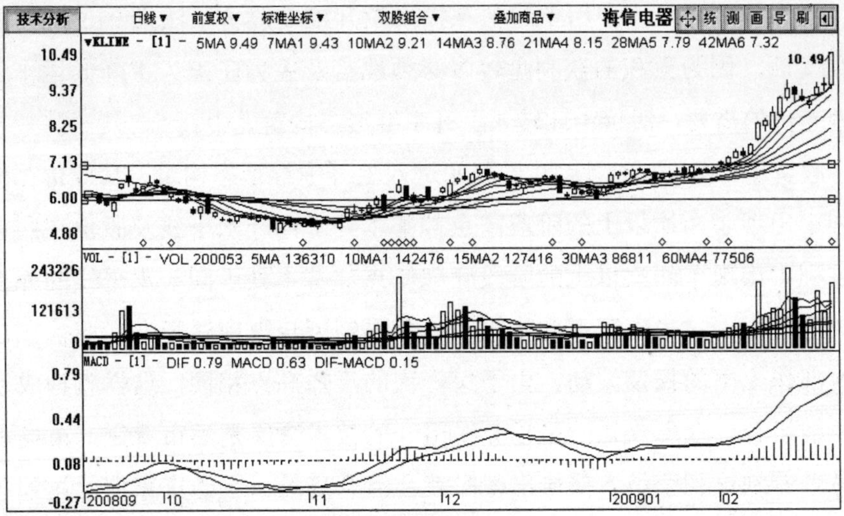

图 59

矩形形态进行调整有以下好处：一是可以在阶段高点处形成平顶 K 线组合或者是形成越不过前高点的走势，此两者的技术含义都是后市看空。主力庄家借用该利空技术信号达到了清洗市场浮筹的目的。在形成阶段高点时，主力庄家逢高抛售，这样又可在高位卖出一部分筹码做差价。二是可以在阶段低点处形成平底 K 线组合或者是形成不破前低点的走势，此两者的技术含义都是后市看多。主力庄家在此利用做多技术信号达到了护盘及吸引市场投资者之间进行换手的目的，最终起到夯实股价上涨基础的作用。

从 K 线价格走势上可观察到：主力庄家在该股的这一波拉升过程中使用了单边 + 振荡型矩形中继形态模式拉升推高股价手法做高股价。主力庄家拉高股价的目的是为后市的出货打下基础。

图 60 是 600138 中青旅包括 2008 年 11 月 7 日至 2009 年 2 月 13 日在内的日 K 线图。

股价被主力庄家使用单边独立模式拉升推高股价手法推高 29.83%的上涨幅度后，因为累积的短线获利盘较多及主力庄家也需做差价降低运作成本，股价于是进入上升中继形态构筑。

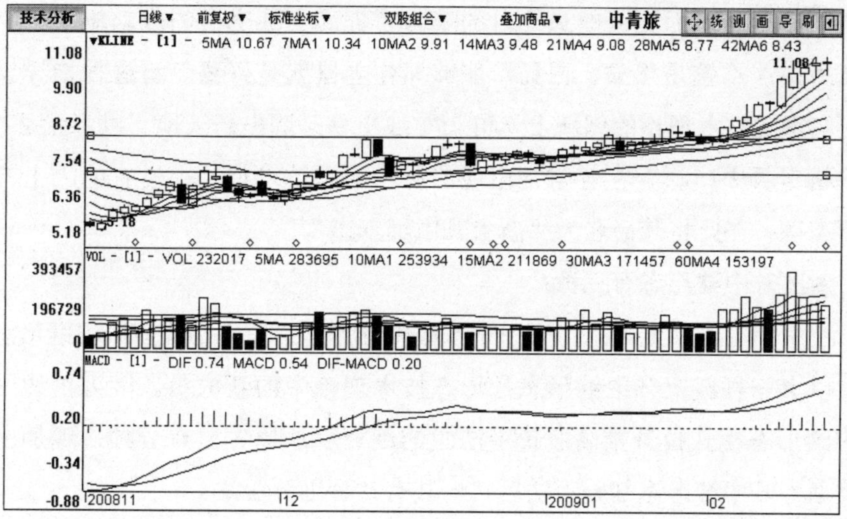

图 60

股价于 2008 年 12 月 11 日开始进入振荡型矩形形态构筑，从 K 线图表上可观察到：K 线价格走势的两个阶段反弹高点基本落于同一水平线上，它的两个阶段底部低点同样是几乎落在同一个价位上。在阶段高点处作一根水平线，与此同时也在阶段低点处作一根水平线，而股价则在这两根水平线之间作倒“S”形振荡。至此，主力庄家在矩形的顶部高点构筑了平顶 K 线组合用以清洗市场浮筹，在矩形的底部低点处构筑了平底 K 线组合用以做一部分差价及促进市场投资者间的换手。

由以上分析得出：主力庄家在该股的这一波拉升推高股价过程中使用了单边 + 振荡型矩形中继形态模式拉升推高股价手法做高股价。拉高股价然后出货是主力庄家获利的必经之途。

至此，形态技术理论中的五种上升中继形态已讲述完毕。但多年的实战经验显示，股价运行于上升趋势的过程中，除了形态技术理论中的这五种典型的上升中继形态外，还有一些典型的上升中继形态出现在股价的上涨中途，且它们在股价上涨中途出现的频率并不比形态技术理论中的五种上升中继形态少。或许这是以前的形态技术理论在统计、归纳上不够全面的原因所致。但从实际出发，根据实战交易的需要非常有必要对形态技术理论进行更新，而更新的最终目的是为了提高实战交易的成功概率。正如伟人所讲：不管是黑猫、白猫，能够抓住老鼠就是好猫。将这种指导思想应用在形态技术理论的创新上就可为实战交易开辟出新天地。以下就是在K线价格走势中广泛存在且常常出现的三种形态技术理论中没有的“上升中继形态”。在此将其命名为“新上升中继形态”。

新上升中继形态有三种：

空中小尖底中继形态；空中小双底中继形态；空中小头肩底中继形态。

以上三种新上升中继形态是形态技术理论中的新成员。因为单边+上升中继形态模式拉升推高股价手法中的细分手法原先已有五种，现加上此三种新上升中继形态细分手法后，一共有八种细分手法。

单边+上升中继形态模式拉升推高股价手法中的三种新上升中继形态细分手法如下：

单边+空中小尖底中继形态模式拉升推高股价手法。

单边+空中小双底中继形态模式拉升推高股价手法。

单边+空中小头肩底中继形态模式拉升推高股价手法。

6. 单边+空中小尖底中继形态模式拉升推高股价手法

单边+空中小尖底中继形态模式拉升推高股价手法是单边+上升中继形态模式拉升推高股价手法中的其中一种新手法。该种拉升推高股价手法的表现如下：

主力庄家使用单边独立模式拉升推高手法将股价推升至一定的高度后，接着进入空中小尖底中继形态的构筑，当股价在单边上涨后接着出现第一个下跌的转折拐点时，说明了股价已进入调整。在形态技术理论中有一个顶部反转形态称为倒“V”形顶部反转形态，也有一个底部反转形态称为“V”形底部反转形态。而主力庄家在拉升推高股价过程中为了达到清洗浮筹、做差价、促进市场换手夯实股价上涨基础的目的，就必须构筑上升中继形态来完成这些工作任务。而主力庄家究竟选择哪一个上升中继形态作为达到目的的手段，则需视当时的市场环境条件及主力庄家自身的控筹实力和市场投资者的心理状态综合权衡后才可确定。

主力庄家使用空中小尖底中继形态调整的好处如下：

在股价拉升出一定的上涨幅度后，因为洗筹、做差价、夯实股价上涨基础的需要，主力庄家将股价持续打压形成一个类似于顶部倒“V”形的反转形态，市场上技术欠缺的投资者此时就会误认为是股价已在构筑顶部反转形态。而倒“V”形顶部反转形态的技术含义是：股价见顶，后市看空。主力庄家就是利用似是而非的技术骗线手法恐吓市场投资者达到洗筹的目的。与此同时，主力庄家就会在阶段性高点处抛售一部分筹码做差价。当股价调整到位后就返身朝上运行，此时观察股价就可发现，主力庄家构筑了一个类似于底部“V”形反转形态的“空中小尖底上升中继形态”。市场投资者看到该空中小尖底上升中继形态出现后就会逢低吸纳买入，这样主力庄家不但又可抛售一部分筹码做差价，而且还可间接起到护盘的作用。当主力庄家的调整任务完成后，股价后市将会再次上涨。

图 61 是 600082 海泰发展包括 2008 年 10 月 21 日至 2009 年 3 月 18 日在内的日 K 线图。

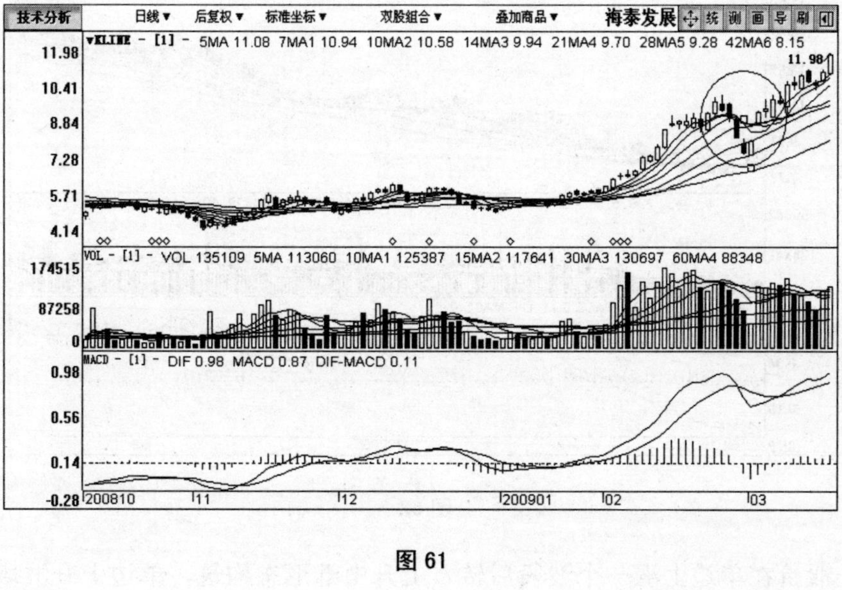

图 61

股价被主力庄家推升 79.71%的上涨幅度后，因为短线获利盘较多及主力庄家需做差价，股价由此进入上升中继形态的构筑之中。

股价于2009年2月24日由原先的上涨转折为下跌，主力庄家在该阶段高点处已抛售一部分筹码做差价。与此同时，将股价打压下来又可起到洗筹的作用，真是一举两得。当股价下跌到位后随即转折朝上运行。主力庄家在阶段高点处借助疑似顶部倒“V”形反转形态的表象恐吓市场投资者，迫使市场投资者抛售手中筹码以此达到洗筹的目的。而在股价的阶段底部低点处形成空中小尖底上升中继形态，它在外形上与底部“V”形反转形态相类似。主力庄家利用此向好技术信号吸引市场投资者买入，这样既可减轻护盘的压力又可促进市场投资者之间的换手。

从K线价格走势上可观察到：主力庄家在该波拉升过程中使用了单边+空中小尖底中继形态模式拉升推高股价手法推高股价。拉升股价的目的就是为后市的出货工作做准备。

图62是600329中新药业包括2008年10月12日至2009年3月27日在内的日K线图。

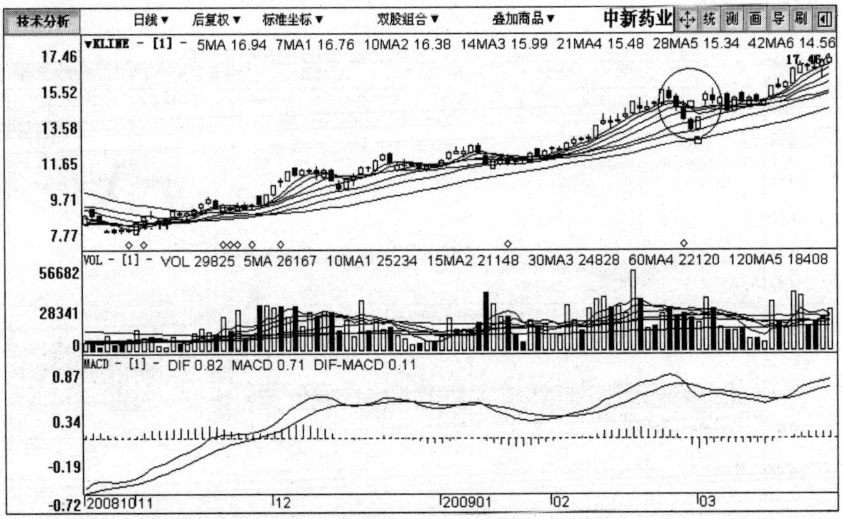

图62

股价在单边上涨一个波段后转入上升中继形态构筑，单边上升波段是主力庄家使用单边独立模式拉升推高手法做高股价的结果。当股价拉升29.53%的上涨幅度后，由于短线浮筹众多及主力庄家需做差价的原因从而迫使股价转入上升中继形态的构筑中。

股价于 2009 年 2 月 24 日由上涨转折为下跌，股价在此形成一个阶段高点，该阶段高点的外形与顶部倒“V”形反转形态相似，市场上技术欠缺的短线交易者看到股价的该种走势后，误以为股价已在造顶就会抛售手中筹码离场，这样主力庄家的清洗浮筹目的达到。股价下跌到位后接着转折朝上，该阶段低点的外形与底部“V”形反转形态相似，主力庄家利用该向好的技术信号吸引市场投资者买入，这样不但可做差价还可促进市场投资者之间进行换手，最终达到夯实股价上涨基础的目的。

从 K 线价格走势上可看出：主力庄家在该波拉升推高股价的过程中使用了单边 + 空中小尖底上升中继形态模式拉升推高股价手法抬高股价。拉抬股价至高位是主力庄家在拉升推高环节中的运作任务。

图 63 是 600426 华鲁恒升包括 2008 年 11 月 6 日至 2009 年 3 月 23 日在内的日 K 线图。

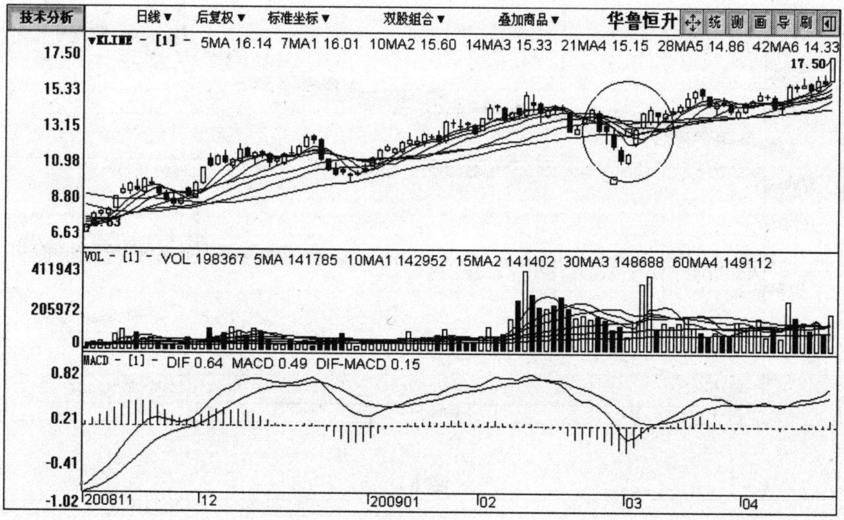

图 63

股价被主力庄家推升 47.32%的上涨幅度后，因为短线浮筹众多及主力庄家需做差价降低运作成本的需要，股价由此转入上升中继形态的构筑之中。

主力庄家在该次调整中构筑了一个空中小尖底上升中继形态，利用空中小尖底形态的阶段高点相似于顶部倒“V”形反转形态的外表特征来达到恐吓市场投资者的目的，而恐吓市场投资者就是为了清理浮筹。利用空中小尖底形态的阶段底部低点相似于底部“V”形反转形态的外表特征来达到吸引市场投资者买入的目的，市场投资者的买入既可间接起到护盘作用又可增加市场换手，最终夯实股价的上涨基础，而主力庄家也可趁机做差价。

分析该股的K线价格走势可得出：主力庄家在该波拉升推高股价过程中使用了单边+空中小尖底上升中继形态模式拉升推高股价手法拉抬股价。拉升股价的目的是为了后续的出货。

图64是600351亚宝药业包括2008年11月14日至2009年3月24日在内的日K线图。

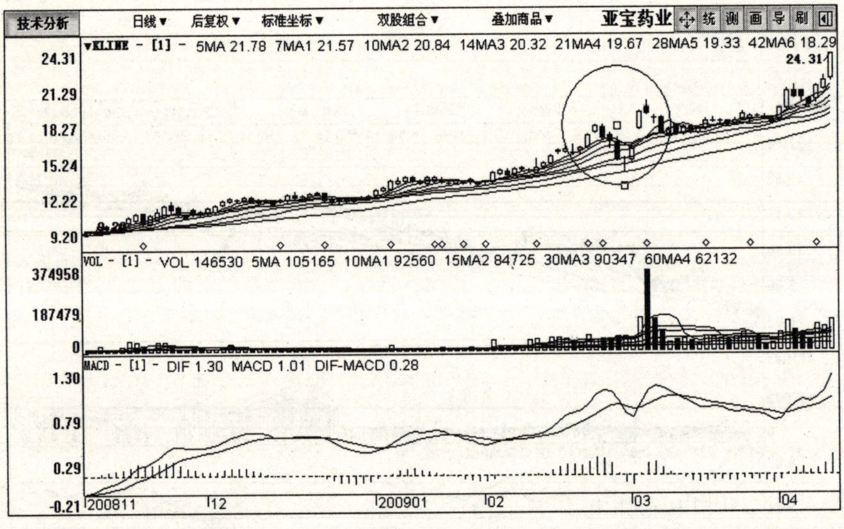

图64

股价经过一波单边上升后，因为累积的获利盘较多及主力庄家做差价降低运作成本的需要，股价就此转入上升中继形态的构筑之中。

股价于2009年2月24日由上涨转折朝下形成一个类似于顶部倒“V”形反转形态的外表。当股价止跌企稳后转折为上涨，此时又形成一个类似于底部“V”形反转形态的外表。从股价的K线走势上可看出：主力庄家使用了空中小尖底上升中继形态进行调整蓄势。

主力庄家在阶段高点处逢高抛售了一部分筹码做差价，与此同时打低股价迫使市场投资者出货就可达到洗筹的目的。

主力庄家在阶段低点利用空中小尖底形态的阶段低点相似于底部“V”形反转形态的向好技术信号吸引市场空仓者买入，以此达到再次抛售一部分筹码做差价的目的。与此同时还促进了市场投资者之间的换手，为股价后市的稳健运行打下了基础。

从K线价格走势上可看出：主力庄家使用了单边+空中小尖底上升中继形态模式拉升推高股价手法做高股价。在单边做多交易制度中，做高股价是主力庄家获利的唯一途径。

图65是600536中国软件包括2008年11月7日至2009年3月25日在内的日K线图。

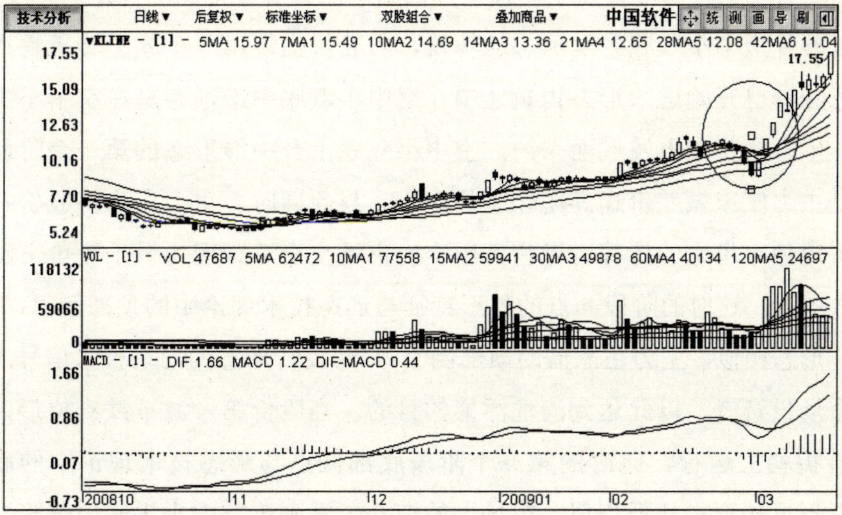

图65

股价经过一波上涨后，由于短线浮筹众多及主力庄家需做差价的原因，股价被迫转入上升中继形态的构筑中。

股价于2009年2月17日由朝上转折为朝下，这一动作的出现说明了股价的调整已拉开帷幕。从K线价格走势的外表特征上可得出：主力庄家在该次调整中使用了空中小尖底上升中继形态进行调整蓄势。

主力庄家在阶段底部低点处构筑了一个小尖底的外形来吸引市场空仓者，当市场空仓者买入时，主力庄家则趁机卖一部分筹码做差价，与此同时市场投资者之间的成交换手无形中也夯实了股价的上涨基础。

由以上分析得出：主力庄家在该波拉升推高股价过程中使用了单边+空中小尖底上升中继形态模式拉升推高股价手法做高股价。主力庄家做高股价的目的是为后续的出货拓展出足够的盈利空间。

7. 单边+空中小双底中继形态模式拉升推高股价手法

单边+空中小双底中继形态模式拉升推高股价手法是单边+上升中继形态模式拉升推高股价手法中的其中一种新手法。该种拉升推高股价手法的表现如下：

主力庄家使用单边独立模式拉升推高手法将股价推高至一定的幅度后，接着展开空中小双底中继形态的构筑，当股价出现第一个朝下转折拐点时就意味着已开始进入形态构筑之中。空中小双底中继形态是在空中小尖底中继形态的基础上发展而来的，空中小双底上升中继形态的第一个阶段高点是主力庄家做差价逢高抛售下的产物。与此同时，主力庄家将股价打低又可迫使市场上的持筹者抛售筹码，而市场空仓者则因为惧怕股价下跌而不敢买入。这时的阶段高点的外形特征与形态技术理论中的顶部倒“V”形反转形态相似，主力庄家借助顶部倒“V”形反转形态的向空技术信号来恐吓市场投资者，以此达到清洗浮筹的目的。当股价第一波下跌到位后，接着转折朝上运行。此时的第一个阶段底部低点与形态技术理论中的底部“V”形反转形态外形相似，市场上的空仓者看到该空中小尖底中继形态出现后就趁机逢低吸纳买入；但股价在第一波调整下跌企稳后再次上涨时，因为主力庄家逢高做差价形成的做空力量的打压，股价无法升越前高点就再次回落，这样在K线价格走势上就形成越不过前高点的走势。如果股价上升至前高点平顶处才回落就形成K线组合走势。市场上懂技术分析的投资者看到越不过前高点，或平顶K线组合的向空技术信号后，就会抛售筹码离场。这样，主力庄家的第二次洗筹工作胜利结束。第二次的洗筹不但可将单边拉升时进入的投资者清洗出局，而且还可将第一个阶段底部低点逢低吸纳的短线交易者清洗出场。可见，空中小双底上升中继形态的洗筹力度比空中小尖底上升中继形态强一个级别。

股价在第二次回调下跌筑底过程中所创下的最低价比前一个阶段底部低点高时，这样就构成了不破前底部低点的技术走势。在技术分析中有一条实战规则就是："不破前低点，后市股价将会上涨。"这是一个利好的技术信号。此外，第二个阶段底部低点与第一个阶段底部低点的最低价相比还有另一种情况出现，那就是第二个阶段底部低点的最低价与第一个阶段底部低点的最低价相同，这样就构成了技术分析中的平底K线组合。平底K线组合的技术含义是：后市看多。可见，这两个阶段底部低点共同构成的小双底走势在技术分析上都是发出向好信号，主力庄家借此利好技术信号就可以轻松达到护盘、做差价及促进市场换手夯实股价上涨基础的目的。空中小双底上升中继形态是主力庄家在拉升股价过程中较常使用的上升中继形态，投资者在股价实际走势中会经常发现它的身影。当空中小双底中继形态构筑完毕后，股价再次重返上升之途。

图66是600007中国国贸包括2008年11月14日至2009年2月14日在内的日K线图。

股价经过一个波段的上涨后，因为主力庄家需洗筹、做差价及夯实股价上涨基础，所以必须构筑一个上升中继形态来完成这些任务。

主力庄家在该次的调整中构筑了一个空中小双底上升中继形态。股价于2008年12月19日形成第一个阶段高点，在2008年12月31日形成第一个阶段底部低点，在2009年1月9日形成第二个阶段高点，在2009年1月13日形成第二个阶段底部低点。由于第二个阶段高点低于第一个阶段高点，这样就在K线价格走势上形成越不过前高点的技术走势。技术分析上有一条实战规则是："越不过前高点，后市股价将会下跌。"市场上懂技术分析的短线交易者就会据此清仓离场，主力庄家由此达到了清洗浮筹的目的。第二个阶段低点比第一个阶段低点高，这样就在K线价格走势上形成不破前低点的技术走势。技术分析上有一条实战规则是："不破前低点，后市股价将会上涨。"市场上的空仓者看到该利好技术信号后就会入场做多；主力庄家则可趁机做差价及促进市场投资者之间换手。当股价调整完毕后，空中小双底上升中继形态就跃然纸上。

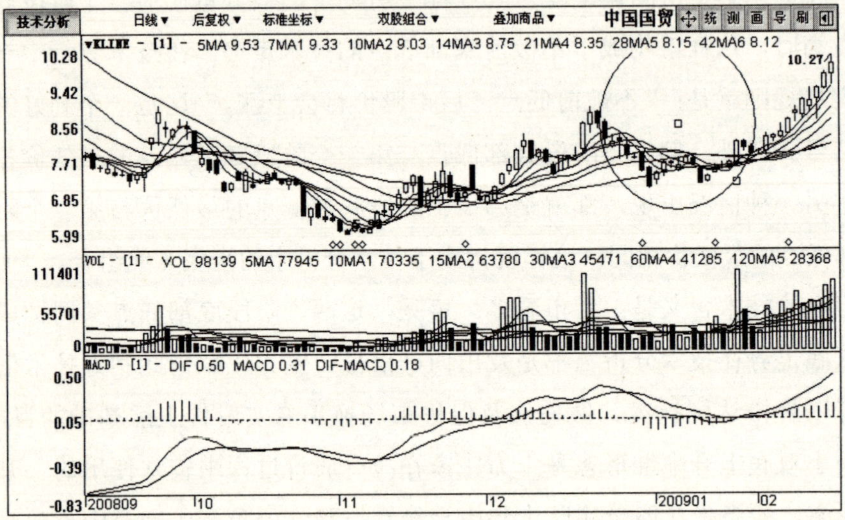

图 66

从该股的K线价格走势上可观察到：主力庄家在该波拉升推高股价过程中使用了单边+空中小双底上升中继形态模式拉升推高股价手法做高股价。主力庄家做高股价最终是为了获取暴利离场。

图67是600123兰花科创包括2008年12月25日至2009年3月27日在内的日K线图。

股价在单边上升一个波段后转入上升中继形态构筑，单边上升波段是主力庄家使用单边独立模式拉升推高手法做高股价的结果。当股价上涨40.39%的幅度后就转入空中小双底上升中继形态构筑。

股价于2009年2月17日形成第一个阶段高点，在2009年2月27日形成第一个阶段底部低点，在2009年3月9日形成第二个阶段高点，在2009年3月16日形成第二个阶段底部低点。将这两个阶段高点进行比较可

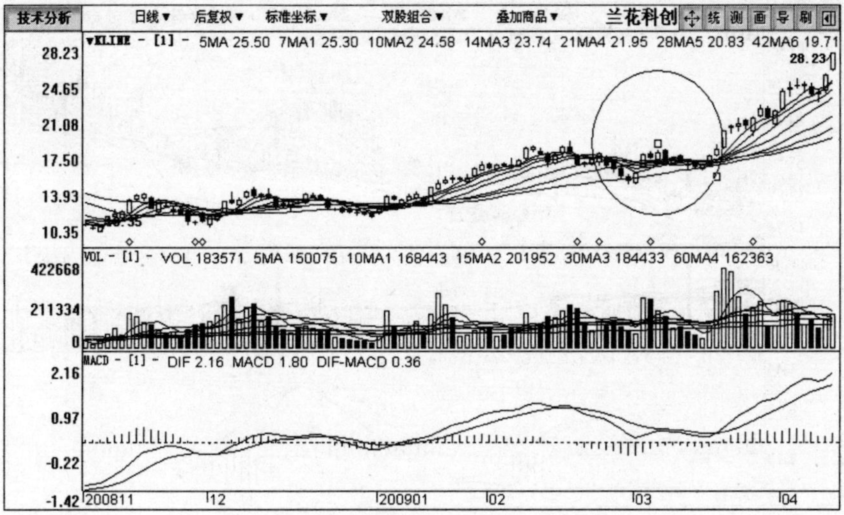

图 67

知：第二个阶段高点比第一个阶段高点低。这样就形成技术分析上的越不过前高点的技术走势。主力庄家利用该向空的技术信号恐吓市场持筹者卖出，以此达到清洗不坚定筹码的目的，与此同时又可抛售一部分筹码做差价。将这两个阶段底部低点进行比较可知：第二个阶段底部低点比第一个阶段底部低点高，这样就形成技术分析上的不破前低点的技术走势。主力庄家利用该向好的技术信号吸引市场上的空仓者买入，这样无形中就减轻了护盘压力，而且还可趁机卖一部分筹码做差价，以及促进市场投资者之间进行换手。主力庄家使用空中小双底上升中继形态进行调整的做法反映了主力庄家的洗筹任务较为繁重，做差价的意愿较为强烈。

从该股的 K 线走势上可观察到：主力庄家在该次拉升股价过程中使用了单边 + 空中小双底上升中继形态模式拉升推高股价手法拉抬股价。主力庄家拉抬出较大的上涨幅度就可为后续的筑顶出货运作打下坚实的基础。

图 68 是 600030 中信证券包括 2008 年 12 月 30 日至 2009 年 3 月 31 日在内的日 K 线图。

股价被主力庄家使用单边独立模式拉升推高股价手法推升 43.55%的幅度后，转入空中小双底上升中继形态构筑。股价于 2009 年 2 月 16 日形成

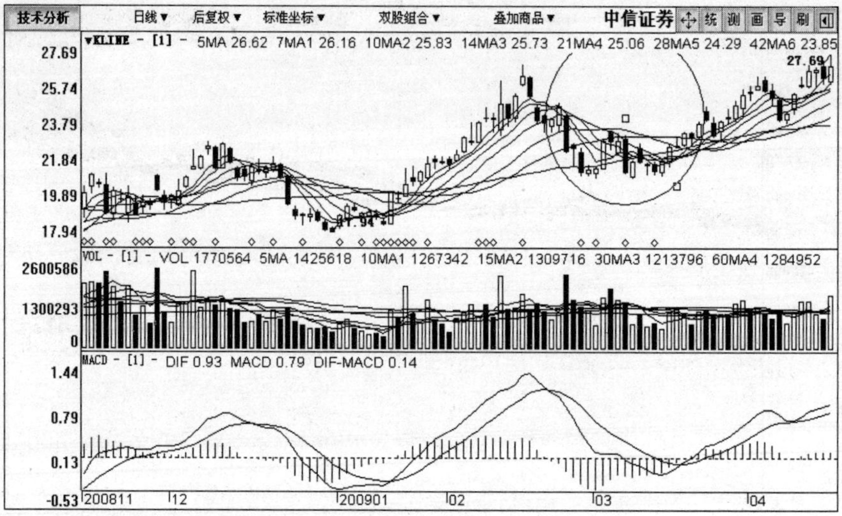

图 68

第一个阶段高点，在 2009 年 3 月 3 日形成第一个阶段底部低点，在 2009 年 3 月 5 日形成第二个阶段高点，在 2009 年 3 月 10 日形成第二个阶段底部低点。将空中小双底上升中继形态的阶段高点及阶段低点分别进行比较得出：第二个阶段高点比第一个阶段高点低，这样就在 K 线价格走势上形成越不过前高点的技术走势。技术分析上有一条实战规则是："越不过前高点，后市股价将会下跌。"主力庄家就是借此利空技术信号狐假虎威地恐吓市场投资者，逼迫市场持筹者卖掉手中的筹码，从而达到清洗浮筹的目的。而阶段高点也是主力庄家做差价的杰作。第二个阶段低点比第一个阶段低点高，这样就在 K 线价格走势上形成不破前低点的技术走势。技术分析上有一条实战规则是："不破前低点时，后市股价将会上涨。"主力庄家利用此向好技术信号吸引市场空仓者买入，这样就可达到洗筹、做差价及促进市场投资者进行换手夯实股价上涨基础的目的。

从该股的 K 线价格走势上可观察到：主力庄家在该波拉升推高股价过程中使用了单边 + 空中小双底上升中继形态模式拉升推高股价手法做高股价。主力庄家拉高股价的目的是为后市的出货做准备。

图 69 是 600064 南京高科包括 2008 年 12 月 25 日至 2009 年 3 月 27 日在内的日 K 线图。

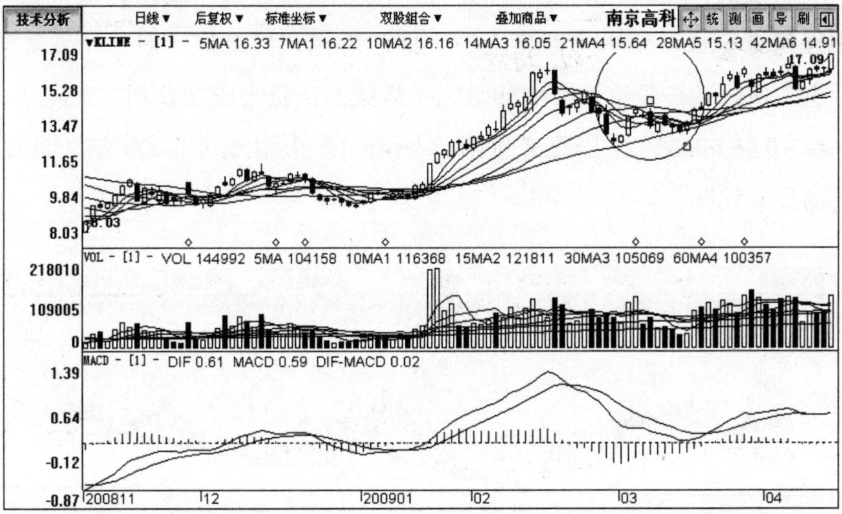

图 69

股价被主力庄家使用单边独立模式拉升推高股价手法推升 66.43%的上涨幅度后，因为短线获利盘较重需洗筹和主力庄家需做差价来降低运作成本及为了促进市场投资者之间进行充分换手夯实股价上涨基础，股价由此进入空中小双底上升中继形态构筑。

股价于 2009 年 2 月 16 日形成第一个阶段高点，在 2009 年 2 月 23 日形成第二个反弹高点，在 2009 年 3 月 3 日形成第一个阶段底部低点，在 2009 年 3 月 5 日形成第三个阶段高点，在 2009 年 3 月 12 日形成第二个阶段低点。将此三个阶段高点进行比较得出：第三个阶段高点比第一个及第二个阶段高点低，主力庄家在此借助技术分析上的利空信号构筑了一个空头陷阱用以清洗浮筹，与此同时主力庄家在阶段高点处抛售了一部分筹码做差价。将此两个阶段低点进行比较可得出：第二个阶段低点高于第一个阶段低点，主力庄家在此借助了技术分析上的利好信号吸引市场空仓者买入，这股做多力量无形中消化了市场上大量的抛盘，主力庄家的护盘任务无疑大大减轻，而市场投资者之间的成交换手又可夯实股价的上涨基础，主力庄家也可趁机卖一部分筹码做差价。

从该股的 K 线价格走势上可看出：主力庄家在这一波拉升推高股价过程中使用了单边＋空中小双底上升中继形态模式拉升推高股价手法做高股价。主力庄家做高股价的目的就是为了后续的出货可成功获利。

图 70 是 600050 中国联通包括 2008 年 12 月 29 日至 2009 年 3 月 31 日在内的日 K 线图。

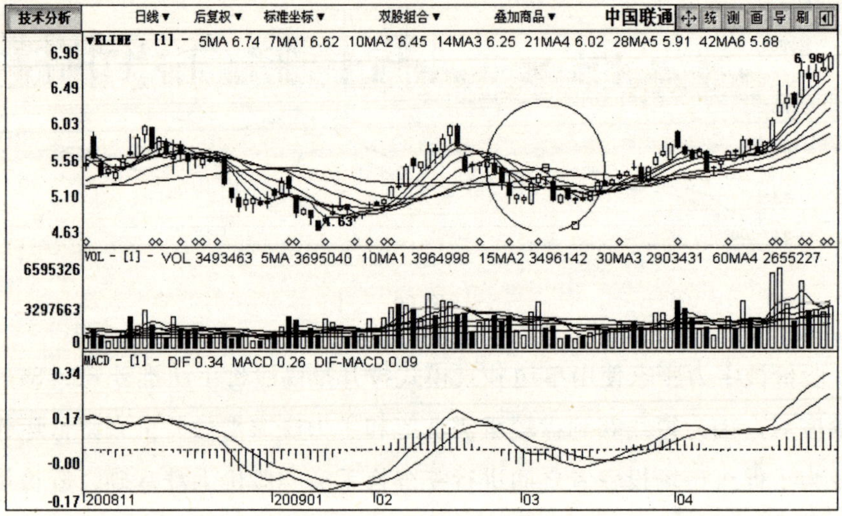

图 70

股价被主力庄家使用单边独立模式拉升推高股价手法推升 24.48%的上涨幅度后，因为累积的短线浮筹众多及主力庄家的账面利润丰厚，为了降低运作成本主力庄家存在着强烈的做差价意愿。与此同时为了夯实股价上涨的基础，市场投资者之间的充分换手必不可少。由于以上的原因迫使股价不得不进入上升中继形态构筑。

股价于 2009 年 2 月 17 日构筑了第一个阶段高点，主力庄家在该高点区域逢高抛售了一部分筹码做差价。当股价回调下跌到位后形成第一个阶段底部低点，接着股价出现反弹，但由于该波的反弹力度较弱，股价无法上涨至前阶段高点价位就再次转折朝下，至此第二个阶段高点出现，并且该阶段高点比第一个阶段高点低。这样就形成越不过前高点的技术走势。主力庄家借助“越不过前高点，后市股价将会下跌”的向空技术信号构筑了一个空头陷阱，目的是清洗浮筹。股价在第二波回调下跌到位后。此时的第二个阶段低点比第一个阶段低点略高。不破前低点是后市向好的技术信号，当市场上的空仓者看到该利好信号出现时就会争先恐后买入，这样主力庄家就达到了洗筹、间接护盘、做差价及促进市场充分换手的目的。

从K线价格走势上可观察到：主力庄家在这一波的拉升过程中使用了单边+空中小双底上升中继形态模式拉升推高股价手法抬高股价。主力庄家抬高股价的目的是为后续的出货做准备。

8. 单边+空中小头肩底中继形态模式拉升推高股价手法

单边+空中小头肩底中继形态模式拉升推高股价手法是单边+上升中继形态模式拉升推高股价手法中的其中一种新手法。该种拉升推高股价手法的表现如下：

主力庄家使用单边独立模式拉升推高股价手法将股价推高至一定的上涨幅度后，接着展开空中小头肩底上升中继形态的构筑。当股价由单边朝上转折为回调下跌的转折拐点出现时，随即宣告了股价调整的帷幕已拉开。此时第一个阶段高点已出现。主力庄家在此阶段高点逢高抛售了一部分的筹码做差价，而做差价的主要目的是降低坐庄运作成本。当股价回调下跌到位后就再次上升，但因为该波上涨的动能很弱，无法升越前阶段高点就回落。这样就形成越不过前高点的技术走势，技术分析上有一条实战规则就是：“越不过前高点，后市股价将会下跌。”主力庄家借助这一利空技术信号设置空头陷阱陷害市场投资者的目的就是为了清洗浮筹，而清洗浮筹最终是为了后续股价的拉升。股价在第一波反弹中越不过前高点后就再次转折下跌，该波的下跌将前一个阶段底部低点击穿，这样就形成技术破位走势。技术破位是一个严重的利空技术信号。可见，主力庄家在构筑第一个空头陷阱陷害市场投资者后，接着再次构筑一个力度更大的空头陷阱猎杀市场投资者。从主力庄家的洗筹手段越来越毒辣、力度越来越重的动作上可看出：主力庄家的洗筹任务极其繁重。正如医家所言："治重症需用猛药。"但股价在击穿前底部低点后却没有继续出现大跌，而是返身再次朝上反弹。从这一反常现象可看出：股价破位击穿前底部低点的运行有一只无形的手在操控，这只无形的手就是主力庄家。主力庄家构筑技术破位的空头陷阱来猎杀市场上的持筹者，以此达到彻底清洗市场浮筹的目的。当股价经过第二次洗筹后再次反弹朝上运行，该波的上涨在前阶段高点区域再次形成一个阶段高点。该阶段高点与前阶段高点相比较，在实际走势中有以下三种结果：

(1)第三个阶段高点低于前阶段高点。

(2)第三个阶段高点与前阶段高点相同。

(3)第三个阶段高点高于前阶段高点。

其中第(1)点中的第三个阶段高点低于前阶段高点时，此时就在股价走势上形成越不过前高点的技术走势。技术分析上有一条实战规则就是：当股价越不过前阶段高点时，后市将会下跌。主力庄家就是利用该向空的技术信号构筑空头陷阱恐吓市场投资者，进行第三次的洗筹。与此同时，主力庄家也可在该阶段高点抛售一部分筹码做差价。

其中第(2)点中的第三个阶段高点与前阶段高点相同时，这样就在K线股价走势上形成与前高点相同的平顶走势。技术分析上的其中一条实战规则就是：当K线构成平顶组合时，股价后市看空。主力庄家就是利用该向空的技术信号构筑空头陷阱用以恐吓市场投资者，以此达到清洗浮筹的目的。当然，主力庄家也会在该阶段高点趁机逢高卖出一部分筹码做差价。

其中第(3)点中的第三个阶段高点比前一个阶段高点高时，因为股价在构筑完该阶段高点后再次下破前阶段高点价位，这样在价格走势上的表现就是：股价首先突破前阶段高点，接着再次朝下击穿该阶段高点。技术分析上有一条实战规则就是：当股价朝上突破前阻力位后没有继续再接再厉地上升，而是再次朝下击穿这个由阻力价位演变来的支撑价位时，股价后市向淡。主力庄家就是利用该向空的技术信号构筑空头陷阱用以猎杀市场浮筹。与此同时，主力庄家也是在该阶段高点趁机抛售一部分筹码做差价。

主力庄家在完成做差价任务的同时还可顺势将股价打压并构筑空头陷阱，真是一箭双雕。

当股价在第三个阶段高点构筑空头陷阱猎杀市场浮筹完毕后，接着构筑第三个阶段底部低点。第一个阶段底部低点是股价第一次回调下跌到位后构筑完成的低点；第二个阶段底部低点是股价在第二次回调下跌，并击穿前阶段底部低点后止跌企稳形成的低点；第三个阶段底部低点是股价构筑完成第三个阶段高点后接着回调下跌到位后构筑完成的低点。这三个阶段底部低点在价位高低上的比较遵循以下这条核心主线：

第二个阶段底部低点比第一个阶段底部低点的价位低，而第三个阶段底部低点的价位又比第二个阶段底部低点的价位高。

当第三个阶段底部低点比第二个阶段底部低点的价位高时，此时在K线价格走势上就构成了不破前阶段底部低点的技术走势。技术分析上有一条这样的实战规则：当股价不破前阶段底部低点时，后市价格将会上涨。市场上的投资者在看到该利好技术信号后就会买入，这样无形中就起到了帮助主力庄家护盘的作用。市场投资者之间的换手又可巩固股价的上涨基础，而且主力庄家也可趁机做差价。

由以上分析可知：主力庄家使用空中小头肩底上升中继形态进行调整间接反映出主力庄家的清洗浮筹工作不但繁重而且艰巨吃力，主力庄家做差价的规模也较大。从整个空中小头肩底形态的构筑中可知，主力庄家一共构筑了三个空头陷阱用以猎杀市场持筹者，而只是利用一个利好的技术信号吸引市场空仓者买入。由此说明了主力庄家的操盘意图是以洗筹及做差价为主，而吸引市场投资者买入只不过是股价在后市朝上运行过程中不得不出现的动作，该动作并非是主力庄家刻意为之，而是股价朝上运行过程中不得不出现的产物。当股价调整充分、积蓄能量足够后就再次重返上升趋势。

图71是600048保利地产包括2009年1月9日至2009年3月23日在内的日K线图。

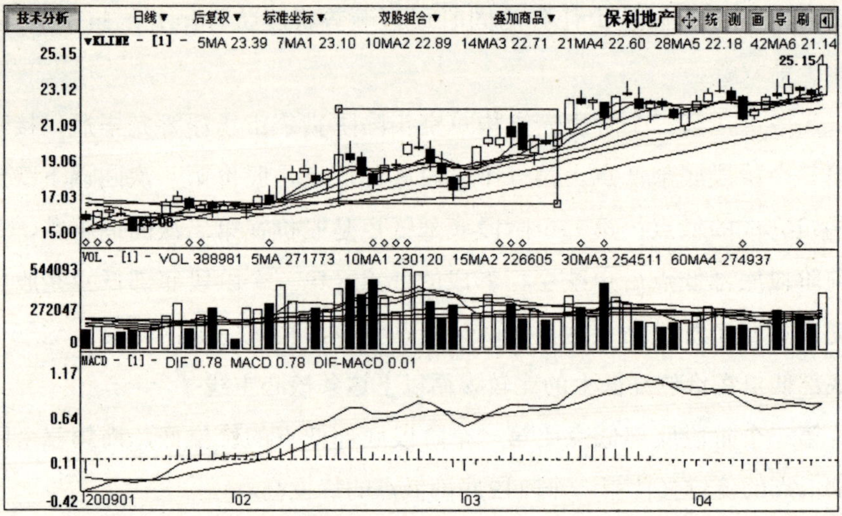

图 71

股价被主力庄家推升一波后，转入空中小头肩底上升中继形态构筑之中。股价于 2009 年 2 月 16 日构筑了第一个阶段高点，于 2009 年 2 月 24 日构筑了第二个阶段高点，于 2009 年 3 月 9 日构筑了第三个阶段高点。将这三个阶段高点进行比较得出：第二个阶段高点高于第一个阶段高点但随后却出现下跌走势，这样主力庄家就利用“股价假突破，后市将会下跌”的实战技术规则构筑了第一个空头陷阱用以清洗浮筹。第三个阶段高点高于第二个阶段高点，主力庄家在此再次构筑了一个假突破的骗线用以清理市场浮筹。

股价于 2009 年 2 月 18 日构筑了第一个阶段底部低点，于 2009 年 2 月 27 日构筑了第二个阶段底部低点，于 2009 年 3 月 12 日构筑了第三个阶段底部低点。将这三个阶段底部低点进行比较得出：第二个阶段底部低点比第一个阶段底部低点低，这样就形成技术破位的走势，主力庄家利用技术破位的向空信号构筑了一个空头陷阱用以猎杀市场上的浮筹。而第三个阶段底部低点比第二个阶段底部低点高，这样的走势符合技术分析上的“不破前低点，后市股价将会上涨”的实战技术规则。当市场空仓者看到该利好信号后就会买入，主力庄家则顺势拉升，至此股价重返上升趋势运行。

从K线价格走势上可观察到：主力庄家在该股的这一波拉升中使用了单边+空中小头肩底上升中继形态模式拉升推高股价手法做高股价。主力庄家做高股价的目的就是为了后市能成功出货。

图72是600053中江地产包括2008年12月17日至2009年3月27日在内的日K线图。

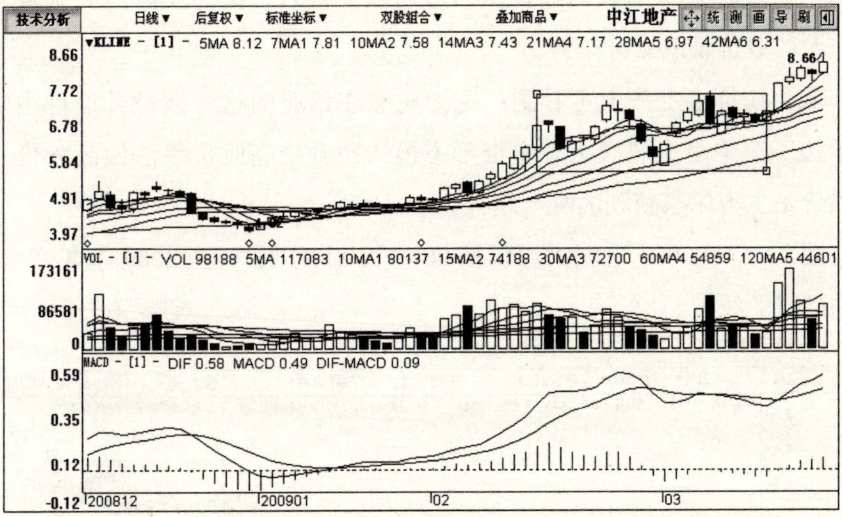

图72

股价被主力庄家使用单边独立模式拉升推高股价手法推升46.32%的上涨幅度后，转入空中小头肩底上升中继形态构筑之中。

股价于2009年2月16日构筑了第一个阶段高点，于2009年2月23日构筑了第二个阶段高点，于2009年3月9日构筑了第三个阶段高点。将这三个阶段高点进行比较可知：第二个阶段高点高于第一个阶段高点但随后却出现下跌走势，这时股价形成假突破的走势。技术分析上有一条实战规则是：当股价出现假突破时，后市将会下跌。此时主力庄家就利用该向空技术信号构筑了一个空头陷阱用以清洗市场浮筹。

股价于2009年2月18日构筑了第一个阶段底部低点，于2009年3月2日构筑了第二个阶段底部低点，于2009年3月10日构筑了第三个阶段底部低点。将这三个阶段底部低点进行比较可知：第二个阶段底部低点低于第一个阶段底部低点，这样就形成技术破位走势，主力庄家利用技术破位的吓人表象恐吓市场投资者，目的还是在于清洗浮筹。而第三个阶段底部低点比第二个阶段底部低点高，这样就形成不破前底部低点的技术走势。在技术分析上，当股价没有下破前低点时，后市股价将会朝上运行。市场上的空仓投资者看到该利好技术信号后就会买入。主力庄家此时则顺势拉升，至此股价重返上升趋势。

从K线价格走势上可看到：主力庄家在该股的这一波拉升过程中使用了单边+空中小头肩底上升中继形态模式拉升推高股价手法做高股价。做高股价是主力庄家获利的唯一途径。

图73是600067冠城大通包括2008年11月18日至2009年3月27日在内的日K线图。

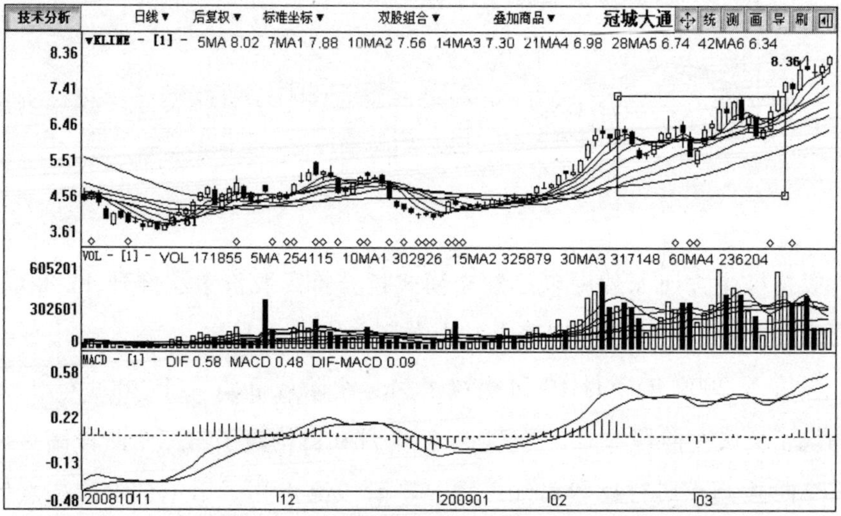

图73

股价被主力庄家使用单边独立模式拉升推高股价手法推高39.11%的上涨幅度后，转入空中小头肩底上升中继形态构筑之中。

空中小头肩底上升中继形态有三个阶段高点和三个阶段底部低点，主力庄家在第一个阶段高点上逢高抛售一部分筹码做差价后，与此同时将股价打低。这样主力庄家无形中就清洗掉一部分浮筹。

当股价向下调整到位后就转折朝上反弹，市场上有一部分空仓者就会逢低吸纳买入。但该波反弹在突破前阶段高点后再次下跌形成假突破走势，此时主力庄家就利用“股价假突破，后市将会下跌”的利空技术信号设置空头陷阱再次猎杀市场浮筹。特别是在第一个阶段底部低点买入的投资者，多数成了此次洗筹的牺牲品。

当股价在第二个阶段高点转折下跌时将前阶段底部低点击穿，主力庄家在此又构筑了一个空头陷阱用以清洗浮筹。

股价在技术破位后不但没有持续大跌，反而返身上涨，形成第三个阶段高点。该阶段高点高于前阶段高点，在此主力庄家又构筑了一个假突破的空头陷阱陷害市场投资者。

股价在构筑完第三个阶段高点后再次下跌，但此次的下跌并没有击穿前阶段底部低点，此时K线价格走势符合“不破前低点，后市股价将会上涨”的实战规则。市场上的空仓者看到该利好信号后就会逢低吸纳买入，此时主力庄家正好可以达到间接护盘、做一部分差价及促进市场投资者之间进行换手夯实股价上涨基础的目的。

从该股的K线价格走势上可知：主力庄家在该波拉升过程中使用了单边+空中小头肩底上升中继形态模式拉升推高股价手法拉抬股价。拉高股价的最终目的就是为了后续能顺利出货。

图74是600101明星电力包括2008年10月7日至2009年2月13日在内的日K线图。

股价单边上涨一个波段后转入空中小头肩底上升中继形态构筑。单边上涨是主力庄家使用单边独立模式拉升推高股价手法做高股价的杰作。

股价于2008年12月11日构筑了第一个阶段高点，于2008年12月17日构筑了第二个阶段高点，于2009年1月7日构筑了第三个阶段高点。将这三个阶段高点进行比较可知：第二个阶段高点比第一个阶段高点低，主力庄家利用“越不过前高点，后市股价将会下跌”的实战规则在此构筑了一个空头陷阱用以恐吓市场上的投资者。上当受骗的持筹者就会恐慌抛售，主力庄家的清洗浮筹目的就此达到。第三个阶段高点突破前一个阶段高点后却再次下跌，这样就形成假突破走势，主力庄家利用股价假突破的技术走势再次构筑了一个空头陷阱洗筹。

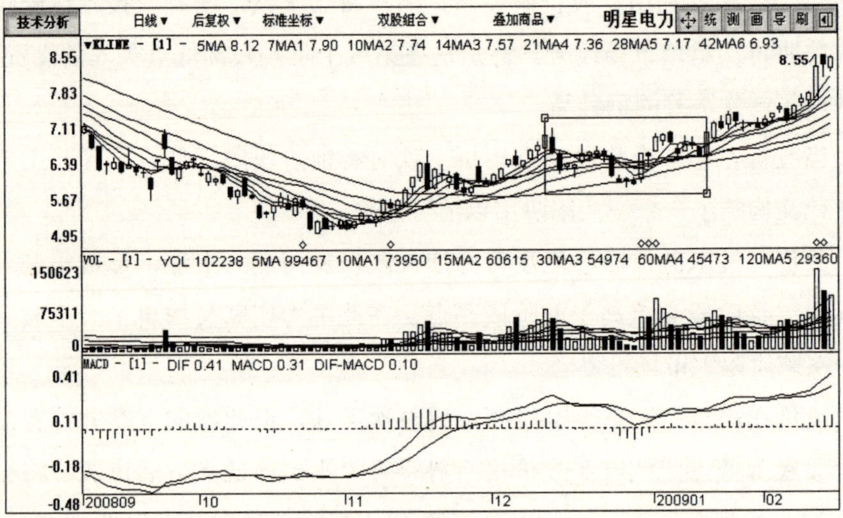

图 74

股价于 2008 年 12 月 16 日构筑了第一个阶段底部低点，于 2008 年 12 月 25 日构筑了第二个阶段底部低点，于 2009 年 1 月 8 日构筑了第三个阶段底部低点。将这三个阶段底部低点进行比较可得出：第二个阶段底部低点比第一个阶段底部低点低，主力庄家在此构筑了一个击穿前阶段底部低点的技术破位骗线动作用以欺骗市场投资者达到清洗浮筹的目的。第三个阶段底部低点比第二个阶段底部低点高，这样就形成不破前底部低点的技术走势。在技术分析上有一条实战规则是："不破前低点，后市股价将会上涨。"市场上的空仓者看到该向好技术信号后就买入做多，主力庄家则顺势拉升。至此，股价重返上升趋势。

从该股的 K 线价格走势上可知：主力庄家在这一波的拉升过程中使用了单边 + 空中小头肩底上升中继形态模式拉升推高股价手法拉抬股价，主力庄家做高股价拓展出利润空间为后市的筑顶出货运作打下了坚实的基础。

图 75 是 600273 华芳纺织包括 2008 年 10 月 15 日至 2009 年 2 月 8 日在内的日 K 线图。

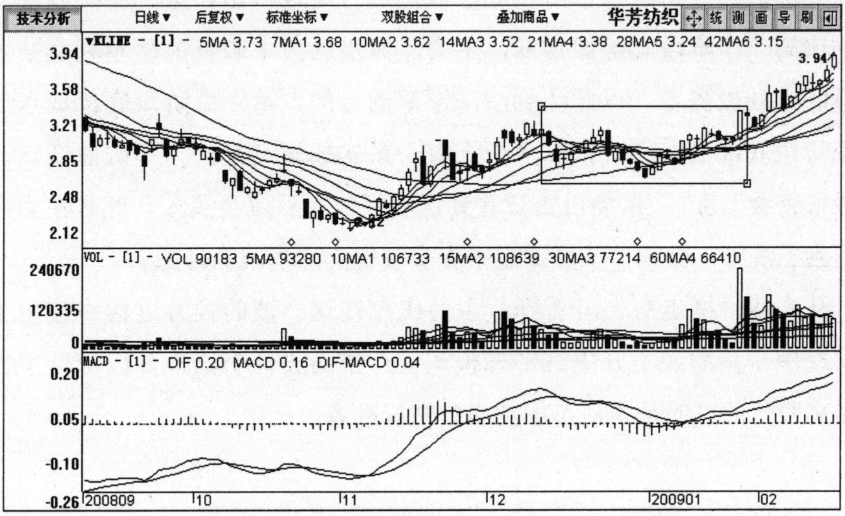

图 75

股价被主力庄家推升一大波后，因为累积的获利盘丰厚需洗筹及主力庄家做差价降低运作成本的需要，股价由此转入空中小头肩底上升中继形态构筑。

在该空中小头肩底形态内部的三个阶段高点和三个阶段底部低点构筑过程中，主力庄家都是在利用技术分析进行操盘运作。具体分析如下：

主力庄家构筑第一个阶段高点时可逢高抛售一部分筹码做差价，与此同时打低股价迫使持筹者卖出，这样就达到了清洗部分浮筹的目的。

主力庄家于 2008 年 12 月 22 日构筑了第二个阶段高点，该阶段高点相比前一个阶段高点低，主力庄家利用“越不过前高点，后市股价将会下跌”的利空技术信号再次清洗市场浮筹。

主力庄家在 2009 年 1 月 14 日构筑第三个阶段高点，该阶段高点比前一个阶段高点低，这样就形成越不过前高点的走势。主力庄家在此利用“越不过前高点，后市股价将会下跌”的实战规则达到清洗浮筹的目的。

主力庄家在2008年12月15日构筑了第一个阶段底部低点，于2008年12月31日构筑了第二个阶段底部低点，于2009年1月19日构筑了第三个阶段底部低点。将这三个阶段底部低点进行比较得出：第二个阶段底部低点相比第一个阶段底部低点低，主力庄家借助技术破位的严重利空技术信号恐吓市场投资者，以此达到清洗浮筹的目的。第三个阶段底部低点比第二个阶段底部低点高，技术分析上有一条实战规则是："不破前低点，后市股价将会上涨。"市场投资者看到该利好信号后就会买入。此时主力庄家就达到了洗筹、做差价、增加换手夯实股价上涨基础的目的。

从K线价格走势上可看到：主力庄家在这一波的拉升过程中使用了单边+空中小头肩底上升中继形态模式拉升推高股价手法推升股价。主力庄家做高股价的目的是为后市成功出货做好准备。

第十三章　主力庄家拉升推高股价后的调整策略

一、做高股价后出现调整是主力庄家顺势而为的结果

主力机构在建仓吸筹完毕后就会选择有利的时机拉升推高股价。拉升推高股价表现在买、卖盘显示栏的押单及吃单上就是前有力量在拉股价上升，后有力量在推股价上涨。主力庄家在建仓吸筹环节运作结束后就进入拉升推高环节运作。

主力庄家在拉升推高环节的运作手法在战略层面上可划分如下：

(1)单独唯一的拉升推高手法。

(2)拉升推高加调整的手法。

单独唯一的拉升推高股价手法是指在拉升推高股价环节中，主力庄家只使用一种方式就完成拉升推高环节的整个运作过程。在K线图表的外观上表现出单一、简洁的运行走势特征。

拉升推高加调整手法是指在拉升推高股价环节中，主力庄家使用了较为复杂的方式才完成拉升推高环节的整个运作过程。在K线图表的外观上表现出多样、复杂的运行走势特征。

在前面的拉升推高模式手法中已详细讲述了主力庄家在建仓吸筹完毕后将股价做高至顶部区域的拉升推高股价手法。主力庄家使用单边的拉升推高手法的前提条件是：主力庄家在建仓吸筹环节已高度控盘或有潜在的重大利好消息。单边的单独唯一拉升推高手法是主力庄家在拉升推高环节中最凶狠的拉升股价手法，而拉升推高加调整手法表现在股价的拉升推高环节上就显得复杂多了。拉升推高模式手法中的单边＋平台模式拉升推高

股价手法、单边+回调模式拉升推高股价手法、单边+平台及回调复合模式拉升推高股价手法及单边+上升中继形态模式拉升推高股价手法，都是以拉升推高加调整的核心主线展开的，而特立独行的单边拉升推高股价手法是以单独唯一的拉升推高方式展开的。

二、股价的调整可划分为回调与整理

调整是指股价运行于上升趋势过程中出现的暂时停顿或折返。股价如果是调整最终会创出新高。上升趋势中的调整实质包含了两种股价运行状态，它们分别是：

1. 从空间幅度上确定股价的回调力度大小

回调是股价运行在上升趋势过程中出现折返式下跌走势。不论股价是浅幅回调还是中等幅度回调，或者是深幅回调，都统称为回调。

回调可划分为以下三种状态：

(1)浅幅回调。

(2)中幅回调。

(3)深幅回调。

回调幅度的深浅可以通过波浪理论中的黄金分割比率及江恩理论中的百分比率进行具体的界定。

波浪理论中的调整波与前一波上涨形成的推动波进行比较使用黄金分割比率可划分成多种表现形式，而在实战交易中效果最显著的是0.382、0.5及0.618价位。

使用江恩理论中的百分比率可将股价的回调下跌幅度划分为多种表现形式，而在实战交易中效果最显著的是1/3、1/2及2/3价位。

百分比为1/3的分数表示成小数就是0.3333，百分比为1/2的分数表示成小数就是0.5，百分比为2/3的分数表示成小数就是0.66667。将波浪理论中的黄金分割比率0.382与江恩理论中的1/3百分比率相比较，0.382与0.333相接近。将波浪理论中的黄金分割比率0.618与江恩理论中的2/3百分比率相比较，0.618与0.667相接近。而波浪理论中的黄金分割比率

0.5与江恩理论中的1/2百分比率相同。

使用《易经》中的哲理就可将回调幅度划分为符合阴、阳及阴阳平衡的格局。阴与阳是一个事物的两个极端，回调幅度这个事物的两个极端的其中一端是浅幅回调，另一端是深幅回调，它对应于《易经》中的阴与阳这两个极端，中幅回调刚好与阴阳平衡相对应。这就是使用哲学原理划分回调幅度为浅幅回调、中幅回调及深幅回调的来由。

使用哲学原理将回调幅度划分为三个等级后，如果熟悉波浪理论及江恩理论的投资者就可以将这种基于哲学思想而划分的实战操作方法结合波浪理论中的重要黄金分割比率及江恩理论中的重要百分比率进行分析、研判，并将结果应用于实战交易，就可大大提高成功概率。

由此得出，浅幅回调在使用黄金分割比率及百分比率进行划分时是：当一波上升趋势的回调幅度最低点处于前一波上升趋势的0.618或2/3左右时就定义为浅幅回调。

中幅回调在使用黄金分割比率及百分比率进行划分时是：当一波上升趋势的回调幅度最低点处于前一波上升趋势的0.5(1/2)左右时就定义为中幅回调。

深幅回调在使用黄金分割比率及百分比率进行划分时是：当一波上升趋势的回调幅度最低点处于前一波上升趋势的0.382或1/3左右时就定义为深幅回调。

2. 从时间长短上确定股价的整理力度大小

整理是股价在运行过程中出现的暂时停顿现象。虽然股价并非是一成不变地在做多天的停留，但从整体上观察，股价呈现出基本一致的平移。

整理从时间上可划分为以下三种情况：

(1)1天时间的整理。

(2)2～3天时间的整理。

(3)3天时间以上的整理。

为什么整理是从时间框架上进行划分呢？原因在于在K线图表中，纵坐标的作用是衡量价格的上升或下跌幅度，而横坐标的作用则是衡量价格运行的时间。所以一幅 K 线图表就可以使用时空的概念进行定义。股价的整理因为在空间幅度上基本不变，所以表现出的最大特征是：通过消耗时间在 K 线图表的横坐标上进行平移。这就是股价在整理时使用时间进行划分的道理所在。

值得重点指出的是：回调只出现在上升趋势过程中，在下降趋势过程中的上升是反弹。但股价的整理既可出现在上升趋势过程中，也可出现在横向平走趋势过程中，更可出现在下降趋势过程中。事实上，股价的整理就是微小级别的横向平走小趋势。

股价的整理可出现在以下趋势中：

(1)上升趋势中的整理。

(2)横向平走趋势中的整理。

(3)下降趋势中的整理。

股价的整理出现在主力坐庄运作的拉升推高环节是属于上升趋势中的整理。而拉升推高环节中的其中一种拉升模式手法是由拉升推高加调整的手法构成。

拉升推高加调整的手法可细分如下：

(1)拉升推高 + 整理的手法。

(2)拉升推高 + 回调的手法。

(3)拉升推高 + 回调 + 整理的手法。

事实上，拉升推高 + 回调 + 整理的手法就是单边 + 平台及加调模式拉升推高股价手法。

当读者朋友懂得股价的调整在拉升推高环节的各种表现形式后，主力操盘手在拉升推高环节的花招就已尽显眼前。于是，主力庄家所要的种种花招在读者朋友的面前不再神秘。读者朋友此时就会清晰地认识到，其实主力庄家的坐庄运作技术并不神秘，主力庄家的操盘同样无法逃脱股市运行的自然规律及股市中的游戏规则的限制。

三、从主力庄家的利益意图上入手将调整划分为两大类型

拉升推高环节中的调整可分为：

(1)被迫式调整

①个股内部利空消息的突袭迫使主力庄家进行被迫式调整。

②外部利空消息的突袭迫使主力庄家进行被迫式调整。

(2)主动式调整

①主动式调整是主力庄家的刻意洗筹所为。

②主动式调整是主力庄家做差价的结果。

③主动式调整是主力庄家刻意增加市场换手夯实股价上涨基础的杰作。

四、违背主力庄家操盘意图的调整——被迫式调整

被迫式调整是主力庄家原先并不准备也不愿意进入的调整，而是因为出现意外造成的。就如某位投资者在观看一部精彩的影片时突然遭遇停电，此时不得不暂时中断欣赏。同样，主力庄家在拉升股价过程中如果遇到意外也不得不顺势而为转入被迫式调整。

主力庄家在拉升过程中遇到的意外是什么呢？是什么迫使主力庄家改变了原本打算单边继续拉升的如意算盘？主力庄家的拉升在K线图表上就是买方力量，能够迫使买方力量中断的当然是卖方力量了。根据中国古代文化中五行相生相克的原理，买方力量所表现出来的阳刚之气被卖方力量所表现出的阴柔之气所克。在K线图表中，拉升股价的过程就会有如下表现：一是连续的阳K线朝上攻击，二是以阳多阴少的K线排列形式朝上攻击。股价上升就收红，股价下跌就收绿。《易经》中的阴阳哲理既相生又相克，表现在相生的一面就是：阳极则阴生，阴极则阳生。表现在相克的一面就是：阴与阳相克。用在人道上，相生者互相依赖、相濡以沫；而相克者就是相互残杀，不是你死就是我活。股市中的参与者是人，自然离不开人道。人道是什么？《道德经》已作了解释，它就是："损不足以奉有余。"而天道是损有余而奉不足。股市中有出自利益的一面，比如：主力庄家都是

基于自己的利益最大化而行动，个人投资者也是出于利益才参与股市投资游戏。也有出自自然规律运行的一面，比如：宏观大趋势的运行方向，某一个产业的景气循环周期。当投资者懂得人道与天道的哲理后，在股市中实战交易就会收到事半功倍的效果。

主力庄家在拉升过程中被迫暂时停顿或折返的原因是因为做空力量的突然出现。因为股市投资中唯一能确定的就是它的种种不确定性，这句话不但适用于个人投资者也同样适用于主力庄家。如果将股市比喻成大海，那么股海中扬帆的个人投资者就是一叶扁舟，但主力庄家相比个人投资者而言至多也只是一艘航空母舰而已。所以不论是个人投资者还是主力机构，在股海中航行都只是非常渺小的一介弱者。由此推导出，股市中的种种不确定性所导致的风险随时有可能突然冒出来，它就是风险的化身——做空力量。

主力庄家在拉升过程中，市场上突然出现的做空力量主要来自于以下方面：

(1)大盘指数下跌。

(2)个股所在的板块成为冰点板块。

(3)个股内在基本面的利空消息。

(4)个股技术上的超买及获利盘的突然涌现。

(5)政策上的利空。

主力庄家在拉升过程中原本打算继续推高股价但此时突然遭遇到大盘指数的大跌、急跌，甚至是暴跌，由此打乱了主力庄家的继续拉升计划从而不得不跟随大盘指数进入调整。主力庄家在拉升环节的该种类型调整是属于被迫的，它并非出自主力庄家的本意。

主力庄家拉升时个股所在的板块恰好成为市场中的冰点板块，由此打乱了主力庄家的继续拉升计划从而被迫进入调整。例如：2007 年因为国家税务总局出台房地产企业税收政策，从而造成整个房地产板块出现暴跌，在当天无一房地产企业得以幸免，每一只房地产股票都收出大阴 K 线。这就是冰点板块给其所在的成员个股带来的做空力量。而又因为市场投资者的跟风从众心理，在冰点板块出现时就会引发持有该板块的投资群体大量抛售，这样就形成一股强大的做空力量。冰点板块中的某一只个股如果正处于主力运作的拉升推高过程中，此时由于冰点板块的出现打乱了主力庄家继续拉升推高股价的计划，从而不得不顺势而为转入下跌调整之中，主力庄家在此终止股价拉升转入调整下跌的行为是无可奈何的结果。

个股内在基本面的利空消息突然出现也会造成主力庄家的拉升行为被迫中断。一般情况下，上市公司发布的利好或利空消息主力庄家都会提前得悉，但是因为社会关系的错综复杂，上市公司原本掩盖着的某些利空消息被知情人捅了出来从而在媒体上露面，这样主力庄家也只能被动地接受。而对于一些控筹程度较低的主力庄家，因为与上市公司的关系并没有达到“哥俩好”的程度，由此造成主力庄家无法提前知悉利空消息。此外还有一些上市公司因为遵纪守法没有私自泄露公司的内部信息，主力庄家从而无法提前得知内幕。当利空消息公布当天如果恰逢主力庄家在拉升推高股价，利空消息的突然袭击迫使主力庄家暂时停止拉升股价，为了化解利空消息形成的做空力量，主力庄家就顺势而为转入调整之中。这就是个股有利空消息出现且与主力庄家的拉升意图相违背时被迫调整的一种应对措施。

个股技术上的超买及获利盘的突然涌现也会造成主力庄家的拉升行为被迫中断。目前股市中的参与群体都对技术分析及基本分析有一定的了解，特别是技术指标在投资群体中得到广泛的应用。当技术指标发出超买信号时，使用技术指标参与实战交易的投资者就会抛售出来，这样就形成一股强大的做空力量。主力庄家为了低成本消化这股做空力量就顺势而为暂时中断拉升转入调整之中。一般情况下，只要是基本面有一些亮点的上市公司都会吸引市场上资金实力较大的客户买入持有。当主力庄家拉升出一定的获利空间后，这些大客户兑现利润突然抛出的行为就会给主力庄家一个意想不到的突袭，而主力庄家拉高股价让对手兑现利润的结果是违背主力庄家利益最大化原则的。当主力庄家看到市场上有大抛单卖出后，由于无法评估市场上还有多少隐性大抛单在待时而沽，所以就会暂停拉升股价从而被迫转入调整之中。这也是主力庄家无可奈何的选择。

政策上的利空是市场上所有的主力机构群体都无法预先能够得悉的，并且全世界的金融技术都无法直接预测出政府出台政策的时间。主力庄家在拉升过程中原本打算继续拉升推高股价，但此时突然遭遇到政府出台某一项利空股市的政策，结果打乱了主力庄家的拉升计划从而被迫转入调整。例如：2007 年 5 月 30 日出台的提高印花税政策对全市场都是利空，此时恰逢市场上有一部分个股正处单边拉升过程中，这项利空政策形成的做空力量打乱了主力庄家原先准备继续拉升的计划。主力庄家不得不顺势而为转入调整，这样就可以使用最小的成本去消化市场的利空政策所带来的冲击。主力庄家如果逆势拉升就相当于拉高股价让自己的对手出货，出于自己的利益考虑，主力庄家是不会逆势而行的，而顺势将股价转入调整，并且在调整中落井下石、顺势打压股价就可以起到一箭双雕的作用。主力庄家打压股价既可加剧恐慌促使市场上的持筹者夺路而逃，又可趁机在低位买入，真是一举两得。

很多实战技术书中都是将主力庄家拉升股价后的调整定义为洗筹。主力庄家的洗筹在拉升推高环节的表现是调整，但反过来，主力庄家在拉升推高环节的调整并非全部是因为洗筹造成的。通过以上的分析，投资者就可清楚地认识到在拉升推高环节中有一些个股的调整是主力庄家无可奈何的选择。将拉升阶段推高环节的调整都定义为洗筹那是没有操盘经验的反映，又或者是作者较为保守不肯泄露真技术给读者朋友从而故意忽略的结果。

综上所述："个股内在基本面有利空消息"和"个股技术上超买及获利盘突然涌现"，这两点是个股内部利空的产物。而"大盘指数下跌"、"个股所在的板块成为冰点板块"及"政策上的利空"是个股外部利空的产物。

在上升趋势过程中出现的股价调整有的并非出自主力庄家的本意，它并不是主力庄家原先计划中的刻意调整，而是不经意的、超乎主力庄家意料的、无可奈何的被迫调整。投资者在实战交易过程中，正确区分主力庄家拉升过程中的调整是被迫式调整还是主动式调整具有重大的实战意义。因为在拉升推高股价环节出现的被迫式调整只是主力庄家极不情愿的暂时屈服，一旦利空被消化，主力庄家就会立刻转入再次拉升。不论是被迫式调整还是主动式调整，在重返拉升之途后，都有一个重要的特征：就是一定会创该波调整以来的新高。

五、主力庄家刻意进行的调整——主动式调整

主动式调整是主力庄家在拉升股价过程中的刻意调整。如果说拉升推高股价是主力庄家的操纵行为，那么主动式调整也是主力庄家的有意操纵。拉升推高股价是主力庄家利益的直接获取，主动调整是主力庄家利益的间接拥有。在整个股市主力机构群体中，高度控盘个股的主力庄家只是极少数，而不论是中等程度的仓位还是重仓程度的仓位，在拉升过程中为了降低拉升成本、提高收益，主力庄家就必须进行主动式调整。

主力庄家拉升推高股价的成本与拉升推高股价形成的收益有以下组合：

(1)假定收益不变，那么主力庄家在拉升推高股价的环节只要降低拉升成本，收益就会间接提高。

(2)假定主力庄家的拉升成本不变，那么主力庄家在拉升推高股价的环节将股价拉升得越高，主力庄家的账面利润就越可观。

(3)假定收益不变，主力庄家在拉升推高股价的环节付出了更高的拉升成本，那么收益就无形中间接降低了。

(4)假定拉升成本不变，主力庄家在拉升推高股价的环节并没有如预期那样将股价推升至目标价位，那么主力庄家的收益也会降低。

(5)假定主力庄家的拉升成本增加，而在拉升推高股价时的幅度又较小，那么主力庄家的收益就会很低。

(6)假定主力庄家的拉升成本降低，而在拉升推高股价时的幅度又较大，那么主力庄家的收益就会很高。

由以上分析得出：主力庄家在拉升推高股价环节中的最差运作成绩就是第(5)种组合，而运作成绩最好的就是第(6)种组合。在实际的坐庄运作过程中，拉升成本与预算相比会呈现出或基本一致或降低的状态。主力操盘手在操盘过程中是以“尽可能低的拉升成本去追求尽可能高的投资收益”为操盘宗旨的。实质上主力庄家的整个策划、运作过程的最终目的就是如

何使自己的利益最大化。而前面一节中的被迫式调整手法就是主力庄家为了降低拉升成本所采取的实际行动。被迫式调整的核心精髓在于“顺势而为”。市场上很多投资者都认为，主力庄家因为资金实力强大、技术水平高超、社会人脉资源广泛而可以为所欲为地操控股价的涨跌。实际上，主力庄家的确可以主导股价的涨跌，但主力庄家也并非是自始至终的完全操纵。因为在股市的搏杀较量中，主力庄家虽然可以战胜绝大多数的个人投资者，但主力庄家同样无法违背股价的自然运行规律，而主力庄家天生的弱点也注定它是有死穴的。例如：达摩克利斯的监管之剑长悬头顶，为了掩盖操纵股价的行为就必须借助道具而行。这里的道具就是指主力庄家以一种合法的名义、以一种合情合理的借口去操纵股价，每一个主力庄家都会借助的其中一个道具就是大盘指数。当大盘指数大涨时就肆意大幅拉升推高股价，那么基本可以肯定此时的达摩克利斯之剑只是中看不中用的摆设。主力庄家在底部区域的建仓吸筹如果在无缘无故中大肆砸盘，那么这样的异动就极容易被交易所及监管机构捕捉到。但如果此时恰逢大盘指数大跌又或者是个股此时刚好公布了一个利空消息，那么这样的凶狠砸盘就被视为合情合理。世界上不论从事哪一个行业，顺势而为就会得道者多助，逆势而行因为失道所以最终寡助。高明的主力操盘手当然是深谙“得道者多助，失道者寡助”的妙用的。

主动式调整说明了主力庄家在拉升推高环节的运作如期进行，在运作个股过程中较为顺风顺水，没有出现意外，一切都在按照计划进行。主力庄家在拉升推高环节进行的主动式调整是主力庄家在达到了预定的拉升操盘计划目的后所做的善后工作。

主力庄家的主动式调整与下面的几点高度相关：

(1)清洗浮筹减轻后续的拉升压力从而提高拉升收益。

(2)主力庄家做差价降低运作成本增加利润。

(3)增加换手垫高市场参与者的持股成本。

1. 主力庄家主动进行调整的目的之一——洗筹

如果主力庄家在拉升后使用主动式调整的操盘手法运作是因为市场跟

风浮筹众多的原因，那么这里的主动式调整就是市场投资者俗称为“洗盘”的清洗浮筹运作。洗筹是主力庄家在拉升个股的过程中必定会出现的一个动作，主力庄家在拉升推高环节使用的即使是单边独立模式拉升推高股价手法，在时间上也会存在着长则两至三天的洗筹，短则是日内的瞬间盘中洗筹。

如果说拉升推高环节是主力庄家发起冲锋攻击的主战场，那么洗筹的形态构筑就是该次冲锋陷阵中搏杀较量最为激烈的地方，它是主力庄家与对手较量的关键场所。个人投资者在实战交易中能否跟庄成功除了需要具有能够识破主力庄家在底部和顶部的骗线技术外，剩下的一道关口就是需要懂得主力庄家在拉升推高环节的洗筹骗线。也可以这样说，在主力庄家的运作处于拉升推高环节时，个人投资者与主力的较量搏杀能否取得胜利主要取决于是否有技术本领去识别、确定当时的形态是属于拉升推高股价后的调整还是拉升推高股价后的出货。很多持筹者在经受住主力庄家的底部区域折磨考验后，却在主力庄家的拉升推高股价环节中因为贪图小利而被主力清理出局。究其原因，主要是因为不懂得主力庄家在拉升推高环节的操盘手法所致。

主动式调整中有一类型是因为主力庄家的洗筹形成，洗筹是主力庄家在运作个股过程中自始至终都相伴价格运行的孪生兄弟。市场上很多不理解主力庄家操盘内幕的投资者认为洗筹只是出现在拉升推高环节中，事实上主力庄家在底部区域、顶部区域都需要进行。在底部的洗筹常常被主力庄家打压制造恐慌的动作掩盖，而在顶部区域的洗筹则常常被主力庄家的出货行为所掩盖，因为表象上的似是而非将市场投资者引入了认识的误区之中。

主力庄家在底部区域建仓吸筹主要打击的对象是持筹者，但持筹者群体中可分为被套、保本、盈利的持筹者。持筹者群体中这三种不同角色的持筹心态是不一样的，不同的持筹心态就会产生不同的想法及行动。

持筹者按盈亏可分为：

(1)亏损被套的持筹者。

(2)基本保本的持筹者。

(3)盈利的持筹者。

投资者买入股票后就由原先观望的空仓者角色演变为持筹者角色，市场上空仓的投资者为什么会买入？因为在头脑中认为股价便宜，预期后市会上涨。如果买入后价格没有朝预期那样上涨而是下跌，这时保本的持筹者就会演变成被套的亏损持筹者。被套的持筹者按被套的深浅程度可分为：

(1)浅幅被套的持筹者。

(2)中幅被套的持筹者。

(3)深幅被套的持筹者。

作为机构主力操盘手必须熟谙市场持筹者的心态，也只有根据市场持筹者的心理进行操盘才会收到事半功倍的良好效果。比如：如果浅幅被套者是短线交易者，那么这部分短线交易者的交易自信心就会受到严重的打击。这类型的短线交易者在一击不中后就会选择止损离场，从而在其他个股上寻找更好的交易机会。因为短线交易者有一个重要的心态特征就是无耐心。无耐心者必然表现出浮躁，而浮躁在行动上就是多动少静，这样短线交易者的操作风格就是频繁快速交易。短线交易者的盈利模式中必然包含有严格止损的操作规则，在实战交易过程中严格限定止损幅度，这样无形中就将股价的大幅度下跌风险通过止损点斩断。而每一次的小幅度盈利就会在截断亏损的前提下积少成多、聚沙成塔。短线交易者一般是以技术分析为主进行实战交易。所以主力庄家只需浅幅打压洗筹就可以将市场上大多数的短线交易者清洗出局。

中线投资者在买入个股后出现浅幅被套时，因为未有触发止损信号而不卖出，此时的资金账户出现账面浮动亏损。股价的浅幅下跌给中线投资者造成的浅幅被套通常情况下不会迫使中线投资者抛出退场。所以主力庄家只有采取中幅或深幅打压洗筹手法才可以将市场上大多数的中线投资者清洗出局。

长线投资者在浅幅或中幅被套时更不会采取措施卖出手中筹码。所以主力庄家的洗筹目标主要是针对短线或中线投资者。

由以上分析得出：主力庄家将股价浅幅度打压，通常情况下只对短线交易者起到清洗作用。股价浅幅的下跌将会迫使短线交易者离场，而洗筹中的重点就是将短线浮筹清洗离场。

投资者买入个股后，股价出现中等幅度的下跌时就会造成中幅被套。因为短线交易者在浅幅被套时已止损离场，所以，股价在洗筹时出现中等幅度或深幅的下跌主要针对的是中线投资者。中线投资者通常情况下在浅幅被套时不会离场，而是选择继续持股。因为股价在浅幅下跌时未有触发中线投资者的止损点位，而主力庄家在洗筹时为了将中线持筹者清洗出局，就必须在打压股价时形成中等幅度，甚至是深幅的下跌方可达到目的。

由以上分析得出：主力庄家将股价进行中等幅度或深幅的打压的主要目的就是在清洗完短线浮筹之后再次清洗中线投资者出局。

投资者买入个股后，股价出现深幅下跌时就会造成深幅被套。整体上，浅幅打压股价是为了将短线交易者清理出局，中幅打压股价是在将短线交易者清理出局的基础上再将中线投资者清洗出局的操盘行为。股价在洗筹时出现深幅度的下跌不但可将短线交易者、中线投资者清洗出局，而且还可将长线投资者清洗出局。主力庄家深幅打压股价是洗筹中最凶狠的行为，使用最凶狠手法的目的就是想将市场上所有类型的持筹者一网打尽。股价的下跌幅度越深就越有可能动摇长线投资者的持股信心，当信心动摇时就会因为意志不坚而抛出手中的筹码。笔者在证券营业部多年的观察结果清楚地反映了这一有趣的现象：很多投资者在当初买入时都信誓旦旦地说，“这一回做的是长线投资”。但在后续的大盘指数及股价波动中绝大部分原先准备长线投资的投资者却在惊慌失措或小有盈利时就卖出离场。可见，深幅度的下跌对动摇长线投资者的持股信心功不可没。迫使长线投资者离场的好办法之一就是深幅打压股价，使他们的资金账户出现账面上的严重亏损，资金的深幅被套无形中就会在持筹者心理上产生严重的压力。当长线投资者经受不起折磨时，就会被迫出局，这样就起到了彻底洗盘的作用。

当然，不论是在股价的浅幅打压、中幅打压，还是深幅打压过程中，仍然会有一小部分技术本领高强的持筹者成功躲过主力庄家的洗筹。但从主力庄家的洗筹目的出发，能够经受得起如此严峻的洗筹考验者，他们的持筹心态是最稳定的。市场投资者的持筹心态稳定就不会给主力庄家的拉升运作带来麻烦，相反，还间接起到了帮助主力庄家锁定市场筹码的作用。

由以上分析得出：主力庄家将股价进行深幅打压的目的就是在清洗完短线交易者、中线投资者后，接着清洗长线投资者的行为。

被套的持筹者中不论是浅幅被套、中幅被套，还是深幅被套，此时由于还没有抛出筹码，表现在资金账户上都只是账面亏损。这种账面上的浮动亏损在后市将会有以下三种变化结果：

(1)兑现亏损离场。

(2)返本离场。

(3)扭亏为盈离场。

由以上分析可知：亏损者不论亏损幅度的大小都曾经是被套者，而被套的持筹者在后市的最终结局则离不开上面的三种可能结果之一。投资者买入股票后，如果账面有浮动的盈利而卖出筹码，这是兑现利润的行为；如果账面有浮动的亏损而抛出筹码，这就是兑现亏损的行为。

被套的持筹者如果在后市是返本离场，那么股价的运行轨迹是：投资者在买入后股价跌下去，然后股价再次升回买入价上，此时持筹者刚好返本就选择离场。这属于实战交易中的有惊无险。

被套的持筹者如果在后市是扭亏为盈离场，那么股价运行轨迹是：投资者在买入后跌下去，然后再次回升至买入价上并超越买入价时卖出。这属于实战交易中的苦尽甘来。

由买入者演变为被套的持筹者时存在着两种极端心态，此两种极端心态往往反映在被套持筹者群体中的浅套行列者及深套行列者中。如果将被套持筹者群体视为一个物体，那么浅套者就是这个物体的一端，而深套者就是这个物体的另一端。有的浅套投资者有“洁癖”，但皎皎者易污，在他们的实战操作中容不得半点的浮动亏损。这类型投资者的心态已偏向极度厌恶风险的地步，但价格运行的本质决定了股价永远是处于动态的波动之中，股价的上下振荡就会使该类型的投资者频繁止损，结果陷入了止损操作的误区之中。每一次的小幅错误止损在多次错误的累积之下也会演变成大的亏损。而另一类型的深套投资者当陷入极端心理状态时就会产生"死猪不怕开水烫"的心理，因为股价已大幅下跌。该类型的投资者在账面上已形成大幅度的浮动亏损，原先由于没有做好止损而导致的巨亏在后来就再也没有勇气面对了，这时在心理上就形成一种消极的破罐子破摔的随意心理。但在投资中不论是对收益还是风险都是需要进行积极管理的，既要积极地、主动地捕捉盈利机会，又要主动地回避风险。深幅被套的极端心态者有一个弱点就是："在股价不断下跌时，因为严重亏损而自始至终都死死捂住不放，但一旦股价朝上反弹较小幅度时就坐不住了。"这类型投资者在搭完全程下山的"过山车"后却在车子朝上转头时赶紧卖出做反弹，结果却倒在了黎明前的黑暗之中。在股价下跌时全程伴随，在股价朝上小涨时却与筹码分手了。它正如现实社会中的一些人一样，这类型的人由于在人生中吃苦太多，人生境遇太过曲折起伏，所以在有机会尝到一点点甜头时就已心满意足。

在股市投资中，讲究的是哲学与艺术的结合，在理性的前提下又要懂得圆融，才会在实战交易中左右逢源。至于一个极端者往往是在该波行情中操作顺手，但可能在下一波行情中碰壁。股市实战策略的使用需要具体情况具体处理，这就需要投资者具备随机应变的能力。而哲学与艺术的融合就是股市投资中的思想灵魂，它也是投资者在实战交易中避免走向极端行为的法宝。

洗筹是主力庄家在拉升推高环节里必定会出现的一个操盘动作。从K线图表上分析，洗筹是股价上涨后的技术性调整，从主力庄家获取利润的利益角度分析，是主力庄家为了在运作个股中达到收益最大化所必须做的一道工作。因为洗筹可以减轻拉升成本，最终可以将股价推升至更高的上涨幅度。主力庄家的洗筹工作做得越好就越有成效，就越能降低成本提高收益。

主力庄家洗筹的目的之一就是清洗持筹者群体中的意志不坚定分子。持筹者群体中的意志不坚定分子主要有以下几种：

(1)短线交易者。

(2)心态浮躁者。

(3)有一定盈利幅度，但贪图小利者。

(4)盲目跟风、技术欠缺且没有经验的新手。

短线交易者的操作风格本身就是追求快进快出，并且绝不参与股价的调整；短线交易者最怕资金被黏住而耗费时间，更怕被套住不能动弹；短线交易者的目的就是为了尽量提高资金的使用效率。因为短线交易者具有以上的特性，主力庄家在拉升推高环节中最厌恶的就是短线交易者，但短线交易者却最喜欢寻找股价处于拉升推高阶段的个股买入，此时，主力庄家与短线交易者成了矛盾最深的冤家。此两者在利益上存在着针尖对麦芒的互不相让，但主力庄家不论是在资金实力上还是信息优势上或者是软硬设施上都比短线交易者强得多。一个能够主导股价运行方向的庞然大物是绝对不会放过一个被视为眼中钉的“小不点”的，主力庄家猎杀短线交易者的主要场所之一就体现在洗筹形态的构筑上。

在主力庄家拉升股价过程中，一部分先知先觉的短线交易者就会跟风买入，这部分短线交易者是技术水平很高的投资者，他们先知先觉的灵敏能力来自于能够准确地识别主力庄家拉升手法的本领。此类型技术高强者也是主力庄家在拉升及调整洗筹中最为头痛的对象之一，而主力庄家在洗筹时，他们同样有技术识别主力庄家的洗筹手法，在该跟进时就跟进，在该退场时就退场。

短线交易者群体中也存在着一部分后知后觉的反应迟钝者，这部分短线交易者的买入价位与主力庄家拉升后开始进入洗筹阶段构筑的价位相差不大，所以在洗筹时最容易触发止损点从而被清理出局。

心态浮躁的持筹者也最容易被主力庄家的洗筹震下马。导致该类型持筹者的心态浮躁有许多原因，例如：借钱买股票甚至是抵押贷款买股票者，这类型的持筹者因为持筹心理压力大，当股价稍微波动就会草木皆兵，结果被吓得落荒而逃。

心态浮躁的持筹者中还有一部分投资者是因心急、冲动引起，该部分持筹者对股价的期望过高，对风险又认识不足，当自己手中的个股涨得慢一些时，就会产生这山望着那山高的想法。缺乏耐心、没有定力者当然是意志不坚定、立场不稳者，这类型投资者在买入时信心百倍从而导致了冲动交易。由于买入点位、时机掌握得不好，当股价略微振荡波动时就会由原先的信心十足一下子转变为垂头丧气，一旦信心不足持股心态就会动摇，持筹心态一动摇就会疑神疑鬼，如果恰逢主力庄家进行洗筹就会被主力庄家的洗筹所恐吓从而恐慌出局。

心态浮躁是股市投资中的大敌。中国古语云：二心不定将会输得一干二净。做任何事业都需要具备过硬的心理素质。心态浮躁的持筹者与主力庄家的洗筹意图相遇时，就犹如猎物撞上了猎人的枪口。

有一定盈利幅度但贪图小利的持筹者也是持筹不坚定阵营中的一员。这类型的投资者中有一部分盈利者是在主力庄家建仓吸筹时买进的抄底者，另一部分是在主力庄家拉升推高股价时追涨买入的投资者。有一定盈利幅度的持筹者如果不贪图小利，那么主力庄家的洗筹行为很有可能无法伤害到他，特别是在底部区域买进的持筹者，当主力庄家运作个股至拉升推高环节后就更加难以将底部买入的投资者清理出去。因为股价经过拉升推高后，此时已远离底部区域，主力庄家打压股价制造空头陷阱进行恐吓的伎俩基本已失效。对付此种类型的持筹者唯有使用诱惑的手法去引诱他们卖出手中的筹码。

主力庄家在拉高股价过程中，因为持筹者的账面利润越来越丰厚，随着股价越升越高，在低位买入的持筹者就会因为盈利可观及股价高高在上而产生恐高症，此时就会抛出筹码兑现利润离场。以上原因造成主力庄家在拉升推高环节的运作越是拉升所遭遇的抛压就越沉重。当主力庄家不想在高位接下这些抛盘而市场上的跟风买盘又无法消化这些抛售筹码时，主力庄家就不得不转入洗筹。

在主力庄家建仓吸筹的底部区域买入的持筹者因为已有一定幅度的盈利，当主力庄家在洗筹时，技术欠缺的持筹者就会产生到底是该拿着还是兑现利润获利离场的患得患失矛盾心理。该部分持筹者在犹豫不决时恰逢主力庄家的恐吓打压股价动作出来，于是吓得赶紧落袋为安。喜做差价者往往是贪图小利者，贪图小利者一旦手中的筹码有一定的利润后就会坐立不安，总是在思量着如何将股价卖在阶段高点做差价，然后再在阶段低点买回来，当持筹心态摇摆不定时就会落入主力庄家的洗筹圈套。

盲目跟风、技术欠缺且没有经验的新手是持筹者群体中意志最不坚定的成员，他们也是主力庄家最容易清洗出局的对象之一。盲目跟风本身就是毫无主见的人云亦云者，自己心中都无底者怎么会有信心长期持有筹码去经历股海中的风风浪浪呢！又因为技术欠缺，在买入时的买入点位不适当，更无法全面深入地分析该股是否有投资价值或投机博取差价的机会，而只是盲目地听信股评或身边好友的介绍就闭着两只眼睛径直往股市闯。这类型的持筹者在主力操盘手的眼中简直就是拿自己的血汗钱玩烧钱游戏的不知股海深浅者。由于没有实战经验连主力庄家洗筹都不知为何物的新手自然无法逃脱被主力庄家清理出局的命运。

由以上总结得出，主力庄家洗筹的主要目的是：

(1)清洗获利盘出局。

(2)清洗意志不坚的持筹者出局。

(3)摆脱、甩掉短线交易者。

(4)尽量减轻后续拉升中的抛压及出货中的隐患。

(5)降低拉升成本。

(6)提高坐庄运作中的收益。

主力庄家清洗获利盘出局的主要猎杀对象是在主力庄家建仓吸筹底部区域买入的抄底者及初升阶段的追涨买入者。因为这类型的抄底者不论是在主力庄家拉升过程中还是后来的出货环节，都是主力庄家的最危险潜在敌手之一。在主力庄家拉升的初始阶段追涨买入者相比抄底者的危害较小，但仍然是主力庄家在后续拉升及出货环节的头号敌人之一。

清洗意志不坚的持筹者出局是主力庄家洗筹的一个目的，不论是获利的持筹者还是保本的持筹者，或者是亏损的持筹者，只要他们的心态浮躁无法坚定地持有筹码，就会在主力庄家的拉升推高环节及后续的出货环节中随时抛售，结果他们成了主力庄家运作个股过程中的搅局者。任何一个行业的设局者都最讨厌搅局者，如果搅局者数量众多，搅局力量就不容小视，甚至有可能会搅坏主力庄家的好事，使主力庄家的操盘计划事倍功半。将潜在的危险分子消灭于萌芽状态是主力庄家洗筹的最终目的。

甩掉、摆脱短线交易者是主力庄家洗筹的其中一个目的。因为短线交易者就如牛身上的吸血牛虻，主力庄家洗筹就相当于牛用尾巴甩打、摆脱那些吸血牛虻。短线交易者正如牛虻一样来也快、去也快，但心思、目的都是想趁主力庄家这头“牛”不注意时快速地飞上去吸一口血。主力庄家在运作个股时的利益蛋糕是不愿意与别人分享的，别人围上来意欲分享，主力庄家唯有采取措施驱赶，而洗筹就是驱赶、摆脱短线交易者分享利润蛋糕的主要手段。

尽量减轻后续拉升中的抛压及后续出货中的隐患也是主力庄家洗筹的一个目的。将获利盘清洗出局、将意志不坚者清洗出局、摆脱短线跟风盘，所做的这一切都是为了减轻后续拉升中的抛售压力及后续出货中的隐患。主力庄家在拉升股价时是需要使用真金白银方可做高股价的。即是说，在拉升推高环节中的做多动能主要来自于主力庄家的资金。而做多动能的反面就是做空动能。做空动能来自于筹码的抛售，尽量减少筹码的抛售就在无形中降低了做空动能，这样就间接提升了主力庄家的拉升做多动能。主力庄家在拉升过程中如果能够有效激发市场的追涨热情，市场上的跟风盘跟进就会强化做多动能，结果是主力庄家不费吹灰之力就可以将股价推升至更高的价位，然后慢慢抛售筹码做差价甚至是出货。

主力庄家在拉升股价过程中怎样才能有效激发市场空仓者的追涨热情呢？下面将详细告诉读者朋友。

在《三国演义》中有一则故事就是“望梅止渴”。大意是：曹操带领着一支军队在既疲劳又口渴的状态下前行，为了激发全军将士的士气，提振他们的行军精神，曹操就指着前方说，前面不远处有一大片梅林，那片梅林里的果实刚好成熟，大家快马加鞭赶过去就有果实吃。全军将士一听，个个都从刚才的疲劳、消极中振奋起来，快速地朝着梅林方向前进。

曹操真不愧是军事、政治方面的“主力庄家”，他能够抓住全军将士的心理所需，并提供精神食粮满足全军将士的渴望，使他们心里有所寄托从而信心百倍地朝前进军。股市中的主力机构也深谙这招的妙用，主力庄家深知股市中的搏杀较量本质就是人与人之间的心理较量。所以，心态的好坏是实战交易的成败关键之一。市场参与者为什么会买入？从心理的角度分析是因为他们认为有利可图。市场参与者为什么会卖出？是因为他们认为股价有可能会下跌。有利可图就会在投资者的心理上形成吸引力，无利可图甚至倒贴就会在投资者的心理上形成排斥力。为了调动市场参与者的追涨热情，主力庄家需要做的工作就是使股价具有吸引力，一旦市场投资者被该股的有利可图所吸引就会买入，而市场大众的买入就会形成合力共推股价朝上运行。

主力庄家在运作个股过程中使股价增添魅力、具有吸引力的手法主要有：

(1)题材概念炒作。

(2)散播利好传言。

(3)公布利好消息。

增加股价的吸引力的其中一个手法就是为该股装入题材、概念。比如：在2000年期间的网络股中就有很多上市公司将其名称改为“某某科技公司”，为公司装进高科技的概念。而在2007年期间出现的上市公司持有投资股权的题材也被主力庄家热炒，当时凡是大量持有券商、银行、基金公司等股权的上市公司的股价都出现大涨。持有券商股权的被美其名曰“券商题材概念股”。而在2008年初因为有传言推出创业板从而出现的“创投概念”及台湾地区大选期间的“三通概念”股都是主力庄家为了炒高股价而在相应的板块中装入的概念题材，这样就可使个股的身价上升从而达到炒作获利的目的。

在现实生活中这样的事例不胜枚举。譬如：一个不学无术之徒花高价钱为自己买一个高文凭，在就业晋升中用以自抬身价，它就相当于为有泡沫的股价装入概念题材。

概念题材相当于画饼充饥，主力机构的研究报告就常常使用“估值”

这个词语。实质上估值在全世界都没有统一的标准，事实上也不可能统一。在此打一个比方投资者就会明白：在沙漠中，一个口渴得将要断气之人，视水比黄金还重要，他可能愿意用十斤黄金换一瓶水，而在深圳、上海、北京这些水费最高的地方，一立方自来水也才几元钱。究竟是十斤黄金值钱还是一瓶水值钱需根据当时的情况才能够确定。由此说明了主力机构在研究报告中的纸上谈兵式的“估值”也只不过是一个游戏而已，而估值本身就是预先装入了许许多多的概念、题材。

增加股价的吸引力的另一个手法就是散播利好传言，这对于长期在证券公司营业部实战交易的投资者来说有深刻的体会。股市中的传言满天飞，特别是针对某一家上市公司的传言经常在投资者群体中流传。

那些耳根软、没有主见的个人投资者一听到这些传言的习惯性动作就是赶快切换到该股的即时走势或K线图表上看一下。这部分喜欢听传言的投资者多是没有实战经验的新手，或者是已经亏损累累交易信心尽失的投资者。

利好传言的散播效果与该传言的利好程度大小、传播速度及传播区域的大小有关。如果该利好传言是重磅级别，那么它对喜欢听传言的市场参与者的吸引力就会达到最高级别，就可以最有效地激发这部分空仓者的追涨热情。如果该传言的利好程度只是普通级别，那么它对喜欢听传言的投资者的吸引力就会较弱，这部分空仓投资者的追涨热情也相应较低。

利好传言传播速度的快慢与激发市场参与者的追涨热情也呈正相关特性。利好传言的传播速度越快，就有越多的市场投资者知道，而当他们在短时间内知道该传言并在该股上追涨买入时就会合力形成强大的做多力量。这样主力散播的利好传言就在短时间内有效地激发了该部分投资者的追涨热情，结果主力庄家达到了散播利好传言的目的。利好传言的散播速度如果很慢，那么知道传言的投资者就较少，调动市场人气的效果就较差。利好传言的传播区域大小与激发市场追涨热情所形成的做多力量大小直接相关。传播区域越大，则做多力量越强；传播区域越小，则做多力量越弱。

主力庄家在市场上散播利好传言的主要目的是出货或者是在阶段性高

点做差价卖出一部分筹码。这正是所有的投资大师都告诫后来者千万不要听信利好传言及小道消息的原因所在。散播利好传言是增加个股吸引力的有效途径之一。深谙市场投资者心理的主力庄家是不会不知道的。所以，市场上出现的传言消息多是主力庄家所为。

个股公布利好消息也可以使股价增添吸引力。与利好传言相比，上市公司公布的利好消息是真实存在的。虽然公布的利好消息是真实的，但它能否助涨股价则必须结合主力庄家的运作阶段才可得知。如果主力庄家已将个股运作至筑顶出货环节，那么个股上的利好消息就会被主力庄家利用来吸引市场眼球，从而有效激发市场的追涨热情。这样主力庄家就达到了功成身退的出货目的。有的上市公司公布的利好是在配合主力庄家炒作，有的上市公司较为正直，虽然在公布利好消息时并不是在配合主力庄家运作，但却被老奸巨猾的主力庄家利用，最终起到了四两拨千斤的作用。

上市公司是否在配合主力庄家炒作的最简单判别方法就是观察 K 线价格在公布利好消息之前是否已被大幅度拉升。如果股价在公布利好消息前已出现大幅度上涨，那么这则利好消息则极可能已提前泄密。

个股上有利好消息是增加股价吸引力的另一条有效途径，它是激发市场参与者追涨热情的最有效方式之一。如果上市公司在公布利好消息之前股价没有出现上涨且该股又是主力庄家的重仓股，并且公布利好消息的时间刚好是处于主力庄家运作个股的拉升推高环节，那么该种类型的利好消息通常会促使股价大涨。

2. 主力庄家主动进行调整的目的之二——做差价

主力庄家做差价的目的就是为了降低运作成本及增加利润。主力庄家运作个股进入拉升推高环节后出现调整时，如果不是被迫式调整而是主动式调整，那么股价在大涨一定的幅度后就会主动进入蓄势，而调整的方式绝大部分都会构筑出各种各样的上升中继形态。上升中继形态在主力庄家运作的拉升推高环节出现就说明了该次股价拉升后的调整是主力庄家刻意所为。

在很多讲述主力庄家坐庄运作的实战书中都是众口一词地将主力庄家

拉升过程中出现的中继形态构筑称为洗筹。事实上，主力庄家在拉升过程中出现的调整既有可能是被迫式调整又有可能是主动式调整。如果是被迫式调整，从主力庄家的意图上来说根本就不是什么洗筹，也不是有意打压，这只不过是主力庄家的一种迫不得已的顺势而为。洗筹是主力庄家对敌手有计划、有准备、有目的的蓄意伤害。如果用法律上的“动机”来评判主力庄家的行为，被迫式调整是主力庄家无意打压股价的行为，主力庄家的运作动机并非是想打压股价。但主动式调整是主力庄家有意的蓄谋伤害，股价的调整下跌是主力庄家的有意所为，主力庄家运作的动机是故意打压伤害。在法律上，没有动机的意外伤害将会被法官轻判甚至宣判为无罪，而有动机的故意伤害则可能会被法官判为死刑。这就是从主力庄家的有心或是无意的心理意图上区分主动式调整和被迫式调整的方法。这样的区分方法对实战有帮助吗？可以肯定地说，对实战交易有着非常大的帮助。因为个人投资者没有主导股价涨跌的能力，只能靠跟庄获利，而跟庄就是跟随主力庄家进退，跟庄成功的前提就是具有可以准确推理出主力庄家真实意图的本领。从股价在拉升过程中的调整是被迫式调整还是主动式调整就可推理出主力庄家后市运作的真实意图。所以那些将主力庄家在拉升过程中构筑的上升中继形态都称为洗筹的实战书籍，要么是作者没有运作个股的真实经历，要么是作者在主力坐庄运作技术上的研究深度不够，又或者是作者故意留一手不肯将这些有价值的技术公诸世人的结果。

在主力庄家拉升股价过程中出现的主动式调整通常都是以上升中继形态的面目出现，它既是主力庄家的洗筹结果，也是主力庄家在这个振荡区域做差价的杰作。做差价是主力庄家在运作个股过程中为了降低持筹成本而经常使用的手法。主力庄家的做差价行为不但出现在拉升推高环节中，也出现在建仓吸筹环节及筑顶出货环节中，只是在建仓吸筹环节中的做差价手法与拉升推高环节中的做差价手法及筑顶出货环节中的做差价手法略有不同。

主力庄家在建仓吸筹环节的做差价行为是因为股价在底部区域的振荡幅度较大，主力庄家在这个振荡区域的底边支撑线外(即最低价附近)吃货，然后在股价运行至振荡区域的顶边阻力线处(即最高价附近)卖出做差价，如此反复多次的运作后，结果主力庄家在底部的建仓吸筹还未有进行拉升就已有一部分利润装进了口袋。在底部振荡区域的最高价附近做差价除了能够获得一笔可观的利润外，还可以借助卖压形成的强大做空力量对股价进行打压，迫使市场上的持筹者抛出手中筹码。主力庄家在此实现了一箭双雕的阴险目的。

主力庄家在顶部出货环节的做差价行为因为与出货行为在外表上相同，而又因为市场上的股评人士都众口一词地说："股价在顶部区域是主力庄家在出货。"所以主力庄家在顶部出货环节做差价的真相一直无法大白于天下，给跟庄的投资者造成了很多实战认识上的误区。实际上，主力庄家在顶部的出货环节同样存在着做差价的行为。

因为主力庄家的运作计划已接近尾声，股价经过拉升推高环节的运作已推升至高位，主力庄家此时的全部心思都放在"如何尽量在高价位抛出手中的筹码"上。因为市场上的跟风买盘通常是呈现出时断时续的特征，主力庄家在没有跟风买盘时为了防止市场持筹者抛出手中筹码兑现利润离场就会将股价压低。这样即使是那些出货坚决的个人投资者在抛出筹码时也只能以一个较低的价格卖掉。但这些抛售出的筹码与主力庄家在出货区域的利益是矛盾的，主力庄家并不想在这个高位承接这些抛盘。相反，主力庄家的心思同样是在寻找市场买家卖筹码。当主力庄家在顶部区域压低股价后，虽然卖出意愿坚决的持筹者还会不顾价位的高低继续抛售，但主力庄家千辛万苦好不容易才将股价拉升推高至高位，并不希望就这样被毁掉，所以出于护盘的需要，主力庄家就被迫在顶部出货区域的最低价附近承接这些抛盘。承接这些抛盘是主力庄家迫不得已而为之的苦差，主力庄家此时买入这些筹码的目的主要是护盘，护盘有以下作用：

(1)将股价维持在高位区域，这样就可延长在高位出货的时间，为高位顺利出货打下了基础。

(2)市场上的个人投资者抛售筹码主力庄家如果不承接下来，除了将主力庄家辛苦拉升推高的上涨幅度抹去一部分外，如果市场上此时的跟风买盘无法承接下市场上的抛盘，股价就会进一步走低。股价如果走低并击穿重要的技术点位时就会诱发市场上更多的恐慌抛盘涌出。此时因为市场持筹者的信心严重受挫就会不断地抛售，当形成抛售筹码的恶性循环时，主力庄家就是有心护盘也已回天无力了。所以主力庄家在顶部区域的关键技术位置的护盘决心是非常坚决的。当主力庄家坚决护盘时股价在后市必定还会有小幅上涨的动能，做短线的投资者就有赚取差价的小机会。因为主力庄家在此的护盘起到了稳定市场持筹者信心的作用。主力庄家在护盘过程中被迫承接下来的筹码就会在股价的再次拉升中趁机卖给市场上其他不明真相的跟风买盘，这样主力庄家在顶部出货区域的做差价行为就取得成功。

主力庄家在拉升推高环节做差价的行为是主力庄家在运作个股过程中获取差价利润最为丰厚的一个环节。在建仓吸筹环节、拉升推高环节及顶部的出货环节中，差价利润最丰厚的地方是在拉升推高环节，做差价规模最大的地方同样是在拉升推高环节。它正如一个肥胖者一样，中部肚腩处的脂肪最多。主力庄家在拉升推高环节进行主动式调整时所构筑的上升中继形态的作用除了洗筹外，另一个作用就是做差价。

市场上很多股评家及部分实战技术书都将拉升推高环节中的调整称为洗筹。实际上，主力庄家在拉升推高环节中构筑的上升中继形态既是洗筹的结果也是做差价的产物。从主力庄家的利益意图上出发，因为主力庄家在拉升过程中进入的短线浮筹众多及先前累积的获利丰厚，由此引发了主力庄家的洗筹行为。读者朋友只需换位思考一下，如果是你当主力操盘手，在拉升推高股价过程中由于没有什么跟风盘买入，并且在底部的建仓吸筹中已高度控盘，那么你在拉升推高股价环节会展开洗筹形态的构筑吗？从利益最大化的角度出发肯定是不会的。因为没有多少浮筹而进行洗筹的动作就犹如拿一件干净的衣服去洗涤一样，不但对清洁没有帮助，而且还浪费了自来水、洗衣粉及洗衣机所消耗的电能，这就是吃力不讨好的行为。没有浮筹而展开洗筹动作不但是多此一举的画蛇添足，而且还会增加运作个股的成本。最起码也反映出该操盘手的操盘技艺还欠火候，误判了市场的趋势状态，误判了市场持筹者的心理状态。

3. 主力庄家主动进行调整的目的之三——促进市场换手

主力庄家在拉升推高环节进行调整还有促进市场换手夯实股价上涨基础的作用。股价的一买对应着一卖，而买卖之间的筹码与资金的交换过程就是成交换手。主力庄家在拉升推高股价运作过程中，做差价的行为如果是边拉边卖，那么股价就会不断上涨而主力庄家则趁机不断派发做一部分差价。这就是往上做差价的手法。使用往上做差价手法时有一个前提就是：在抛出筹码做差价时形成的做空力量没有阻碍股价的继续朝上运行，对于这一点主力庄家是可以随意做到的。即只需根据市场上的买盘大小然后按需供给筹码就可达到目的，当买盘数量较大时就卖出较多的筹码，当买盘较小时就卖较少的筹码甚至是不卖筹码。主力庄家做差价时还有另一种手法，那就是往下做差价手法。往下做差价手法是专门针对市场上一些不敢追涨买入而是等待股价回调下跌才逢低吸纳的具有贪图便宜心理的市场空仓者新设计的。当股价拉升至较高价位后，因为股价短期升幅过高，市场投资者看见股价高高在上就会望而却步不敢追高买入。主力庄家看到没有买盘跟进后就会将股价打低，当股价一路下行越来越便宜时就会吸引市场上的空仓者逢低吸纳买入，而主力庄家此时则正好可以抛售一部分筹码达到做差价的目的。这就是往下做差价手法的具体应用。

主力庄家在拉升推高股价环节中不论是使用往上做差价手法还是往下做差价手法，最终结果实质上就是主力庄家与市场投资者之间的成交换手。这里的成交换手方式是主力庄家使用筹码换取市场投资者的现金，而市场投资者是在使用现金换取筹码。所以主力庄家做差价的结果无形中促进了市场的成交换手。主力庄家在拉升推高股价过程中，也只有出脱一部分筹码做差价才会更有信心地将股价推升得更高。将股价推升得更高的原因在于主力庄家可以和市场投资者顺利成交换手。所以此种类型的成交换手是一种间接的可以促使股价涨升得更高的能量蓄势。

主力庄家在拉升推高股价环节中还有一种成交换手方式是主力庄家拿出现金换取市场投资者的筹码。如果主力庄家在拉升推高环节中胆敢拿出真金白银来大量换取市场投资者手中的筹码，那么股价后市的上涨幅度将会更大，因为这是主力庄家在上涨中途的加仓行为。主力庄家敢于加仓就反映出股价后市的涨幅还有很大的空间，主力庄家中途加仓的换手行为只发生在优质个股或有重大利好的个股身上。而在优质个股身上隐藏有重大的潜在利好消息那是锦上添花的好上加好。主力庄家拿现金换取筹码的成交换手不但剿灭了市场上的做空卖盘，而且还锁定了市场上的流通筹码。这两个因素最终就可起到夯实股价上涨基础促进股价后市继续大涨的作用。

主力庄家在拉升推高股价环节中还存在着一种典型的成交换手方式，虽然该种方式同样是主力庄家拿现金换取筹码，但这种拿现金换取筹码的行为发生在股价调整到位后的阶段底部低点处。主力庄家在拉升推高股价后接着打压股价向下调整。如果股价在调整到位后恰逢大盘指数出现大跌或其他利空因素出现时，此时主力庄家就会拿出现金接下市场上的恐慌抛盘。在阶段底部低点接下筹码的行为实质上就是在护盘的同时做差价。这样就可使K线走势中的技术信号处于向好的状态之中，而在阶段底部低点接下来的筹码又可在后市的拉升过程中卖出赚取差价。主力庄家此种拿现金换筹码的成交换手行为也有利于夯实股价的上涨基础。因为接下恐慌抛售的筹码，主力庄家无形中消化了市场上的做空力量，而维护好K线价格走势的技术信号处于良好状态之中，为后续吸引市场空仓者买入打下了基础。当后市风平浪静时，市场空仓者看到该股的向好技术信号就会群起蜂拥买入，这股做多力量就会将市场上的做空力量消化。此时如果再加上主力庄家在调整到位后的再次拉升力量，股价就会在市场合力做多的推升下出现大涨。

在拉升推高股价过程中，除了主力庄家与市场投资者的成交换手外，还有一种情况就是市场投资者与市场投资者之间的成交换手。因为主力庄家将股价拉升推高后市场上已存在着不少获利筹码，而持有盈利筹码的投资者群体有：

(1)基于短线交易目的买入的盈利持筹者。

(2)基于中线波段交易目的买入的盈利持筹者。

(3)基于长线价值投资目的买入的盈利持筹者。

当股价被主力庄家拉升推高至一定的上涨幅度后，因为短线交易者基本已达到盈利目的而想兑现利润离场，如果此时主力庄家继续拉高股价，那么结果就是做高股价让别人出货获利。主力庄家出于自身利益最大化的考虑就会先下手为强，在阶段高点先抛售一部分筹码做差价，然后顺势将股价打低，让短线交易者的利润大部分回吐，甚至打压至令其产生亏损的地步。这种运作手法表现在K线价格走势上就是主力庄家的洗筹及做差价。

在拉升推高股价的过程中，对股价产生最大上行压力者就是短线交易者，其次才是中线的波段交易者，最后才是长线投资者。市场上的短线交易者、中线交易者及长线投资者在持筹过程中会因为想法、心态及市场环境冷暖的不同而出现不同角色的变换。在市场环境向好时，做短线的交易者有可能会演变为中线交易者，做中线的交易者有可能会演变为长线投资者，而在市道环境差时，原本打算做长线投资的投资者因为心理上的恐惧而有可能转变为短线交易。正是因为一只股票中存在着不同角色投资者的互换情况，主力庄家在拉升推高股价环节中除了洗筹、做差价外，余下的一个重要任务就是促进市场投资者之间的充分换手，以此达到夯实股价上涨基础的目的。

按照金融心理行为学，市场上的投资大众越是获利丰厚就越有可能萌发落袋为安、兑现利润离场的想法。主力操盘手是非常熟谙市场投资群体心理行为的，在拉升推高股价过程中，如果控筹程度较低、个股的盘子较大等，那么主力庄家在拉升推高股价过程中就会采取“走一段路，休息一下然后再次起程走一段路”的方法拉高股价。当股价推升一个波段后就转入调整蓄势之中。在调整蓄势过程中，除了主力庄家与市场参与者的成交换手外，剩下的就是市场参与者之间的成交换手。市场上有一种类型的成交换手是新进入的投资者买下先前已获得一些利润的交易者的筹码。当市场上新进入者用现金换取了已有一定盈利的交易者的筹码后，因为新进入投资者还未有盈利，这部分新进入者如果没有下跌风险的威胁必定会在有一定幅度的盈利后离场，而这部分新进入者在心理上与前期获利离场者的成交换手越充分就越能够在拉升中途夯实股价的上涨基础。这就是市场投资者之间的充分换手给股价上行带来的稳定性作用。它犹如接力棒赛跑一样，前一个赛跑者跑了一程之后将接力棒交给后一个赛跑者接着向前赛跑，而这里的接力棒就是筹码。

综上所述：在大盘蓝筹股及主力庄家控筹程度较低的个股中，主力庄家在拉升推高股价环节除了清洗浮筹及做差价降低运作成本外，还有一个重要的运作任务就是促进市场投资者之间的充分换手为股价后续的拉升上涨夯实基础。

第十四章　主力庄家的洗筹以人性中的弱点为运作主线

一、主力庄家利用人性中的弱点猎杀对手

主力庄家在洗筹过程中所遵循的核心主线就是紧紧围绕着人性中的弱点进行动作。洗筹是主力庄家有目的、有计划的行动，它是事先蓄谋的刻意所为。所以主力庄家的洗筹在本质上也是一种操纵股价的行为。

洗筹既会表现在日 K 线层面，也会表现在分钟 K 线层面、即时走势层面……但不论是哪一个时间周期的洗筹，都遵循以下这条核心主线运作：贪婪—期望—犹豫—恐惧。

贪婪与恐惧是人性弱点中的两个极端，而犹豫是人性中的另一个弱点。市场参与者脑海之中为什么会产生犹豫？原因就在于他对股价的运行判断陷入了左右为难的境地，而左右为难的心理是由市场上的大盘指数及个股的模棱两可运行形成。当看法模棱两可时心中就无底，心中无底说白了就是因为欠缺投资技术本领无法鉴别真伪造成。期望也是市场参与者脑海中的常客，投资者每一次的买入都是基于股价后市可能会上涨的预期，而这个预期就是期望心理的具体反映。投资者在买入时就会期望股价能够上涨。股价在以小阳 K 线朝上运行时，有的投资者还嫌股价涨得慢，希望股价以大阳 K 线朝上攻击，这时的期望心理就已演变为贪婪心理。投资者如果被股价套住后就会产生期望解套的心理，但有时这仅仅是投资者个人情感上的主观意愿而已。股价跌下来后的重新上涨并不以个人的主观意愿而改变，它是市场投资者群体与主力庄家双方博弈的结果。有可能股价跌下来后很快就会涨上去，这时被套的投资者就会很快解套。有可能股价跌下来后需

要很长时间才能解套，甚至没有办法解套。例如：那些退到三板市场的退市股就无法解套了。投资者在空仓时被市场上的个股大涨所诱惑而追涨跟风买入，这种跟风行为的出现是因为买入者期望股价在后市能上涨至更高的价位。

贪婪与恐惧是人性中的两个最大弱点。主力庄家在运作中如果给投资者美好的期望就可激发他的贪婪，恐吓威迫投资者就可激发他的恐惧，而模棱两可就会使投资者产生犹豫不决的矛盾心态。诱惑对应于人性中的贪婪，威迫对应于人性中的恐惧。主力庄家在运作时如果想激发市场上的跟风热情，那么就专在诱惑上做文章。主力庄家在盘面上的一切诱惑就是为了挑拨投资者人性中的贪婪弱点，将投资者的贪婪本性诱发。正如西班牙的斗牛士一样，拿着那块红布的目的就是为了激发蛮牛的狂暴本性。斗牛士激发蛮牛的狂暴本性不是自惹麻烦吗？表面上看是更难战胜蛮牛了，但牛的性情与人的性格也有相同之处，如果情绪化太强就会更加莽撞，这样就更有利于斗牛士(主力庄家)的行动。

二、主力庄家稳住市场参与者信心的方法

期望表现在投资者的心理上是：在股价上涨时希望涨升得更高，然后才卖出。在股价下跌时希望股价跌至更低的价位，然后再逢低吸纳买入。而股价模棱两可的表现就是不涨不跌的横向平走，这样就会使原来抱着期望心理的投资者陷入犹豫不决的心理状态中，当投资者左右为难时就不会前进也不会后退，最终起到了暂时稳住人心的作用。

如何在较长的时间里稳住市场参与者的信心可从以下方面入手：

(1)当主力庄家需要稳住持筹者的心时，就可从持筹者期望股价上涨的心理入手制订相应的策略。

(2)当主力庄家需要稳住空仓者的心时，就可从空仓者期望股价下跌至更低价位再买入的心理入手制订相应的策略。

第(1)点中主力庄家稳定持筹者信心使持筹者捂股不动的做法通常发生在拉升推高环节及筑顶出货环节。主力庄家进入拉升推高环节运作时，如

果能稳住持筹者的信心，使持筹者信心百倍地期望股价后市还会上涨就不会抛售手中的筹码，这样就无形中夯实了股价上涨的基础。市场上的抛盘越少就越有利于主力庄家拉升推高股价。在主力庄家运作个股至筑顶出货环节后，就更加需要稳住市场持筹者的信心。只有稳住原先的持筹者的信心，这些持筹者才不会抛售筹码，这样就可收到将市场上的抛盘减少至最低水平的效果。如果此时主力庄家实施诱惑市场空仓者买入的计划，那么在时间的流逝下就可顺利地完成出货任务。

第(2)点中，主力庄家实施稳定空仓者信心的策略时，使空仓者误认为他自己的行为是正确的，从而在期望股价后市继续下跌的心理支配下保持空仓捏住资金不肯买入。主力庄家的此种运作策略通常应用在建仓吸筹环节及拉升推高环节的洗筹调整到位阶段。在股价的底部区域，如何稳住空仓者不买入是主力庄家在建仓吸筹时常常考虑的问题。空仓者不买入就没有人与主力庄家争抢筹码。能够在运作中做到空仓者不敢买入，那么持筹者就想卖出。空仓者不敢买入是因为预期股价后市还会继续下跌。与此同时，预期股价继续下跌就会产生恐惧，从而迫使持筹者卖出。主力庄家在这里阻止空仓者买入的策略起到了一石二鸟的效果。在主力庄家运作至拉升推高环节的洗筹调整到位阶段，此时市场上的跟风浮筹已彻底清洗干净，当主力庄家的洗筹目的达到后，主力庄家后市要做的工作就是拉升股价。而在洗筹完毕股价调整到位的阶段，此时主力庄家最害怕的就是市场空仓者的买入，刚洗干净的盘子如果被空仓者大量买入那不是又“弄脏”了吗！所以主力庄家稳定空仓者信心、迷惑空仓的投资者使他们不敢买入就成为工作中的重点之一。主力庄家在股价调整到位后因为担心空仓者逢低吸纳买入，所以股价在调整到位后停留的时间极短。而股价在调整到位后却长时间停留在低位的结果，如果不是因为大盘指数环境恶劣造成的暂时性“忍辱负重”，那么这次股价的下跌调整不但有洗筹的因素，而且必然还伴随着主力庄家卖掉一部分筹码做差价的行为。

稳住投资者的信心就会使持股者原先的持股立场及空仓者原先的空仓立场保持延续性。而投资者一旦陷入立场不坚定的状态，此时投资者的信心动摇后就会产生犹豫不决的心理。主力庄家在运作个股过程中的模棱两可行为就是为了迷惑市场参与者，使他们产生左右为难的矛盾心理从而在决策上出现失误。主力庄家在操盘过程中迷惑投资者的最佳手法就是模棱两可，引诱投资者的最佳手法就是拉升，恐吓投资者的最佳手法就是打压股价。每当主力庄家使用威迫利诱的操盘策略时，就会操纵股价大涨进行利诱，接着打压股价大跌进行威逼，这种从天上到地下又或者是从地下到天上的激烈颠簸就可将绝大部分浮筹清理出局。试想，没法识破主力庄家运作手法的投资者群体中有几人的心态能承受得起这样的处于两个极端的坐过山车行为呢？很多人总是将主力庄家在洗筹过程中被清洗出局的原因归结为心态不好，殊不知人的心理承受能力是有一定极限的。股价大幅度上上下下的大振荡及模棱两可的折腾是正常人所不能长时间承受得起的。因为人的忍耐力有限，除非投资者有技术本领看透主力庄家的操盘手法，当主力庄家的这些操纵手法出现时就使用相应的对策化解，最终不被主力庄家所玩的花招伤害。本书的内容就是专注于主力庄家的操盘手法，读者朋友在看懂本书内容后就有能力、有本领去识破主力庄家的骗线伎俩。

三、透过表象看本质就可发现主力庄家设置的陷阱

成功交易个股在于能够透过表象去看清幕后的本质，不被表象所迷惑，不被表象所欺骗，不被表象所左右。投资者如果不被股价的涨涨跌跌所迷惑、所欺骗，那么股价的涨跌表象就不会牵着投资者的鼻子走。否则投资者就成了主力庄家的戏弄对象，成了主力庄家翻手为云、覆手为雨想怎么样就怎么样的玩偶。只有能够抓住本质的投资者才能做到“任凭风浪起稳坐钓鱼船”。淡定沉稳者才会具有平淡为上、无险为高的心态境界。心态境界高者，即使泰山崩于前脸也不改色。在股市实战交易中，主力庄家在洗筹时凶狠打压股价形成大阴线，下跌的吓人态势犹如泰山崩于眼前，但懂得主力庄家洗筹手法者知道是主力庄家的骗线打压而面不改色。能做到如此淡定是因为识破了主力庄家的骗线。能够识破主力庄家的洗筹打压手法，那么股价出现大阴 K 线下跌就知道是假的。这只不过是主力庄家想恐吓持

筹者卖出及阻止空仓者买入的伎俩。

如果是股价转入下降趋势的真正下跌，那么股价的崩跌就是真正的泰山崩于眼前了。那些懂得是主力庄家出货的投资者就会从容退场躲避股价下跌的风险。真正的泰山崩于前而强作镇定要求心态好那不是白白送死吗？从管理风险的角度出发，如果股价已进入下降趋势运行，此时应该三十六计走为上计，而不是为了面子与其对抗进行硬撑！

正如古人云：水满自溢，盛极必衰。事到万难须放胆，宜于两可莫粗心。极端的贪婪就会犯水满自溢，盛极必衰的错误。每一样东西如果繁荣至最高点时就只有走下坡路，而股价大涨至顶部高点时后市就会步入下跌运行。水满自溢，犹如一杯水，当倒满时再倒就会溢流出来，倒再多也装不下。当市场上能左右股价涨跌的主导性力量主力庄家已在顶部出货时，则诱惑成了空仓投资者高位接盘的魔咒。当股价已大跌特跌，此时已跌无可跌，表面上看起来很吓人、很危险，但此时正是市场参与者事到万难须放胆的时候。而宜于两可时千万不要粗心，宜于两可表现在投资领域就是股价运行中出现的模棱两可。模棱两可是主力庄家在骗线时得以成功的基础，所以每当股价运行在模棱两可的状态中，投资者就必须小心提防表象背后是否隐藏着主力庄家的卑鄙手段。

投资者的希望与失望在心理上是两个极端，而介乎于希望与失望之间的人性弱点就是犹豫不决。这“两个极端”与“中间”在心理情绪上的变化如下：

(1)希望←→犹豫←→失望。

(2)希望←→失望。

在金融投资中，过度的希望就是贪婪，犹豫就是左右为难，过度的失望就会演变为恐惧。

在以上的心理情绪交替演变之下，即使是一个心理素质正常者，如果欠缺投资技术最终也经受不起主力庄家的宽幅振荡，主力庄家只需通过操纵股价就可以间接影响技术欠缺的投资者的心理。主力庄家在操纵股价时使投资者陷入了一时大喜、一时大悲、一时又犹豫不决的苦恼之中。而又因为人的心理承受能力有一个极限，当心理情绪不断替换交叉作用于同一个持筹者的身上并超越这个极限时，这个投资者由于无法经受得起这样的心理折磨就会被主力庄家的洗筹清洗出局。股市实战交易中被洗出、被诱空、被诱多的原因就是由这些大喜、大悲、犹豫不决、似是而非、似非而是所导致的左右为难的矛盾痛苦造成的。当投资者的心理承受不起主力庄家的折磨时，就只能是由持仓角色转变为空仓角色。在主力庄家实施诱惑策略时，如果投资者内心欠缺定力，就会经受不住诱惑而由空仓者角色转变为持仓者角色。

主力庄家操纵股价大涨、大跌及盘整的过程就是在诱惑、恐吓及令投资者陷入犹豫的过程。当投资者忍受不住股价上上下下的折腾时就会退出离场，否则将会在精神上被煎熬折磨至崩溃。心理上无法承受打击时就会做出丧失理智的行为。在 2001 年至 2004 年的那一波熊市中，有个别投资者就是因为在心理上无法承受严重亏损的打击而轻生的。投资者具有选择的权利，自己可以决定是留在市场或退出市场。这个选择权间接起到了投资者心理承受极限上的“熔断器”作用。现实社会上的精神病患者就是因为在心理上没有“熔断器”保护能力，当心理有压力且压力不断加重直至无法承受但又无法摆脱压力所带来的痛苦时，最终就会步入心理有问题的精神病患者行列。

解决金融投资实战交易中的心态好坏问题并不是靠自我提醒不要贪婪、不要恐惧、不要犹豫就可做到，而应该正本溯源，从精通技术熟谙游戏规则的源头上来解决。比如：投资者如果懂得识别主力庄家出货造顶的伎俩，就会在个股的顶部区域从容退出，这样就避免了股价涨上来又跌下去的坐升降电梯现象。能够识别个股顶部的空仓投资者就不会在顶部跟风买入，当股价在后市运行于下降趋势时因为没有被套心态自然没有丝毫的影响。因为精通主力庄家的出货技术手法，投资者就不会犯贪婪的错误，所以能够成功地在个股的顶部逃顶。而《主力机构拉升策略与实战手法》一书就是为了帮助逃顶技术欠缺的投资者能够掌握主力庄家在顶部的出货伎俩所为。

投资者如果懂得识别主力庄家在底部建仓吸筹的手法就可成功地在个股的底部区域买进，这样就避免了因为恐惧而出现的踏空。能够识别个股底部的投资者就敢于在市场恐慌之时买入，股价在后市走上升趋势时就会因为已有盈利而心态良好，不会因为踏空或洗筹而弄坏心态。精通主力庄家建仓吸筹手法的投资者就不会因为恐惧而犯了没有买入的踏空错误，更不会在股价运行于上升趋势或下降趋势的中途出现横向平走而左右为难、犹豫不决。

心态上的控制并不是刻意地、被动地、消极地去适应。事实上，不论是贪婪还是恐惧也同样有坏的一面和好的一面。比如：恐惧中好的一面是，当我们面临危险时，因为有恐惧感而诞生了安全意识，因为心中有安全意识即是说有恐惧心理，它可有效促使我们提高警惕，当身处危险境地时就可快速地离开这个险地，这样就起到了转危为安的保护作用。而贪婪同样也有积极的一面，《论语》有云：“饮食男女，人之大欲存焉。”“饮食男女”就是人的本性。人的欲望很多，而在股市中最具有代表性的欲望就是贪财贪利。进入股市实战交易的每一个投资者都是冲着利润而来、为着利润而去。正所谓是“天下熙熙，皆为利来，天下攘攘，皆为利往”。但冲着利润而进入股市的人都是因为贪婪吗？不是的。中国有句古语：“君子爱财，取之有道。”取之有道的财并不是贪婪，而具有企图搏一把的赌徒心态者才是因为贪婪而进入股市交易的。君子爱财取之有道就是金钱欲望中积极性的一面，投资者如果凭着自己精湛的技术获取利润就是取之有道。正是因为希望自己的财富增值，所以在做对交易的前提下，在恰当之时才敢于重仓甚至满仓买入，做对趋势方向而又重仓或满仓者就会赚得盘满钵满。但投资者一定要精通股市中的实战技术，只有在正确地把握价格的运行方向前提下才能“贪婪”地获取利润。在正确的时间里做正确的事情才可成功获利。正确的时间就是时机把握上恰到好处，而怎样正确地做实战交易上的事情就需要投资者有足够的实战技术去应对。拥有实战本领的投资者在处理头寸时才会心中有数、游刃有余。如果能够在正确的时间做正确的事情，则越是“贪婪”者就越成功，就越能够成就辉煌的投资事业，在投资事业上取得的成就才可与股神巴菲特媲美。

人生中，有能力而又有野心者就一定会远远胜于有水平但无进取心者。野心越大所成就的事业就越大，此时才是心态决定一切、态度决定命运。

心态的控制不应仅仅停留在调整情绪之上，而应该再前进一步推进至形成心态的原因之中。例如：恐惧，为什么会在心理上形成恐惧？是因为金钱的损失，而金钱是经过长年累月的艰苦、勤奋工作得来，这些血汗钱是非常来之不易的，所以每一个人都害怕损失。但因为股价的下跌有真正的下跌和虚假的下跌之分，主力庄家在顶部抛光筹码后的下跌是真下跌，主力庄家在拉升推高股价过程中的打压洗筹是假下跌。如果是真的下跌，从趋利避害的人性角度出发当然应该是退出离场，这样就规避了股价下跌的风险。这时的恐惧不但不是阻碍投资者交易成功的绊脚石，而是在为投资者的投资成功保驾护航。因为避免了损失，保证了资金的安全，而资金账户的增值就会在复利的魔力帮助下取得罕见的成绩。正如毛毛雨虽然细小但下得久了也会把大地滋润潮湿一样，细水长流也会积少成多，而在复利效应的放大下将超乎想象地膨胀。复利是成就投资大师地位的秘诀之一。

四、看行情与做交易的六种组合结果

如果股价的下跌是主力庄家的打压洗筹，那么这类型的股价下跌是假跌，恐吓不明真相的持筹者及空仓者。此时持筹者因为恐惧就会将筹码抛售，结果中了主力庄家的奸计。空仓者因为恐惧也不敢买入，从而白白地浪费了机会。俗话说：“机不可失，时不再来。”本来能赚到手的钱却因为恐惧而使煮熟的鸭子飞走了。错失机会不但可惜而且还弄坏了心态，心态一旦浮躁，烦恼就接踵而至，结果影响了后续的操作。

在股市中投资，机会是无限的，但本金有限，所以宁可错过也不可做错。投资者如果明白了这一道理，心态就会平静、就会好起来，就不会因为丧失机会而烦恼。错过机会虽然没有银子进账，但比起做错交易导致的亏损还是要好一个层次，毕竟本金没有丝毫的损失。看对行情又做对交易，则比错失机会又高一个层次。看对行情与做对交易既包括了看到盈利的机会而买入持有，也包括了看到下跌的风险而卖出空仓。

以下就是投资者在实战交易过程中看行情与做交易的六种组合。

(1)看错行情，做错交易。

(2)看错行情，没做交易。

(3)看错行情，做对交易。

(4)看对行情，做错交易。

(5)看对行情，没做交易。

(6)看对行情，做对交易。

看行情就是投资者在实战交易前对价格趋势运行方向的研判、分析。做交易就是投资者实战交易的行动。看错行情、做错交易是实战交易中最低级的错误。看错行情、没做交易虽然没有带来实质的损失，但侥幸躲过一劫的幸运对于未来的实战交易没有任何好处，只有提高实战交易本领才是投资正途。看错行情、做对交易犹如瞎猫撞上死老鼠是运气好的体现，但好运气并不会时常光顾某一个人。看对行情、做错交易是因为技术水平欠缺以及恐惧或贪婪心理作祟造成。看对行情、没做交易是因为恐惧导致的胆怯造成。看对行情、做对交易是言行一致的结果，知行合一是股市赢家的操盘风格。

心态情绪上表现出来的贪婪或恐惧其实也只是一个表象，而表象背后的本质是因为投资者对金钱财富看得过重的原因造成。股市投资中金钱的得失就是看对或看错行情与做对或做错交易的组合结果。看对行情者是因为看盘本领高超，能够看清楚市场的价格运行真相；看错行情者是因为被主力庄家所欺骗。而做对交易或做错交易则是心中的想法付诸行动的具体表现。行动需要有动力，而人的最大动力来源于人性中的欲望。不论是权欲还是金钱欲，都是人性中的其中一种欲望嗜好。所谓“饮食男女”中的“饮食”本身就是金钱的代名词，它是金钱的另一种表现形式。试想：没钱可以在五星级酒店住总统套房、吃山珍海味并享受一流的服务吗？“男女”则是人类繁衍生息之源，但纵欲过度则成了贪色。中医有云：贪色者伤身。

而太过迷恋于金钱就成了贪财。在股市实战交易中，贪财者伤资金账户的本金之“命”。投资实业领域因为产生效益需时较长，比如：开一家实业公司，从投入第一笔资金开始直到产生利润需时很长，而投资于股市如果做对交易则立刻产生利润，所以做实业的积极性比做金融投资要差一些。股市是一个高效率市场，成败体现在一买一卖之间，是盈利还是亏损很快就会得到检验。但因为做投资业的效率高、见效快，所以投资者很容易陷入急功近利、心态浮躁之中。急功近利是投资者群体中的常态，它是心态浮躁的投资者的动力之源，而这个动力之源带来了冲动交易的弊端。

看对和做对需要足够的经验与优秀的技术本领作为基础，投资水平的高低决定投资绩效的优劣，而投资水平有多个层次的境界划分，境界不同的人在实战交易中的收获自然不同。投资者自身的技术特长及弱点与投资思想、理念的综合运用就形成自己的投资风格。比如：有人善于做振荡市势，因为这类型的投资者有灵敏的逆向思维，对相反理论有独到的心得。有人善于做趋势交易，使用追随趋势策略的投资者是因为他对顺势而为有独特的理解。这类型的投资者擅长于这一招，所以在实战交易中就会使用这一招来赚钱。此外有一些全能型交易者不但可以在振荡市势中游刃有余，而且还可以在趋势市中应付自如。每一位投资者都必须结合自己的实际情况，明白自己所擅长的拿手绝活及自己的软肋，然后再结合技术策略就可确定自己的操作方法，这样在实战交易中就可大大提升成功概率。每一个人只有他自己最清楚自己的优点和缺点，正如人们常说的：“世界上最深的地方是海洋，而比海洋还深的就是人的心。”也有人说：“世界上最高的地方是天，但心比天高命如纸薄者多如牛毛。”所以，只有自己才能真正地知道自己的内心世界。由此得出结论：只有自己才能真正地确定自己的投资风格。譬如：某位投资者的投资风格是擅长于做趋势交易，而做振荡交易时却常常在振荡市中阴沟翻船。那么，当确定了自己的投资风格是追随趋势、顺势而为后就采取扬长避短的策略，这样就将潜在的风险消灭于萌芽之中，剩下的就是不断的盈利结果。当价格进入形态构筑的振荡状态时，擅长做趋势交易的投资者就退出，而当股价由形态转为单边趋势运行时再次买入。这样有所为有所不为就进入了有所舍弃自然就会有所得到的“舍得”境界。事实上人无完人，每一个人都不是万能的，每一个人都有其优点也有其弱点。所以避开缺点发挥特长将会做得更好，这也是人生中一些成功者的成功秘诀之一。做投资就是做人，因为股市交易是由人所参与，所以扬长避短也是金融投资中能够取得成功的一种优秀实战策略。

确定自己的投资策略需要从内在心理上分析自己的优缺点，然后结合自己的投资思想、理念及技术本领量身定做出适合自己的实战方法。而每一位投资者的心理都存在着人性中的贪婪、恐惧及犹豫的弱点。如何在实战交易中做到恰如其分地应用，它离不开投资者对人性中由贪婪引起的诱惑及由恐惧所引起的害怕和犹豫所引起的左右为难的深刻理解。

主力庄家在运作个股的过程中，在洗筹阶段的打压是企图激发持筹者的恐慌心理，在筑顶出货环节则企图激发市场空仓者的追涨热情，在底部的建仓吸筹区域是想利用人性中的弱点——恐惧进行恐吓投资者。主力庄家运作个股的整个过程就是与市场参与者进行心理博弈的过程。当主力庄家战胜投资者时，就是在心理上打败了投资者；当投资者成功获利时就是投资者在心理上战胜了其他市场参与者(包括主力庄家)的结果。

人性上的弱点贪婪与恐惧是金融投资实战交易中的头号天敌，在个股的底部区域及拉升推高环节的洗筹阶段，投资者在心理上应采取“反恐”战略指导实战交易。在个股的阶段性高点及筑顶出货环节，投资者在心理上应采取“反贪”战略指导实战交易。当投资者明白了人性的弱点是投资的天敌时，就会在实战交易中做到知己知彼、趋利避害，最终在实战操作中规避了风险从而获得高回报的收益。

第十五章　跟庄投资者在拉升推高环节的实战买入策略

一、针对主力庄家在拉升推高环节中出现的弱点实施跟庄追击策略

主力庄家坐庄运作个股的整个过程是由建仓吸筹环节与拉升推高环节及筑顶出货环节构成的。每一位市场投资者都在尽可能地追求收益最大化，而收益的大小与股价的上涨幅度有关。当投资者买入后股价的涨幅越高，收益就越大；涨幅越小，收益就越少。从主力庄家运作个股的全程来分析，个股上的最大上涨幅度就是从建仓吸筹环节中的最低价量度至筑顶出货环节中的最高价之间的距离。从主力庄家的立场出发，投资者在跟庄操作上若要达到收益上的最大化就必须买在主力庄家建仓吸筹环节的最低价处，然后卖在筑顶出货环节的最高价处。但建仓吸筹环节中的最低价通常只出现一次，从买入成功概率上来说，买中最低价的概率极小。市场上有一句名言："底部是一个区域而不是某一个最低价。"事实上的确如此。投资者如果能够做到在主力庄家的建仓吸筹环节中买入，这已经是跟庄操作中的上乘境界。实际上，在主力庄家建仓吸筹的底部区域买入并不是难事，投资者只需掌握《主力机构建仓策略与实战手法》一书中的方法就可以轻易做到。投资者在实战交易买入时只需通过观察主力庄家在建仓吸筹环节的操盘手法，分析主力庄家的持仓数据并测算出主力庄家的建仓成本，就可得知当时的股价是否处于主力庄家的建仓成本区域之中，在特殊情况下甚至可买在主力庄家的建仓成本之下。这样市场跟庄者就可达到利润最大化的目的。

但是市场上大部分个股的走势都是与大盘指数的方向基本一致的，虽然在运行过程中有的个股强于大盘指数，有的个股与大盘指数同步，有的个股弱于大盘指数。当大盘指数在筑底时，大部分个股也在筑底；大盘指数运行于上升趋势中途，大部分个股也运行在拉升推高中途；而大盘指数在筑顶，大部分个股也进入筑顶环节。出现以上这些结果是因为大盘指数是个股的加权平均形成。从上面的分析中我们得到了一些有用的实战启示，那就是：如果市场上的投资者错过了在个股的建仓吸筹筑底环节买入的机会，虽然最佳的实战买点时机已错过，市场跟庄者的收益已无法达到最大化，但是还有很多次佳的买入点位可供市场跟庄者选择。主力庄家在个股的拉升推高环节中就暴露出很多这样的次佳买入点位。市场上的跟庄者如果懂得主力庄家在拉升推高环节中的这些软肋，就可以趁机攻击主力庄家，从主力庄家的碗里“抢”到美味的肥肉。而主力庄家为了尽可能使他自己的收益最大化，就必须在拉升推高股价环节尽可能地大幅度拉高。市场投资者基于主力庄家的利益而买入筹码的行为是主力庄家极不情愿但又无可奈何无法阻止的事情。将主力庄家的拉升推高股价环节进一步细分可得出以下阶段：

(1)拉升推高股价环节中的初始阶段。

(2)拉升推高股价环节中的中途阶段。

(3)拉升推高股价环节中的末尾阶段。

以上，将主力庄家的整个拉升推高股价环节划分出初始阶段、中途阶段及末尾阶段后，我们就可以从理论上得出：凡是在拉升推高股价环节的初始阶段及中途阶段买入者，都有一段或长或短的利润，而在末尾阶段买入者则凶多吉少。拉升推高环节中的初始阶段与主力庄家的建仓吸筹环节相连，当股价构筑完底部区域后朝上突破上涨的第一个单边上升波段就是拉升推高环节中的初始阶段。而拉升推高环节中的上升中继形态区域与拉升推高股价环节里的中途阶段相对应，当股价有效跌穿主力庄家在拉升推高环节运作中形成的上升趋势底线后，如果后市又形成朝下推动结构，且股价无法跟上下跌过程中所形成的下降趋势线时，这就是拉升推高股价环节中的上升终结转折拐点。

因为个股的基本面不同、主力庄家的资金实力不同、大盘指数环境不同等多方面的原因，主力庄家在个股上建仓吸筹后进入拉升推高股价环节运作时推升股价的上涨幅度有大、有中、有小。如果主力庄家重仓个股且大盘环境条件许可，则拉升的幅度通常达到最大级别；主力庄家的控筹达到中等级别而大盘环境及个股基本面较好，则上升幅度通常达到中等程度级别；那些短庄主力坐庄的个股，升幅通常在小级别范围之内。测算主力庄家的拉升幅度大小除了可以使用技术理论进行量度外，还须重点结合主力庄家的控筹程度轻重、资金实力大小、个股基本面的优劣及市场人气的冷暖来综合权衡才可作出较为准确的评估。

评估、预测股价后市的上涨幅度永远都存在着误差，区别只是误差的大小。有丰富实战经验者及技术水平高者预测的误差就较低，而欠缺经验者及技术火候不够者的预测水平就差很多。那么，是否有一种技术策略方法可以弥补预测、评估上的不足呢？答案是“有”。它就是使用实战买卖策略来规避风险获取收益。主力庄家在拉升推高股价过程中采取的主要拉升推高模式手法有五大类型。这五大类型分别是：

(1)单边独立模式拉升推高股价手法。

(2)单边+平台模式拉升推高股价手法。

(3)单边+回调模式拉升推高股价手法。

(4)单边+平台及回调复合模式拉升推高股价手法。

(5)单边+上升中继形态模式拉升推高股价手法。

投资者只需掌握以上五大类型主力庄家拉升推高模式手法的实战策略就可以在跟庄操作过程中做到：如果机会出现就买入坐轿、骑马，如果风险出现就卖出离场。

二、单边独立模式拉升推高股价手法跟庄实战交易策略

主力庄家的每一种拉升推高股价手法都有不同的特征，在跟庄实战交易过程中需根据不同的拉升推高手法采取不同的买入策略，这样才可达到

具体情况具体处理的对症下药作用。也只有对症下药才可收到药到病除的良好效果。

单边独立模式拉升推高股价手法在K线价格走势上的特征是：

(1)股价从底部区域一口气单边拉升推高至顶部区域。

(2)股价上涨中途只有整理没有形态调整。

(3)主力庄家的洗筹时间是所有拉升推高股价模式手法中最短的。

(4)因为上升梯度很陡，主力庄家有时在日内洗筹打压股价时形成的下影线幅度较长，在当天即时走势上的盘中跌幅通常达到3.33%以上，即下影线的振幅达到一根中阴K线的范围或以上。

单边独立模式拉升推高股价手法的实战买入策略如下：

实战买入策略一：根据主力庄家的单边独立模式拉升推高股价手法在K线价格走势上的特征及它所隐含的技术含义得出：投资者在跟庄实战时首先作出该波股价走势的上升趋势线，当股价下跌至该上升趋势线处获得支撑后就买入做多；如果后市股价有效击穿该上升趋势线则止损离场。此时的该根上升趋势线成了市场投资者的跟庄实战技术信号参照线。如果股价能够在该上升趋势线处获得支撑并站稳，那么此时的买入价将会是股价后续升势中的最低价区域。采用此种实战策略就可买在低价区域，在主力庄家使用单边独立模式拉升推高股价手法过程中也只有这种买入策略才可买在最低价区域。这是由主力庄家的拉升推高手法的特点决定的。该种买入策略正确实施的前提条件是：必须能够确定出主力庄家在个股上的拉升推高手法是单边独立模式拉升推高股价手法。

实战买入策略二：根据主力庄家的单边独立模式拉升推高股价手法在技术走势上的特征及它所隐含的技术含义得出：投资者在跟庄实战时可使用移动平均线中的7天均线代替该波股价走势所形成的上升趋势线，当股价下跌至7天移动平均线处获得支撑后就买入做多；如果后市股价有效击穿该根7天均线则止损离场。此时，该根7天移动平均线成了市场投资者跟随主力庄家操作的技术参照信号。市场跟庄者如果买入正确，股价后市就会朝上运行。万一买错，则在股价有效击穿该根7天移动平均线时止损离场。这样，投资者通过严格的止损就可达到规避风险保住本金的目的。为什么选择 7 天移动平均线作为买卖依据而不是选择 5 天移动平均线或 10 天移动平均线？原因是笔者曾经使用计算机统计了大量的单边独立模式拉升推高股价手法的个股 K 线图表后得出：通常情况下，主力庄家在使用单边独立模式拉升推高股价手法推升股价过程中都有一次甚至是多次的击穿 5 天均线的动作出现。因为 5 天均线是市场投资者习惯性设置的均线，主力庄家击穿该根 5 天均线就可起到清洗市场浮筹的目的。如果在单边上涨的个股中使用 5 天均线作为实战买卖的技术参照线就会遇到大量的虚假骗线技术信号，而选择 7 天均线则可以过滤大多数的虚假信号。如果选择 10 天均线因为过于远离单边上涨形成的 K 线排列最低价，这样就产生了股价在日内洗筹时的最低价没有下跌至 10 天均线就止跌反升，跟庄的投资者如果等待股价下跌至该根 10 天均线处再买入就会错失大量的买入机会。而使用 10 天均线进行止损又过于宽松，有违投资者实战交易过程中的严格止损原则。

图 76 是 000625 长安汽车包括 2008 年 9 月 11 日至 2009 年 3 月 25 日在内的日 K 线图。

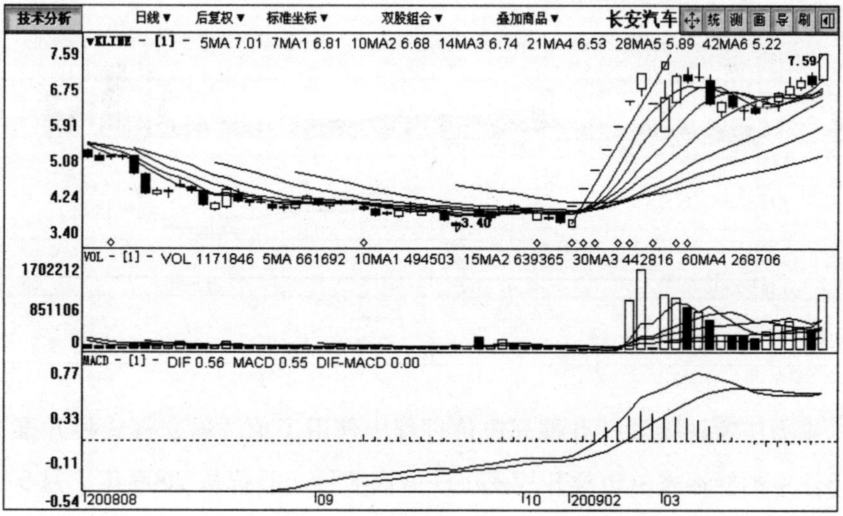

图 76

主力庄家在该波拉升推高股价过程中使用了单边独立模式拉升推高股价手法中的极端式单边拉升战术手法做高股价。股价从 2009 年 2 月 16 日至 2009 年 2 月 20 日期间以涨停板一字线的方式朝上攻击。跟庄实战的投资者此时可作出该波股价走势的上升趋势线，该根上升趋势线既是实施买入做多的参照依据，又是止损或止盈卖出的参照线。

当股价在该上升趋势线的上方运行，空仓的投资者就可买入做多；而持筹者一旦看到股价朝下击穿该根上升趋势线就清仓离场。

综上所述，投资者只需按照单边独立模式拉升推高股价手法跟庄实战交易策略中的技术进行买入操作，就可在后市与主力庄家分享利润蛋糕。

图 77 是 600648 外高桥包括 2008 年 11 月 5 日至 2009 年 2 月 4 日在内的日 K 线图。

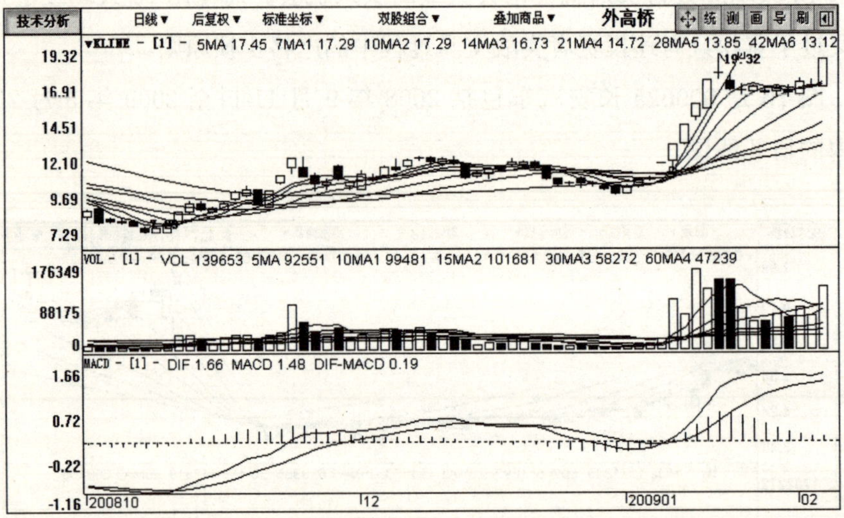

图 77

主力庄家在该波拉升推高股价过程中使用了单边独立模式拉升推高股价手法中的极端式单边拉升战术手法做高股价。股价从 2009 年 1 月 9 日至 2009 年 1 月 14 日期间以涨停板大阳线的方式朝上攻击。跟庄实战的投资者此时可作出该波股价走势的上升趋势线，该根上升趋势线既是买入做多的技术参照线，又是卖出做空的技术参照线。

当股价靠近该上升趋势线时，空仓的投资者就可买入做多；而持筹者一旦看到股价朝下击穿该根上升趋势线就卖出筹码离场。

由以上分析可知，投资者只需按照单边独立模式拉升推高股价手法跟庄实战交易策略中的技术进行实战操作，就可成功在中途“上车”，并获取一笔可观的利润。

图 78 是 000559 万向钱潮包括 2008 年 11 月 7 日至 2009 年 2 月 9 日在内的日 K 线图。

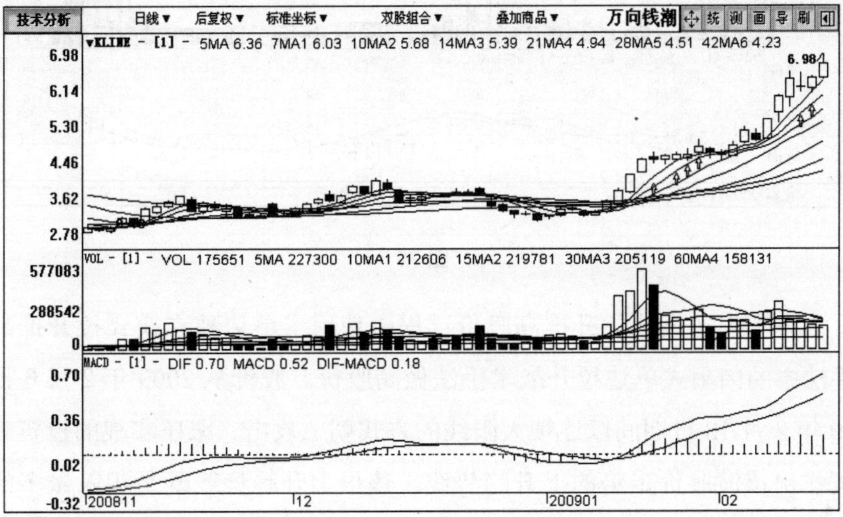

图 78

主力庄家在该波拉升推高股价过程中使用了单边独立模式拉升推高股价手法中的凶狠式单边拉升战术手法做高股价。股价从 2009 年 1 月 12 日至 2009 年 1 月 15 日期间以连续大阳线的方式朝上攻击。跟庄实战的投资者此时可使用 7 天均线作为买入或卖出的技术参照线，当股价在 7 天均线的上方运行就逢低买入做多；如果股价朝下击穿 7 天均线就卖出筹码清仓离场。

综上所述，投资者只需按照单边独立模式拉升推高股价手法跟庄实战交易策略中的技术进行实战操作，就可成功追涨买入做多。

图 79 是 000608 阳光股份包括 2008 年 12 月 15 日至 2009 年 2 月 23 日在内的日 K 线图。

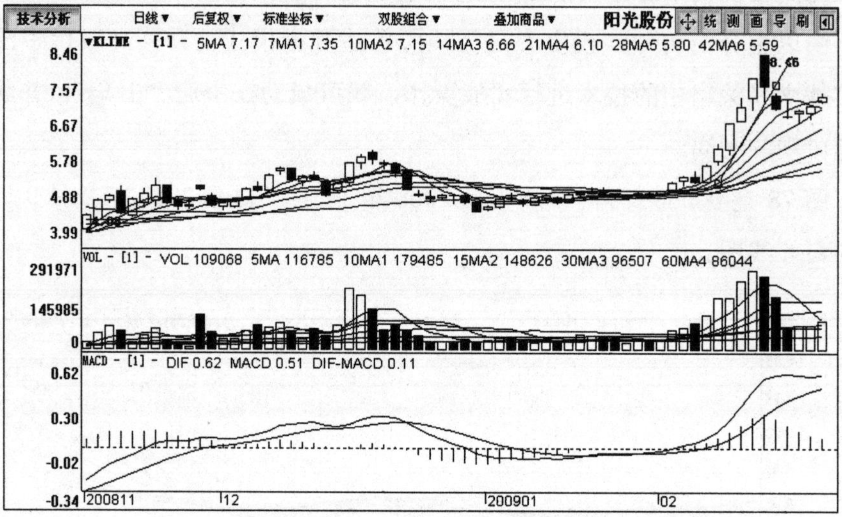

图 79

主力庄家在该波拉升推高股价过程中使用了单边独立模式拉升推高股价手法中的凶狠式单边拉升战术手法做高股价。股价从 2009 年 2 月 6 日至 2009 年 2 月 12 日期间以连续大阳线的方式朝上攻击。跟庄实战的投资者此时可作出该波股价走势的上升趋势线，该根上升趋势线既是买入做多的技术参照线，又是卖出做空的技术参照线。

当股价在该上升趋势线上获得支撑后，空仓的投资者就可买入做多；而持筹者如果看到股价朝下击穿该根上升趋势线就清仓离场。

综上所述，跟庄的投资者只需按照单边独立模式拉升推高股价手法跟庄实战交易策略中的技术进行实战操作，就可在主力庄家拉升股价的过程中成功追涨买入做多。

图 80 是 000533 万家乐包括 2008 年 10 月 13 日至 2008 年 12 月 10 日在内的日 K 线图。

主力庄家在该波拉升推高股价过程中使用了单边独立模式拉升推高股价手法中的稳健式单边拉升战术手法做高股价。股价从 2008 年 11 月 10 日

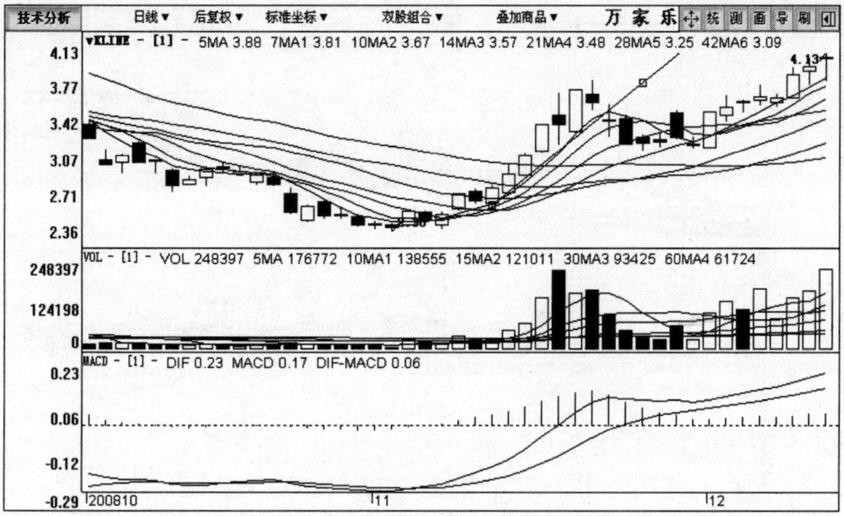

图 80

至 2008 年 11 月 19 日期间以中、大阳线间中夹杂一根阴线的方式朝上运行。市场投资者此时可作出该波上涨行情的上升趋势线，当股价在该上升趋势线上获得支撑后，空仓的投资者就可买入做多；而持筹者一旦看到股价朝下击穿该根上升趋势线就卖出手中筹码离场。

综上所述，跟庄的投资者只需按照单边独立模式拉升推高股价手法跟庄实战交易策略中的技术进行实战操作，就可成功追涨买入做多。

图 81 是 000550 江铃汽车包括 2009 年 1 月 19 日至 2009 年 3 月 25 日在内的日 K 线图。

主力庄家在该波拉升推高股价过程中使用了单边独立模式拉升推高股价手法中的稳健式单边拉升战术手法做高股价。股价从 2009 年 3 月 13 日至 2009 年 3 月 23 日期间以中、大阳线间中夹杂一根阴线的方式朝上攻击。跟庄实战的投资者此时可使用 7 天均线作为买入或卖出的技术参照线，然后按照单边独立模式拉升推高股价手法跟庄实战交易策略中的技术进行实战操作，当股价在 7 天均线的上方运行就可逢低买入做多；如果股价朝下击穿 7 天均线就卖出筹码清仓离场。

结果，按此策略操作的投资者成功在主力庄家拉升股价的过程中追涨

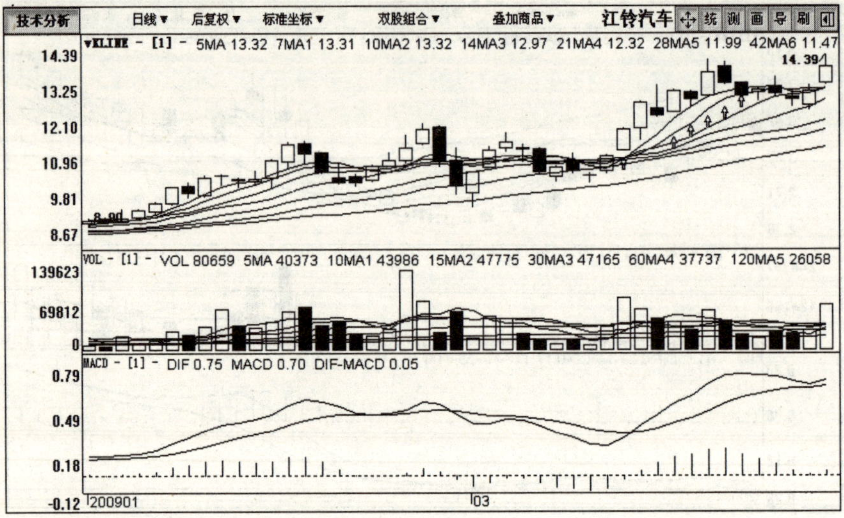

图 81

买入做多。

图 82 是 000560 昆百大 A 包括 2008 年 12 月 19 日至 2009 年 2 月 27 日在内的日 K 线图。

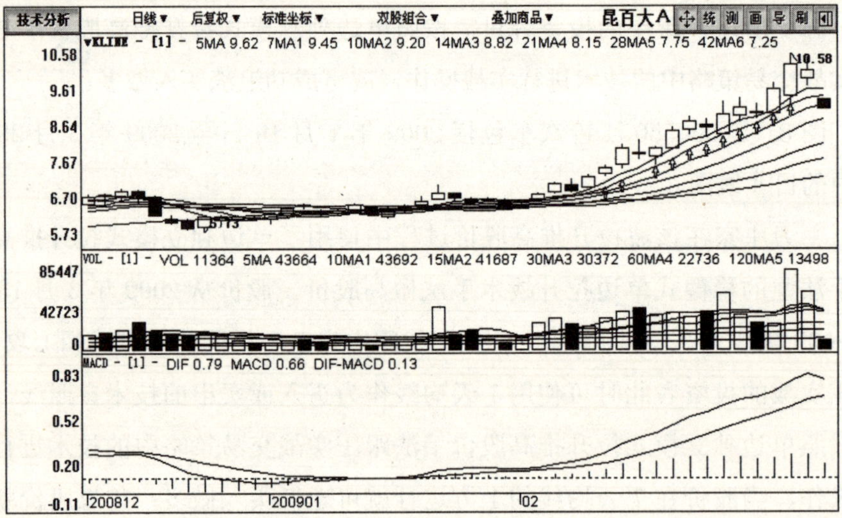

图 82

主力庄家在该波拉升推高股价过程中使用了单边独立模式拉升推高股价手法中的温和式单边拉升战术手法做高股价。从 K 线图表上可观察到：股价从 2009 年 2 月 3 日至 2009 年 2 月 25 日以中、大阳线夹杂小 K 线的方式朝上运行。跟庄实战的投资者此时可使用 7 天均线作为买入或卖出的技术参照线，当股价在 7 天均线上方运行就逢低买入做多；如果股价朝下击穿 7 天均线就卖出清仓离场。

综上所述，跟庄的投资者只需按照单边独立模式拉升推高股价手法跟庄实战交易策略中的技术进行实战操作，就可成功追涨买入做多。

图 83 是 000573 粤宏远 A 包括 2008 年 12 月 11 日至 2009 年 2 月 18 日在内的日 K 线图。

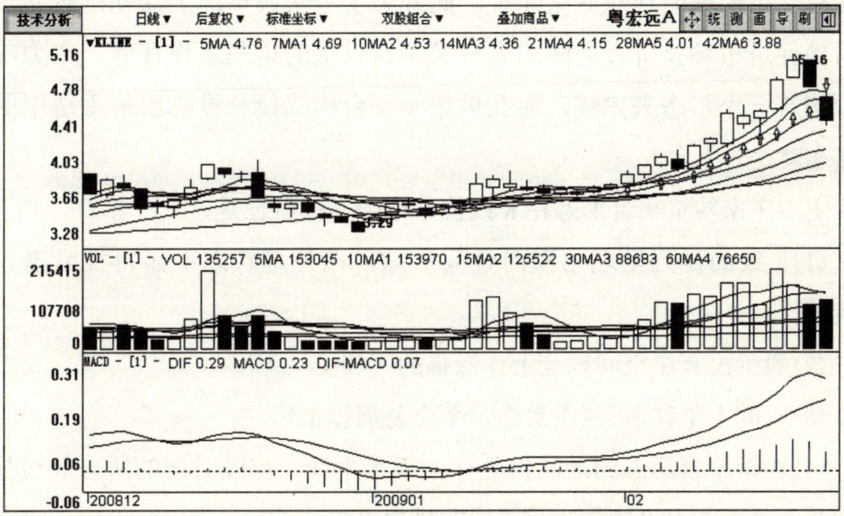

图 83

主力庄家在该波拉升推高股价过程中使用了单边独立模式拉升推高股价手法中的温和式单边拉升战术手法做高股价。从 K 线图表上可观察到：股价从 2009 年 1 月 23 日至 2009 年 2 月 16 日以中、大阳线夹杂小 K 线的方式拉升。跟庄实战操作的投资者此时可使用 7 天均线作为买入或卖出的技术参照线，然后按照单边独立模式拉升推高股价手法跟庄实战交易策略中的技术进行操作，当股价在 7 天均线的上方运行就可逢低买入做多；如果股价朝下击穿 7 天均线就卖出筹码离场。

结果，按此策略操作的投资者成功在主力庄家拉升股价的过程中追涨买入做多。

三、单边 + 平台模式拉升推高股价手法跟庄实战交易策略

主力庄家在拉升推高股价过程中除了使用单边独立模式拉升推高股价手法外，还可使用单边 + 平台模式拉升推高股价手法做高股价。主力庄家的每一种拉升推高股价手法都有它独有的特征。单边 + 平台模式拉升推高股价手法就是主力庄家将股价拉抬至一定的幅度后，由于累积的获利盘较多主力庄家需要进行洗筹，与此同时为了降低拉升成本，主力庄家也必定会在有一定的账面利润后做差价。此外为了夯实股价的上涨基础也必须采取措施促进市场投资者之间的充分换手。以上的这些运作任务，主力庄家必须构筑一个形态来完成，而在单边 + 平台模式拉升推高股价手法中的这个形态就是“平台”。

主力庄家构筑平台形态在 K 线价格走势上的特征是：

(1)K 线的排列呈现出横向叠列状态，在外形状态上显得很紧凑、很密实。

(2)股价没有在空间幅度上作深幅的下挫。

(3)时间上平移多天(通常在一个交易周以上)。

(4)在该平台形态的最高价处作一根水平线，该段时间的所有 K 线最高价都基本是以该水平线作为分界线在横向平走。

单边 + 平台模式拉升推高股价手法的实战交易策略如下：

根据主力庄家的单边 + 平台模式拉升推高股价手法在 K 线价格走势上的特征及它所隐含的技术含义得出：市场上的跟庄投资者只需在平台形态的 K 线价格最高价处作出一根水平线。该根水平线在技术分析上就是股价转入横向平走构筑平台后形成的顶边阻力线，当投资者作出该根水平阻力线后，后市股价如果有效朝上突破该根水平阻力线就买入做多。如果后市股价在突破该根水平阻力线后再次击穿该根由阻力身份演变为支撑身份的

水平线时则止损离场。此时的该根水平线成了市场投资者在跟随主力庄家操作过程中的跟庄实战技术信号参照线。股价能够突破该根水平线的压制就使用突破买入策略做多，与此同时该根水平线也是市场跟庄者在买入后的止损信号参照线。

市场上的跟庄投资者如果错失了在股价底部区域买入的机会，那么就可以在主力庄家的拉升中途买入。如果投资者确定了主力庄家的拉升推高股价手法是单边+平台模式拉升推高股价手法，市场投资者只需使用上述的这种大道至简的“一根线”买入策略就可以将主力庄家的阴险毒辣骗线手段消弭于无形。

当然，投资者在主力庄家的单边+平台模式拉升推高股价手法中也可以在平台形态之前的单边上涨走势中使用前文所述的单边独立模式拉升推高股价手法实战买入策略跟庄操作。至此，一旦主力庄家使用单边+平台模式拉升推高股价手法运作个股时，市场投资者就可以随时寻找到买入点位进行实战交易。此时的市场投资者已具有全天候的作战能力。

图84是600210紫江企业包括2008年12月13日至2009年2月13日在内的日K线图。

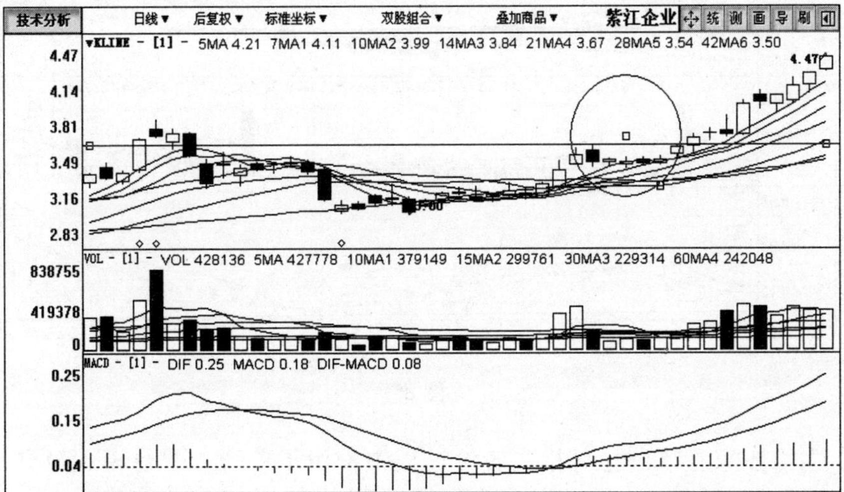

图84

主力庄家在该波拉升推高股价过程中使用了单边 + 平台模式拉升推高股价手法做高股价。从 K 线图表上可观察到：主力庄家在 2009 年 1 月 14 日至 2009 年 1 月 16 日以单边独立模式拉升推高股价手法将股价推升 11.64%的幅度后转入横向平走平台形态构筑。该平台形态共构筑 6 个交易日。在平台形态成形后，跟庄实战的投资者此时可作出该平台形态的水平阻力线，该根水平阻力线既是买入做多的技术参照线又是卖出做空的技术参照线。当股价有效朝上突破平台形态的水平阻力线时，投资者就可买入做多。如果股价在后市下破该水平阻力线则清仓离场。

综上所述，跟庄的投资者只需按照单边 + 平台模式拉升推高股价手法跟庄实战交易策略中的技术进行实战操作，就可在主力庄家拉升股价的中途成功买入做多。

图 85 是 600160 巨化股份包括 2008 年 12 月 13 日至 2009 年 2 月 13 日在内的日 K 线图。

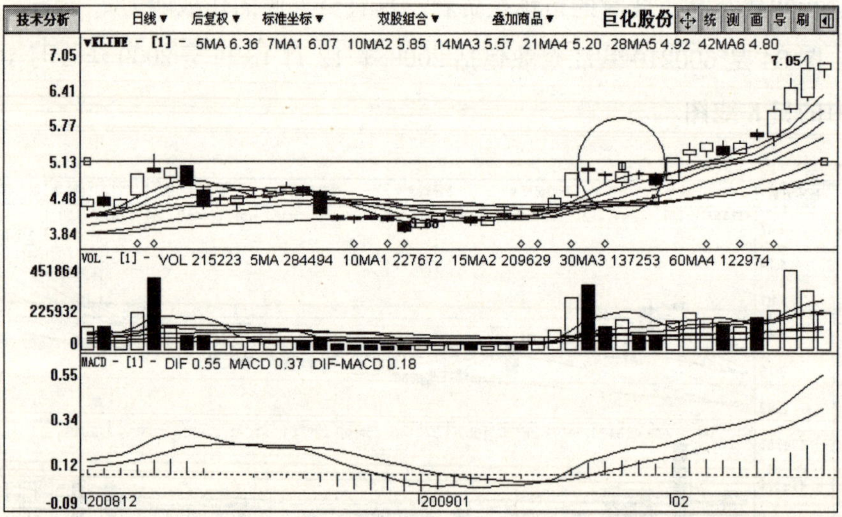

图 85

主力庄家在该波拉升推高股价过程中使用了单边 + 平台模式拉升推高股价手法做高股价。主力庄家在 2009 年 1 月 9 日至 2009 年 1 月 19 日期间使用单边独立模式拉升推高股价手法推升 23.33%的上涨幅度后转入横向平走平台形态构筑。当该平台形态成形时，投资者此时可利用该平台形态的最高价为端点作一根水平阻力线，然后使用单边+平台模式拉升推高股价手法跟庄实战交易策略中的技术进行实战操作，当股价朝上有效突破平台形态的水平阻力线时就买入做多；如果股价后市下破该水平阻力线则卖出筹码离场。

结果，按此策略操作的投资者成功在主力庄家拉升股价的中途买入做多。

图 86 是 600111 包钢稀土包括 2008 年 12 月 8 日至 2009 年 2 月 23 日在内的日 K 线图。

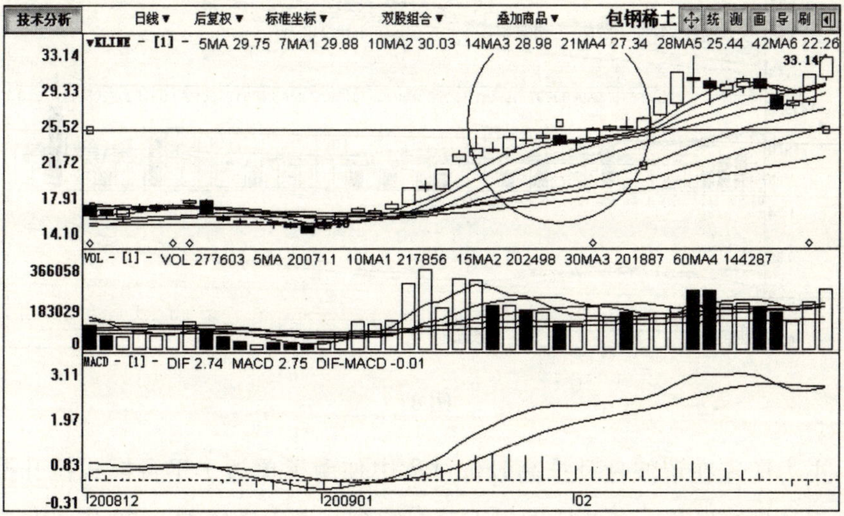

图 86

主力庄家在该波拉升推高股价过程中使用了单边+平台模式拉升推高股价手法做高股价。从 K 线图表上可观察到：主力庄家在 2009 年 1 月 5 日至 2009 年 1 月 20 日使用单边独立模式拉升推高股价手法推升 72.93%的上涨幅度后转入横向平走平台形态构筑。该平台形态共构筑 5 个交易日。在平台形态成形时投资者可作出它的水平阻力线，该根水平阻力线身肩双重任务，第一重任务是担当买入做多技术参照线，当股价朝上突破水平阻力线时空仓者就可买入做多；第二重任务是担当卖出做空技术参照线，当股价在后市下破该水平阻力线时持筹者就可卖出手中筹码离场。

综上所述，跟庄的投资者只需按照单边+平台模式拉升推高股价手法跟庄实战交易策略中的技术进行实战操作就可成功在主力庄家拉升股价的中途逢股价突破买入做多。

图 87 是 600202 哈空调包括 2008 年 12 月 8 日至 2009 年 2 月 19 日在内的日 K 线图。

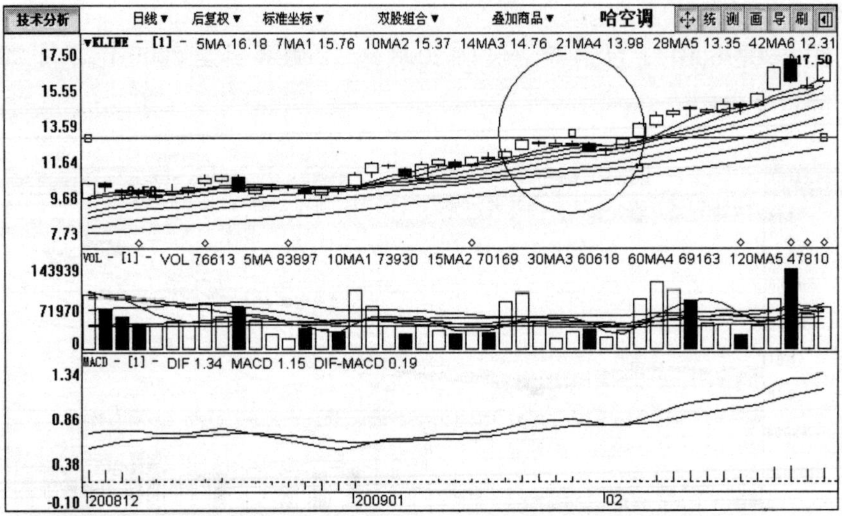

图 87

主力庄家在该波拉升推高股价过程中使用了单边+平台模式拉升推高股价手法做高股价。从 K 线图表上可观察到：主力庄家在 2009 年 1 月 5 日至 2009 年 1 月 19 日使用单边独立模式拉升推高股价手法将股价推升 26.76%的上涨幅度后转入横向平走平台形态构筑。该平台形态共构筑 6 个交易日。在平台形态成形后，跟庄实战的投资者此时可作出该平台形态的水平阻力线，然后按照单边+平台模式拉升推高股价手法跟庄实战交易策略中的技术进行实战操作，当股价有效朝上突破平台形态的水平阻力线时就可买入做多；如果后市股价下破该水平阻力线就卖出手中筹码离场。

结果，按此策略操作的投资者成功在主力庄家拉升股价的中途买入做多。

图 88 是 002027 七喜控股包括 2008 年 10 月 17 日至 2009 年 2 月 4 日在内的日 K 线图。

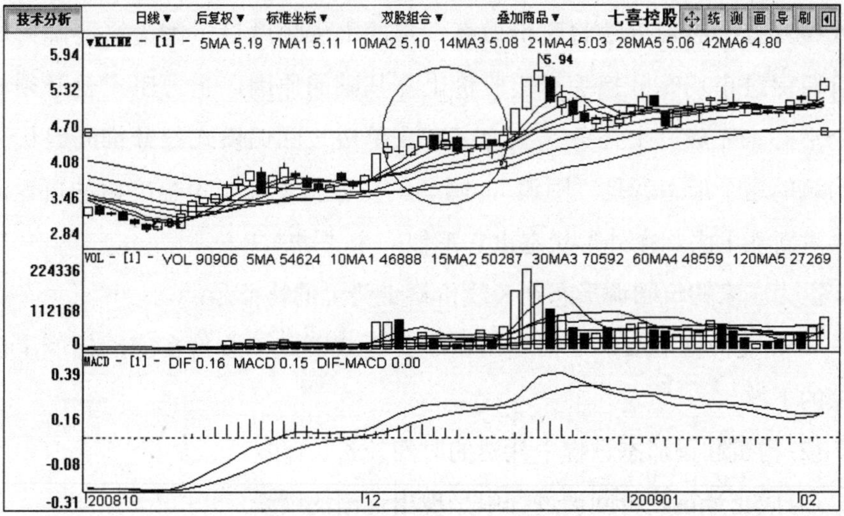

图 88

主力庄家在该波拉升推高股价过程中使用了单边 + 平台模式拉升推高股价手法做高股价。从 K 线图表上可观察到：主力庄家在 2008 年 12 月 1 日至 2008 年 12 月 4 日使用单边独立模式拉升推高股价手法将股价推升 16.67%的上涨幅度后转入平台形态构筑。该平台形态共构筑了 9 个交易日。在平台形态成形时投资者就可作出它的水平阻力线，然后按照单边 + 平台模式拉升推高股价手法跟庄实战交易策略中的技术进行实战操作，当股价有效朝上突破平台形态的水平阻力线时就可买入做多；如果后市股价下破该水平阻力线就卖出手中筹码离场。

结果，按此策略操作的投资者成功在主力庄家拉升股价的中途买入做多。

四、单边 + 回调模式拉升推高股价手法跟庄实战交易策略

主力庄家在拉升推高股价过程中除了使用单边独立模式拉升推高股价

手法及单边 + 平台模式拉升推高股价手法外，可使用单边 + 回调模式拉升推高股价手法做高股价。主力庄家的每一种拉升推高股价手法都有它独有的特征，而单边 + 回调模式拉升推高股价手法就是主力庄家使用单边独立模式拉升推高股价手法将股价做高一定的上涨幅度后，因为需要洗筹、做差价及促进市场充分换手夯实股价上涨基础的原因，主力庄家就必须构筑一个形态来完成以上任务。主力庄家在单边 + 回调模式拉升推高股价手法中构筑的这个形态就是“回调”，回调就是股价上涨一定幅度后的折返，然后再重新涨上去，在外形状态上它形似一个“坑”。

主力庄家构筑回调形态在K线价格走势上的特征是：

(1)K线价格上涨一定幅度后出现折返式下跌，股价在空间幅度上出现较深的下挫。

(2)构筑回调形态过程中耗费的时间较长。

(3)成交量在股价回调过程中呈现出逐渐的缩量。

(4)股价在回调下跌到位后出现止跌企稳的动作。

(5)股价在回调下跌到位后返身朝上的变化通常是渐变。

单边 + 回调模式拉升推高股价手法的实战交易策略如下：

根据主力庄家的单边 + 回调模式拉升推高股价手法在K线价格走势上的特征及它所隐含的技术含义得出：市场上跟庄操作的投资者在跟随主力庄家使用单边 + 回调模式拉升推高股价手法操作的过程中，首先需确定股价在回调下跌过程中是否已下跌到位。股价在回调下跌过程中如果下跌到位后就会出现止跌企稳的动作，而且这个止跌企稳的动作通常出现在以下几种情形上。

(1)股价回调下跌至前一波上涨幅度的黄金分割价位上出现止跌企稳的动作。

(2)股价回调下跌至前一波上涨幅度的百分比价位上出现止跌企稳的动作。

(3)股价回调下跌至重要的移动平均线上获得支撑而出现止跌企稳的动作。

(4)股价回调下跌至重要的上升趋势线上获得支撑而出现止跌企稳的动作。

(5)股价回调下跌至前期走势的密集成交区域上获得支撑而出现止跌企稳的动作。

(6)股价回调下跌至前期走势的阶段底部低点区域上获得支撑而出现的止跌企稳动作。

投资者在跟庄实战交易过程中，当主力庄家使用单边+回调模式拉升推高股价手法运作时，股价进入回调下跌的调整状态。当股价下跌至具有支撑力度的点位上并出现止跌企稳的动作后，如果股价朝上突破该波短期下跌形成的短期下降趋势线时就可使用逢低吸纳买入策略做多。股价调整到位后止跌企稳的动作就是在支撑价位上出现一系列的向好K线组合。在实战中后市万一股价击穿这个支撑价位则止损清仓离场，使用严格的止损策略就可降低主力庄家操纵股价的风险。市场跟庄者利用船小好调头的优势就可紧紧咬住主力庄家的后腿不放，最终与主力庄家分一杯羹。

此外，投资者在主力庄家的单边+回调模式拉升推高股价手法中也可以在回调形态之前的单边上涨走势中使用前文所述的单边独立模式拉升推高股价手法实战买入策略跟庄操作。至此，在主力庄家使用单边+回调模式拉升推高股价手法运作的任一个阶段，市场上的投资者都可以找到合适的买入点位介入。从此踏空风险，与熟悉主力庄家操盘手法的投资者无缘。

图89是000878云南铜业包括2006年11月17日至2007年2月18日在内的日K线图。

股价经过一个波段的上涨后，于2007年1月29日收出一涨幅3.67%的中阳K线，接着在随后的一个交易日低开低走，当天收盘价及最低价都比前一根中阳K线低。该根中阴线的下跌幅度为3.4%，并且这两根K线的组合在即时走势上已形成后一个波峰低于前一个波峰、后一个波谷低于前一个波谷的短期下降趋势排列。至此股价已露出了将走短期下降趋势的真容。果然，在该波短期下降趋势中股价向下调整的幅度达14.56%，直至2007年2月5日收一根小阳线，涨幅2.89%。该根小阳线与前一个交易日所收的中

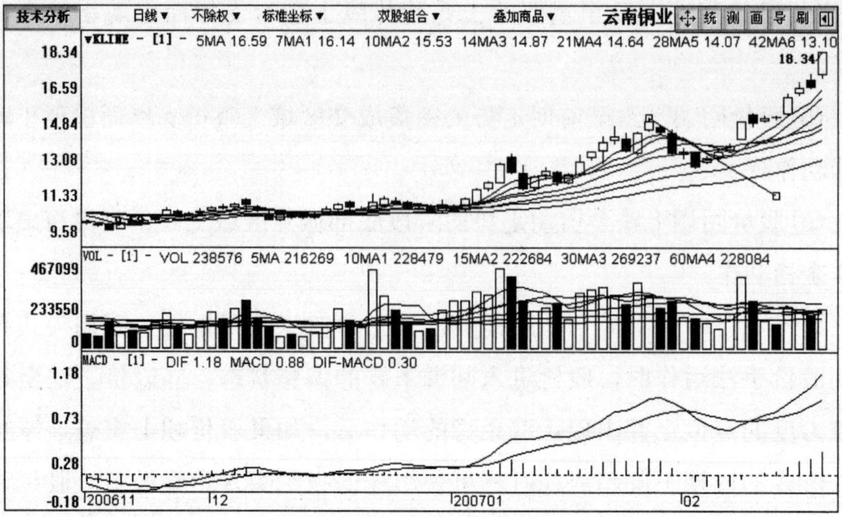

图 89

阴线构成孕线组合。孕线组合在K线理论中如果是出现于一波上升趋势之后，则预示着后市看淡；如果是出现于一波下降趋势之后，则预示着后市股价止跌反升。接着在2007年2月5日与2007年2月6日这两个交易日都收出上升的小阳线，并且这两根K线形成即时走势上的短期上升趋势排列。因为2月6日的最低价高于2月5日的最低价，而2月6日的价格升越2月5日的最高价时，即已形成即时走势上的短期上升趋势排列。此时，股价完成了由回调下跌到止跌企稳再到股价转头上升的转变。所以，只需将该阶段性底部作为止损点位，当跌穿该阶段性底部时止损卖出。当有了这道风险保护机制后，就敢于在2007年2月6日突破2月5日的最高价时买入持有。当天最高价13.55元，收盘价13.48元，上涨幅度2.43%。

主力庄家构筑的调整形态：该股创出阶段性高点后转入调整形态构筑，股价在空间幅度上跌幅很深，中途没有出现反弹，股价回调下跌至第三天所收的一根小阳线也只不过是一根下跌中继K线。而在较大跌幅之后出现了止跌的K线组合，接着返身朝下运行再次步入上升趋势。由此得出：主力庄家在此构筑了一个折返式回调形态。

成交量方面：股价在回调形态构筑过程中，成交量呈现出缩量之势。而在阶段性顶部区域，成交量则放出了近段时期的大量。该股中的大成交量对应着股价高点，而缩量对应着股价的低点，由此得出：量价配合较为理想。

均线技术方面：5 天、7 天均线由原先的上升转入朝下运行，当 5 天均线即将触及 21 天均线时，被 21 天均线更大的助涨力度扭转，朝下势头从而转为朝上运行，而 5 天均线的重新朝上预示着股价已调整到位，一波新的上升趋势已开始。在整个回调形态构筑期间，14 天、21 天、28 天、42 天均线呈现出良好的上升趋势多头排列，反映出目前股价正运行在中期上升趋势。

实战买入策略：经过以上的综合分析后，跟庄者可使用单边 + 回调模式拉升推高股价手法跟庄实战交易策略进行操作。当股价止跌企稳获得支撑时，在设置好止损点的前提下就可买入做多。

结果，股价后市朝上运行。

图 90 是 600635 大众公用包括 2006 年 11 月 18 日至 2007 年 2 月 26 日在内的日 K 线图。

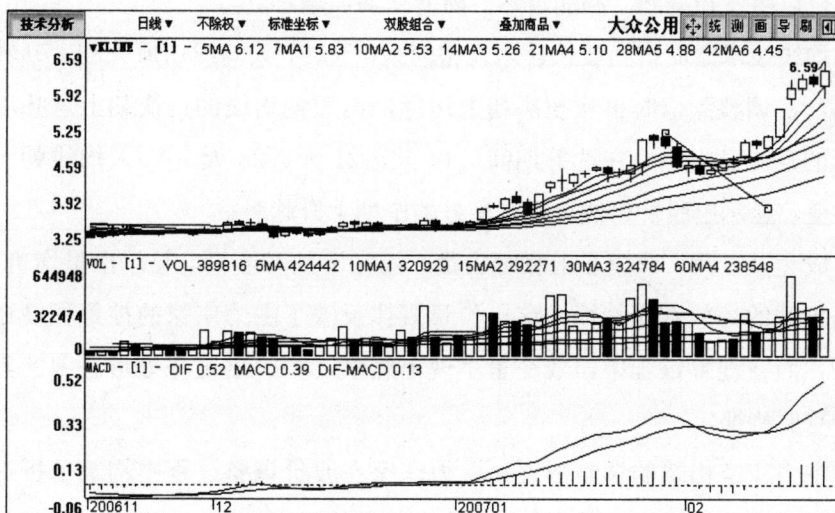

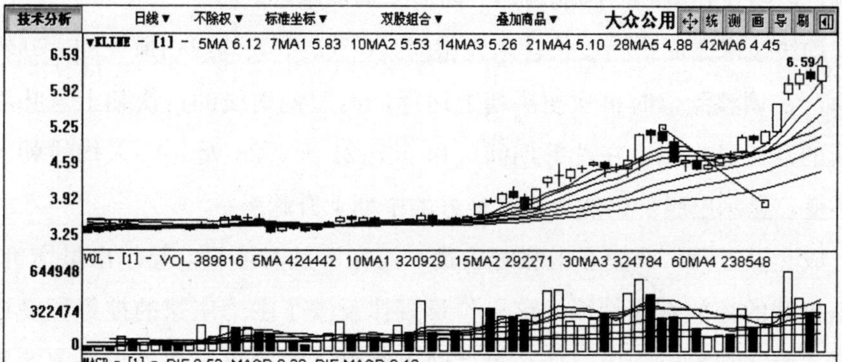

图 90

股价经过一波大幅度的上涨之后，因为涨幅可观，在这个上涨过程中积累了很多获利浮筹，所以必须进行一次力度较大的洗筹。在2007年1月29日创下阶段性高点后收一根假阴线，原因是当天开盘时高开然后低走，但收盘价仍然高于昨天的收盘价。实质上，该根K线当天的涨幅为0.2%。在接下来的一个交易日，该股低开低走收一根小阴线，跌幅2.15%，该根K线的收盘价和最低价都比前一根K线低，而最高价又没有越过前一根K线的最高价。这样在即时走势上就构成了短期的下降趋势排列，这样的走势预示着股价已进入短期的调整下跌走势之中。接着在随后的四个交易日，股价的下跌幅度共达12.5%，但第四个交易日的最低价并没有跌穿前一个交易日的最低价。在2007年2月5日收出一根小阳线，该根小阳线与前一交易日的阴线构成腹中胎的孕线组合，至此股价已显现出止跌信号。在2007年2月6日收一根涨幅3.07%的阳线，该根阳K线与2007年2月5日的小阳线构成即时走势上的短期上升趋势组合排列。当股价升越2月5日该根小阳线的最高价时就可买入持有。当天最高价4.74元，收盘价4.7元，上涨幅度3.07%。在实施买入操作时首先要设置好止损点位，而这里的止损点位就是以该阶段性底部的最低价作为止损点，万一有意外就止损退场，这样就可以将亏损截断，利润自然会随着交易而增加。

均线技术方面：当股价转入调整时，5天、7天均线由原先的上升转为下降，在调整到位时再次扭头朝上运行，而短期均线的再次朝上意味着一波新的升势已来临。在洗筹期间，14天、21天、28天、42天均线朝上方向不变，显示出股价仍然运行在良好的中期上升趋势。

成交量方面：该股在上涨时放量，而在下跌时缩量，显示出量增价升、量缩价跌的缩放有序规律。这一价量规律反映了主力庄家的控筹程度还相当好。而在洗筹过程中，成交量呈现出缩量之势，这是洗筹形态中的其中一个重要特征。

主力庄家构筑的调整形态：主力庄家在股价调整过程中构筑了折返式回调形态洗筹，从K线图表上可以非常清楚地看出来。

实战买入策略：通过以上的综合分析，跟庄的投资者可使用单边+回调模式拉升推高股价手法跟庄实战交易策略进行操作。当股价止跌企稳获得支撑时，在设置好止损点的前提下可逢低吸纳买入做多。

结果，股价后市上升。

图 91 是 600138 中青旅包括 2006 年 9 月 11 日至 2006 年 12 月 20 日在内的日 K 线图。

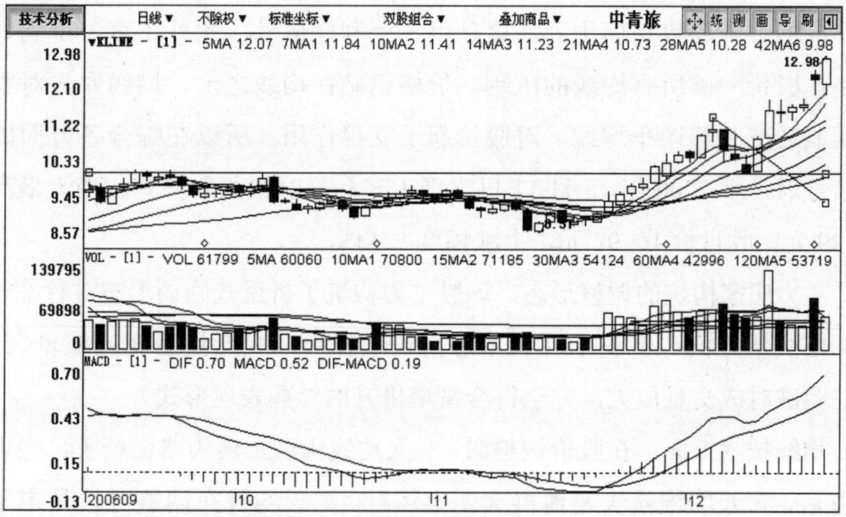

图 91

主力庄家将股价拉升一波后，因为上升幅度较大累积了不少短线获利盘，必须进行洗筹，为以后股价的更上一层楼做好准备，因为洗筹的最终结果是为了拉升。股价于 2006 年 12 月 5 日收出一根涨幅 1.36%的螺旋桨阳 K 线，螺旋桨 K 线出现在一个波段的末期，预示了股价已升至买方力量与卖方力量的平衡点处。股价的上涨是因为买力大于卖力，而一旦进入买卖力度平衡状态，则因为买力的逐渐衰竭从而出现卖力开始增大，最终打破这个买卖力度的平衡。当卖力大于买力时，股价就会下跌。在随后的一个交易日收一根中阴线，该根中阴线的最低价、收盘价都已吞没了前一根螺旋桨小阳线，并且对应着的成交量也在放大，反映出当天有很多恐慌盘涌出。在接下来的两个交易日连收两根倒锤头阴线，但成交量柱却是一根柱子比一根柱子低，显示出抛压已逐渐减少。此时只需以 2006 年 12 月 5 日的最高价 11.5 元及 2006 年 12 月 7 日的最高价 11.06 元为端点作一根短期下降趋势线，当股价朝上突破该短期下降趋势线时就买入做多。

股价于 2006 年 12 月 11 日突破调整形态中的短期下降趋势线，这是其中的一个利好信号。而股价当天上升超越前一个交易日的倒锤头小阴线的最高价，这种情况的出现在即时走势上就可以明显地看到：股价已构成了同方向的上升趋势短期排列，这是另一个利好信号。此外还有一个利好信号是：股价突破所有均线的压制。价格已站在均线之上，均线原先对股价的压制转变为移动平均线，对股价起了支撑作用。所以在综合各方面的买入信号后，于 2006 年 12 月 11 日出现上述利好时就买入持有。当天最高价 10.99 元，收盘价 10.92 元，上涨幅度 8.11%。

主力庄家构筑的调整形态：该股主力构筑了折返式回调形态进行洗筹。

成交量方面：在整个回调形态构筑过程中，成交量呈现出缩量之势。而在突破时成交量放大，完全符合量增价升的经典表现形式。

均线技术方面：在股价调整时，5 天均线由朝上转为略微朝下，当调整到位后，5 天均线就快速地再次朝上运行。7 天均线在调整时只是走平，10 天、14 天、21 天、28 天、42 天均线在调整期间朝上方向及上升角度都没有丝毫改变，间接反映出该股的表现较为强势。

实战买入策略：经过以上综合分析后，投资者可使用单边 + 回调模式拉升推高股价手法跟庄实战交易策略进行操作。当股价朝上突破调整以来的短期下降趋势线时买入做多。结果，股价在后市朝上运行。

图 92 是 600785 新华百货包括 2006 年 10 月 12 日至 2007 年 1 月 22 日在内的日 K 线图。

股价经过一波大幅度的拉升后，主力庄家随即转开了洗筹形态的构筑，该股主力使用了回调形态进行洗筹。在 2006 年 12 月 22 日收出一根涨幅 6.36%的中阳线，当天收盘价 10.7 元。接着的一个交易日低开于 10.67 元，然后低开低走收一小阴线，跌幅 2.24%。这根阴线与前一根中阳线构成了孕线组合，这个孕线组合的技术含义是：在一个波段的末端出现时，后市看

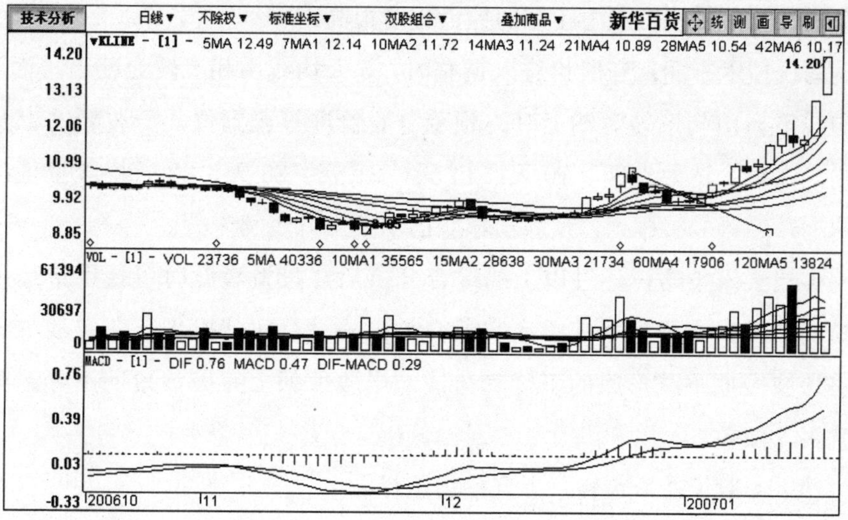

图 92

淡。果然股价由此进入了一波短期的下跌，下跌幅度共达 7.75%。在 2006 年 12 月 29 日收出一根小十字星线，接着的一个交易日收一根倒锤头小阴线，这两根小阴线的波动幅度极窄，说明短期的成交很冷淡，而主力庄家洗筹的目的就是将短线浮筹清洗干净。是否清洗干净在洗衣服时是目视污渍是否已清除，而在股市的洗筹中是否清洗干净浮筹的其中一个指标就是成交不活跃甚至冷清。由原先的成交活跃到不活跃的过程就是洗筹的过程。将这两根小阴线的最高价与最低价分别进行比较得出：它们已构成了即时走势上的短期上升趋势排列，这预示了股价的调整已止跌，而且拐头朝上的征兆已出现。接着在 2007 年 1 月 5 日收一根光头光脚的小阳线，涨幅 2.23%，但该根小阳线的收盘价(也是最高价)却没有超越前一交易日的倒锤头小阴线的最高价。在 2007 年 1 月 8 日开盘后最低价没有创出新低而股价又越过前两天的小锤头阴线的最高价时，投资者在做好止损的前提下可买入做多。

主力庄家构筑的调整形态：该股主力庄家在这次调整中构筑了折返式回调形态洗盘。

成交量方面：该股在洗筹期间成交量呈现出缩量之势，而在股价上升时量增价升，反映出主力庄家的控盘程度很高。

均线技术方面：在股价进入调整时，5 天均线由朝上转为朝下，而当 5 天均线重新由朝下转为朝上时，预示着股价洗筹已到位，一波新的上升已来临。在整个洗筹期间，10 天、14 天、21 天、28 天、42 天均线呈现出良好的上升趋势多头排列，反映出该股的中期上升趋势未变。

实战买入策略：通过以上的综合分析后，投资者此时可使用单边 + 回调模式拉升推高股价手法跟庄实战交易策略进行实战操作。在实战中只需作出该波短期下跌形成的下降趋势线，当股价朝上突破该短期下降趋势线时就买入做多。

结果，股价在后市转入上升趋势运行。

图 93 是 600218 全柴动力包括 2008 年 10 月 8 日至 2009 年 2 月 13 日在内的日 K 线图。

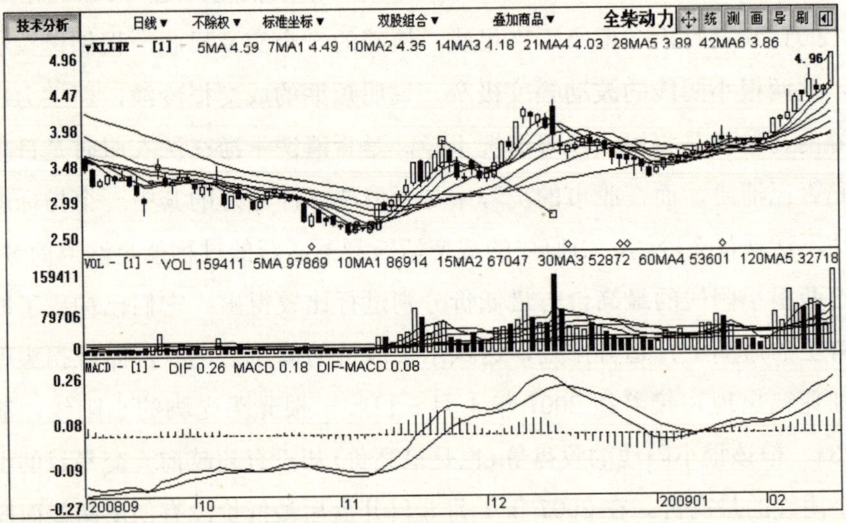

图 93

主力庄家在该波拉升推高股价过程中使用了单边 + 回调模式拉升推高股价手法拉抬股价。从 K 线图表上可观察到：主力庄家在 2008 年 11 月 7 日至 2008 年 11 月 21 日期间使用单边独立模式拉升推高手法将股价推升

41%的上涨幅度后转入回调形态构筑。股价于 2008 年 11 月 21 日形成阶段高点，接着股价下跌，于 2008 年 12 月 1 日探出阶段底部低点，并且在该阶段底部低点处出现了三根横向平走排列的止跌 K 线组合。当股价止跌企稳后，跟庄实战的投资者此时就可作出该波调整下跌走势形成的短期下降趋势线，当股价朝上突破该短期下降趋势线时的压制就可买入做多。

综上所述，跟庄的投资者只需按照单边 + 回调模式拉升推高股价手法跟庄实战交易策略中的技术进行实战操作，就可在主力庄家拉升股价的中途趁调整到位之机逢低吸纳买入做多。

五、单边 + 平台及回调复合模式拉升推高股价手法跟庄实战交易策略

单边 + 平台及回调复合模式拉升推高股价手法是主力庄家在拉升推高环节中经常采用的其中一种推升股价手法。主力庄家的每一种典型拉升推高股价手法都有它的独特功效及外观特征，而单边 + 平台及回调复合模式拉升推高股价手法就是主力庄家使用单边独立模式拉升推高股价手法将股价做高一定的上涨幅度后，主力庄家为了完成清洗市场浮筹、做差价、促进市场充分换手的任务而采取构筑较为复杂的复合形态的手段来达到其利益目的。主力庄家在单边 + 平台及回调复合模式拉升推高股价手法中构筑的较为复杂的复合形态就是平台及回调复合形态。这个平台及回调复合形态实质上就是单边 + 平台模式拉升推高股价手法中的“平台”及单边 + 回调模式拉升推高股价手法中的“回调”的组合。这个组合在 K 线价格走势上的表现既可以是平台在先回调在后，也可以是回调在先而平台在后。

主力庄家构筑平台及回调复合形态在 K 线价格走势上的特征是：

(1) 价格单边上涨后先出现平台形态然后出现回调形态，或先出现回调形态然后出现平台形态。除此之外，不会出现其他的形态。这是形态出现的先后顺序特征。

(2) 股价在单边上涨后出现较深幅度的下挫，这里的“较深幅度的下

挫”表现为：先深幅下挫再横盘或者是先横盘再出现较深幅度的下挫。这是空间幅度出现下挫的先后顺序特征。

(3)因为主力庄家构筑了平台及回调形态组合，所以耗费的时间较长。

(4)在单边+平台模式拉升推高股价手法中出现的平台特征也会出现在单边+平台及回调复合模式拉升推高股价手法的平台中。

(5)在单边+回调模式拉升推高股价手法中出现的回调特征也会出现在单边+平台及回调复合模式拉升推高股价手法的回调中。

单边+平台及回调复合模式拉升推高股价手法的实战交易策略如下：

根据主力庄家的单边+平台及回调复合模式拉升推高股价手法在K线价格走势上的特征及它所隐含的技术含义和长期的实战经验得出：市场上跟庄操作的投资者在跟随主力庄家使用单边+平台及回调复合模式拉升推高股价手法操作的过程中，首先需确定平台及回调复合形态中的排列顺序。如果是回调在先平台在后，那么就以单边+平台模式拉升推高股价手法中的实战交易买入策略为做多依据，投资者只需使用单边+平台模式拉升推高股价手法一节中的实战交易策略买入做多即可。如果是平台在先回调在后，那么就以单边+回调模式拉升推高股价手法中的实战交易买入策略为做多依据，投资者只需使用单边+回调复合模式拉升推高股价手法一节中的实战交易策略买入做多即可。

实际上，单边+平台及回调模式拉升推高股价手法是单边+平台模式拉升推高股价手法与单边+回调模式拉升推高股价手法的组合。

投资者在主力庄家的单边+平台及回调复合模式拉升推高股价手法中，也可以在平台及回调复合形态之前的单边上涨走势中使用前文所述的单边独立模式拉升推高股价手法实战买入策略跟庄操作。这样，在主力庄家使用单边+平台及回调复合模式拉升推高股价手法运作的任一个阶段，市场上跟庄操作的投资者都可以确定合适的买入点位做多。当投资者懂得主力庄家的操盘手法后就一跃成为全能型交易者。

图94是600222太龙药业包括2006年11月19日至2007年2月12日在内的日K线图。

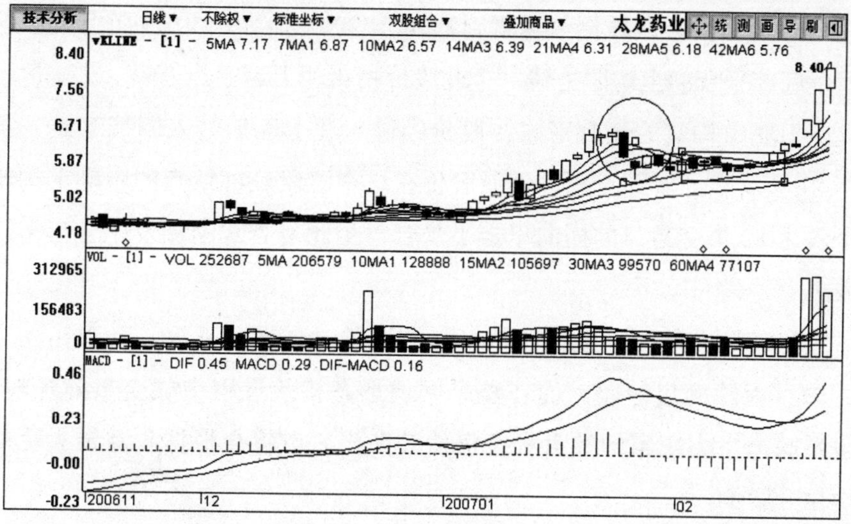

图 94

主力庄家将股价拉升一大波后，于 2007 年 1 月 24 日形成一个阶段高点后，随即转入洗筹形态构筑，用以清洗该波大升时进入的短线获利盘。在该阶段高点收出一根螺旋桨小阳 K 线，这根带有上、下影线的螺旋桨 K 线所代表的意义是：上有压力下有支撑，即多空力量达到了暂时的平衡。而股价先前的一大波上升是买力远强于卖力的结果。当股价不断上升后，多方的动能不断被消耗，而累积的获利盘随着股价的不断走高而越来越多，当收出上有压力下有支撑的该根小阳线时，市场上买、卖两方的力量已逐渐出现换位，由原先的买力大于卖力进入到了买力等于卖力的状态。而当那些短线获利盘看到股价不能再次上攻时，就会兑现利润离场，此时股价就开始下跌。果然在收出螺旋桨后的第二个交易日，股价即开始大幅下跌收出一根跌幅达 8.54%的大阴线，紧接着股价再次大跌 3.93%收一根中阴 K 线，然后股价转入横向平走的形态构筑之中。股价共横向平走 12 个交易日，在这个阶段底部的横向平走形态构筑过程中主力庄家于 2007 年 2 月 1 日使用了诱空手法击穿前阶段低点的最低价，造成技术上的假破位，但当天击穿当天收回，且收盘价重回横向平走小平台的重心区域。至此，主力庄家构筑空头陷阱用以清洗持股者的图谋已在收盘时大白于天下。接着股价在这个平台重心区域继续整理，股价于 2007 年 2 月 14 日向上突破这个阶段小底部平台的上边阻力线，至此股价拐头朝上运行。

主力庄家构筑的调整形态：股价经过一波上涨后转入回调下跌，当下跌至 21 天均线处时即止跌，然后股价在这个阶段底部低点的中轴上构筑了一个长达 12 个交易日的横向平走小平台，至此复合式回调及平台形态跃然图表之上。

成交量技术方面：股价在转入回调下跌时是无量下跌，反映出主力庄家并未有大肆抛售筹码，而在整个回调形态构筑过程中成交量缩量较好，这也反映出主力庄家的控盘程度仍然较高，后市将会根据收益最大化的需要而拉升股价。

均线技术方面：在股价进入调整时，5 天均线由原先的朝上运行转入下跌，反映了股价已进入调整形态的构筑之中。当股价进入构筑阶段底部小平台时，5 天均线也由朝下转为走平。从 5 天均线的均价成本堆积上可看到：股价已止跌，并且多空力量已达到了暂时的平衡。而 5 天均线的重新翘头朝上就意味着股价洗筹结束，一波新的升势已到来。在整个洗筹形态构筑期间，21 天、28 天、42 天中期均线朝上方向未变，说明股价仍然运行在中期上升趋势。

实战买入策略：经过以上综合分析后，投资者可使用单边 + 平台及回调复合模式拉升推高股价手法跟庄实战交易策略进行操作，投资者可在股价突破横向平走小平台的顶边阻力线时买入做多。

结果，股价后市朝上运行。

图 95 是 000513 丽珠集团包括 2006 年 4 月 8 日至 2007 年 1 月 22 日在内的日 K 线图。

该股经过一个波段的上涨后随即进入调整形态构筑，股价在 2006 年 12 月 20 日形成一个阶段高点收出一根螺旋桨假小阳线后，接着就展开了一波回调下跌的短期下行趋势。该螺旋桨假阳线的形成原因是：当天低开盘但收盘价高于开盘价，而当天的收盘价却低于昨天的收盘价。实质上，该根假螺旋桨阳线当天的跌幅为 0.9%，在接下来的 8 个交易日股价都在短期下

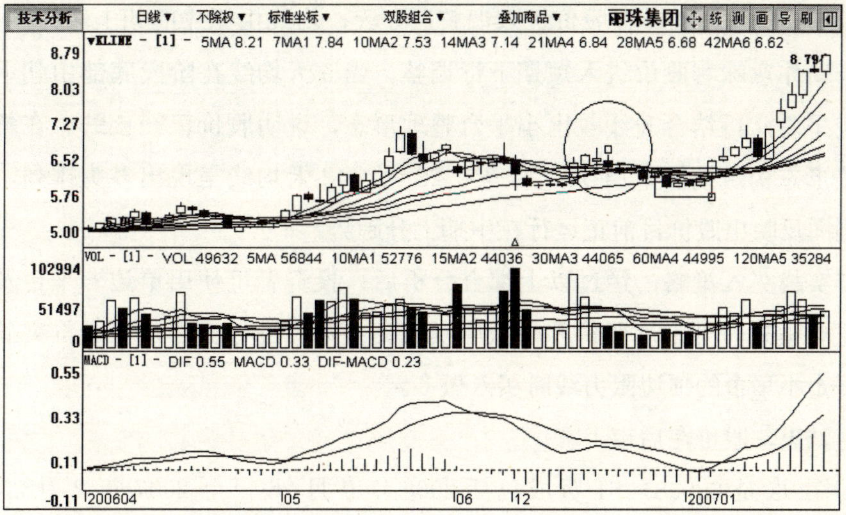

图 95

降趋势线的压制之下运行。在此期间股价下跌的幅度共达 8.53%。投资者只需以 2006 年 12 月 21 日该根 K 线的最高价作为第一个参照点，再以 2006 年 12 月 26 日该根 K 线的最高价作为第二个参照点，然后作一根短期下降趋势线就会清楚地看到股价运行在该根短期下降趋势线的压制之下。而在下一步的实战中，股价必须突破该根短期下降趋势线才考虑买入做多。结果在 2007 年 1 月 5 日股价上涨 2.16%，收盘价已突破该根短期下降趋势线的压制，这是第一个有利于做多的信号。事实上，在前两个交易日股价已经止跌并形成一个小平台盘整形态，而股价在 2007 年 1 月 8 日向上突破该小平台的阻力线，至此股价已开始拐头朝上运行。

主力庄家构筑的调整形态：股价经过一个波段的上涨后，接着展开一波短期的下跌，然后在阶段底部低点处构筑一个小平台。由此可见：主力庄家构筑了一个复合式回调及平台形态。

成交量技术方面：在整个回调及平台洗筹形态构筑过程中，成交量呈现出缩量之势。缩量是洗筹的其中一个重大特征，而该股的成交量缩量非常有规律，它间接反映了主力庄家的控筹程度很高，主力庄家还有大量的货未卖出，由此推理出后市股价必然还会再次拉升。

均线技术方面：在股价进入调整后5天，均线由原先的朝上转为朝下，这一动作意味着股价进入短期下行调整。当5天均线在阶段底部由朝下转为走平时，再结合K线收出小平台整理形态，说明股价已经止跌。在整个调整形态构筑期间，14天、21天、28天、42天均线呈现出多头排列，也从侧面反映出股价目前正运行在中期上升趋势。

实战买入策略：经过以上综合分析后，投资者可使用单边+平台及回调复合模式拉升推高股价手法跟庄实战交易策略进行操作，在股价突破横向平走小平台的顶边阻力线时买入做多。

结果，股价在后市上涨。

图96是600381 ST贤成包括2006年9月26日至2007年2月23日在内的日K线图。

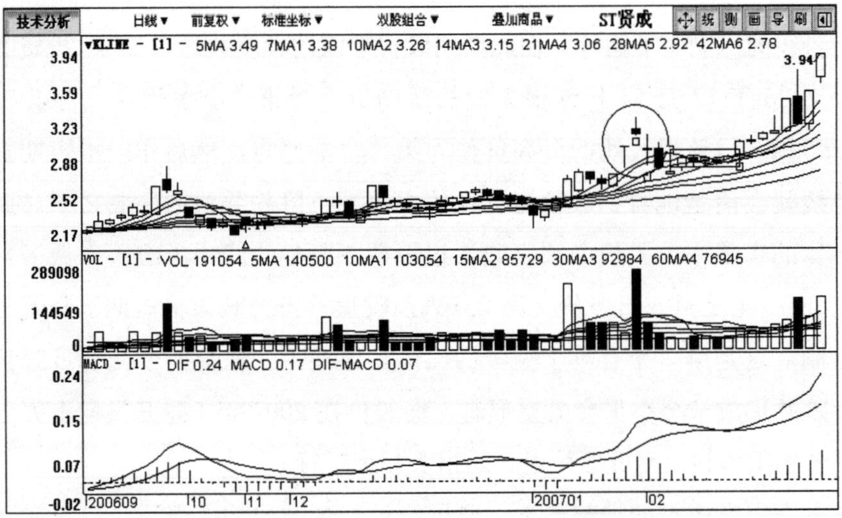

图96

该股经过一波上升后，于2007年1月31日形成一个阶段性高点，当天收一根较长上影线的射击之星K线。该根K线的最高价3.33元。虽然该根K线为阴K线，但是它是一根假阴线。因为当天跳高开盘而收盘价低于开盘价造成了这一假象。实质上，当天上涨幅度为4.29%。这种情况的出现为我们提供了一个活生生的例子，在分析、看盘时一定要认真、细心，绝不能粗心大意将一些重要细节忽略。这根假阴线下面所对应的成交量柱也是假阴量柱，事实上，它应该是一根收红的阳量之柱。股价经过回调下跌后的第三天再次收一较短上影线的射击之星K线。该K线是一根假阳线。因为低开盘然后高收盘的缘故，其对应着的成交量柱是假阳量柱子。此次的假阳K线与上次的假阴K线刚好相反，并且与阶段性高点及阶段性低点这两个极端端点相对应。股价在回调下跌至前一个平台处获得支撑后，于2007年2月6日收一根中阳线，当天升幅4.67%，至此股价的回调低点已探出来。接着股价在前阶段低点处作了一个为期5天的横向平走平台整理，最后股价于2007年2月13日向上突破该平台的水平阻力线，至此股价已开始拐头朝上运行。

主力庄家构筑的调整形态：主力庄家在该波调整中构筑了复合式回调及平台形态洗筹。

均线技术方面：当股价回调至14天均线处时获得支撑，在横盘5天后股价重新突破所有短、中、长期均线的压制，此时，5天、10天、14天、21天、28天、42天均线层层重叠构成了根基扎实的强力支撑。而在洗筹期间，14天、21天、28天、42天均线仍然呈现出良好的上升趋势多头排列，反映出该股的中期上升趋势未变。

成交量方面：股价于2007年1月31日形成阶段性高点，当天所对应的成交量柱也是该股近段时间以来的巨量。通常情况下，阶段性高点必然对应于成交量巨量，而在随后进入洗筹形态构筑时，成交量缩至近段时间以来的地量水平。由天量至地量，往往预示着主力庄家的洗筹即将结束。

实战买入策略：经过以上综合分析后，跟庄的投资者可使用单边+平台及回调复合模式拉升推高股价手法跟庄实战交易策略买入持有。结果，股价在后市出现上涨。

图97是600784鲁银投资包括2006年11月2日至2007年1月26日在内的日K线图。

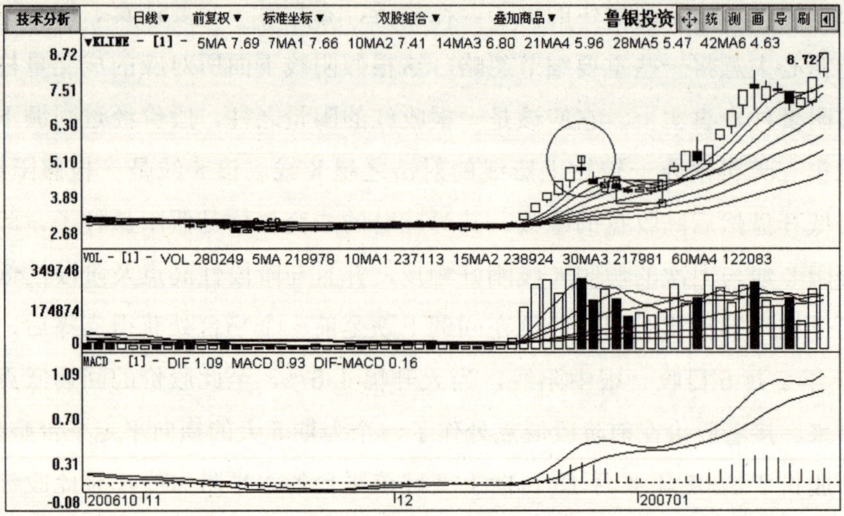

图 97

该股经过一波拉升后，于 2006 年 12 月 25 日收出一根螺旋桨阴 K 线，螺旋桨阴 K 线出现在一波单边上涨的末端往往预示着后市向淡，随后股价果然回调下跌。在回调下跌的第三天收出一根低开高走的小阳线，升幅 1.38%，接着再连续下跌两天。2006 年 12 月 28 日与 2006 年 12 月 29 日这两天的 K 线虽然连续下跌，但在 K 线组合排列上，2006 年 12 月 29 日的该根小阴 K 线的最低价是 4.05 元，而 2006 年 12 月 28 日的这根 K 线的最低价是 4.03 元。就是说，12 月 29 日的该根 K 线收盘虽然下跌，但它的最低价没有创出回调下跌以来的新低，而这两根 K 线构成了整理型 K 线组合。由此反映出股价的短期下跌已告一个段落，股价最起码已暂时止跌。果然股价从 2006 年 12 月 29 日至 2007 年 1 月 5 日这三个交易日中都是在作横向平走的小平台构筑，随后在 2007 年 1 月 8 日股价向上突破该盘整小平台的水平阻力线，至此股价开始拐头朝上运行。

主力庄家构筑的调整形态：股价在回调过程中止跌后，在回调下跌的阶段性底部构筑了一个小平台。在 2007 年 1 月 5 日已可清晰地看到：主力庄家在此构筑了一个回调及平台形态洗筹。

成交量技术方面：股价在见到阶段性高点时，伴随着价格的成交量柱同样创出阶段性的高点，而在回调下跌洗筹过程中，成交量柱同样呈现出缩量之势。成交量呈现出缩量之势是洗筹的其中一个重要特征。

均线技术方面：当股价下跌调整至10天均线处时，受到10天均线的支撑而止跌，然后股价进入横盘状态，直至14天均线上来。此时不论是支撑还是助涨力度14天均线都比10天均线的力度大。当14天均线上来后托住股价的“屁股”，最终将股价助推上去。在整个洗筹调整期间，10天、14天、21天、28天、42天均线呈现出良好的上升趋势多头排列，反映出股价目前正运行在中期上升趋势。

实战买入策略：经过以上综合分析后，投资者可使用单边+平台及回调复合模式拉升推高股价手法跟庄实战交易策略实战操作，在股价朝上突破小平台的上边阻力线时买入做多。

结果，股价在后市涨势中升幅可观。

图98是000026飞亚达A包括2006年11月13日至2007年2月16日在内的日K线图。

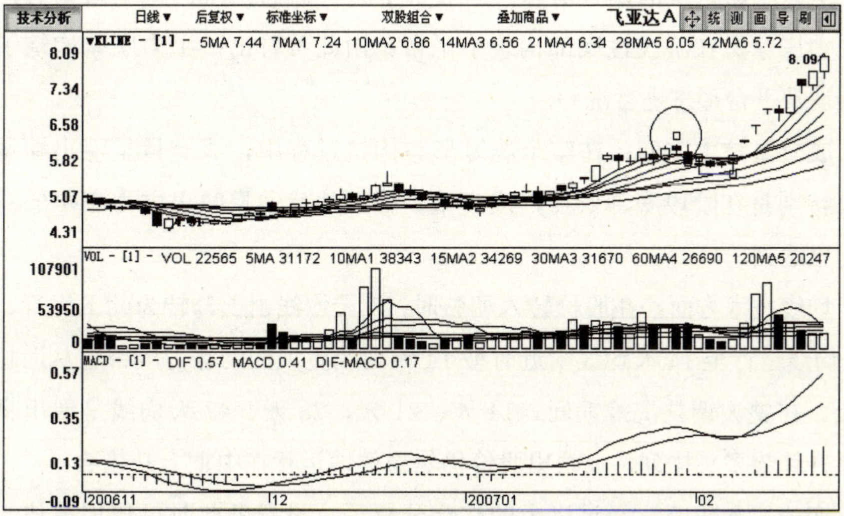

图98

主力庄家拉升一个波段后，因为上升幅度已达25%左右，且时间上已有十几个交易日，短线获利盘相当丰厚，所以必须进行洗筹。在2007年1月

30日收出一根小阴线，跌幅0.73%，但该根小阴线有一个值得重视的细节是：当天开盘价是高开，而当天收盘价却低于昨天的收盘价。按照K线理论，能够高开盘是强势的表现，但当天收盘价却低于前一个交易日的收盘价，在K线理论上又是弱势的体现。所以该根小阴线的开盘价与收盘价所表示的意义是相矛盾的。是狐狸最终都会露出尾巴，而收盘价就是主力庄家当天最后露出的马脚。由此反推，当天早上的高开盘是主力庄家的诱多陷阱，目的是想在高位卖多一点货。果然不出所料，在接下来的一个交易日，当天开盘越不过前高点后就一头栽下来了，当天跌幅4.47%。接着在2007年2月1日收出一根低开高走的假阳线，当天实际是下跌0.13%。在调整的最后两天虽然收两根小阴线，但这两根小阴线的最低价都没有创出新低，它们在K线组合上形成不破前K线最低价的整理型K线组合，此时止跌信号已现，而这三根小K线实质上已构成了一个小平台。股价于2007年2月6日向上突破小平台的阻力线，投资者此时在做好止损的前提下就可买入持有。股价当天最高升至7.99元，收盘价7.91元，上涨幅度3.39%。

主力庄家构筑的调整形态：当股价上升一波后出现回调下跌走势，然后主力庄家又在阶段性底部构筑小平台。由此可看出：主力庄家构筑了一个回调及平台形态进行洗筹。

成交量技术方面：在整个洗筹形态构筑过程中，成交量呈现出缩量之势。特别是在阶段底部低点，成交量萎缩至地量，反映出主力庄家的洗筹目的已达到。

均线技术方面：在股价转入调整时，5天均线由上升转为朝下运行，当5天均线运行至14天均线附近时被14天均线更大的助涨力度带起从而扭头向上。在整波调整洗筹期间，14天、21天、28天、42天均线呈现出良好的上升趋势多头排列，反映出股价仍然稳健地运行在中期上升趋势。

实战买入策略：经过以上的综合分析后，投资者此时可使用单边+平台及回调复合模式拉升推高股价手法跟庄实战交易策略进行实战操作，当股价朝上突破小平台的阻力线时买入做多。

结果，股价在后市出现朝上运行走势。

六、单边+上升中继形态模式拉升推高股价手法跟庄实战交易策略

单边+上升中继形态模式拉升推高股价手法是主力庄家在拉升推高环节运作中常常采用的其中一种推升股价手法。单边+上升中继形态模式拉升推高股价手法按不同的上升中继形态可分成以下八种细分手法：

(1)单边+上升三角形中继形态模式拉升推高股价手法。

(2)单边+上升旗形中继形态模式拉升推高股价手法。

(3)单边+收敛三角形上升中继形态模式拉升推高股价手法。

(4)单边+下降楔形上升中继形态模式拉升推高股价手法。

(5)单边+振荡型矩形上升中继形态模式拉升推高股价手法。

(6)单边+空中小尖底中继形态模式拉升推高股价手法。

(7)单边+空中小双底中继形态模式拉升推高股价手法。

(8)单边+空中小头肩底中继形态模式拉升推高股价手法。

1. 单边+上升三角形中继形态模式拉升推高股价手法跟庄实战交易策略

单边+上升中继形态模式拉升推高股价手法中的第一种细分手法是单边+上升三角形中继形态模式拉升推高股价手法。该种拉升推高股价手法是主力庄家使用单边独立模式拉升推高股价手法将股价拉抬至一定的幅度后，因为主力庄家需要完成清洗浮筹、做差价及促进市场充分换手夯实股价上涨基础的工作任务，所以就需要构筑一个上升中继形态来达到目的。而在单边+上升三角形中继形态模式拉升推高股价手法中的这个形态就是上升三角形。

主力庄家构筑上升三角形在K线价格走势上的特征是：

(1)K线价格走势在阶段高点上形成高点相同或基本相同的排列外形。

(2)K线价格走势在构筑阶段底部过程中形成后一个阶段底部低点比前一个阶段底部低点高的排列外形。

(3)成交量整体上呈现出逐渐缩量的状态。

(4) 以股价进入调整后形成的阶段高点为端点作一水平线，以它的阶段低点为端点作一直线，这两根线构成一个直角三角形。

单边 + 上升三角形中继形态模式拉升推高股价手法的实战交易策略如下：

根据主力庄家的单边 + 上升三角形中继形态模式拉升推高股价手法在 K 线价格走势上的特征及它所隐含的技术含义和长期的实战经验得出：市场上跟庄操作的投资者在跟随主力庄家使用单边 + 上升三角形中继形态模式拉升推高股价手法操作的过程中有两种实战效果显著的买入策略。其中之一就是不破前阶段底部低点的逢低吸纳买入做多策略，另一种就是突破前阶段高点的突破买入做多策略。

不破前阶段底部低点的逢低吸纳买入做多策略的实战交易依据是：主力庄家在构筑上升三角形中继形态过程中，如果股价在后续的回调下跌过程中形成的阶段低点比前一个阶段底部低点高，那么 K 线价格走势就符合了技术分析上的“不破前低点，后市股价将会上涨”的实战规则。此时市场上的跟庄者就可利用前阶段底部低点的最低价作为止损点位，然后在第二个阶段底部低点处买入做多。如果后市股价有效跌穿止损点位就清仓离场，这样就可以有效避免主力庄家操纵打压股价的风险。

突破前阶段高点的突破买入做多策略的实战依据是：主力庄家在构筑上升三角形中继形态过程中，股价在阶段高点处形成两个以上的阶段高点时，因为这两个或两个以上的阶段高点价位相同或基本相同，此时就可在阶段高点处作出一根水平线，该根水平线就是上升三角形的顶边阻力线。如果后市股价有效朝上突破该水平阻力线，则说明了股价已脱离上升三角形态的束缚，股价已创新高，股价创新高是上升趋势延续的标志之一。此时，市场上的跟庄投资者以上升三角形的顶边阻力线作为买入及止损的参照线，股价有效突破该水平阻力线就使用突破买入策略做多；万一后市股价再次下破该水平线则止损离场，这样就将股价后市下跌的风险截断了。

跟庄投资者在主力庄家的单边 + 上升三角形中继形态模式拉升推高股价手法中也可以在上升三角形中继形态之前的单边上涨走势中使用前文所述的单边独立模式拉升推高股价手法实战买入策略跟庄操作。这样，市场上的跟庄投资者就可以在单边+上升三角形中继形态模式拉升推高股价手法的任意阶段随时寻找到合适的点位买入做多。从此，在股价不断上涨运行时投资者就可避免无法确定买点而不敢买入的踏空风险。

图 99 是 600428 中远航运包括 2008 年 11 月 3 日至 2009 年 2 月 3 日在内的日 K 线图。

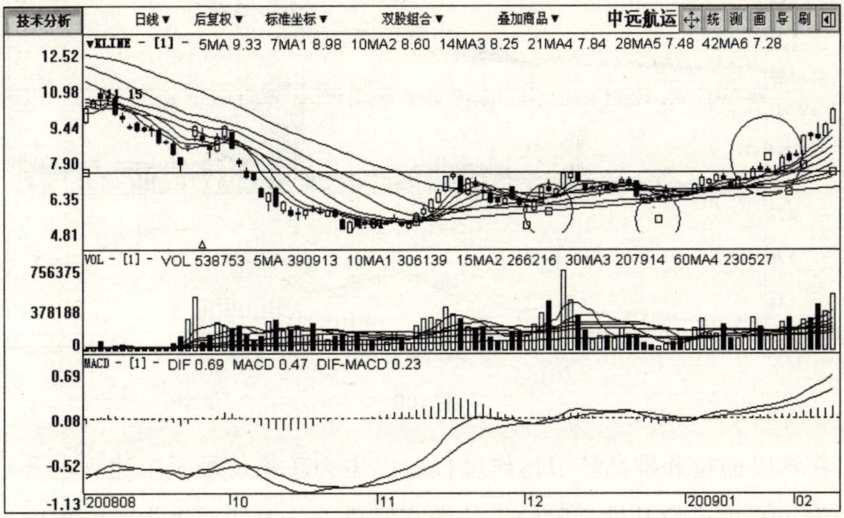

图 99

在该股的拉升推高环节运作过程中，主力庄家使用了单边+上升三角形中继形态模式拉升推高股价手法做高股价。从 K 线图表上可观察到：主力庄家在 2008 年 11 月 10 日至 2008 年 11 月 17 日使用单边独立模式拉升推高手法将股价推升 40.8%的幅度后转入上升三角形中继形态构筑。在上升三角形中继形态成形后，跟庄实战的投资者此时可作出上升三角形的上边阻力线和下边支撑线，然后按照单边+上升三角形中继形态模式拉升推高股价手法跟庄实战交易策略中的技术进行实战操作。当股价下跌至下边支撑线处获得支撑后或者是股价朝上突破上边阻力线时，空仓的投资者就可买入做多。

结果，按此策略操作的投资者成功地在主力庄家拉升股价的中途买入做多。

图 100 是 600222 太龙药业包括 2006 年 12 月 11 日至 2007 年 4 月 23 日在内的日 K 线图。

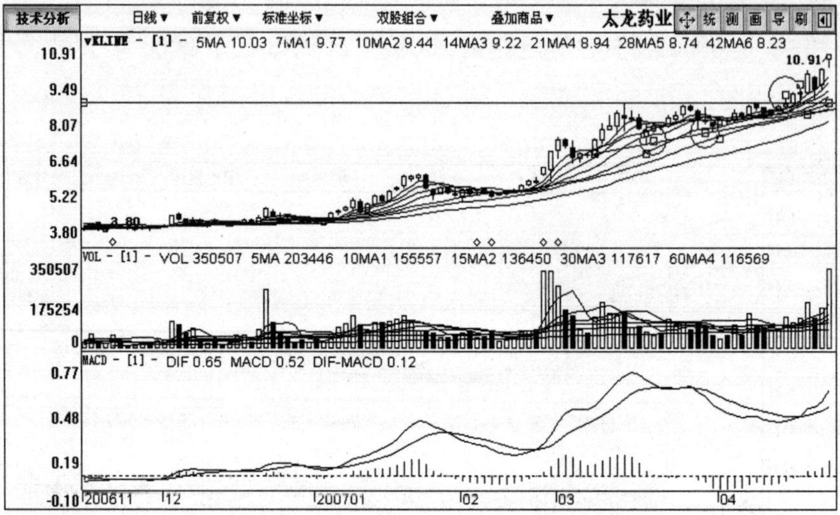

图 100

在该股的拉升推高环节运作过程中，主力庄家使用了单边 + 上升三角形中继形态模式拉升推高股价手法做高股价。从 K 线图表上可观察到：主力庄家在 2007 年 3 月 8 日至 2007 年 3 月 13 日使用单边独立模式拉升推高股价手法将股价推升 24.31%的上涨幅度后，转入上升三角形中继形态构筑。股价于 2007 年 3 月 14 日形成第一个阶段高点，接着于 2007 年 3 月 19 日形成第一个阶段低点。在形成第一个阶段低点后股价开始反弹，当股价反弹至前阶段高点处即遇阻回落，至此第二个阶段高点出现。股价在形成第二个阶段高点后再次回调下跌，但该次的下跌在前阶段低点之上即止跌企稳。此时，跟庄实战的投资者可利用这两个阶段高点为端点作出一根水平阻力线，以这两个阶段低点为端点作出一根支撑线。当股价在该支撑线上获得支撑或者是股价朝上突破水平阻力线时就买入做多。

综上所述，跟庄的投资者只需按照单边 + 上升三角形中继形态模式拉升推高股价手法跟庄实战交易策略中的技术进行实战操作，就可成功地在主力庄家拉升股价的中途买入做多。

图 101 是 600051 包括宁波联合 2008 年 11 月 10 日至 2009 年 2 月 13 日在内的日 K 线图。

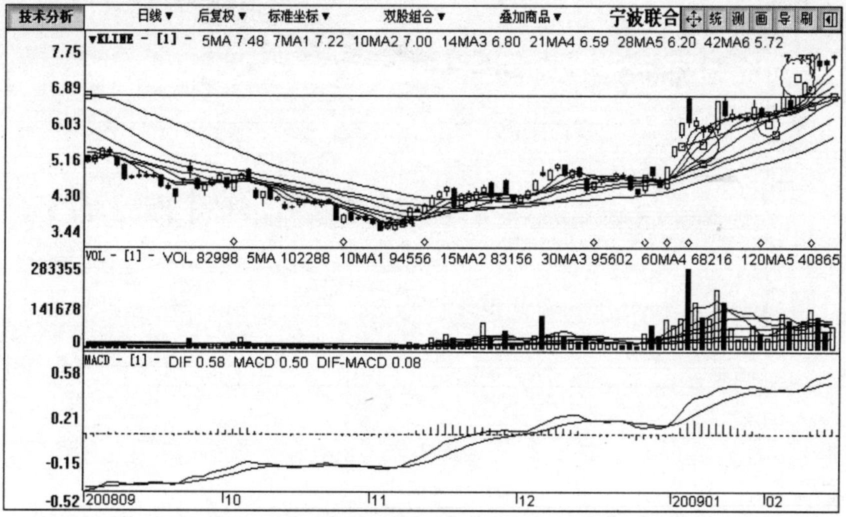

图 101

主力庄家在该波拉升推高股价过程中使用了单边 + 上升三角形中继形态模式拉升推高股价手法做高股价。从 K 线图表上可观察到：主力庄家在 2008 年 12 月 31 日至 2009 年 1 月 8 日使用单边独立模式拉升推高股价手法将股价推升 33.85%的上涨幅度后转入上升三角形中继形态构筑。在上升三角形中继形态成形后，跟庄实战的投资者此时可作出该上升三角形的上边阻力线和下边支撑线，然后按照单边 + 上升三角形中继形态模式拉升推高股价手法跟庄实战交易策略中的技术进行实战操作。当股价下跌至下边支撑线处获得支撑后就逢低吸纳买入做多；而未有买进的空仓者也可在股价朝上突破上边阻力线时买入做多。

结果，按此策略操作的投资者成功地在主力庄家拉升推高股价的中途买入做多。

图 102 是 600529 山东药玻包括 2008 年 9 月 2 日至 2009 年 12 月 29 日在内的日 K 线图。

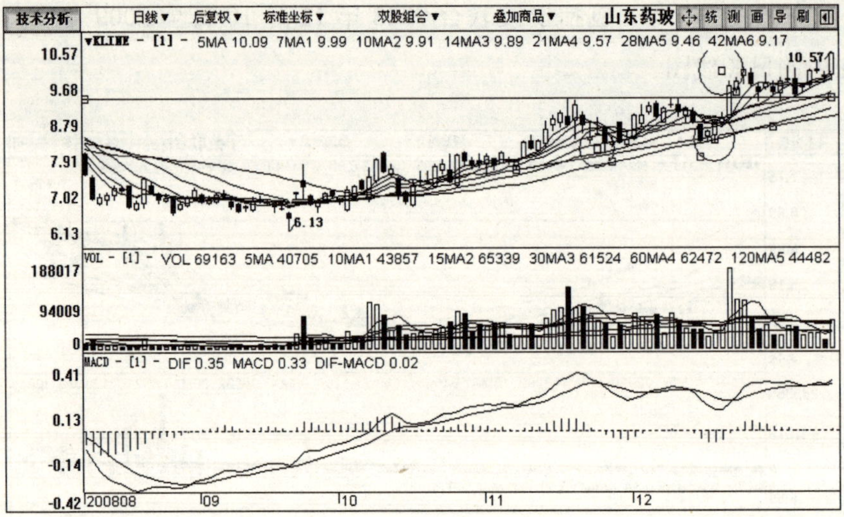

图 102

主力庄家在该波拉升推高股价过程中使用了单边 + 上升三角形中继形态模式拉升推高股价手法做高股价。从 K 线图表上可观察到：主力庄家在 2008 年 11 月 10 日至 2008 年 11 月 17 日使用单边独立模式拉升推高股价手法将股价推升 15.27%的上涨幅度后转入上升三角形中继形态构筑。股价在 2008 年 11 月 18 日形成第一个阶段高点后转入回调下跌，于 2008 年 11 月 25 日探出第一个阶段低点。在构筑阶段底部低点成功后转入反弹，当股价反弹至前阶段高点处就遇阻回落，这样就形成第二个阶段高点。股价在形成第二个阶段高点后再次回落，但该次的回落所形成的阶段低点比前一个低点高。至此，上升三角形中继形态成形，跟庄实战的投资者在上升三角形中继形态成形后可作出它的水平阻力线及下边支撑线。当股价下跌至支撑线上获得支撑就逢低吸纳，或者在股价突破水平阻力线时也可逢突破买入做多。

由以上分析可知，跟庄的投资者只需按照单边 + 上升三角形中继形态模式拉升推高股价手法跟庄实战交易策略中的技术进行实战操作，就可成功在主力庄家拉升推高股价的过程中买入做多。这样，空仓的投资者就不会踏空。

图 103 是 600522 中天科技包括 2008 年 9 月 26 日至 2009 年 2 月 12 日在内的日 K 线图。

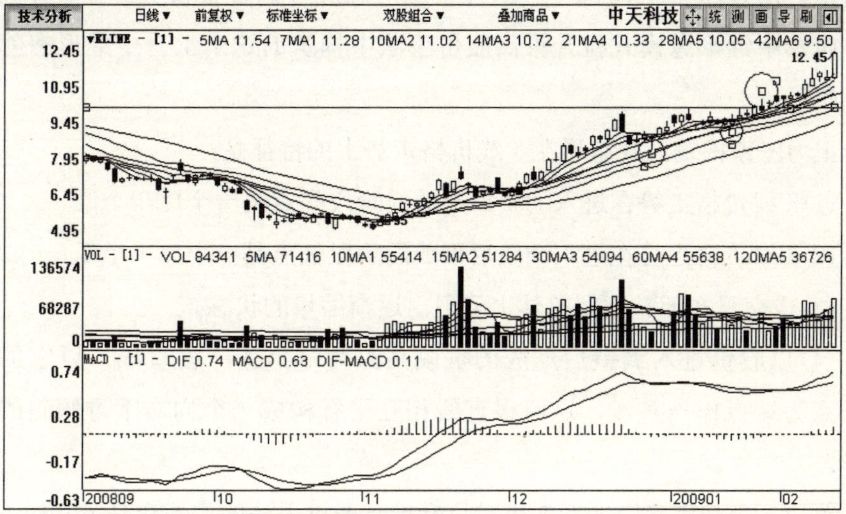

图 103

在该股的拉升推高环节运作过程中，主力庄家使用了单边 + 上升三角形中继形态模式拉升推高股价手法做高股价。从 K 线图表上可观察到：主力庄家在 2008 年 12 月 1 日至 2008 年 12 月 19 日使用单边独立模式拉升推高股价手法将股价推升 49.14%的上涨幅度后，转入上升三角形中继形态构筑。在上升三角形中继形态成形后，跟庄实战的投资者此时可作出上升三角形的上边阻力线和下边支撑线，然后按照单边 + 上升三角形中继形态模式拉升推高股价手法跟庄实战交易策略中的技术进行实战操作。当股价下跌至下边支撑线处获得支撑就逢低吸纳买入做多；而未有买入的空仓者也可在股价朝上突破上边阻力线时顺势买入做多。

结果，按此策略操作的投资者成功地在主力庄家拉升推高股价的中途买入做多。

2. 单边 + 上升旗形中继形态模式拉升推高股价手法跟庄实战交易策略

单边 + 上升中继形态模式拉升推高股价手法中的第二种细分手法是单边 + 上升旗形中继形态模式拉升推高股价手法。该种拉升推高股价手法是主力庄家使用单边独立模式拉升推高股价手法将股价拉升至一定的幅度后，因为主力庄家的洗筹、做差价及促进市场充分换手夯实股价上涨基础的任务繁重，所以不得不构筑一个上升中继形态进行调整、蓄势。而在单边+上升旗形中继形态模式拉升推高股价手法中构筑的这个上升中继形态就是上升旗形。

主力庄家构筑上升旗形在K线价格走势上的特征是：

(1)K线价格走势在进入调整后形成的阶段高点是一个比一个低。

(2)K线价格走势在进入调整后形成的阶段低点是一个比一个低。

(3)成交量在调整期间整体上呈现出逐渐缩量的状态。

(4)以股价进入调整后形成的阶段高点为端点作一根直线，以它的阶段低点为端点作一直线，这两根直线相互平行构成一个向右下方倾斜的长方形。

单边+上升旗形中继形态模式拉升推高股价手法的实战交易策略如下：

根据主力庄家的单边+上升旗形中继形态模式拉升推高股价手法在K线价格走势上的特征及它所隐含的技术含义和长期的实战经验得出：市场上跟庄操作的投资者在跟随主力庄家使用单边+上升旗形中继形态模式拉升推高股价手法操作的过程中的最佳买入策略是：当股价有效突破上升旗形的顶边阻力线时买入做多，而股价后市一旦跌穿该根顶边阻力线则止损清仓离场。上升旗形的顶边阻力线实质上就是股价进入调整后形成的短期下降趋势线。股价后市如果有效朝上突破该根短期下降趋势线，则说明了股价的短期下降趋势已运行完毕，股价短期的调整已结束，后市将重返升途。所以，上升旗形中继形态中的最佳买入点位就是：当股价有效突破该顶边阻力线时使用突破买入策略做多。

另外，还有一种例外情况是：当股价朝上有效突破该上升旗形的顶边阻力线后，有时并没有直接朝上攻击而是回抽确认该次突破的有效性，然后再上涨。这种回抽确认后的买入策略与股价有效突破上升旗形的顶边阻力线时使用的突破买入策略在本质上是相同的，同样都是以上升旗形的顶边阻力线作为买入或止损的参照线。

市场上跟庄的投资者在主力庄家的单边 + 上升旗形中继形态模式拉升推高股价手法中，也可以在上升旗形中继形态之前的单边上涨走势中使用前文所述的单边独立模式拉升推高股价手法实战买入策略跟庄操作。至此，投资者在单边 + 上升旗形中继形态模式拉升推高股价手法的任一阶段都可以寻找到合适的买入点位做多。

图 104 是 600111 包钢稀土包括 2006 年 11 月 18 日至 2007 年 2 月 26 日在内的日 K 线图。

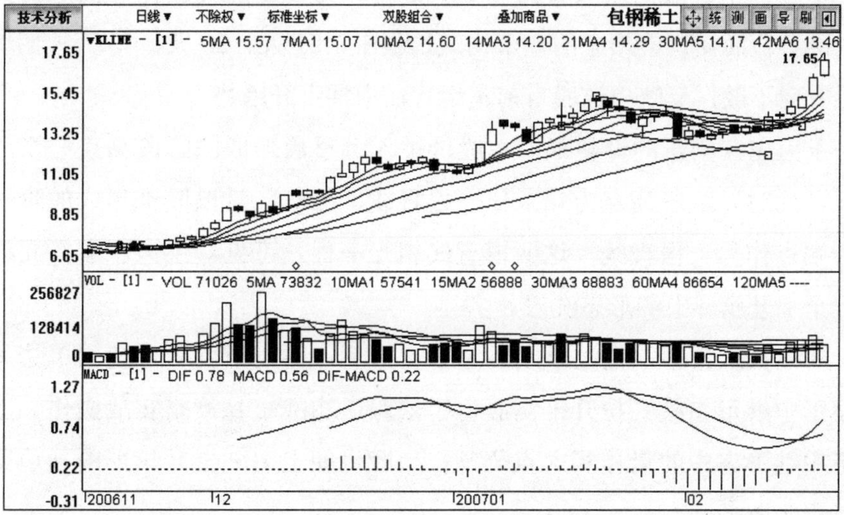

图 104

该股经过一个波段的单边上升后，于 2007 年 1 月 22 日形成一个阶段性的高点后主力庄家随即展开洗筹行动，构筑了一个调整形态洗筹。

股价转入回调下跌后，从 2007 年 1 月 23 日至 2007 年 1 月 25 日共 3 个交易日中连续收阴下跌 3 天，下跌幅度共达 8.58%；随后在 2007 年 1 月 26 日开始反弹修正前面的下跌结构，反弹收红 3 天，反弹幅度共达 3.89%；接着在 2007 年 1 月 31 日再次下跌 8.96%，最低价 12.95 元，比反弹时所创下的最低价 12.98 元还要低，即在技术上已打穿了前一次反弹所形成的低点。接着再次低开高走收一小阳线，当天涨幅为 2.36%。但该根小阳线的最低价再次创出进入调整形态构筑以来的新低，最低价为 12.75 元，从此之后在6天的横向平走盘整中都没有再破12.75元这个最低价。至此，该波回调下跌的阶段性底部低点已探明。

成交量技术方面：在整个调整洗筹过程中成交量呈现出缩量之势。而成交量缩量是洗筹形态构筑过程中的其中一个重要特征。

均线技术方面：因为股价的下跌幅度较深，5天、7天、10天、14天均线都已弯头朝下运行，而该调整形态的阶段性底部平台用了7天时间构筑，它起到的一个重要的作用就是将这几根方向朝下的短期均线修复，使它们原本向下发散的势头转为收敛并走平，为日后的突破拉升做好拐头朝上的准备；而在调整形态的整个构筑过程中，21天、28天、42天中期均线朝上方向不改，反映出该股目前正运行在中期上升趋势。

主力庄家构筑的调整形态：股价进入调整后形成的阶段高点一个比一个低，此时以阶段高点为端点作一根直线，与此同时以股价形成的阶段低点为端点作另一根直线，这两根直线相互平行。可见，主力庄家在此构筑了一个上升旗形中继形态洗筹。

实战买入策略：经过以上的综合分析后，跟庄投资者可使用单边+上升旗形中继形态模式拉升推高股价手法跟庄实战交易策略实战操作。上升旗形中继形态中的最佳买入点位是：当股价朝上突破上升旗形的顶边阻力线时买入做多。

结果，股价在后市转入上升趋势运行。

图105是600697欧亚集团包括2006年8月28日至2007年2月16日在内的日K线图。

主力庄家将股价拉升一个波段后因为获利盘丰厚，不得不进行一波力度很大的调整用以洗筹。在2007年1月23日股价形成14.62元的新高后，在收盘时收盘价却低于前一个交易日的收盘价，事实上该股当天也是低开然后高走的，所以该根螺旋桨小阳线实际上是一根假阳线。当天的真实跌幅是1.66%，接着在随后的一个交易日再收一根小阴线，而该根小阴线的最高价无法穿越前一根螺旋桨K线的最高价，从即时走势上看就是越不过前高点的走势。在接下来的一个交易日收一根跌幅7.35%的大阴线。以上3天

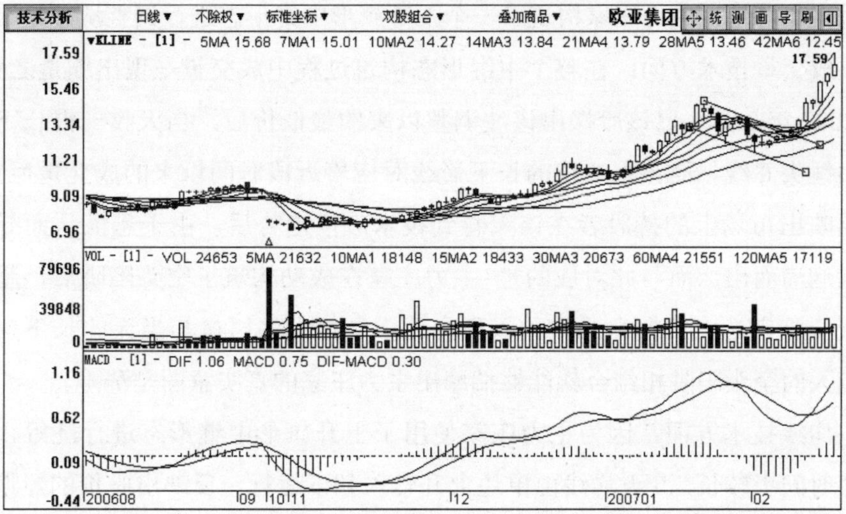

图 105

的跌幅共下跌了 10.36%，接着股价反弹 3 天，反弹幅度达 5.62%，而 5.62%的反弹幅度约占前一波调整下跌幅度 10.36%的二分之一，而二分之一点位不论是在黄金分割比率上还是江恩百分比上都是极其重要的位置。股价反弹至二分之一点位后无力再向上拓展空间，接着展开第二波的下跌调整。该波的下跌调整力度与第一波的下跌调整力度相当，第二波下跌调整幅度达 10.07%，且第二波的向下调整将第一波所探出的低点击穿，主力庄家在此制造了一个空头陷阱，让懂技术分析的短线客认定为技术破位，从而抛出手中筹码。这一切正合主力庄家的洗筹意图。在 2007 年 2 月 1 日探出第二个阶段低点后，股价转入为期 4 天的筑底盘整。当 2007 年 2 月 8 日向上突破该阶段底部的盘整平台上边阻力线时，买入持有。

主力庄家构筑的调整形态：股价经过一波拉升后随即转入洗筹形态的构筑，股价在下跌回调第一波后接着展开一波反弹，当反弹越不过前阶段高点后再次转入回调下跌，而且在该波下跌过程中将前一波调整所探出的反弹低点击穿，这样就形成技术破位走势。主力庄家在此构筑了一个空头陷阱用以猎杀懂技术分析的持股者。此时，以股价反弹形成的阶段高点为端点作一根直线，以股价的阶段低点为端点作一根直线，这两根直线相互平行。由此可见，主力庄家构筑了一个上升旗形中继形态进行调整洗筹。

成交量技术方面：在整个中继形态构筑过程中成交量呈现出缩量之势，在 2007 年 2 月 1 日该股探出该波调整以来的最低价后，当天收一根长下影线的锤头 K 线。而该根 K 线的长下影线对应着近段时间以来的成交量巨量，它反映出市场上的持股者在该天看到技术破位走势后，由于恐慌从而导致抛盘汹涌而出。而与此对应的是:主力庄家在成功构筑了空头陷阱后，趁机在低位将市场上的抛盘悉数纳入囊中。成交量上的巨量与当天的长下影线及当天的空头陷阱相结合就能够揣摩出主力庄家的真实意图是洗筹。

均线技术方面：因为主力庄家使用了上升旗形中继形态进行洗筹，所以在时间上较长，5 天均线由单边上升转入朝下运行，反映出股价的短期趋势是向下；当股价构筑底部小平台止跌后，5 天均线再次由朝下拐头向上运行，此时反映出股价的洗筹已到位，一波新的拉升已开始。在整个调整形态构筑期间，21 天、28 天、42 天均线呈现出良好的上升趋势多头排列，反映出股价目前正运行在中期上升趋势。

实战买入策略：经过以上综合分析后得出，主力庄家在该波拉升过程中构筑了一个上升旗形进行调整洗筹，投资者此时可使用单边 + 上升旗形中继形态模式拉升推高股价手法跟庄实战交易策略进行实战操作。它的最佳买入点位就是:当股价朝上突破上升旗形的顶边阻力线时买入做多。

结果，股价在后市朝上运行。

图 106 是 600777 新潮实业包括 2006 年 11 月 10 日至 2007 年 3 月 21 日在内的日 K 线图。

主力庄家将股价拉升一个波段后，出于洗筹的需要又恰逢大盘指数向下调整，所以就顺势而为打压股价。当 2007 年 1 月 24 日股价形成阶段性高点后收一根螺旋桨小阳线，而在 K 线理论中，在波段末端所出现的螺旋桨小阳线的技术含义是：多空力量暂时达到平衡，而买卖力度的暂时平衡很快就会被短线获利盘的抛售打破。当出现卖压重于买压时股价就转入下跌，接下来的第二个交易日收一阴线，并且该阴 K 线的最低价已下穿螺旋桨小阳线的最低价，而最高价也低于螺旋桨小阳线的最高价。这两根 K 线

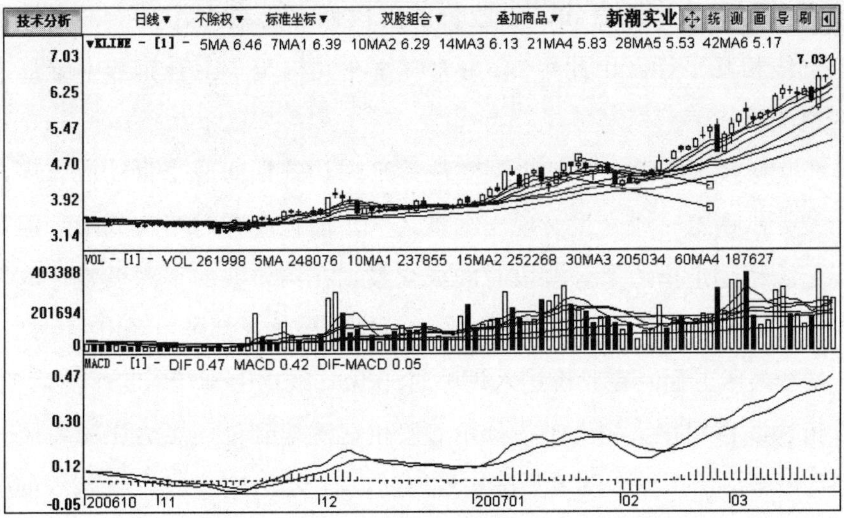

图 106

的组合排列构成了即时走势上的短期下降趋势排列，接着在随后的一个交易日收一根带下影线的红“T”字线，但该“T”字线当天是低开低走然后收平盘的产物，所以该根“T”字阳线是一根假阳线，实质上当天的跌幅为1.54%。因为该根“T”字线的下影线特别长，说明当天市场上有捡便宜货的承接盘买入，结果第二天股价就出现了反弹，当天反弹幅度达2.9%。在股价反弹至前阶段性高点附近时，因为前期的一部分套牢盘得到解放从而纷纷抛售，该次的反弹在越不过前阶段性高点后被抛盘继续打压造成股价再次下行，该波的下行时间共2天，下跌幅度共达8.68%，并且该波的下跌击穿前期反弹所形成的低点，这样在技术分析上形成短期的向下破位之势。市场上懂得技术分析的持筹者就误认为是破位，从而恐慌抛售手中筹码，而这一切正好中了主力庄家的奸计。在接下来的2007年2月1日至2007年2月5日,股价作了三天的横向平走盘整。在此期间，各K线的组合排列已发出止跌的技术信号。

主力庄家构筑的调整形态：股价由上升转入第一波下跌调整，接着反弹，在越不过前阶段高点后再次出现第二波的下跌，并且第二波下跌将反弹时所形成的低点击穿，然后再次朝上运行。投资者此时以股价的阶段高点为端点作一直线，以股价的阶段低点为端点作另一根直线，这两根直线相互平行。由此可知:主力庄家在此构筑了上升旗形中继形态进行调整洗筹。

成交量技术方面：在整个调整洗筹形态构筑期间成交量缩放有序，在第一波下跌调整时成交量呈现出缩量之势，而在反弹时略为放量，但量能始终无法超越走单边上升波段时的成交量。在第二波的下跌调整中成交量再次呈现出缩量之势，成交量在整个洗筹期间整体上都是呈现出缩量之势。

均线技术方面：在股价进入调整时,5天均线由上升转入走平然后朝下，当5天均线再次扭头朝上时，预示着股价已洗筹到位，主力庄家将展开一波新的拉升。而在整个洗筹形态构筑期间，21天、28天、42天均线的朝上方向未变，反映出该股的中期上升趋势未改。

实战买入策略：经过以上的综合分析后得出，主力庄家在该波拉升过程中构筑了一个上升旗形进行调整洗筹。投资者此时可使用单边+上升旗形中继形态模式拉升推高股价手法跟庄实战交易策略进行实战操作。在上升旗形中继形态中,最佳的买入点位是:当股价朝上突破上升旗形的顶边阻力线时买入做多。

结果，股价在后市上涨。

图107是000027深圳能源包括2006年11月23日至2007年2月26日在内的日K线图。

主力庄家将股价拉升一个波段后，于2007年1月23日形成一个阶段性顶部高点，接着股价转入调整形态构筑用以清洗前一波拉升中累积的短线获利盘。股价经过第一波下跌调整后，于2007年1月26日探出第一个低点并收了一根长下影线的小阳线。事实上该根小阳线是一根假阳线，原因是当天低开盘然后高走，收盘价高于开盘价但又低于昨天的收盘价。接着展开一波反弹，反弹力度很弱，在反弹的两天时间里共上涨2.02%。在股价越不过前阶段高点后再次展开第二波的下跌调整，该波下跌力度相比前一波的下跌力度大很多。共下跌4天时间，总跌幅为9.7%，并且该波的下跌将前期反弹所形成的低点击穿，主力庄家在此制造了一个空头陷阱用以

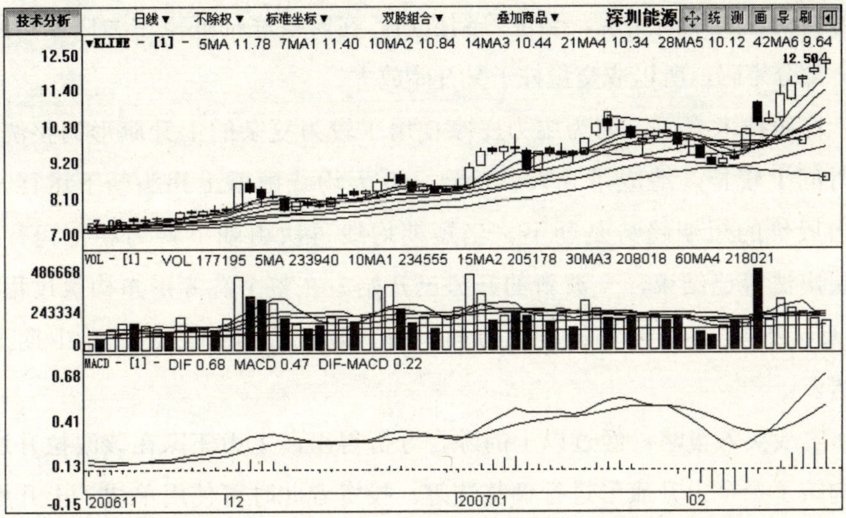

图 107

猎杀市场上懂技术分析的持筹者，使他们误认为技术上已破位而被迫抛出手中的筹码。主力庄家使用这些阴损之招在洗筹形态构筑中将会起到事半功倍的奇效。接着股价在 42 天均线处获得支撑，在 2007 年 2 月 6 日收出一根升幅 1.24%的小阳线，接着在 2007 年 2 月 7 日该股跳高开盘，然后高开低走收一根假阴线。事实上该根假阴线的上涨幅度为 0.1%，而这两根小 K 线在即时走势上形成短期的上升趋势排列。紧接着在 2007 年 2 月 8 日该股大幅跳空高开拐头上涨。

主力庄家构筑的调整形态：股价经过一个波段上涨后接着开始第一波调整然后反弹，但该波反弹越不过前阶段高点，接着股价展开了第二波力度更大的下跌调整。在下跌过程中击穿前期反弹探出的低点，主力庄家在此构筑了一个空头陷阱猎杀市场浮筹。当股价探出阶段底部低点后返身再次上升。此时投资者只需以阶段高点为端点作一根直线，以阶段低点为端点作出另一根直线，就可发现这两根直线相互平行。由此可见，主力庄家在该波调整洗筹过程中构筑的形态是上升旗形。

成交量技术方面：在整个调整洗筹形态构筑期间，成交量呈现出缩量之势，成交量柱子一根比一根矮，说明抛盘一天比一天小，而主力庄家的洗筹目的也已逐渐实现。当洗筹到位后，在阶段底部低点主力庄家又回补了一部分筹码，所以成交量柱子又开始放大。

均线技术方面：因为主力庄家使用了较为复杂的上升旗形调整洗筹，在时间上较长，造成了 5 天、7 天、10 天均线由朝上拐头朝下运行，反映出股价的短期趋势是朝下。当短期均线再次由朝下转为朝上运行时，反映出洗筹已结束，一波新的升势已开始。在整个洗筹形态构筑过程中，21 天、28 天、42 天均线朝上方向不变，说明股价仍然运行在中期上升趋势。

实战买入策略：经过以上的综合分析得出，主力庄家在该波拉升过程中构筑了一个上升旗形进行调整洗筹。投资者此时可使用单边 + 上升旗形中继形态模式拉升推高股价手法跟庄实战交易策略进行实战操作。上升旗形中继形态中的最佳买入点位是:当股价朝上突破上升旗形的顶边阻力线时买入做多。

结果，股价在后市朝上运行。

图 108 是 002022 科华生物包括 2008 年 10 月 9 日至 2008 年 12 月 30 日在内的日 K 线图。

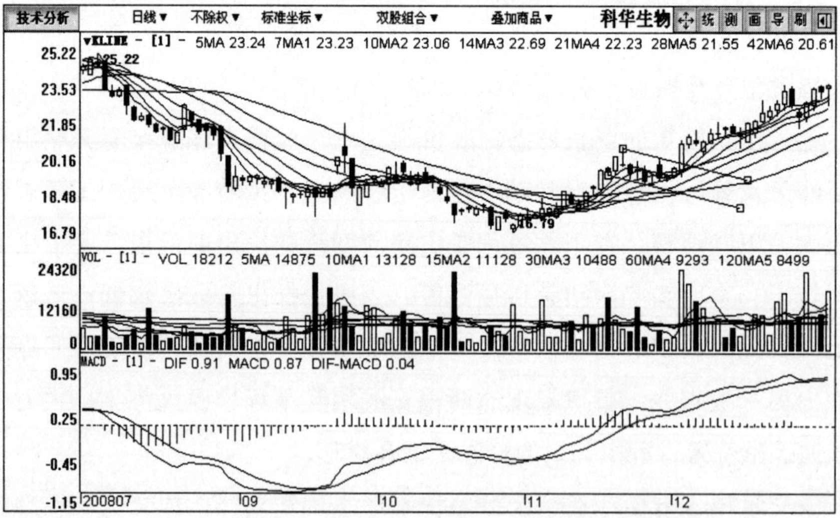

图 108

主力庄家在拉升推高股价的过程中使用了单边+上升旗形中继形态模式拉升推高股价手法做高股价。从K线图表上可看到：主力庄家在2008年11月7日至2008年11月19日使用单边独立模式拉升推高手法，将股价推升13.6%的上涨幅度后转入上升旗形中继形态构筑。股价在2008年11月20日形成第一个阶段高点，在2008年11月27日形成第二个阶段高点，将这两个阶段高点进行比较得出：第二个阶段高点低于第一个阶段高点。股价于2008年11月21日形成第一个阶段低点，于2008年11月25日形成第二个阶段低点，将这两个阶段低点进行比较得出：第二个阶段低点低于第一个阶段低点。在上升旗形中继形态成形后，跟庄实战的投资者可利用它的两个阶段高点为端点作一根直线，以它的两个阶段低点为端点作出另一根直线。结果，这两根直线相互平行，形成一个上升旗形。此时，投资者可使用单边+上升旗形中继形态模式拉升推高股价手法跟庄实战交易策略中的技术进行实战操作，当股价朝上突破该波调整下跌以来所形成的短期下降趋势线后就买入做多。

结果，按此策略操作的投资者成功地在主力庄家拉升推高股价的中途买入做多。

3. 单边+收敛三角形上升中继形态模式拉升推高股价手法跟庄实战交易策略

单边+上升中继形态模式拉升推高股价手法中的第三种细分手法是单边+收敛三角形上升中继形态模式拉升推高股价手法。该种拉升推高股价手法是主力庄家使用单边独立模式拉升推高股价手法将股价拉升至一定的幅度后，因为需要完成清洗市场浮筹及做差价降低运作成本和促进市场充分换手夯实股价上涨基础的任务，所以必须构筑一个上升中继形态才能达到目的，而在单边+收敛三角形上升中继形态模式拉升推高股价手法中构筑的这个上升中继形态就是收敛三角形。

主力庄家构筑收敛三角形在K线价格走势上的特征是：

(1)K线价格走势在进入调整后形成的阶段高点是一个比一个低。

(2)K线价格走势在进入调整后形成的阶段低点是一个比一个高。

(3)成交量在调整期间整体上呈现出逐渐缩量的态势。

(4)以股价进入调整后形成的阶段高点为端点作一根直线，以它的阶段低点为端点作一根直线，这两根直线相交于右方形成一个锐角三角形。

单边+收敛三角形上升中继形态模式拉升推高股价手法的实战交易策略如下：

根据单边+收敛三角形上升中继形态模式拉升推高股价手法在K线价格走势上的特征及它所隐含的技术含义和长期的实战经验得出：市场上跟庄操作的投资者在跟随主力庄家使用单边+收敛三角形上升中继形态模式拉升推高股价手法操作的过程中有两种实战效果显著的买入策略。一种是不破前阶段底部低点的逢低吸纳买入做多策略。不破前阶段底部低点的逢低吸纳买入做多策略的实战交易依据是：主力庄家在构筑收敛三角形上升中继形态，如果股价在后续回调下跌过程中形成的阶段低点比前一个阶段底部低点高，那么此时的K线价格走势就符合了技术分析上的"不破前低点，后市股价将会上涨"的实战规则。市场上的跟庄投资者看到该利好技术信号后，就可利用前阶段低点的最低价作为止损点位，然后在后一个阶段底部低点处买入做多。如果后市股价一旦有效跌穿该止损价位就清仓离场，这样就可避免股价后市下跌的风险。

另一种是在股价突破顶边阻力线时买入的突破买入做多策略。股价突破收敛三角形顶边阻力线后买入做多实战的依据是：主力庄家在构筑收敛三角形中继形态过程中，股价形成的阶段高点是一个比一个低，以这些阶段高点为端点可作出该波股价调整以来形成的短期下降趋势线，该根短期下降趋势线实质上就是收敛三角形的顶边阻力线。当股价有效朝上突破收敛三角形的顶边阻力线时买入投资者就可做多，而股价后市一旦跌穿该根顶边阻力线就止损清仓离场。股价能够有效朝上突破进入调整以来形成的短期下降趋势线，说明了股价的短期下降趋势已运行完毕，股价已再次转入上升趋势运行。

此外，还有一种例外情况是当股价朝上有效突破该收敛三角形的顶边阻力线后并没有直接朝上攻击而是回抽确认该次突破的有效性然后再上升。

这种回抽确认后的买入策略与股价有效突破收敛三角形的顶边阻力线时的突破买入策略在本质上是相同的，都是同样以收敛三角形的顶边阻力线作为买入或止损的参照信号线。

市场上跟庄的投资者在主力庄家的单边+收敛三角形上升中继形态模式拉升推高股价手法中，也可以在收敛三角形中继形态之前的单边上涨走势阶段使用前文所述的单边独立模式拉升推高股价手法实战买入策略跟庄操作。至此，在单边+收敛三角形上升中继形态模式拉升推高股价手法的任一阶段，市场上跟庄的投资者都可以轻易确定合适的买入点位实战做多。

图 109 是 600058 五矿发展包括 2006 年 11 月 23 日至 2007 年 2 月 26 日在内的日 K 线图。

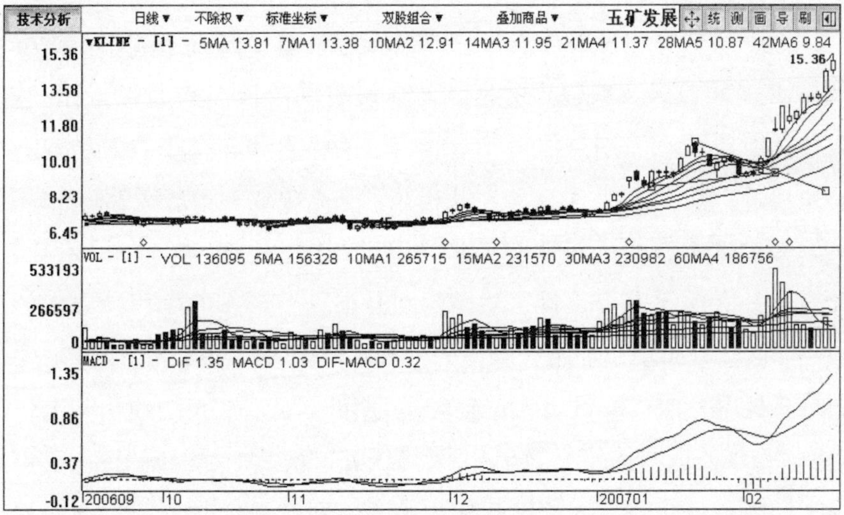

图 109

该股经过一波拉升后，于 2007 年 1 月 23 日形成一个阶段高点，当天该根 K 线跳高开盘然后高开低走，最终收出一根光头但带下影线的阴线，并且该根阴线将前一根阳线吞没，形成穿头破脚的 K 线组合。而 K 线理论中穿头破脚 K 线组合的技术含义是:出现在一波上升趋势的末端，后市向淡。在第二个交易日收一根小十字星线，而该根十字星线与前一交易日的阴线再次构成孕线组合，而孕线组合出现在一个上升波段的末尾同样是后市向淡。在接下来的第三个交易日股价果然大跌6.41%收一根中阴线。而在接下来的第四个交易日低开高走收一小阳线，但该根小阳线的最低价下探至9.11元，然后展开一波为期两天的反弹，反弹幅度达4.08%。接着股价在反弹夭折后再次展开一波短期下跌，下跌幅度共达8.15%。在2007年2月1日与2月2日,股价在这个阶段性的底部处作了两天的整理,收出两根小阳线，且它们的最低价是9.12元，而9.12元刚好比前一波反弹所探出的低点9.11元高一分钱。这个细节是非常重要的。因为在技术分析上，主力庄家已在9.11元之上进行护盘，而9.11元成了这波调整的关键技术点位。当股价没有击穿该关键技术点位时,这样在技术上就构成了不破前低点的技术走势。

主力庄家构筑的调整形态：该股在形态构筑中出现了调整下跌接着反弹然后再下跌的三波调整走势，此时以股价的阶段高点为端点作一直线，以股价的阶段低点为端点作另一直线，这两根直线相交于右方构成一个收敛三角形。由此可知:主力庄家在此构筑了一个收敛三角形洗筹。

成交量技术方面：在调整形态构筑过程中，成交量呈现出缩量之势，这点从日K线图表上可一目了然，特别是在这个形态的阶段性底部的最后三天，成交量柱呈现出非常有规律的一天比一天矮。

均线技术方面：股价进入调整时,短期的5天、7天均线由朝上转为朝下，5天均线的成本均价下降至21天均线处，被21天均线的更大支撑力度撑住并助涨，最终将5天均线扭转为朝上。而在这个收敛三角形洗筹形态中一旦出现5天均线由朝下转为朝上时，则预示着新的一轮升势已开始。

实战买入策略：经过以上综合分析后,投资者可使用单边+收敛三角形上升中继形态模式拉升推高股价手法跟庄实战交易策略买入做多。

结果，股价在后市出现了大幅度的上涨。

图110是600132重庆啤酒包括2006年11月24日至2007年2月20日在内的日K线图。

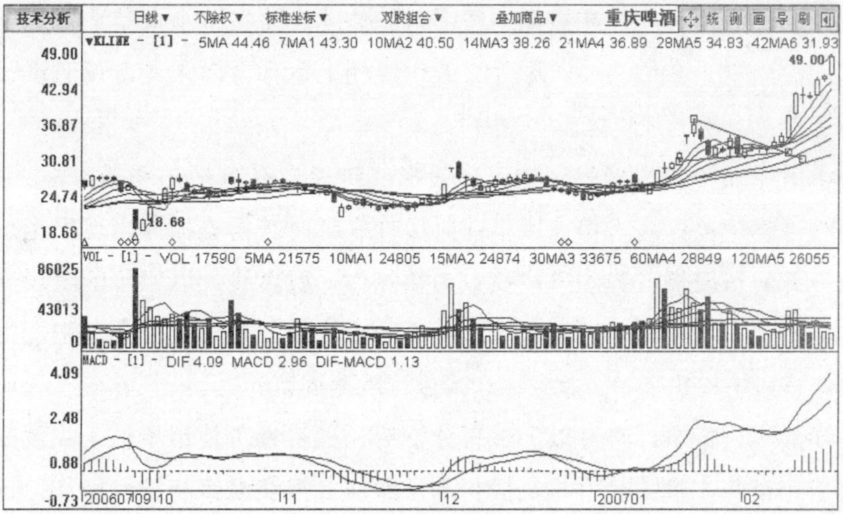

图 110

该股经过一波将近 40%的升幅后，于 2007 年 1 月 23 日形成一个阶段性高点，收一根带上、下影线的中阳线，升幅 4.65%。在随后的一个交易日股价低开低走，下跌幅度 6.23%，这根中阴线不但将前一根中阳线完全吞没而且还创出新低价。该两根 K 线此时已在即时走势上构成了短期的下降趋势排列，由此确立了短期的下行趋势。该股在随后再次收一根大阴线，下跌幅度 7.65%。接着股价在探出一个新低后展开了一波反弹行情，反弹幅度达 8.32%，但在反弹至前阶段高点区域附近时再次遇阻回落。当调整下跌至前一个阶段性底部区域时获得支撑并整理 4 天，构筑了一个盘整平台。接着在 2007 年 2 月 7 日向上突破这个小平台的上边阻力线上涨，当天最高价 34.98 元，收盘价 33.98 元，上涨幅度 3.25%。

成交量技术方面：在整个调整形态构筑期间，成交量呈现出缩量之势，而最短的成交量柱刚好对应了股价的阶段性底部，可见抛盘枯竭之时就是底部形成之时。

均线技术方面：5 天、7 天均线在进入调整形态构筑后，由原先的方向朝上转为方向朝下，而当股价打造阶段性底部横向平走盘整 4 天时，5 天、7 天均线由朝下运行转入平走状态。从 5 天、7 天均线的走平表现上看，股价止跌企稳的信号同样在短期均线上得到体现。而在整个调整洗筹形态构筑期间，14 天、21 天、28 天、42 天均线朝上运行方向未变，说明该股目前正运行在中期上升趋势。

主力庄家构筑的调整形态：该股形成阶段性高点后出现第一波下跌，接着反弹再下跌，而当再下跌至前阶段性底部时获得支撑并出现平走盘整走势，此时以股价反弹的阶段高点为端点作一根直线，以股价的阶段低点为端点作另一根直线，这两根直线构成一个收敛三角形。由此可知，主力庄家在该股上构筑了一个收敛三角形进行洗筹调整。

实战买入策略：经过以上综合分析后，投资者可使用单边 + 收敛三角形上升中继形态模式拉升推高股价手法跟庄实战交易策略进行操作，该策略的最佳买入点位依次是:在收敛三角形的底边支撑线处使用逢低吸纳买入策略做多，或者在股价朝上突破收敛三角形的顶边阻力线时使用突破买入策略做多。

结果，股价在后市大涨。

图 111 是 600398 凯诺科技包括 2008 年 11 月 13 日至 2009 年 2 月 13 日在内的日 K 线图。

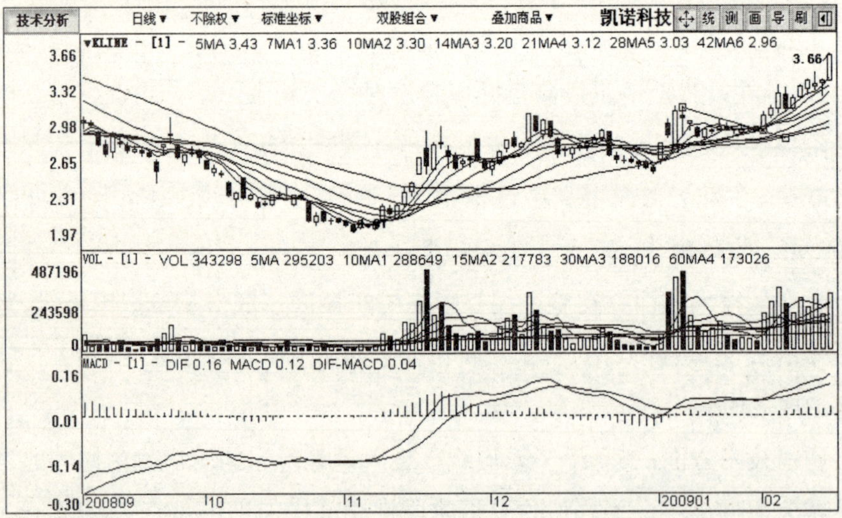

图 111

在该股的拉升推高环节运作过程中，主力庄家使用了单边 + 收敛三角形上升中继形态模式拉升推高股价手法做高股价。从 K 线图表上可观察到：主力庄家在构筑收敛三角形上升中继形态过程中所形成的阶段高点是一个比一个低，这样就形成越不过前高点的走势。在技术分析上有一条实战规则是："越不过前高点，后市股价将会下跌。"主力庄家在此利用了股价越不过前高点的向空技术信号恐吓市场投资者用以清洗浮筹。当股价形成阶段高点后就下跌，当下跌到位后再次反弹上升，如此反复循环，最终形成的阶段底部低点是一个低点比一个低点高，这样就形成不破前低点的走势。在技术分析上有一条实战规则是："不破前低点，后市股价将会上涨。"主力庄家在此利用了股价不破前低点的向好技术信号诱惑市场投资者买入，以此达到护盘、做差价及促进市场换手夯实股价上涨基础的目的。

在收敛三角形中继形态成形后，跟庄实战的投资者此时可利用它的阶段高点为端点作出一根阻力线，以它的阶段低点为端点作出一根支撑线，在股价下跌至支撑线上获得支撑投资者就可逢低吸纳买入做多；而未有买进的空仓者也可在股价朝上突破收敛三角形的阻力线时顺势买入做多。

综上所述，跟庄的投资者只需按照单边 + 收敛三角形上升中继形态模式拉升推高股价手法跟庄实战交易策略中的技术进行实战操作，就可成功地在主力庄家做高股价的中途买入做多。

图 112 是 000032 深桑达 A 包括 2009 年 1 月 15 日至 2009 年 3 月 23 日在内的日 K 线图。

主力庄家在该波拉升推高股价过程中使用了单边 + 收敛三角形上升中继形态模式拉升推高股价手法做高股价。从 K 线图表上可观察到：股价于 2009 年 3 月 5 日形成第一个阶段高点，于 2009 年 3 月 11 日形成第二个阶段高点，将这两个阶段高点进行比较可知：后一个阶段高点低于前一个阶段高点。在股价形成阶段高点后就下跌，于 2009 年 3 月 10 日探出第一个阶段低点，于 2009 年 3 月 12 日探出第二个阶段低点。当收敛三角形中继形态成形后，投资者此时可利用该收敛三角形的阶段高点为端点作出它的顶边阻力线，以收敛三角形的阶段低点为端点作出它的下边支撑线，然后

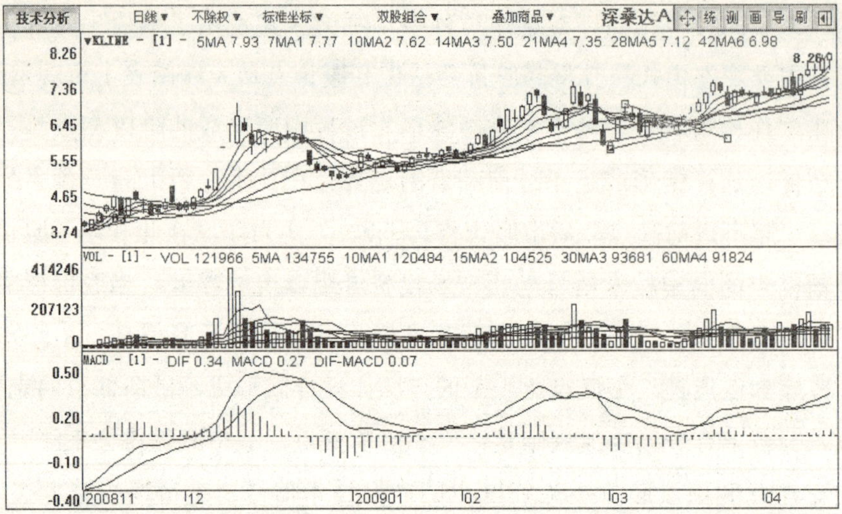

图 112

使用单边+收敛三角形上升中继形态模式拉升推高股价手法跟庄实战交易策略中的技术进行实战操作，在股价下跌至下边支撑线处获得支撑后就可逢低吸纳买入做多；而未有买入的空仓者也可在股价朝上突破顶边阻力线时使用突破买入策略做多。

结果，按此策略操作的投资者成功地在主力庄家做高股价的中途“上车”，最终避免了踏空的风险。

图 113 是 000421 南京中北包括 2009 年 1 月 19 日至 2009 年 3 月 25 日在内的日 K 线图。

在该股的拉升推高环节运作过程中，主力庄家使用了单边+收敛三角形上升中继形态模式拉升推高股价手法做高股价。从 K 线图表上可观察到：股价被主力庄家推升一波后转入收敛三角形中继形态构筑，股价于 2009 年 3 月 5 日形成第一个阶段高点，接着于 2009 年 3 月 10 日形成第一个阶段低点，在形成第一个阶段低点后股价开始反弹上涨，由于做多能量不足，股价无法升越前阶段高点就再次下跌，此时，第二个阶段高点出现。股价在形成第二个阶段高点后再次回调下跌，但该次的下跌在前阶段低点之上即止跌企稳。至此，收敛三角形中继形态已成形。投资者在实战交易过程中

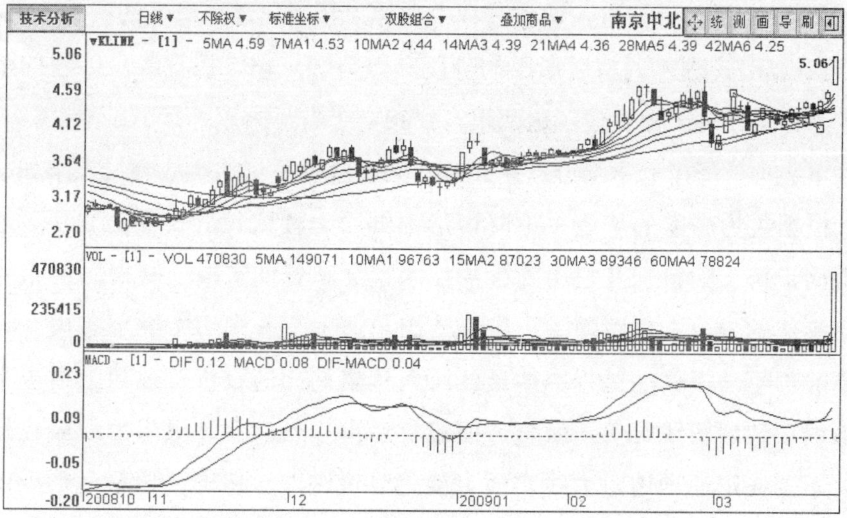

图 113

可利用该收敛三角形的阶段高点为端点作出它的顶边阻力线，以它的阶段低点为端点作出下边支撑线，然后使用单边+收敛三角形上升中继形态模式拉升推高股价手法跟庄实战交易策略中的技术进行实战操作。当股价下跌至支撑线上获得支撑时就逢低吸纳买入做多，或者是在股价朝上突破收敛三角形的顶边阻力线时使用突破买入策略做多。

结果，按此策略操作的投资者成功地在主力庄家做高股价的中途买入做多。

4. 单边+下降楔形中继形态模式拉升推高股价手法跟庄实战交易策略

单边+下降楔形中继形态模式拉升推高股价手法是单边+上升中继形态模式拉升推高股价手法中的其中一个细分手法，该种拉升推高股价手法是主力庄家使用单边独立模式拉升推高股价手法将股价拉升至一定的幅度后，主力庄家出于洗筹、做差价，夯实股价上涨基础的目的就必须构筑一个上升中继形态来完成任务。而在单边+下降楔形中继形态模式拉升推高股价手法中构筑的这个上升中继形态就是下降楔形。

主力庄家构筑下降楔形在K线价格走势上的特征是：

(1)K线价格走势进入调整后形成的阶段高点是一个比一个低。

(2)K线价格走势在进入调整后形成的阶段低点是一个比一个低。

(3)成交量在价格进入调整过程中整体上呈现出逐渐缩量的状态。

(4)以股价进入调整后形成的阶段高点为端点作一根直线，以它的阶段低点为端点作另一根直线，这两根直线相交于右下方。

单边+下降楔形中继形态模式拉升推高股价手法的实战交易策略如下：

根据主力庄家的单边+下降楔形中继形态模式拉升推高股价手法在K线价格走势上的特征及它所隐含的技术含义和长期实战经验得出，市场上跟庄操作的投资者在跟随主力庄家使用单边+下降楔形中继形态模式拉升推高股价手法操作的过程中的最佳买入策略是：当股价有效朝上突破下降楔形的顶边阻力线时买入做多，而股价后市一旦跌穿该根阻力线就止损卖出。下降楔形的顶边阻力线实质上就是股价进入形态构筑调整后形成的短期下降趋势线，股价进入调整以来的运行都压制在该短期下降趋势线之下。在后市运行过程中如果股价朝上有效突破该根短期下降趋势线，则反映了股价前期的调整已经结束，股价已经摆脱压制重新转入上升趋势运行。由此可见，下降楔形中继形态中的最佳买入点位就是在股价由调整转为再次上涨的转折拐点上，而下降楔形的顶边阻力线刚好与股价由调整下跌转为上涨的转折拐点重合。当股价朝上有效突破顶边阻力线后，投资者就可使用突破买入策略做多。

在下降楔形中继形态上还存在着一种较为特殊的情况是：当股价朝上有效突破该下降楔形的顶边阻力线后并没有直接朝上攻击，而是回抽确认该次朝上突破的有效性然后再朝上运行。这种回抽确认后的买入策略与股价直接朝上突破下降楔形的顶边阻力线后的买入策略在本质上是相同的，它们都是以下降楔形的顶边阻力线作为买入或止损的技术信号参照线。

此外，市场上跟庄的投资者在主力庄家的单边+下降楔形上升中继形态模式拉升推高股价手法中的下降楔形中继形态之前的单边上涨走势中使用单边独立模式拉升推高股价手法实战买入策略跟庄操作。这样，在单边+下降楔形上升中继形态模式拉升推高股价手法的任一阶段，市场投资者都可轻易地寻找到合适的介入点位买入做多。

图 114 是 600055 包括万东医疗 2006 年 9 月 7 日至 2007 年 2 月 15 日在内的日 K 线图。

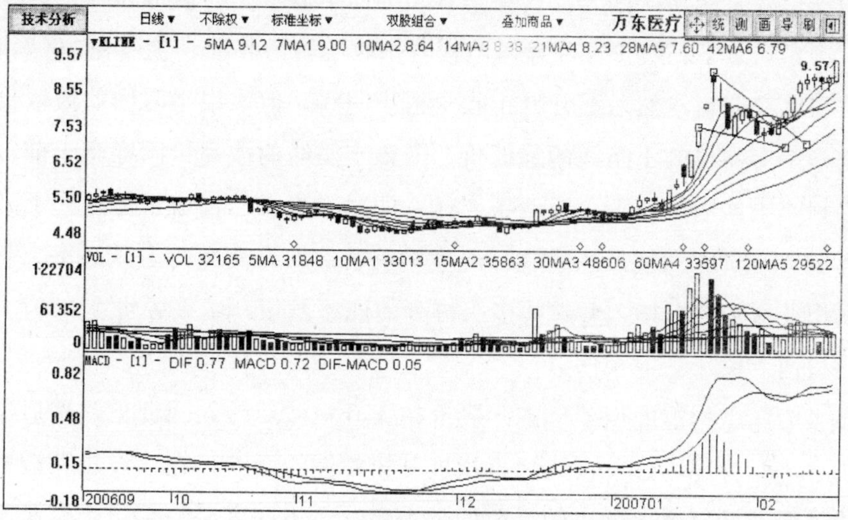

图 114

主力庄家将股价拉升一大波后，于 2007 年 1 月 23 日形成一个阶段高点，当天收一根锤头阴 K 线。该根阴 K 线是一根假阴线，原因是：当天大幅跳高开盘，但收盘价却低于开盘价。当天该假阴锤头 K 线实质的涨幅是 7.98%，接下来的一个交易日股价大幅低开收一根带有长上下影线的螺旋桨阴 K 线，接下来的一个交易日再次收一根大阴线，跌幅达 9.27%。主力庄家如此来势汹汹地打压股价的目的是洗筹。其实前几天的该波上涨都是以极端的涨停板方式上攻，因为涨幅巨大，短线获利盘丰厚，所以主力庄家必须启动最激烈的洗筹手法向下大幅打压才能将那些短线获利盘震出来。当股价大幅度下跌两天后，于第三天股价低开收阳，开盘价刚好落在 10 天均线处获得 10 天均线的支撑，接着展开一波反弹，反弹幅度共 6.42%。在反弹越不过前高点后，根据趋势演变理论，越不过前高点就会向下寻找方向，所以股价在无法创新高时，接着就展开了第二波的下跌。在该波下跌中有一个重要的细节就是：股价向下击穿前波反弹所形成的阶段性低点，这在技术上形成向下破位的走势。主力庄家的目的是制造技术破位骗线用以恐吓市场投资者。在 2007 年 2 月 1 日向下击穿这个反弹低点后，主力庄家在当天只是盘中瞬间击穿前阶段底部低点就拉回。至此，主力机构的空头陷阱图谋已暴露无遗。因为，如果是真实的向下破位，在恐慌盘与主力庄家的大力抛售之下，股价在收盘时就很难由收阴转为收红。接着在 2007 年 2 月 2 日跳高开盘，然后高开低走收一根小阴线，但该根小阴线的最低价高于前一个交易日的小阳线的最低价，而该小阴线的最高价同样高于前一个交易日小阳线的最高价，这两根 K 线在即时走势上已构成了短期的上升趋势排列。股价在调整形态的底部洗盘结束后，如果突变向上，必然会有前后两根 K 线形成短期上升趋势多头排列的现象发生。结果股价在 2007 年 2 月 5 日向上拉升。

主力庄家构筑的调整形态：股价在大升一波后转入回调下跌然后展开反弹，当反弹越不过前高点后再次展开第二波的下跌，在该波短期调整下跌中将前一波反弹所创出的阶段低点击穿，主力庄家制造了一个空头陷阱进行技术骗线，接着在洗筹到位后，股价突变再次重返升途。从“画图”的轨迹上可清楚地看到，主力庄家在此构筑了一个下降楔形进行洗筹。

成交量技术方面：在股价创出阶段高点时，成交量同样放出近段时期以来的巨量。从成交量放天量上来看，主力庄家在这个阶段性高点已抛出相当数量的筹码做差价。接着主力庄家迅速展开回调洗筹，用以清洗短线获利盘。在回调下跌过程中，成交量柱子一根比一根矮，抛盘已逐渐枯竭，成交量在股价调整期间整体上呈现出逐渐缩量之势。

均线技术方面：在股价转入调整时，短期的 5 天、7 天均线由原先的朝上转为朝下，当调整到位后，5 天均线、7 天均线再次扭头朝上运行。此时，均线组合再次呈现出多头排列。

实战买入策略：经过以上的综合分析得出，主力庄家在该波拉升过程中构筑了一个下降楔形进行调整洗筹。投资者此时可使用单边 + 下降楔形上升中继形态模式拉升推高股价手法跟庄实战交易策略实战操作。下降楔形中继形态中的最佳买入点位是，当股价朝上突破下降楔形的顶边阻力线时买入做多。

结果，股价在后市上涨。

图 115 是 600256 广汇股份包括 2006 年 11 月 24 日至 2007 年 2 月 26 日在内的日 K 线图。

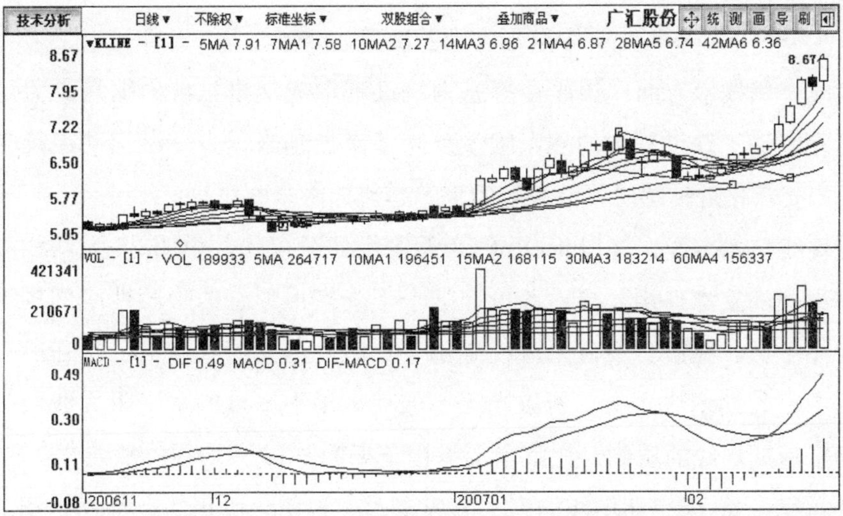

图 115

该股经过一波拉升后，于 2007 年 1 月 24 日收一根中阳 K 线，接着在第二个交易日股价出现低开低走收出一根中阴线，该中阴线不但将前一交易日的中阳线完全覆盖，而且收盘价与最低价都比前一交易日的中阳线低，这两根 K 线构成了倾盆大雨 K 线组合。在 K 线理论中，倾盆大雨 K 线组合的含义是后市看空。所以 K 线技术理论已指明了股价的走向，最起码短期已向淡。结果在接下来的一个交易日继续低收盘，下跌幅度为 1.52%，接着股价反弹一天，反弹幅度为 3.25%，紧接着股价再次连续下跌两天，下跌幅度共达 7.34%。特别是 2007 年 1 月 31 日该天所收的中阴线最低价已击穿先前反弹所创下的最低价，这样的走势显示了短期趋势未有止跌迹象出现。在随后的一个交易日股价低开高走收一根小阳线，该根小阳线虽然再次创出调整以来的新低价，但收盘价略微高于前一个交易日的收盘价，紧接着股价在这个阶段性低点处横向盘整构筑了一个为期 4 天的小平台。至此，股价止跌企稳的信号出现。

主力庄家构筑的调整形态：股价进入调整后形成的阶段高点一个比一个低，以这些阶段高点为端点作一根直线，与此同时以股价形成的阶段低点为端点作另一根直线，这两根直线相交于右下方。由此可见，主力庄家构筑了一个下降楔形上升中继形态调整洗筹。

成交量技术方面：该股在形态构筑过程中成交量呈现出缩量之势。成交量在回调下跌过程中的逐渐缩量反映了卖盘越来越少，做空动能越来越弱。当卖盘接近枯竭时，一波新的上升趋势即将来临。

均线技术方面：当股价跌至 28 天均线处即止跌，说明 28 天均线对股价有很强的支撑作用。接着股价在这个下降楔形形态的阶段性底部构筑了一个小平台。在股价突破阶段性底部平台时，当天的收盘价已站在所有的短、中、长期均线之上。所以当天不但突破了小平台的水平阻力线而且还突破了短期均线的压制。在整个形态构筑期间，14 天均线虽然走平，但 21 天、28 天、42 天中期均线的朝上方向未改，说明该股仍然运行在中期上升趋势之中。

实战买入策略：经过以上综合分析后，跟庄的投资者使用单边 + 下降楔形上升中继形态模式拉升推高股价手法跟庄实战交易策略实战操作。下降楔形上升中继形态中的最佳买点是：当股价朝上突破该下降楔形的顶边阻力线时买入做多。

结果，股价在后市转入上升趋势运行。

图 116 是 600229 青岛碱业包括 2006 年 12 月 28 日至 2007 年 3 月 12 日在内的日 K 线图。

该股经过一波拉升后，主力庄家随即展开洗筹运作，用以清洗前一波拉升中进入的短线获利浮筹。在 2007 年 1 月 24 日形成一个阶段高点后收一根螺旋桨小阳线。有心的读者朋友在看其他案例解释时就会发现一个共同的有趣现象：有相当一部分的个股在形成阶段高点时往往会收出螺旋桨 K 线。这不是偶然现象，而是买卖力度达到多空动态平衡时所出现的一种结果。在收出该根螺旋桨 K 线后，于第二个交易日收一根跌幅达 5.98%的中阴

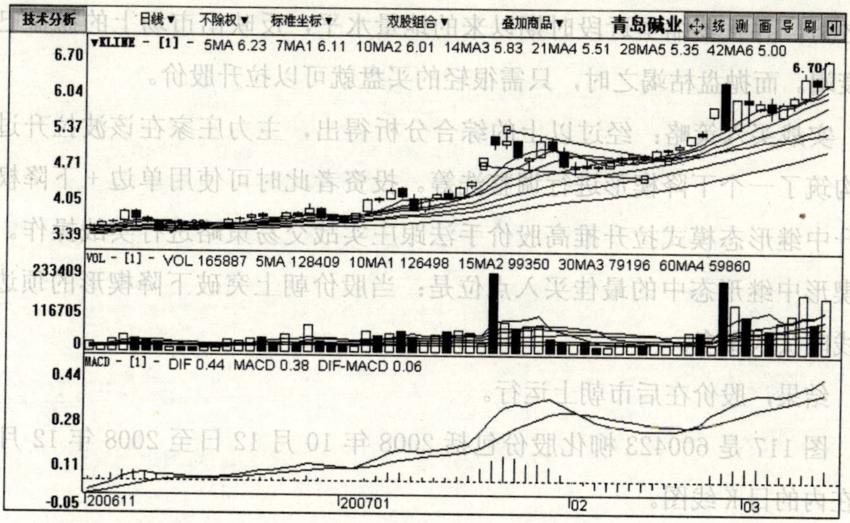

图 116

线，接着再低开高走收一根长下影的锤头线，但该根锤头 K 线实际上是一根假阳线，当天的跌幅仍然有 0.62%的幅度。接着展开反弹，在反弹越不过前高点时再次下跌调整，并且在该波短期下跌中将前期的反弹低点击穿，主力庄家在此制造了一个空头陷阱，使一部分技术欠缺的持股者误认为是技术上的破位，从而抛出手中的筹码。主力庄家的洗筹目的就此达到。

主力庄家构筑的调整形态：当股价由单边上升形成阶段高点后接着展开第一波的下跌调整，然后展开反弹，在反弹越不过前高点后再次展开一波下跌，并且这一波下跌将前一波反弹所探出的低点击穿，在击穿前底部低点后股价返身上涨。此时以股价进入调整以来形成的阶段高点为端点作一直线，以阶段低点为端点作另一根直线，这两根直线相交于右下方。由此可见，主力庄家在此构筑了一个下降楔形调整洗筹。

均线技术方面：在股价进入调整时，5 天均线由原先的朝上转为朝下运行，当 5 天均线由朝下转为朝上运行时，即预示着洗筹结束，一波新的上升已来临。在整个调整洗筹形态构筑期间，14 天、21 天、28 天、42 天均线呈现出良好的上升趋势多头排列，反映出该股的中期上升趋势仍然未改。

成交量技术方面：在整个调整洗筹形态构筑过程中，成交量呈现出缩量之势，并且萎缩至近段时期以来的地量水平，反映出市场上的抛盘已接近衰竭。而抛盘枯竭之时，只需很轻的买盘就可以拉升股价。

实战买入策略：经过以上的综合分析得出，主力庄家在该波拉升过程中构筑了一个下降楔形进行调整洗筹。投资者此时可使用单边+下降楔形上升中继形态模式拉升推高股价手法跟庄实战交易策略进行实战操作。下降楔形中继形态中的最佳买入点位是：当股价朝上突破下降楔形的顶边阻力线时买入做多。

结果，股价在后市朝上运行。

图 117 是 600423 柳化股份包括 2008 年 10 月 12 日至 2008 年 12 月 19 日在内的日 K 线图。

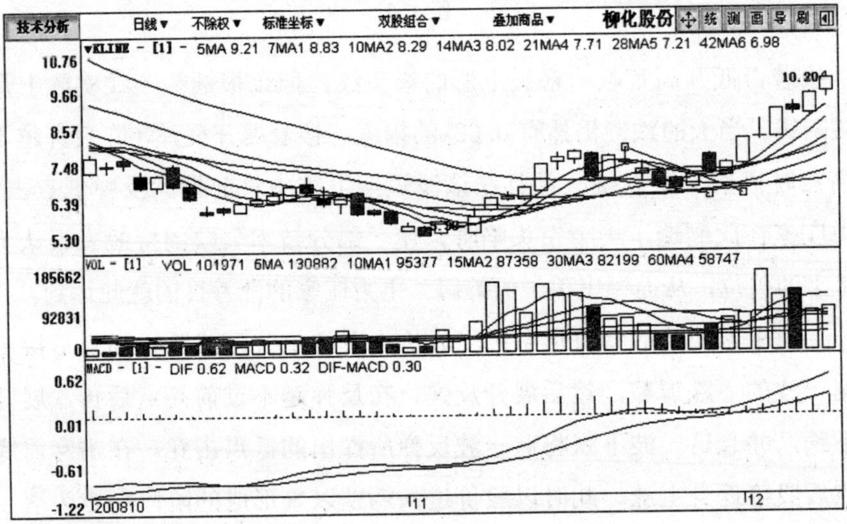

图 117

在该股的拉升推高环节运作过程中，主力庄家使用了单边+下降楔形中继形态模式拉升推高股价手法做高股价。从 K 线图表上可观察到：该下降楔形于 2008 年 11 月 18 日开始构筑，股价在 2008 年 11 月 27 日朝上突破该波短期调整所形成的短期下降趋势线时，随即宣告了下降楔形构筑完毕。此时，跟庄实战的投资者就可使用单边+下降楔形中继形态模式拉升推高股价手法跟庄实战交易策略中的技术进行操作，当股价朝上突破下降楔形的顶边阻力线就买入做多。

结果，按此策略实战操作的投资者成功地在拉升推高环节的中途进场做多。

图 118 是 600073 上海梅林包括 2008 年 11 月 6 日至 2009 年 2 月 6 日在内的日 K 线图。

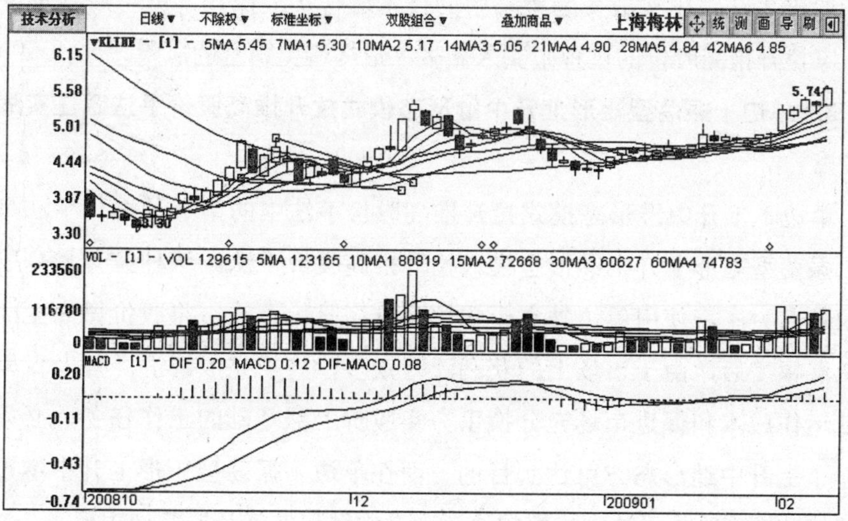

图 118

主力庄家在该股的拉升推高过程中使用了单边 + 下降楔形中继形态模式拉升推高股价手法拉抬股价。从 K 线图表上可观察到：股价于 2008 年 11 月 20 日形成第一个阶段高点，于 2008 年 11 月 27 日形成第二个阶段高点。将这两个阶段高点进行比较可知：后一个阶段高点低于前一个阶段高点，这样就形成越不过前高点的走势。技术分析上有一条实战规则是：“越不过前高点，后市股价将会下跌。”主力庄家在此利用了越不过前高点的向空技术信号来恐吓市场投资者以此达到洗筹的目的。股价于 2008 年 11 月 24 日形成第一个阶段低点，于 2008 年 12 月 1 日形成第二个阶段低点。将这两个阶段低点进行比较得出：后一个阶段低点比前一个阶段低点低，这样就形成下破前低点的破位走势。可见，主力庄家在此再次设置了一个陷阱猎杀市场投资者。从主力庄家连续设置两个技术陷阱陷害市场投资者的行为上可间接反映出：主力庄家的洗筹任务较为繁重。跟庄实战的投资者此时可利用该下降楔形的阶段高点为端点作一根直线，以它的阶段低点为端点作出另一根直线，这两根直线相交于右下方构成一个下降楔形形态。当股价朝上突破该波短期调整以来所形成的下降趋势线就买入做多。

综上所述，跟庄的投资者只需按照单边+下降楔形中继形态模式拉升推高股价手法跟庄实战交易策略中的技术进行实战操作，就可成功地在主力庄家拉升推高股价的过程中买入做多，最终避免踏空的风险。

5. 单边+振荡型矩形上升中继形态模式拉升推高股价手法跟庄实战交易策略

单边+上升中继形态模式拉升推高股价手法中的第五种细分手法是单边+振荡型矩形上升中继形态模式拉升推高股价手法。该种拉升推高股价手法是主力庄家使用单边独立模式拉升推高股价手法，将股价做高至一定的上涨幅度后，由于市场上的获利浮筹众多，为了完成清洗浮筹及做差价降低运作成本和促进市场充分换手夯实股价上涨基础的工作任务，必须构筑一个上升中继形态方可达到目的。而在单边+振荡型矩形上升中继形态模式拉升推高股价手法中构筑的这个上升中继形态就是振荡型矩形。

主力庄家构筑振荡型矩形在K线价格走势上的特征是：

(1)K线价格走势在进入调整后形成的阶段高点相同或基本相同。

(2)K线价格走势在进入调整后形成的阶段低点相同或基本相同。

(3)成交量在调整期间整体上呈现出逐渐缩量的状态。

(4)以股价进入调整后形成的阶段高点为端点作一根水平直线，以它的阶段低点为端点作另一根水平直线，这两根直线相互平行构成一个矩形。

根据单边+振荡型矩形上升中继形态模式拉升推高股价手法在K线价格走势上的特征及它所隐含的技术含义和长期的实战经验得出：市场上跟庄操作的投资者在跟随主力庄家使用单边+振荡型矩形上升中继形态模式拉升推高股价手法操作的过程中有两种实战效果显著的买入做多策略。它们分别是：

(1)逢低吸纳买入做多策略。股价在振荡型矩形阶段低点处的水平支撑线上获得支撑时就可使用逢低吸纳买入策略做多，在买入后以该水平支撑线作为止损价位，后市股价一旦朝下有效跌穿该支撑线则止损清仓离场。振荡型矩形的底边支撑线成了市场跟庄者实战操作过程中买入或止损的技术信号参照线。

(2)突破买入做多策略。股价有效突破振荡型矩形的阶段高点形成水平阻力线时就使用突破买入策略做多。在买入后以该水平阻力线作为止损点位，股价万一在后市有效击穿该水平阻力线则清仓离场。振荡型矩形的顶部阻力线成了市场跟庄者实战交易过程中买入或止损的技术信号参照线。

另外，市场上跟庄的投资者在主力庄家的单边+振荡型矩形上升中继形态模式拉升推高股价手法中的振荡型矩形之前的单边上涨走势中使用单边独立模式拉升推高股价手法实战交易策略跟庄操作。这样，投资者在单边+振荡型矩形上升中继形态模式拉升推高股价手法的任一阶段都可寻找到合适的价位买入。从此踏空风险将与熟知主力庄家操盘手法的投资者无缘。

图 119 是 002062 宏润建设包括 2008 年 10 月 27 日至 2009 年 2 月 24 日在内的日 K 线图。

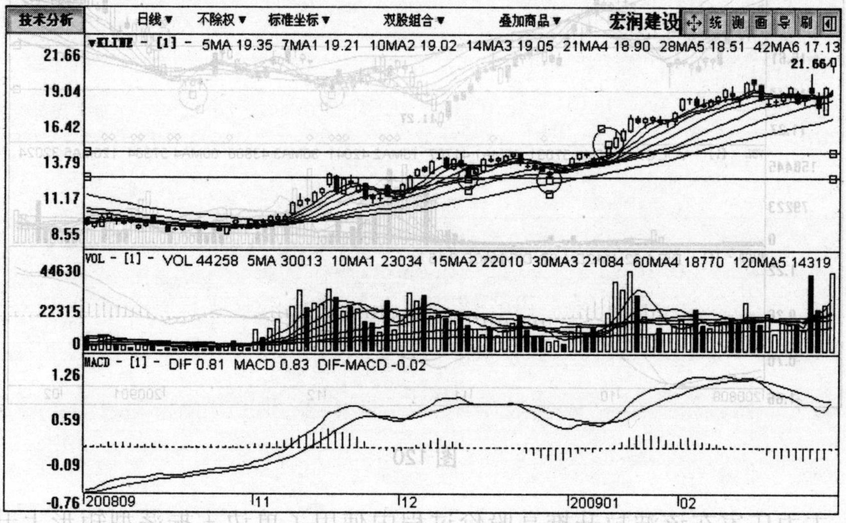

图 119

在该股的拉升推高环节运作过程中，主力庄家使用了单边+振荡型矩形上升中继形态模式拉升推高股价手法做高股价。从K线图表上可观察到：第一个阶段高点出现于2008年12月8日，第二个阶段高点出现于2008年12月22日。第一个阶段低点出现于2008年12月12日，第二个阶段低点出现于2008年12月29日。至此，振荡型矩形上升中继形态成形。投资者在实战交易过程中可利用该矩形的阶段高点为端点作出它的水平阻力线，以该矩形的阶段低点为端点作出它的水平支撑线，当股价在水平支撑线价位上获得支撑后就使用逢低吸纳策略买入做多。而股价后市一旦有效下破该根水平支撑线就止损清仓离场。

综上所述，跟庄的投资者只需按照单边+振荡型矩形上升中继形态模式拉升推高股价手法跟庄实战交易策略中的技术进行操作，就可在主力庄家拉升推高股价的过程中成功买入做多。

图120是600169太原重工包括2008年11月7日至2009年2月10日在内的日K线图。

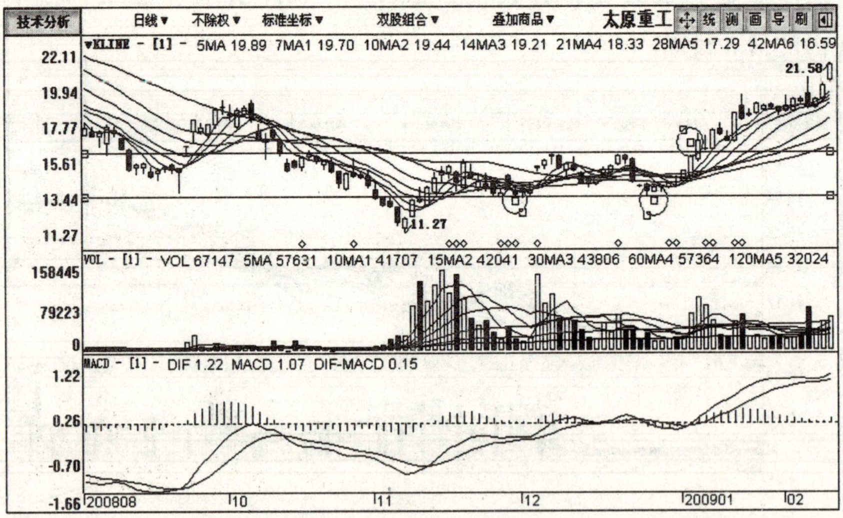

图120

主力庄家在该波拉升推高股价过程中使用了单边+振荡型矩形上升中继形态模式拉升推高股价手法做高股价。从K线图表上可观察到：主力庄家在 2008 年 11 月 7 日至 2008 年 11 月 19 日使用单边独立模式拉升推高股价手法将股价推升 29.97%的上涨幅度后转入矩形构筑。股价在 2008 年 11 月 19 日形成第一个阶段高点，接着下跌。在 2008 年 12 月 1 日探出第一个阶段低点，当探出第一个阶段低点后再次拐头反弹上涨，当股价反弹至前阶段高点处时遇阻回落，至此第二个阶段高点出现。接着股价再次下跌，当股价下跌至前阶段低点价位处获得支撑时就可买入做多。如果股价在后市有效朝下突破前阶段低点就止损离场。

综上所述，跟庄的投资者只需按照单边 + 振荡型矩形上升中继形态模式拉升推高股价手法跟庄实战交易策略中的技术进行实战操作，就可成功地在主力庄家拉升推高股价的中途进场做多，这样就可轻松地获取一笔利润。

图 121 是 600156 华升股份包括 2008 年 10 月 7 日至 2009 年 2 月 13 日在内的日 K 线图。

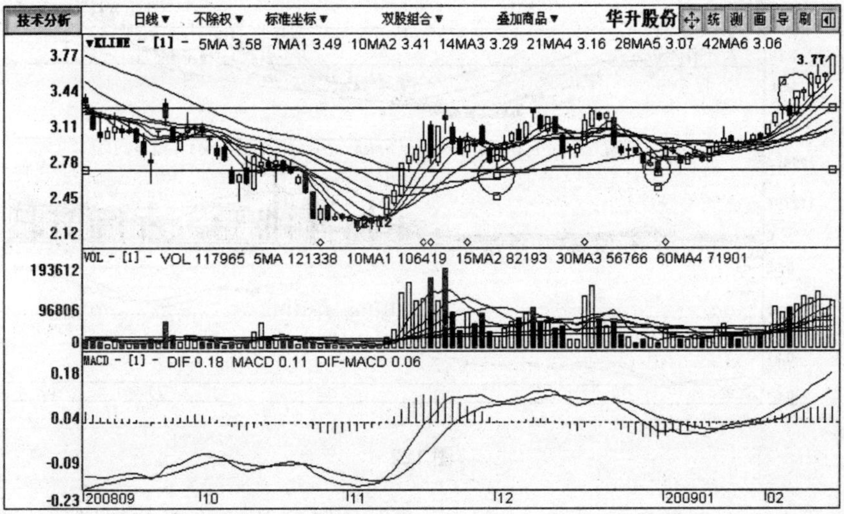

图 121

在该股的拉升推高环节运作过程中，主力庄家使用了单边 + 振荡型矩形上升中继形态模式拉升推高股价手法拉抬股价。主力庄家将股价推升 40.27%的上涨幅度后转入矩形形态构筑。该矩形形态的第一个阶段高点于 2008 年 11 月 20 日形成，第二个阶段高点于 2008 年 12 月 8 日形成，第三个阶段高点于 2008 年 12 月 18 日形成；该矩形的第一个阶段低点出现于 2008 年 12 月 1 日，第二个阶段低点出现于 2008 年 12 月 12 日。跟庄实战的投资者可利用矩形的阶段高点为端点作一根水平阻力线，以矩形的阶段低点为端点作一根水平支撑线，至此，矩形形态成形。股价于 2009 年 2 月 6 日朝上突破矩形的水平阻力线，此时投资者就可使用突破买入策略做多。

综上所述，投资者只需按照单边 + 振荡型矩形上升中继形态模式拉升推高股价手法跟庄实战交易策略中的技术进行操作，就可成功地在主力庄家做高股价的中途买入做多。

图 122 是 600201 金宇集团包括 2008 年 9 月 26 日至 2009 年 2 月 10 日在内的日 K 线图。

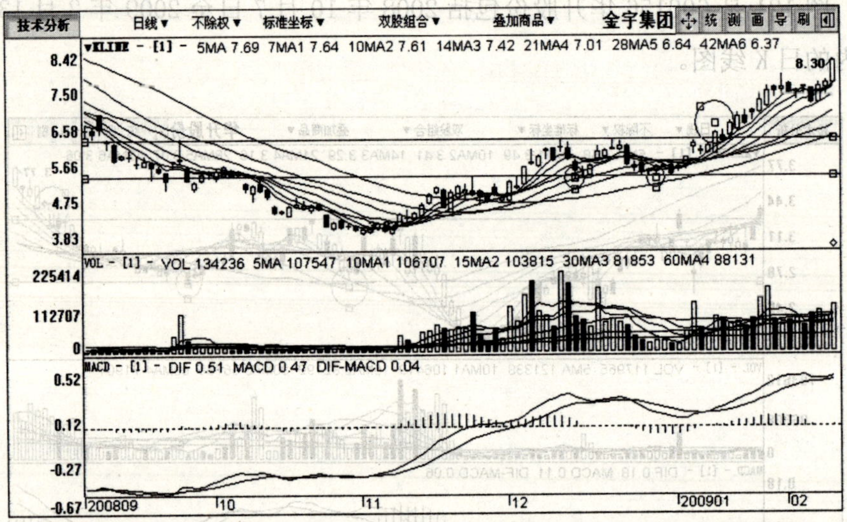

图 122

主力庄家在该波拉升推高股价过程中使用了单边 + 振荡型矩形上升中继形态模式拉升推高股价手法做高股价。从 K 线图表上可观察到：主力庄家在 2008 年 12 月 1 日至 2008 年 12 月 10 日使用单边独立模式拉升推高股价手法将股价推升 27.14%的上涨幅度后转入矩形形态构筑。当矩形形态成形时，跟庄实战的投资者此时可作出该矩形的上边水平阻力线和下边水平支撑线，当股价朝上突破水平阻力线时就可使用突破买入策略做多。

综上所述，投资者只需按照单边+振荡型矩形上升中继形态模式拉升推高股价手法跟庄实战交易策略中的技术进行操作，就可成功地在主力庄家做高股价的中途买入做多。

图 123 是 002054 德美化工包括 2008 年 10 月 8 日至 2009 年 2 月 13 日在内的日 K 线图。

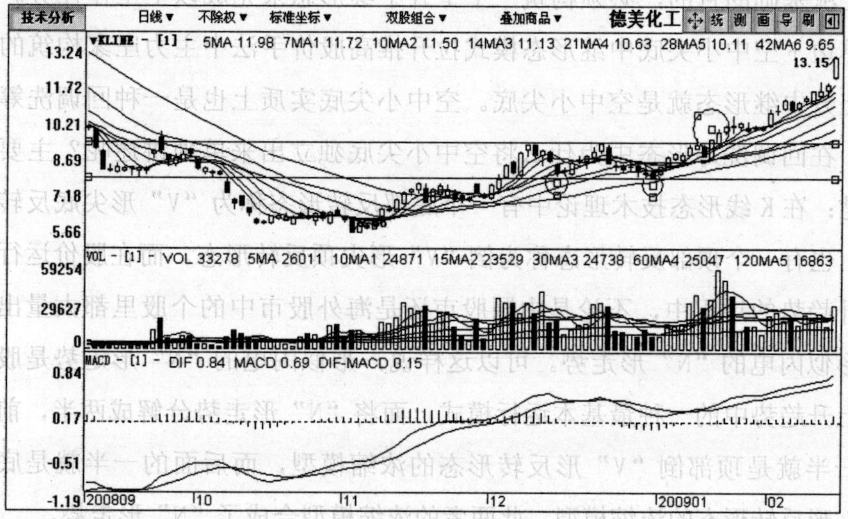

图 123

主力庄家在该波拉升推高股价过程中使用了单边+振荡型矩形上升中继形态模式拉升推高股价手法拉抬股价。从 K 线图表上可看到：主力庄家在 2008 年 12 月 1 日至 2008 年 12 月 8 日使用单边独立模式拉升推高股价手法将股价推升 30.78%的幅度后转入矩形形态构筑。当矩形形态成形时，投资者可在股价的阶段高点处作出一根水平阻力线，与此同时也可在股价的阶段低点处作出一根水平支撑线。股价于 2009 年 1 月 14 日朝上突破矩形形态的上边阻力线，跟庄实战的空仓投资者此时就可使用突破策略买入做多。

综上所述，投资者只需按照单边+振荡型矩形上升中继形态模式拉升推高股价手法跟庄实战交易策略中的技术进行操作，就可成功地在主力庄家拉升推高股价的过程中买入做多。

6. 单边+空中小尖底中继形态模式拉升推高股价手法跟庄实战交易策略

单边+上升中继形态模式拉升推高股价手法中的第六种细分手法是单边+空中小尖底中继形态模式拉升推高股价手法。该种拉升推高股价手法是主力庄家使用单边独立模式拉升推高股价手法将股价拉升至一定的幅度后，主力庄家出于洗筹、做差价降低运作成本及促进市场充分换手夯实股价上涨基础的目的，必须构筑一个上升中继形态来完成以上工作任务。而在单边+空中小尖底中继形态模式拉升推高股价手法中主力庄家构筑的这个上升中继形态就是空中小尖底。空中小尖底实质上也是一种回调洗筹形态，在回调洗筹形态中为什么将空中小尖底独立出来单独讲述呢？主要原因是：在K线形态技术理论中有一个底部反转形态称为"V"形尖底反转形态，也有一个顶部反转形态称为倒"V"形尖顶反转形态。而在股价运行于上升趋势的过程中，不论是中国股市还是海外股市中的个股里都大量出现了形似闪电的"N"形走势。可以这样说，形似闪电的"N"形走势是股价在上升趋势中的一种最基本运行模式，而将"N"形走势分解成两半，前面的一半就是顶部倒"V"形反转形态的浓缩模型，而后面的一半就是底部"V"形反转形态的浓缩模型，此两者的浓缩模型合成了"N"形走势。

在单边+回调模式拉升推高股价手法中已将回调形态的特征概括出来。而将单边+空中小尖底中继形态模式拉升推高股价手法与单边+回调模式拉升推高股价手法进行比较，空中小尖底形态的不同之处主要体现在以下三个方面：

(1)回调形态体现的是市场参与者自然交易的一种状态，而空中小尖底形态形成尖底时通常有外在力量出现。例如：股价在拉升后调整时出现重大利好消息或大盘指数大涨、市场环境气氛热烈，吸引了众多投资者一起买入，这样形成一股强大的做多力量将股价由原先的回调下跌突变转折为上涨。

(2)成交量方面：回调形态的底部低点是萎缩至地量，而空中小尖底形态的底部低点是放量。

(3)回调形态的阶段底部低点处的转折是一种自然状态的逐渐转变。空中小尖底形态的阶段底部低点处的转折由于受到外来力量的干扰，它属于突变形转折。

除以上三点外，空中小尖底形态的其他特征与单边+回调模式拉升推高股价手法中的特征基本相同。

单边+空中小尖底中继形态模式拉升推高股价手法的实战交易策略如下：

单边+空中小尖底中继形态模式拉升推高股价手法的实战买入及止损策略与单边+回调模式拉升推高股价手法中的实战买入及止损策略相同，投资者在实战交易过程中只需使用单边+回调模式拉升推高股价手法中的实战交易策略操作即可。

图 124 是 002003 伟星股份包括 2008 年 12 月 29 日至 2009 年 3 月 31 日在内的日 K 线图。

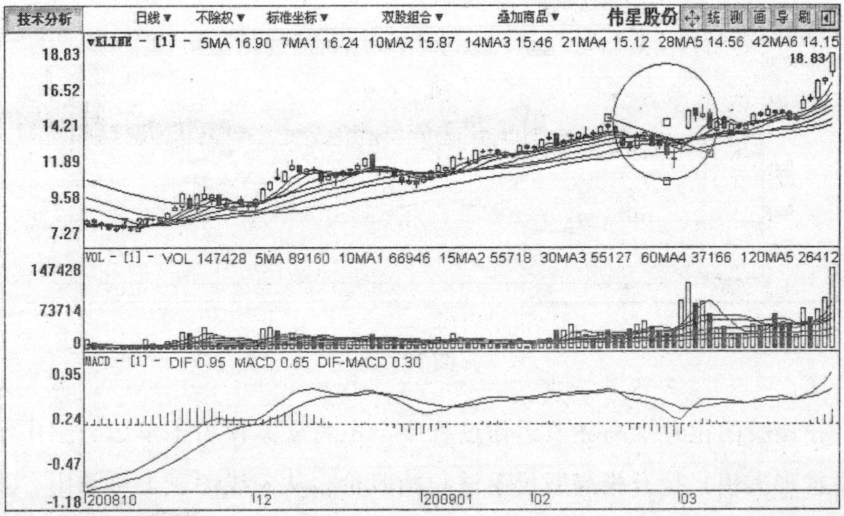

图 124

主力庄家在该波拉升推高股价过程中使用了单边+空中小尖底中继形态模式拉升推高股价手法做高股价。从 K 线图表上可观察到：主力庄家将股价推升 35.69%的上涨幅度后转入尖底形态构筑。股价于 2009 年 2 月 23 日形成一个阶段高点，接着转入回调下跌运行，当股价于 2009 年 2 月 27 日探出阶段底部低点后随即快速地转折为朝上运行。此时，跟庄实战的投资者就可作出该波短期下跌所形成的短期下降趋势线，当股价朝上突破短期下降趋势线时就买入做多。

综上所述，跟庄实战的投资者只需按照单边+空中小尖底中继形态模式拉升推高股价手法跟庄实战交易策略中的技术进行操作，就可成功地在主力庄家做高股价的中途介入，最终避免踏空的风险。

图 125 是 002092 中泰化学包括 2008 年 12 月 24 日至 2009 年 3 月 26 日在内的日 K 线图。

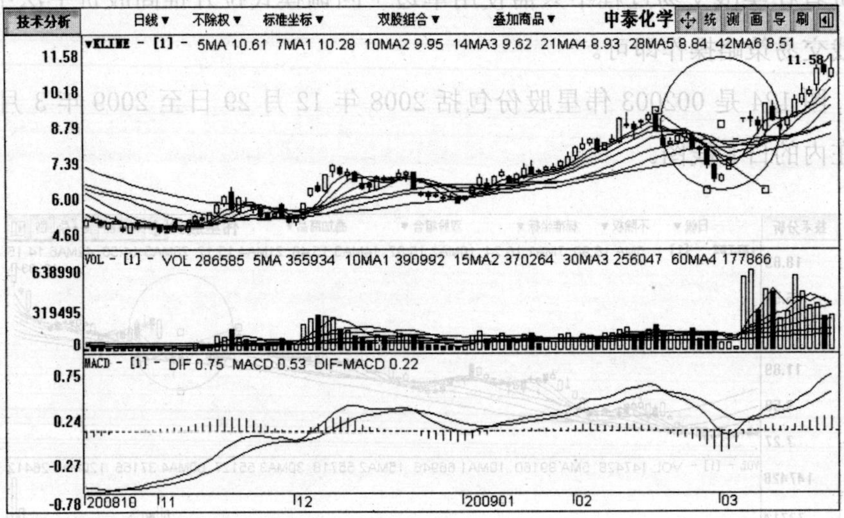

图 125

在该股的拉升推高环节运作过程中，主力庄家使用了单边+空中小尖底中继形态模式拉升推高股价手法拉抬股价。从 K 线图表上可看出：主力庄家将股价推升一大波后转入小尖底形态构筑。股价于 2009 年 2 月 16 日形成一个阶段高点后接着转入回调下跌，当股价下跌到位后快速转折朝上运行。此时，跟庄实战的投资者可作出股价该波下跌所形成的短期下降趋势线，当股价朝上突破短期下降趋势线时就买入做多。

结果，按此策略操作的投资者成功地在主力庄家拉升推高股价的中途买入做多。

图 126 是 000815 美利纸业包括 2008 年 11 月 12 日至 2009 年 3 月 23 日在内的日 K 线图。

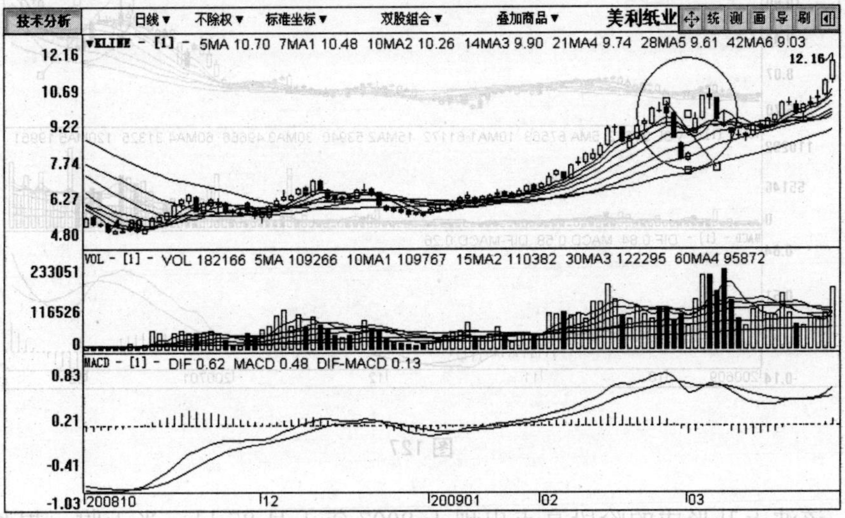

图 126

主力庄家在该波拉升推高股价过程中使用了单边＋空中小尖底中继形态模式拉升推高股价手法拉升股价。从 K 线图表上可观察到：主力庄家将股价推升一大波后转入空中小尖底形态构筑。股价于 2009 年 2 月 24 日形成一个阶段高点，接着转折朝下运行，在 2009 年 3 月 2 日探出阶段低点，当股价下跌到位后接着快速突变转折为上涨。此时，跟庄实战的投资者可作出股价该波下跌以来所形成的短期下降趋势线，当股价朝上突破该短期下降趋势线时就买入做多。

综上所述，跟庄的投资者只需按照单边＋空中小尖底中继形态模式拉升推高股价手法跟庄实战交易策略中的技术进行操作，就可成功地在主力庄家做高股价的中途买入做多。

图 127 是 600396 金山股份包括 2006 年 10 月 13 日至 2007 年 2 月 15 日在内的日 K 线图。

经过长时间的横盘吸筹吃饱喝足后主力庄家快速地拉升，当拉升幅度达到 35%左右时，因为累积的短线浮筹众多，主力庄家不得不展开洗筹运

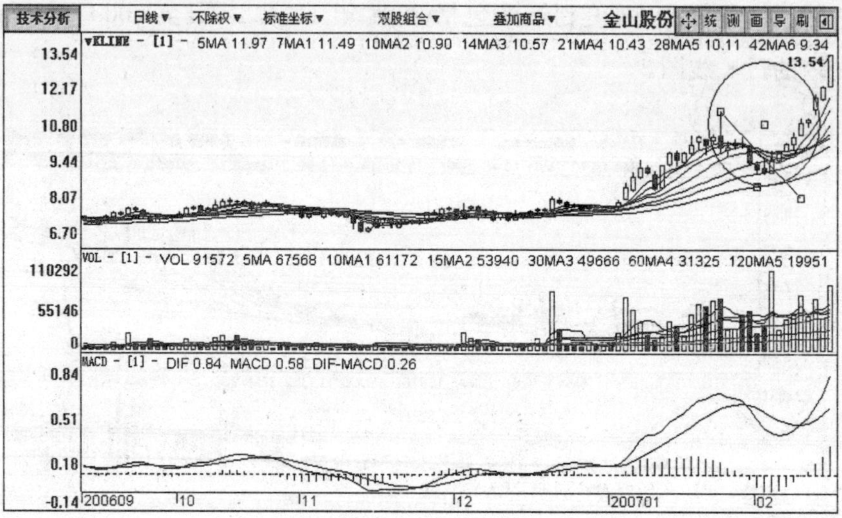

图 127

作。该波上升形成的阶段高点出现于 2007 年 1 月 25 日，当天收一根长上影的中阴线。通常情况下，凡是高位出现长上影的中、大阴线往往意味着股价已见阶段性高点，后市至少在短期内会有一波下跌。结果股价在高位整理 3 天无法创出新高后随即展开一波短期下跌走势，跌幅共 9.71%。当股价跌至 28 天均线处时获得支撑，当天该根小阴线的最低价是 8.98 元，收盘价 9.2 元，跌幅 2.95%。在接下来的 2007 年 2 月 2 日同样收一根小阴线，该根小阴线的最低价是 8.99 元，收盘价 9.12 元，跌幅 0.86%，该根 K 线的最低价比前一根 K 线的最低价高 1 分钱。虽然 1 分钱不值得一提，但是在技术分析上所代表的意义却具有重要价值。因为它反映了主力庄家的操盘意图，细节决定成败，尤其是在关键的转折之处细节是决定成败的主宰者。这说明，股价已经流露出走好的迹象，下一个交易日还创不创出新低将是实战买入的其中一个重要考虑因素。果然，在随后的一个交易日开盘即升，在没有创出新低后收盘价及最高价都已高于前两个交易日的止跌小阴线。在接下来的一个交易日股价已站在 5 天均线之上，并且当天上证综合指数已运行在短期上升趋势中，大盘指数上涨形成的外在做多力量也在助推股价转折朝上运行，结果股价稳健地上涨。

主力庄家构筑的调整形态：因为股价在高位收出带长上影线的中阴线以及在短期下跌调整中没有出现反弹诱多，并且在阶段性底部出现止跌K线组合。此时从日K线图表上已可清楚地分辨出：主力庄家在这个调整形态中构筑了一个空中小尖底上升中继形态调整洗筹。

成交量技术方面：在整个回调洗筹期间，成交量呈现出缩量之势。该股有一个值得注意的细节是在阶段性底部，即2007年2月5日当天，因为上证指数收阴下跌，而当天该股却能够逆势上涨，并且成交量放出巨量。它间接反映出，当天的那些恐慌抛盘都已被主力庄家悉数接下，主力庄家敢于接下市场抛盘，并且敢于逆大盘指数之势拉升，从这个细节上就可看出该股的强势。

均线技术方面：5天均线由原先的朝上转为朝下，预示股价已进入短期的调整中，而由朝下转为朝上则又反映了主力已洗筹到位，一波新的上升趋势即将开始。在整个洗筹期间，21天、28天、42天均线呈现出良好的上升趋势多头排列，说明股价目前正运行在中期上升趋势之中。

实战买入策略：经过以上的综合分析后，跟庄的投资者可使用单边+空中小尖底上升中继形态模式拉升推高股价手法跟庄实战交易策略进行实战操作，当股价止跌企稳获得支撑时，在设置好止损点的前提下就可逢低吸纳买入做多。

结果，股价在后市转入上升趋势运行。

图128是600684珠江实业包括2006年11月1日至2007年3月12日在内的日K线图。

主力庄家经过一大波拉升后，因为累积的浮筹众多，随即进入洗筹形态构筑。在2007年2月16日收一根螺旋桨小阳线形成一个阶段性的高点后即进入形态构筑中，在高位出现螺旋桨K线往往意味着后市看淡，而在接下来的一个交易日再收一根吊颈K线。在高位收吊颈K线也是不祥之兆。两根K线所隐含的意义都一样，它们已明白无误地发出了股价后市向淡的信号。结果在2007年2月27日股价以跌停板的极端姿态出现。跌停板式洗筹是主力庄家在空间幅度上最猛烈的洗筹手法。在接下来的一个交易日，

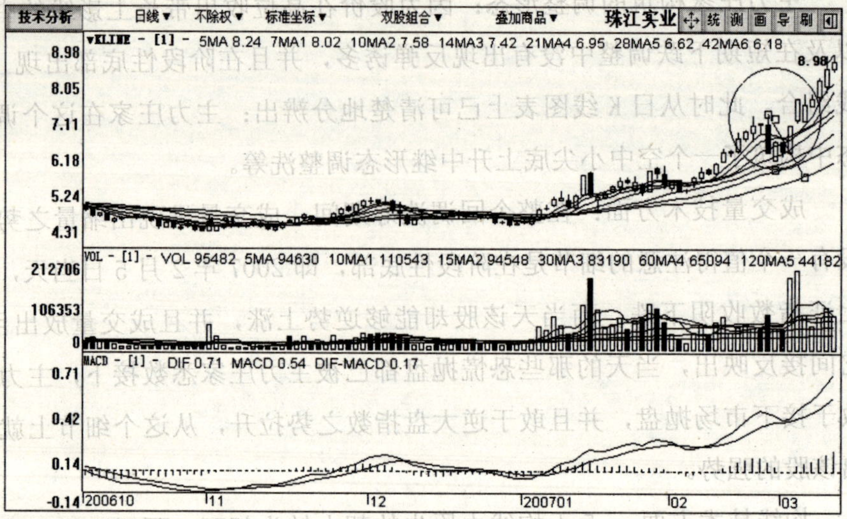

图 128

股价低开高走收一根中阳线，而该根阳线已插入前一根大阴线的 1/3 以上处，这样就形成好友反攻 K 线组合。股价的急跌往往会带来急升，这正是《易经》哲理里有阴必有阳的体现。在随后一个交易日股价虽然下跌 3.57%，但该根阴线的最低价高于前一根阳线的最低价。结果在 2007 年 3 月 2 日股价低开高走，当股价升越前两个交易日的最高价及站在 5 天均线之上时可逢低吸纳买入做多，当天最高价 7.12 元，收盘价 7.12 元，上涨幅度 10%。

主力庄家构筑的调整形态：该股主力庄家在这里使用了极端的空间袭击打压洗筹手法，所以洗筹效果很好。当主力庄家达到洗筹目的后就快速地以涨停板的方式迅速拉高，不给市场参与者在阶段低点买入的机会。所以在日 K 线图表上形成急速下跌然后急速上涨的小尖底形态。

成交量技术方面：在快速凶狠洗筹造成跌停板的那一天成交量有所放大，说明当天有很多恐慌盘涌出，而这一切正中主力庄家的下怀，随后成交量呈现出缩量之势。在 2007 年 3 月 2 日发出买入信号的当天，成交量在这个阶段性底部低点突然放出巨量，并且涨停板。可见主力庄家在采用最强劲的拉升手法横扫市场上一切的抛盘，而该阶段小底部的巨量为后续的上升注入了更加强大的动力。

均线技术方面：在股价转入调整时，5天均线由原先的朝上转为朝下，最后在10天均线的支撑和助涨之下扭转了方向从而朝上运行。7天、10天、14天、21天、28天、42天均线在调整洗筹期间朝上方向未变，说明该股的上升动能充沛，后市将会继续上涨。

实战买入策略：经过以上的综合分析后，投资者此时可使用单边+空中小尖底上升中继形态模式拉升推高股价手法跟庄实战交易策略进行实战操作，当股价获得支撑并朝上突破短期下降趋势线时，在设置好止损点的前提下可逢低吸纳买入做多。

7. 单边+空中小双底中继形态模式拉升推高股价手法跟庄实战交易策略

单边+上升中继形态模式拉升推高股价手法中的第七种细分手法是单边+空中小双底中继形态模式拉升推高股价手法。该种拉升推高股价手法是主力庄家使用单边独立模式拉升推高股价手法将股价拉升至一定的上涨幅度后，因为主力庄家需要清洗短线获利浮筹及做差价和夯实股价上涨基础，股价由此进入上升中继形态的构筑中。而在单边+空中小双底中继形态模式拉升推高股价手法中构筑的这个上升中继形态就是空中小双底。

主力庄家构筑空中小双底形态在K线价格走势上的特征是：

(1)K线价格走势在进入调整后形成的两个阶段底部低点有时相同。

(2)K线价格走势在进入调整后形成的两个阶段底部低点有时是后者比前者高。

(3)K线价格走势在进入调整后出现的唯一的一个阶段高点处于两个阶段底部低点之间。

(4)成交量在调整期间整体上呈现出逐渐缩量的态势。

(5)空中小双底中继形态实质上就是K线形态技术理论中的底部反转形态双底的浓缩模型。

单边+空中小双底中继形态模式拉升推高股价手法的实战交易策略如下：

根据单边+空中小双底中继形态模式拉升推高股价手法在K线价格走势上的特征及它所隐含的技术含义和长期的实战经验得出：市场上跟庄操

作的投资者在跟随主力庄家使用单边＋空中小双底中继形态模式拉升推高股价手法操作的过程中，存在着两种实战效果显著的买入策略。

(1)逢低吸纳买入策略。股价在进入形态构筑后，当第二个阶段底部低点的最低价与第一个阶段底部低点的最低价相同时就构成了平底K线组合，平底K线组合的技术含义是后市看多。如果第二个阶段底部低点高于第一个阶段底部低点，则K线价格走势就符合“不破前低点，后市股价将会上涨”的实战规则。此时，投资者就可以使用逢低吸纳买入策略在第二个阶段底部低点处买入做多。在买入建仓的同时以第一个阶段底部低点为止损点位，后市一旦有效击穿该止损价位则清仓离场。

(2)突破买入策略。股价在进入形态构筑后，在第一个阶段底部低点形成后出现反弹，但由于做多动能不足，股价反弹夭折再次转折朝下后形成一个阶段高点，当空中小双底形态成形时就可以在该阶段高点处作出一根颈线。如果后市股价朝上有效突破该颈线价位就使用突破买入策略做多。与此同时，以该颈线价位作为止损点位，后市股价万一有效跌穿该止损点位则清仓离场。

另外，还有一种例外情况是：当股价朝上有效突破该颈线后并没有直接朝上攻击，而是回抽确认该次突破的有效性，然后再朝上运行。这种回抽确认后的买入策略与股价直接有效突破颈线后的突破买入策略在本质上是相同的，都是以空中小双底形态的颈线作为买入或止损的技术参照线。

市场上跟庄的投资者在主力庄家的单边＋空中小双底中继形态模式拉升推高股价手法中也可以在空中小双底形态之前的单边上涨走势中使用单边独立模式拉升推高股价手法实战买入策略跟庄操作。至此，在单边＋空中小双底中继形态模式拉升推高股价手法的任一阶段，熟谙主力庄家操盘手法的投资者都可以轻易地确定合适的介入点位买入做多。

图129是600416湘电股份包括2008年11月21日至2009年3月31日在内的日K线图。

主力庄家在该波拉升推高股价过程中使用了单边＋空中小双底中继形态模式拉升推高股价手法做高股价。主力庄家将股价单边推升47.19%的上

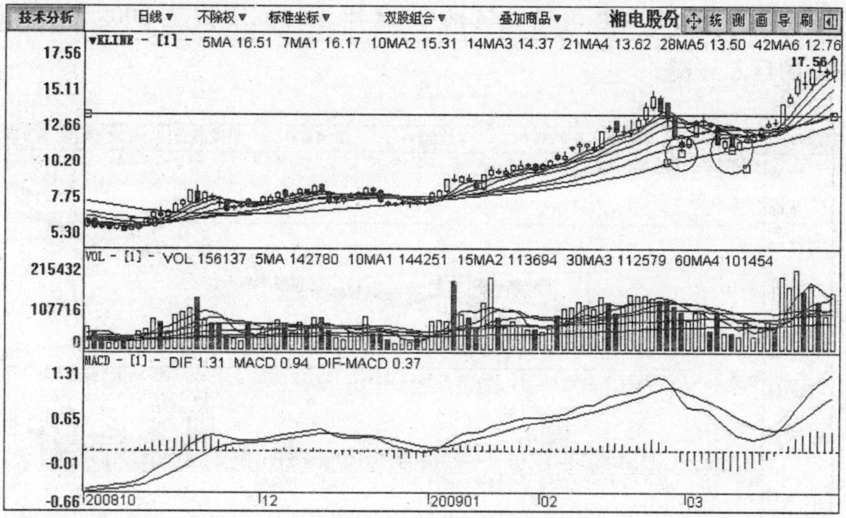

图 129

涨幅度后转入空中小双底中继形态构筑。在空中小双底形态构筑过程中，第一个阶段高点出现于 2009 年 2 月 23 日，第二个阶段高点出现于 2009 年 3 月 5 日，将这两个阶段高点进行比较可知，第二个阶段高点比第一个阶段高点低，这样就形成越不过前高点的走势。在技术分析中有一条实战规则是："越不过前高点，后市股价将会下跌。"主力庄家在此利用了越不过前高点的向空技术信号恐吓市场投资者，以此达到清洗浮筹的目的。该空中小双底形态的第一个阶段低点出现于 2009 年 2 月 27 日，第二个阶段低点出现于 2009 年 3 月 10 日。将这两个阶段低点进行比较可知，第二个阶段低点高于第一个阶段低点。这样就形成不破前低点的走势。技术分析上有一条实战规则是："不破前低点，后市股价将会上涨。"主力庄家在此利用了不破前低点的向好技术信号吸引市场投资者，以此达到护盘、做差价及促进市场投资者之间进行充分换手夯实股价上涨基础的目的。当股价出现不破前低点的走势后，跟庄实战的投资者就可使用逢低吸纳买入策略做多。

综上所述，跟庄的投资者只需按照单边＋空中小双底中继形态模式拉升推高股价手法跟庄实战交易策略中的技术进行操作，就可成功地在主力庄家做高股价的中途买入做多。

图 130 是 002016 世荣兆业包括 2008 年 12 月 24 日至 2009 年 3 月 26 日在内的日 K 线图。

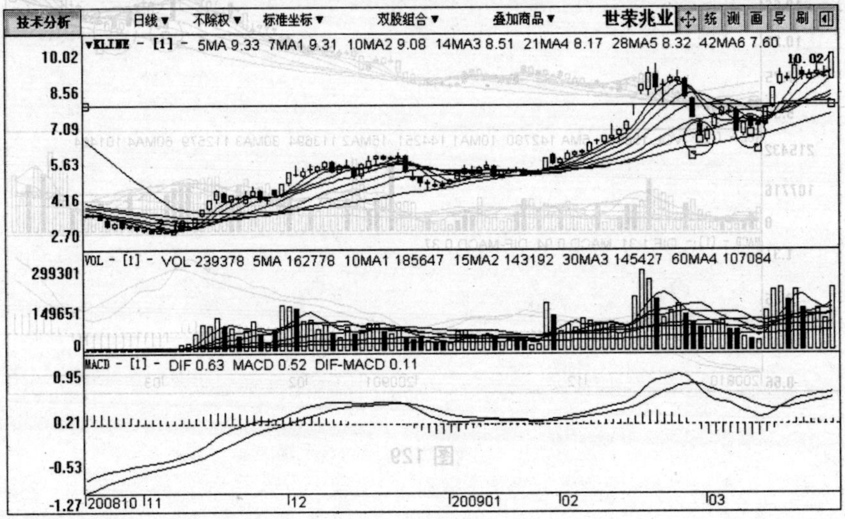

图 130

在该股的拉升推高环节运作过程中，主力庄家使用了单边 + 空中小双底中继形态模式拉升推高股价手法拉升股价。主力庄家将股价推升 75.48% 的上涨幅度后转入空中小双底中继形态构筑，在该空中小双底形态成形后，跟庄实战的投资者就可作出该小双底形态的颈线，当股价朝上突破颈线时就买入。在该双底形态的右边阶段底部低点高于左边阶段底部低点时，由于已形成不破前低点的技术走势，跟庄的投资者此时可在第二个阶段底部低点处逢低吸纳买入做多。

综上所述，跟庄的投资者只需按照单边 + 空中小双底中继形态模式拉升推高股价手法跟庄实战交易策略中的技术进行操作，就可成功地在主力庄家拉升推高股价的中途买入做多。

图 131 是 600138 中青旅包括 2006 年 12 月 8 日至 2007 年 4 月 3 日在内的日 K 线图。

该股经过一波拉升后，由于累积了大量的获利盘，主力庄家需要进行力度较大的洗盘运作，所以于 2007 年 2 月 26 日进入洗筹形态构筑之中。

主力庄家在该次洗盘过程中构筑了小双底洗筹形态进行清洗市场浮筹。详细分析该小双底的内部构造如下：

从时间框架角度分析比较得出：股价经过一波回调下跌后，于 2007 年 3 月 1 日探出阶段底部低点，当天最低价 16.3 元。接着股价反弹，从 2007 年 3 月 2 日反弹上涨至 2007 年 3 月 9 日，共反弹 6 个交易日构造“左脚”。反弹创出阶段高点 18.85 元后再次转入回调下跌中，股价从 2007 年 3 月 12 日下跌至 2007 年 3 月 19 日，共回调下跌 6 个交易日构筑“右脚”，该波下跌创出的最低价为 16.6 元。

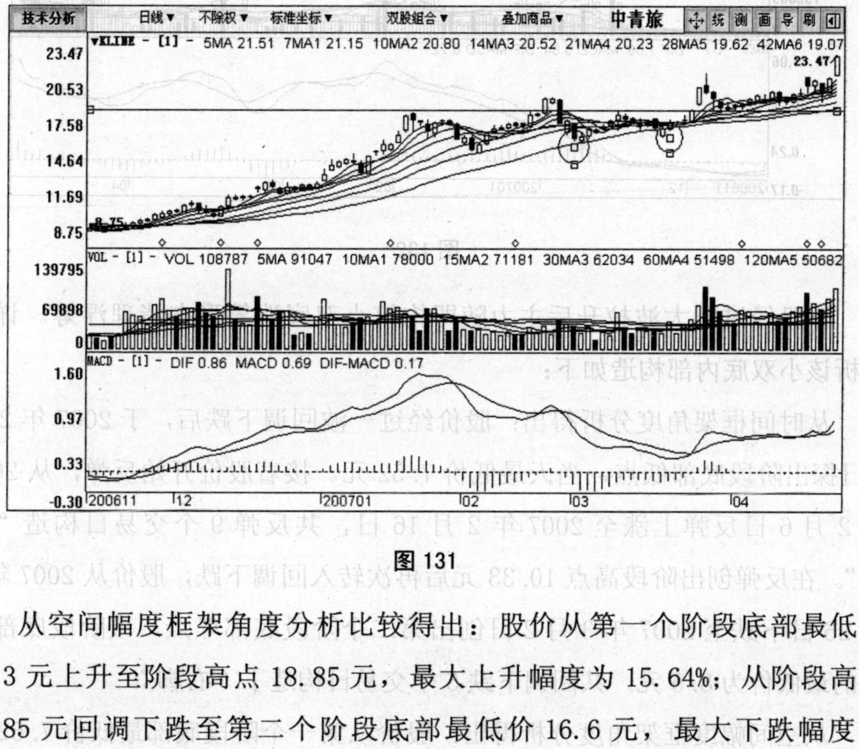

图 131

从空间幅度框架角度分析比较得出：股价从第一个阶段底部最低价 16.3 元上升至阶段高点 18.85 元，最大上升幅度为 15.64%；从阶段高点 18.85 元回调下跌至第二个阶段底部最低价 16.6 元，最大下跌幅度为 11.94%。

由以上分析得出：该空中小双底形态属不破前底部低点类型。技术分析上有一条实战规则是：“不破前低点，后市股价将会上涨。”

投资者此时可根据单边 + 空中小双底上升中继形态模式拉升推高股价手法跟庄实战交易策略进行买入操作，结果股价在后市大幅度上涨。

图 132 是 600063 皖维高新包括 2006 年 12 月 11 日至 2007 年 4 月 3 日在内的日 K 线图。

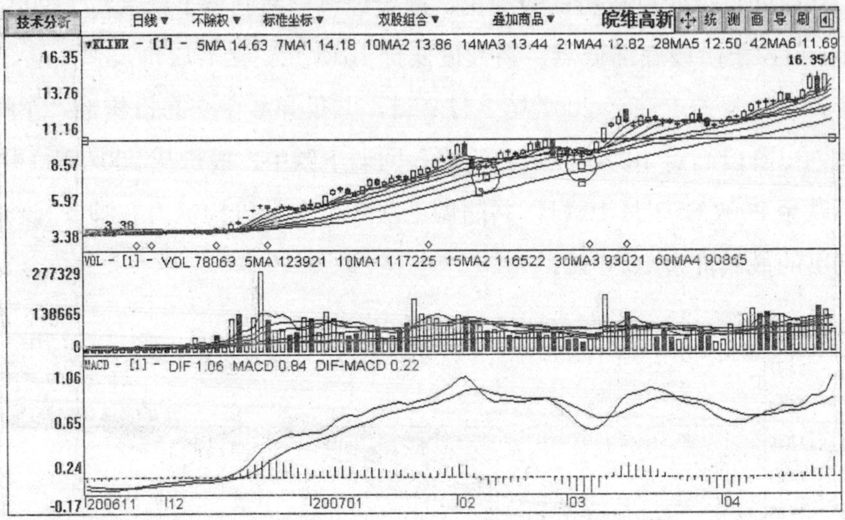

图 132

该股经过一大波拉升后主力随即构筑小双底洗筹形态清理浮筹。详细分析该小双底内部构造如下：

从时间框架角度分析得出：股价经过一波回调下跌后，于 2007 年 2 月 6 日探出阶段底部低点，当天最低价 7.52 元。接着股价开始反弹，从 2007 年 2 月 6 日反弹上涨至 2007 年 2 月 16 日，共反弹 9 个交易日构造“左脚”。在反弹创出阶段高点 10.33 元后再次转入回调下跌，股价从 2007 年 2 月 26 日下跌至 2007 年 3 月 2 日创出第二个阶段底部低点，该阶段底部低点的最低价为 8.5 元，共回调下跌 5 个交易日构造了“右脚”。

从空间幅度框架角度分析得出：股价从第一个阶段底部最低价 7.52 元上升至阶段高点 10.33 元，最大上升幅度为 37.37%；从阶段高点 10.33 元回调下跌至第二个阶段底部最低价 8.5 元，最大下跌幅度为 17.72%。

由以上分析得出：该空中小双底形态属不破前底部低点类型。技术分析上有一条实战规则是：“不破前低点，后市股价将会上涨。”

投资者此时可根据单边 + 空中小双底上升中继形态模式拉升推高股价

手法跟庄实战交易策略进行买入操作，这样就可在后市涨势中分享股价上行所带来的利润。

图 133 是 002106 莱宝高科包括 2007 年 2 月 5 日至 2007 年 5 月 11 日在内的日 K 线图。

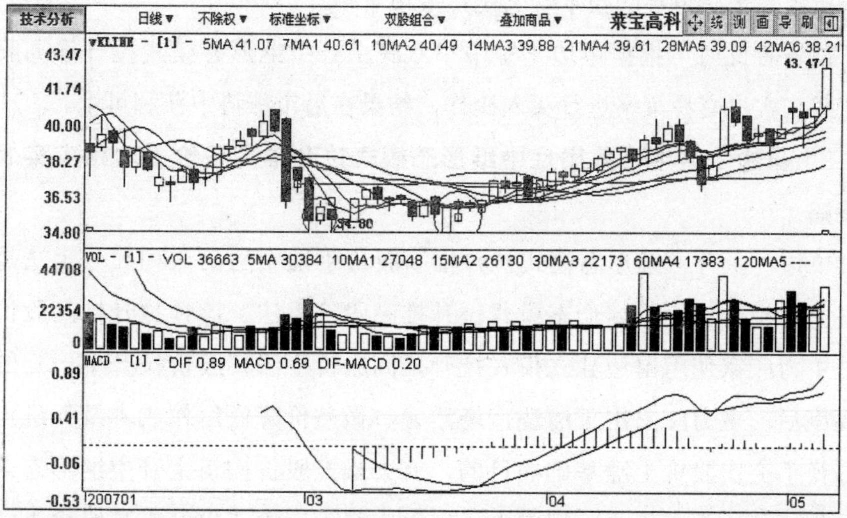

图 133

股价被主力庄家拉升一个波段后，随即进入洗筹形态的构筑，主力庄家在该次洗筹过程中构筑了空中小双底形态进行洗筹。详细分析该小双底洗筹形态的内部构造如下：

从时间框架角度分析得出：股价转入回调下跌后，于 2007 年 3 月 5 日探出第一个阶段底部低点，该低点价格为 34.8 元。接着股价展开一波反弹，从 2007 年 3 月 6 日反弹上涨至 2007 年 3 月 9 日，共反弹 4 个交易日用以构造“左脚”。在反弹创出阶段高点 37.08 元后随即转入回调下跌之中，股价从 2007 年 3 月 9 日下跌至 2007 年 3 月 19 日，在 3 月 19 日创出第二个阶段底部低点 34.8 元，共下跌 7 个交易日构筑“右脚”。

从空间幅度框架角度分析得出：股价从第一个阶段底部低点 34.8 元上升至阶段高点 37.08 元，最大上升幅度 6.55%；从阶段高点 37.08 元回调下跌至第二个阶段底部低点 34.8 元，最大下跌幅度 6.15%。

该空中小双底形态“左脚”的最低价与“右脚”的最低价都是34.8元，所以该小双底构成平底组合。平底型空中小双底是空中小双底形态中的一种特殊类型。

由以上分析得出：该空中小双底形态属平底型空中小双底类型。在技术分析上，平底组合的技术含义是：后市看多。

投资者此时可根据单边+空中小双底上升中继形态模式拉升推高股价手法跟庄实战交易策略进行买入操作，结果在后市涨势中获利可观。

8. 单边+空中小头肩底中继形态模式拉升推高股价手法跟庄实战交易策略

单边+上升中继形态模式拉升推高股价手法中的第八种细分手法是单边+空中小头肩底中继形态模式拉升推高股价手法。该种拉升推高股价手法是主力庄家使用单边独立模式拉升推高股价手法将股价拉升至一定的上涨幅度后，主力庄家出于清洗市场浮筹、做差价降低运作成本及促进市场充分换手夯实股价上涨基础的目的，就会操控股价构筑上升中继形态来完成运作任务，而在单边+空中小头肩底中继形态模式拉升推高股价手法中构筑的这个上升中继形态就是空中小头肩底。

主力庄家构筑空中小头肩底形态在K线价格走势上的特征是：

(1)K线价格走势在进入调整后形成三个阶段底部低点，而且第二个阶段低点的最低价低于其余的两个阶段低点的最低价。

(2)K线价格走势在进入调整后形成两个阶段高点，第一个阶段高点出现在第一个阶段低点(即左肩)与第二个阶段低点(即头部)之间，第二个阶段高点出现在第二个阶段低点(即头部)与第三个阶段低点(即右肩)之间。

(3)成交量在调整期间整体上呈现出逐渐缩量的态势。

(4)空中小头肩底中继形态实质上就是K线形态技术理论中的底部反转形态头肩底的浓缩模型。

单边+空中小头肩底中继形态模式拉升推高股价手法的实战交易策略如下：

根据单边+空中小头肩底中继形态模式拉升推高股价手法在K线价格走势上的特征及它所隐含的技术含义和长期的实战经验得出：市场上跟庄

操作的投资者在跟随主力庄家使用单边+空中小头肩底中继形态模式拉升推高股价手法操作的过程中，存在着两种实战效果显著的买入策略。

(1)逢低吸纳买入策略。股价在进入形态构筑后，当空中小头肩底形态的第三个阶段底部低点(即右肩)最低价高于第二个阶段低点(即头部)的最低价时，此时的K线价格走势符合“不破前低点，后市股价将会上涨”的实战规则，市场上跟庄操作的投资者在看到该利好技术信号后就可使用逢低吸纳买入策略做多。与此同时，以第二个阶段底部低点的最低价作为止损点位，股价在后市一旦有效击穿该止损点位则退出。

(2)突破买入策略。股价在进入形态构筑后，当空中小头肩底形态成形时，此时就可以在它的两个阶段高点处作出一根颈线，股价后市如果有效朝上突破该根颈线就使用突破买入策略做多。与此同时利用该根颈线作为止损参照线，后市股价万一朝下有效击穿该颈线则止损清仓离场。

此外，还有一种较为特殊的情况是：当股价朝上有效突破该颈线后并没有直接朝上攻击，而是回抽确认该次突破的有效性，然后再朝上运行。这种回抽确认后的买入策略与股价直接朝上有效突破颈线的买入做多策略在本质上是相同的，都是同样以空中小头肩底形态的颈线作为买入或止损的技术信号参照线。

市场上跟庄的投资者在主力庄家的单边+空中小头肩底中继形态模式拉升推高股价手法中也可以在空中小头肩底形态之前的单边上涨走势中使用单边独立模式拉升推高股价手法实战买入策略跟庄操作。

至此，在单边+空中小头肩底中继形态模式拉升推高股价手法的任一阶段，投资者都可以随时寻找到合适的介入点位买入做多。

图134是600059古越龙山包括2008年11月16日至2009年2月23日在内的日K线图。

主力庄家在该波拉升推高股价过程中使用了单边+空中小头肩底中继形态模式拉升推高股价手法做高股价。从K线图表上可观察到:主力庄家将股价推升一大波后转入空中小头肩底中继形态构筑。股价于2008年12月8日形成第一个阶段高点，于2008年12月19日形成第二个阶段高点，由于

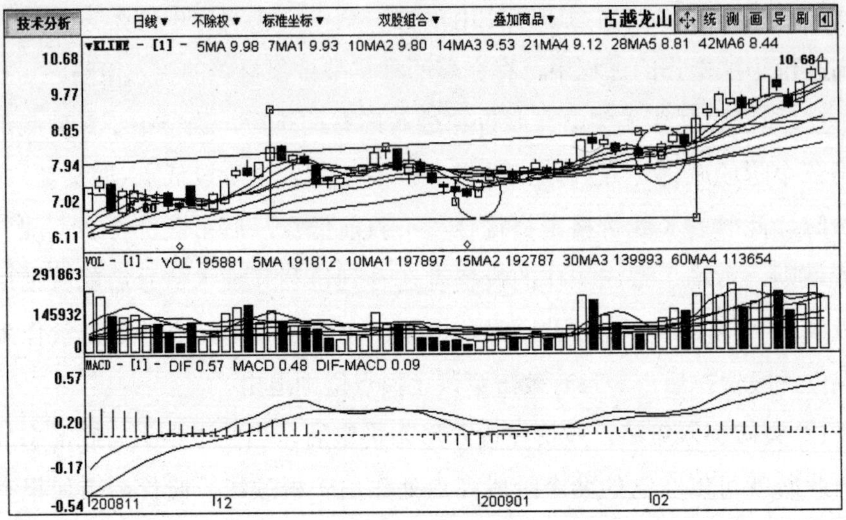

图 134

第二个阶段高点低于第一个阶段高点，这样就形成越不过前高点的走势。技术分析上有一条实战规则是：“越不过前高点，后市股价将会下跌。”主力庄家在此利用了越不过前高点的向空技术信号恐吓市场投资者，以此达到洗筹的目的。股价于 2008 年 12 月 16 日形成第一个阶段低点，于 2008 年 12 月 31 日形成第二个阶段低点，于 2009 年 2 月 2 日形成第三个阶段低点。将这三个阶段低点进行比较得出：第二个阶段低点比第一个阶段低点低，这样就形成破前低点的破位走势，主力庄家在此再次构筑了一个空头陷阱洗筹。而第三个阶段低点高于第二个阶段低点，这样就形成不破前低点的走势。在技术分析上有一条实战规则是：“不破前低点，后市股价将会上涨。”在形成第三个阶段底部低点的当天，股价下探至 28 天均线处获得支撑后就返身朝上运行。跟庄实战的投资者此时就可使用单边 + 空中小头肩底中继形态模式拉升推高股价手法跟庄实战交易策略中的技术进行操作，在股价探出第三个阶段低点并获得 28 天均线支撑时买入做多。

结果，按此策略操作的投资者成功地在主力庄家拉升推高股价的中途买入做多。

图 135 是 600066 宇通客车包括 2008 年 11 月 16 日至 2009 年 2 月 23 日在内的日 K 线图。

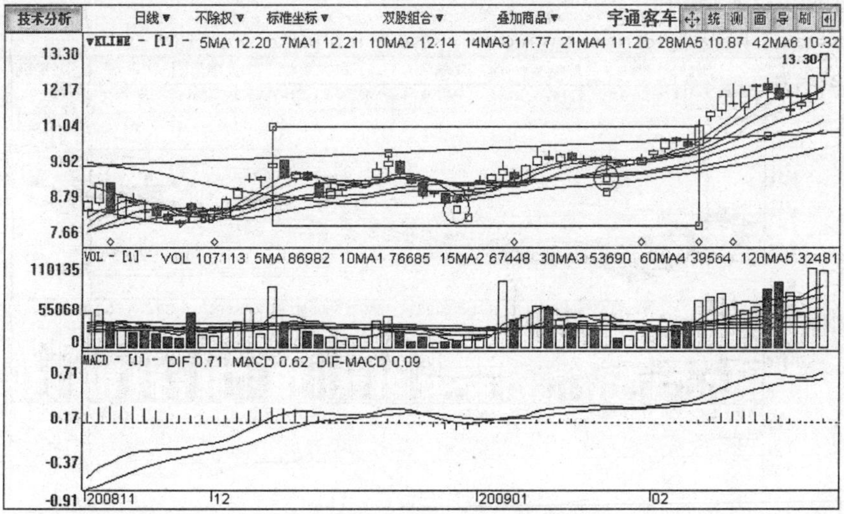

图 135

在该股的拉升推高环节运作过程中，主力庄家使用了单边 + 空中小头肩底中继形态模式拉升推高股价手法做高股价。从 K 线图表上可观察到：主力庄家使用单边独立模式拉升推高手法将股价推升 16.75%的上涨幅度后转入空中小头肩底中继形态构筑。股价于 2008 年 12 月 8 日形成第一个阶段高点，于 2008 年 12 月 22 日形成第二个阶段高点，于 2009 年 1 月 12 日形成第三个阶段高点，此时，投资者可利用第二个阶段高点和第三个阶段高点为端点作出该空中小头肩底形态的颈线。当股价朝上突破该颈线时就买入做多。股价于 2008 年 12 月 12 日形成第一个阶段低点，于 2008 年 12 月 29 日形成第二个阶段低点，于 2009 年 1 月 20 日形成第三个阶段低点。将这三个阶段低点进行比较得出：第二个阶段低点比第一个阶段低点低，第三个阶段低点比第二个阶段低点高。当股价形成不破前低点的走势排列时，投资者就可在第三个阶段低点处逢低吸纳买入做多。

综上所述，跟庄的投资者只需按照单边 + 空中小头肩底中继形态模式拉升推高股价手法跟庄实战交易策略中的技术进行操作，就可成功地在主力庄家做高股价的中途买入做多。

图 136 是 600383 金地集团包括 2008 年 12 月 17 日至 2009 年 3 月 26 日在内的日 K 线图。

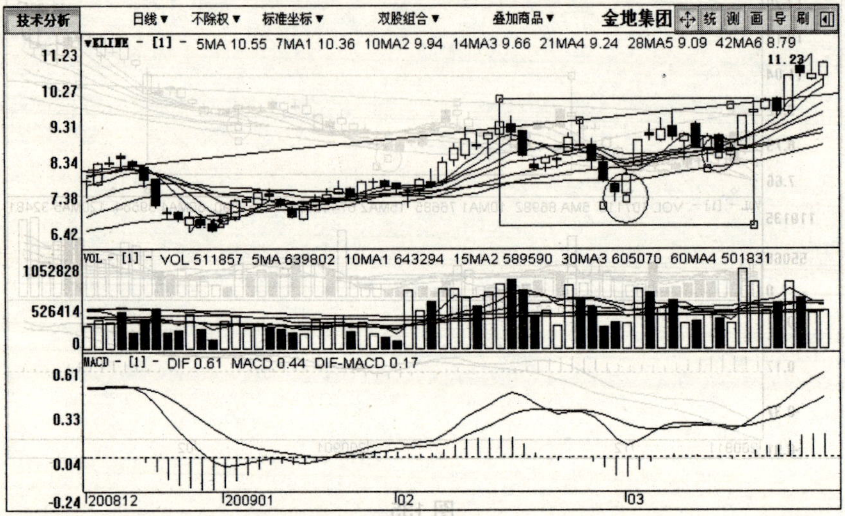

图 136

在该股的拉升推高环节运作过程中，主力庄家使用了单边 + 空中小头肩底中继形态模式拉升推高股价手法拉抬股价。从 K 线图表上可看出：主力庄家在 2009 年 2 月 6 日至 2009 年 2 月 13 日使用单边独立模式拉升推高手法将股价推升 22.21%的上涨幅度后转入空中小头肩底中继形态构筑。在该空中小头肩底形态成形后，跟庄实战的投资者此时可作出它的颈线，然后按照单边 + 空中小头肩底中继形态模式拉升推高股价手法跟庄实战交易策略中的技术进行操作，当股价朝上有效突破空中小头肩底形态的颈线时买入做多。结果，按此策略操作的投资者成功地在主力庄家拉升推高股价的中途买入做多。

图 137 是 600281 太化股份包括 2008 年 11 月 8 日至 2009 年 2 月 16 日在内的日 K 线图。

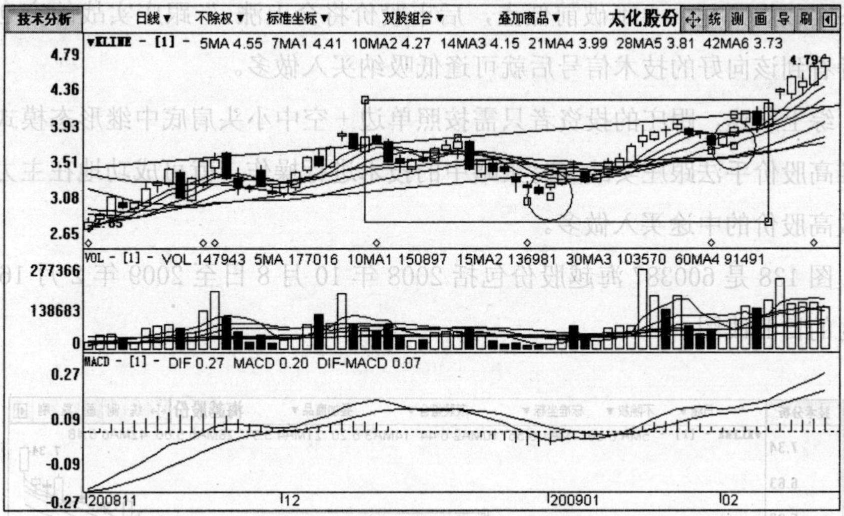

图 137

主力庄家在拉升推高股价的过程中使用了单边＋空中小头肩底中继形态模式拉升推高股价手法做高股价。从 K 线图表上可观察到：主力庄家在 2008 年 12 月 1 日至 2008 年 12 月 8 日使用单边独立模式拉升推高手法将股价推升 22.68%的上涨幅度后转入空中小头肩底中继形态构筑。股价在 2008 年 12 月 8 日形成第一个阶段高点，在 2008 年 12 月 19 日形成第二个阶段高点，在 2009 年 1 月 20 日形成第三个阶段高点。将这三个阶段高点进行比较得出：第二个阶段高点低于第一个阶段高点，这样就形成越不过前高点的走势，主力庄家在此利用了越不过前高点的向空技术信号构筑空头陷阱猎杀市场浮筹。第三个阶段高点比第二个阶段高点高，此时投资者可利用第二个阶段高点和第三个阶段高点为端点作出该空中小头肩底的颈线，当股价朝上突破该颈线就买入做多。股价在 2008 年 12 月 15 日形成第一个阶段底部低点，在 2008 年 12 月 31 日形成第二个阶段底部低点，在 2009 年 1 月 23 日形成第三个阶段底部低点。将这三个阶段底部低点进行比较得出：第二个阶段底部低点比第一个阶段底部低点低，这样就形成破位的走势，主力庄家在此又构筑了一个空头陷阱用以洗筹。第三个阶段底部低点高于第二个阶段底部低点，这样就形成不破前低点的走势。技术分析上有一条实战规则是："不破前低点，后市股价将会上涨。"跟庄实战的空仓投资者看到该向好的技术信号后就可逢低吸纳买入做多。

综上所述，跟庄的投资者只需按照单边+空中小头肩底中继形态模式拉升推高股价手法跟庄实战交易策略中的技术进行操作，就可成功地在主力庄家做高股价的中途买入做多。

图 138 是 600387 海越股份包括 2008 年 10 月 8 日至 2009 年 2 月 16 日在内的日 K 线图。

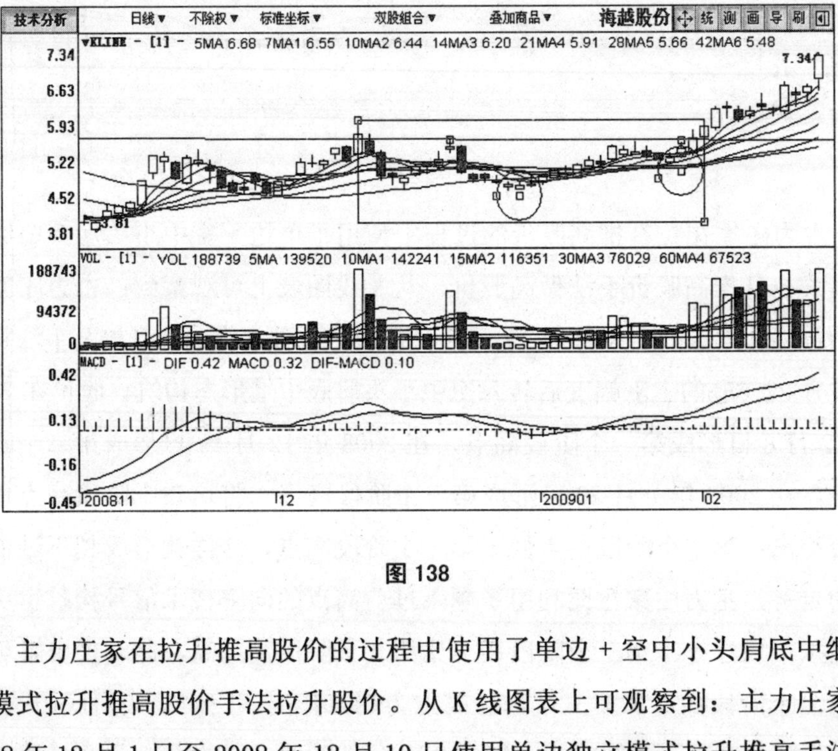

图 138

主力庄家在拉升推高股价的过程中使用了单边+空中小头肩底中继形态模式拉升推高股价手法拉升股价。从 K 线图表上可观察到：主力庄家在 2008 年 12 月 1 日至 2008 年 12 月 10 日使用单边独立模式拉升推高手法将股价推升 25%的上涨幅度后转入空中小头肩底中继形态构筑。在该空中小头肩底形态成形后，跟庄实战的投资者此时可作出它的颈线，当股价朝上突破颈线时就买入做多。此外，投资者也可在空中小头肩底的右肩阶段低点高于头部阶段低点时逢低吸纳买入做多。

综上所述，跟庄实战的投资者只需按照单边+空中小头肩底中继形态模式拉升推高股价手法跟庄实战交易策略中的技术进行操作，就可成功地在主力庄家拉升推高股价的中途介入，最终规避踏空的潜在风险。